OEUVRES POÉTIQUES COMPLÈTES

DE

ADAM MICKIEWICZ

TYPOGRAPHIE DE H. FIRMIN DIDOT. — MESNIL (EURE).

ŒUVRES POÉTIQUES COMPLÈTES

DE

ADAM MICKIEWICZ

Ancien professeur de littérature et de langue slave au collége de France

TRADUCTION DU POLONAIS, D'APRÈS L'ÉDITION POSTHUME DE 1858

PAR

CHRISTIEN OSTROWSKI

QUATRIÈME ÉDITION
ORNÉE DE DEUX PLANCHES EN TAILLE-DOUCE

TOME II

Konrad Wallenrod. — Les Pèlerins. — Thadée Sopliça

PARIS
LIBRAIRIE DE FIRMIN DIDOT FRÈRES, FILS ET Cie
IMPRIMEURS DE L'INSTITUT DE FRANCE
RUE JACOB, 56
1859

Tous droits réservés.

Dovete adunque sapere come sono due generazioni da combattere... bisogna essere volpe e leone [2].

A BONAVENTURE ET JEANNE

ZALESKI,

EN SOUVENIR DE L'AN MIL HUIT CENT VINGT-SEPT..

L'AUTEUR.

A EL*** ET FR*** PELLETIER,

EN SOUVENIR DE L'AN MIL HUIT CENT QUARANTE.

LE TRADUCTEUR.

KONRAD WALLENROD,

NOUVELLE HISTORIQUE

D'APRÈS LES ANNALES DE PRUSSE ET DE LITHUANIE.

Depuis un siècle entier l'Ordre teutonique nage* dans le sang des idolâtres; déjà le Prusse** esclave ou fugitif, désertant la patrie, ne sauve que ses jours : le Germain, s'élançant à sa poursuite jusqu'aux frontières de la Lithuanie, le massacre ou le ramène dans les fers [3].

Le Niémen sépare les Lithuaniens de leurs ennemis. A droite on voit briller les faîtes des temples, on entend bruire les forêts profondes, asiles des dieux [4]; à gauche, sur une colline, on voit se dresser la croix, l'enseigne des Germains : son front se cache dans les cieux, et ses bras menaçants s'étendent sur la Lithuanie, comme pour étreindre toutes les terres de Palémon [5] et les soumettre à sa loi.

D'une part, une foule de jeunes Lithuaniens, la panthère au front, l'ours à l'épaule, l'arc en sautoir et la main remplie de flèches, parcourent le rivage en épiant les manœuvres de l'ennemi [6]; à l'opposé, le cavalier teuton, immobile, armé du casque et de la cuirasse, l'œil fixé sur le rempart vivant des Lithuaniens, charge son mousquet et compte les grains de son rosaire.

Les uns et les autres gardent le passage. Ainsi le Niémen, jadis renommé pour l'hospitalité de ses rives unissant les

---

* *Brodziç* signifie passer à gué, avoir de l'eau jusqu'aux reins; *pervadere*.

** Le Prusse ou Borusse primitif, le Lithuanien d'en deçà le Niémen. Voyez les notes historiques, à la fin du volume.

deux peuples frères, est maintenant pour eux le seuil de l'éternité; personne ne peut, sous peine de mort ou d'esclavage, franchir les ondes interdites. Seule, la liane de la Lithuanie, éprise du peuplier prussique, grimpant le long des saules et des algues du Niémen, étend comme autrefois ses bras aventureux, et, traversant les flots d'une verte guirlande, sur le bord étranger va rejoindre son amant. Seuls, les rossignols des bocages de Kowno échangent comme autrefois leurs mélodies lithuaniennes avec leurs frères de la montagne de Zapuszcza*; ou, prenant leur essor, se donnent rendez-vous dans les îles du fleuve.

Et les hommes? — Oh! les hommes se font la guerre!... L'amitié des Prusses et des Lithuaniens, cette vieille amitié... ils l'ont tous oubliée... L'amour, l'amour seul unit parfois deux êtres... Je connais encore deux amants!

O Niémen! bientôt des bandes forcenées, le fer et la flamme à la main, s'abattront sur tes ondes; la hache dépouillera tes rives, respectées jusqu'à ce jour, de leurs verdoyantes couronnes. Le bruit des canons exilera le rossignol de tes bocages; la chaîne d'or, unissant tous les êtres dans la nature, sera brisée par la haine des peuples : oui, tout sera séparé!... mais les cœurs des amants s'uniront encore dans le chant du dernier Vaïdelote.**

I.

ÉLECTION.

Le beffroi résonne au château de Marienbourg 7; le canon gronde, le tambour bat. C'est jour de fête pour les cheva-

---

* Prononcez *Zapustcha*. Ce nom composé signifie *outre-forêts*, *outre-désert*.

** Le *Vaïdelote*, le poëte, le prêtre ou le mage lithuanien. Voyez t. 1, notes 95 et 223.

liers croisés ; de toutes parts les komthours se hâtent vers la capitale, où, réunis en chapitre, ils auront à décider, après avoir invoqué le Saint-Esprit, quelle poitrine il faudra décorer de la grand'croix, à quelles mains il faudra confier le grand glaive [8]. Un jour, puis un autre jour se passent en délibérations ; beaucoup de chevaliers sont sur les rangs : tous d'une haute naissance et tous ayant bien mérité de l'Ordre [9]. Cependant l'accord unanime des frères désigne comme le plus méritant le nom de Konrad Wallenrod.

Wallenrod est un étranger ; inconnu parmi les chevaliers, il avait rempli déjà les cours lointaines de sa gloire [10]. Soit à la poursuite du Maure sur les monts de Castille ; soit à la chasse des vaisseaux musulmans sur les mers ; toujours aux premiers rangs dans la mêlée, le premier à l'assaut, le premier à l'abordage, le premier aux tournois ; s'il entrait en lice et daignait lever sa visière ; personne n'osait le combattre à outrance : chacun, de bonne grâce, lui cédait la première couronne. Ce n'est pas seulement par le glaive que Wallenrod illustra ses jeunes années ; mais aussi par de grandes vertus chrétiennes : la pauvreté, l'humilité et le mépris du monde.

Konrad ne cherchait pas à briller dans la cohue des cours par un parler exquis et des mœurs élégantes ; jamais pour un vil salaire il n'a vendu son épée aux barons en discorde. Ayant passé sa jeunesse dans l'austérité du cloître, il dédaignait les applaudissements de la foule et les hautes dignités. Même des récompenses plus douces et plus dignes, les chants des ménestrels et les faveurs de la beauté, ne touchaient que faiblement son âme impénétrable. Wallenrod écoutait les louanges avec froideur, ne jetait sur les belles qu'un regard passager et fuyait les doux entretiens d'amour.

La nature l'avait-elle fait insensible et hautain, ou le devint-il avec l'âge ?... On ne sait ; jeune encore, il avait des cheveux blancs, et ses joues flétries attestaient déjà la vieillesse de la souffrance...

Cependant il ne se refusait pas toujours aux loisirs du jeune âge; parfois même il écoutait avec faveur les causeries féminines : aux saillies des courtisans il ripostait par d'autres saillies, et jetait des myriades de compliments aux dames, avec un froid sourire, comme on jette des friandises aux enfants.

C'étaient de rares moments d'oubli... et soudain, quelque parole indifférente, vide de sens pour tout autre, éveillait en lui des mouvements passionnés; les mots patrie, devoir, amour, un trait aux croisades ou à la Lithuanie, troublaient aussitôt la sérénité de Wallenrod : sitôt qu'il les entendait, il détournait la tête, devenait insensible à tout, et s'abîmait dans de mystérieuses rêveries... Peut-être, au souvenir de sa mission sainte, se reprochait-il de profanes voluptés... Mais il ne recherchait, lui, que les seules douceurs de l'amitié, et n'avait entre tous choisi qu'un seul ami, plus saint encore par sa vertu que par son ministère; c'était un moine aux cheveux blancs : il avait nom Halban. Lui seul partageait l'isolement de Konrad; il était à la fois le directeur de son âme et le confident de ses peines. Bienheureuse amitié!... Il est saint parmi les mortels celui qui a pu s'unir d'amitié avec les saints!

C'est ainsi que les chefs de l'assemblée monastique exaltaient les vertus de Konrad; mais il avait un vice... et qui donc n'en a pas?... Konrad évitait les plaisirs mondains, Konrad haïssait les bruyantes orgies; toutefois, seul, enfermé dans sa retraite, se sentant dévoré de remords ou d'ennui, il en cherchait l'oubli dans les liqueurs ardentes. Alors il se transfigurait; une étrange rougeur empourprait son pâle et sévère visage, et ses grandes prunelles d'azur, mais dont le temps avait terni l'éclat, jetaient les étincelles de leur feu d'autrefois; un soupir de regret s'échappait de son sein, des larmes tremblaient à sa paupière, sa main cherchait une lyre, sa bouche laissait tomber des strophes d'une langue inconnue et seulement comprise par les âmes de ses auditeurs : car alors il suffisait d'écouter cette musique lugubre, d'observer le maintien du poëte, de voir l'effort du souvenir se peignant sur ses traits, quand, les sourcils relevés, le regard oblique, il semblait évoquer un fantôme du sein de la terre... Mais quel était le sens de ces hymnes de mort ? Sans doute, dans les élans d'une pensée vagabonde, il poursuivait sa jeunesse sur les abîmes du passé... Mais où donc était son âme ?... Son âme était au pays des souvenirs.

Pourtant jamais sa main, dans ses élans mélodieux, n'a tiré de son luth des accents calmes et suaves; ses traits semblaient redouter les innocents sourires à l'égal des péchés mortels. Toutes les cordes s'animaient tour à tour sous ses doigts, hormis une seule, le bonheur; tous les sentiments se propageaient de cette âme aux âmes des auditeurs, hors un seul sentiment, l'espérance ! Plusieurs fois les frères l'avaient pris au dépourvu, étonnés d'une pareille métamorphose. Konrad, revenu à lui, s'emportait, menaçait, jetait son luth, coupait court à ses chants, et proférait des blasphèmes impies.

Puis, il disait quelques mots à l'oreille de Halban, poussait des cris de guerre, donnait des ordres et défiait un invisible ennemi. Les frères s'épouvantaient; mais aussitôt le vieux Halban s'asseyait et plongeait son regard dans la face de Konrad : un regard pénétrant, froid et sévère, plein de je ne sais quelle mystérieuse éloquence. Voulait-il rappeler un souvenir ou donner un conseil ? Voulait-il jeter le trouble dans l'âme de Wallenrod ?... Aussitôt il rassérénait son front orageux, éteignait le feu de ses prunelles, et rappelait la pâleur sur ses joues.

Ainsi dans une arène, lorsque le gardien des lions, devant les dames, les seigneurs et les chevaliers, ouvre l'antre de fer et sonne de la trompe; quand le royal quadrupède tonne du fond des entrailles et glace d'effroi les spectateurs, seul, le gardien reste impassible : les bras croisés, il frappe puissamment l'animal de ses regards, et c'est par le talisman d'une âme immortelle, empreinte dans ses yeux, qu'il enchaîne et subjugue la férocité du lion ".

II.

LA RECLUSE.

Le beffroi résonne au château de Marienbourg; le doyen des komthours, suivi des grands dignitaires, des chapelains, des frères et d'un essaim de guerriers, se rend de la salle du conseil à la salle du chapitre. Tous viennent assister aux vêpres et chanter une hymne au Saint-Esprit.

HYMNE.

Esprit, lumière éternelle!
Colombe de Dieu!
Tout l'univers chrétien réuni sous ton aile,
Marchepied de ton trône, est présent dans ce lieu:
Sur tes autels daigne apparaître,
Et choisis parmi nous l'héritier du grand-maître!
Étoile de Sion!
Fais descendre sur nous, les aînés de ta race,
Ton céleste rayon;
Et celui qui sera plus digne de ta grâce
Aura le front paré d'une couronne d'or :
Nous tomberons à terre, en nous voilant la face,
Devant l'homme sur qui tu prendras ton essor.
Jésus, sauveur du monde!
Que ta main puissante et féconde
Désigne parmi tes enfants
Celui qui doit porter le glaive de l'apôtre

Et déployer aux yeux des païens triomphants
Les étendards du ciel, ton royaume et le nôtre,
Et le fils de la terre inclinera son cœur
Devant l'élu de Dieu, dont la forte poitrine
Brillera sous ta croix divine,
Le grand-maître de l'Ordre immortel et vainqueur!

Les prières finies, l'assemblée se retire. L'archi-komthour l'invite à se rendre au chœur après un court délassement, afin d'implorer Dieu pour qu'il daigne éclairer l'esprit des chapelains, des électeurs et des frères.

On va prendre le frais de la nuit; les uns s'établissent sous les galeries du château, les autres se répandent dans les bosquets et les champs. La nuit est calme et belle comme en mai; une aube douteuse apparaît à l'horizon; la lune, au terme de sa carrière, la lune au front changeant, au mobile regard, endormie tantôt sur un épais nuage et tantôt scintillant sous un voile argenté, incline déjà son disque morne et solitaire; tel un amant rêve dans le désert et remonte en pensée tout le flot de sa vie, avec ses espérances, ses plaisirs, ses tourments : tantôt il verse des larmes et tantôt lève un joyeux regard, puis, laissant tomber sa tête sur sa poitrine, il s'endort du sommeil de la mélancolie.

D'autres chevaliers se promènent aux alentours. Mais l'archi-komthour ne perd pas des instants précieux; il fait appeler Halban et quelques frères choisis : il les prend à l'écart pour consulter leurs pensées et leur communiquer les siennes. Ils quittent le château, et se hâtent vers la plaine. Tout en marchant et devisant entre eux, peu attentifs d'ailleurs au chemin qu'ils faisaient, depuis quelques heures ils erraient dans les environs, le long du lac assoupi. Voici bientôt le jour, il est temps de regagner la ville. Ils s'arrêtent... une voix!... d'où vient-elle?... de la tourelle au saillant du rempart. Ils écoutent encore... c'est la voix de la recluse. C'est là, dans ce donjon, qu'une religieuse inconnue[12], arrivée depuis dix ans dans la ville de Marie, soit qu'elle fût inspirée du ciel ou qu'elle voulût alléger par l'expiation les remords d'une conscience coupable, est venue chercher un dernier refuge; c'est là que, vivante, elle habite déjà un tombeau.

Longtemps les prélats ont décliné sa demande; mais enfin, lassés par la persistance de sa prière, ils lui ont accordé l'asile qu'elle implorait dans le donjon solitaire. A peine eut-elle franchi le seuil consacré, on le chargea de pierres et de ciment; et la recluse resta seule avec ses pensées, seule avec Dieu!... La porte qui la sépare des mortels ne sera plus ouverte que par les anges au jour du jugement!

Là-haut, par une petite lucarne grillée, le peuple lui envoie ses offrandes, le ciel ses brises légères et le jour ses rayons. Pauvre pécheresse!... la haine du monde a-t-elle donc à ce point aigri ta jeune âme, que tu crains le soleil et l'éclat d'un ciel pur?... Jamais, depuis que tu t'es enfermée dans cette tombe, on ne t'a vue à la lucarne du donjon aspirer la fraîche haleine des zéphyrs, contempler le ciel bleu dans sa sérénité, ni les douces fleurs sur la pelouse odorante, ni mille fois plus douces les figures de tes semblables!

Elle vit encore: voilà tout ce que l'on sait. Parfois le pèlerin, errant auprès de son asile, la nuit, est arrêté par un chant mélodieux, sans doute les accents de quelque noël; et lorsque les enfants des villages prussiques s'attroupent et s'ébattent le soir dans la vallée, une blancheur se lève dans la lucarne comme un rayon de l'étoile du matin : est-ce une boucle ambrée de ses cheveux? est-ce l'éclat de sa petite main de neige bénissant ces têtes innocentes?

L'archi-komthour, qui avait dirigé ses pas du côté du donjon entend ces paroles au moment de le dépasser : « Toi, Konrad!... ô ciel!... les destins s'accomplissent... toi grand-maître! pour les assassiner!... Eh quoi! ne te reconnaîtront-ils pas?... Que te sert de te déguiser!... Tu changerais d'enveloppe comme le serpent, que tout le passé vivrait encore dans ton âme; il vit bien dans la mienne!... Tu reviendrais vampire que les croisés te reconnaîtraient encore dans ton cadavre!... »

Les chevaliers écoutent; c'est bien la voix de la recluse. Ils regardent le grillage; elle semble inclinée, les bras étendus vers quelqu'un sur la terre... mais vers qui? Personne à l'entour... seulement au loin l'acier d'un casque brille comme un éclair, et sur le sol glisse comme une ombre... Est-ce un manteau de chevalier?... Disparu! Sans doute quelque vision trompeuse ou le reflet d'un rayon de l'aurore... Les ombres du matin ont passé sur la plaine.

« Frères! s'écrie Halban, rendons grâces à Dieu! c'est lui, n'en doutons pas, dont la volonté nous a conduits vers ces murs; ayons foi dans les prophétiques accents de la recluse [3]! Avez-vous bien entendu?... il s'agissait de Konrad, or Konrad est le prénom du bouillant Wallenrod. Arrêtons-nous; que le frère donne la main au frère, et, foi de chevaliers, demain, après le conseil, il sera notre grand-maître! — Et tous se sont écriés: Konrad sera notre grand-maître! »

Ils s'en allaient en criant; longtemps encore le vallon répétait comme une acclamation de triomphe et de joie: «Vive Konrad! vive le grand-maître! vive le grand Ordre! meurent les païens! » Halban demeura pensif. D'un sourire de mépris il accompagne les frères; jette un regard sur la tour, et chante à demi-voix, en s'éloignant, les strophes suivantes:

CHANT DE LA VILIA.

Vilia, le trésor de nos plaines fécondes,
Roule un sable d'or fin sous des vagues d'azur;

La fille du Niémen, se baignant dans ses ondes,
A le cœur aussi calme et le front aussi pur.

Vilïa, sous les fleurs de narcisse et de rose,
Du vallon de Kowno festonne les détours;
Plus brillants que ces fleurs qu'en jouant elle arrose
Sont nos jeunes guerriers aux pieds de leurs amours.

Vilïa, dédaignant sa couronne éphémère,
Cherche au loin le Niémen, son rapide vainqueur;
Ainsi, notre amoureuse, ayant quitté sa mère,
Suit le jeune étranger et lui livre son cœur.

Vilïa pour jamais déserte ses rivages;
Le Niémen là saisit dans ses bras de géant,
Là porte au fond des bois sur les steppes sauvages :
Et tous deux vont se perdre au sein de l'Océan.

Vilïa meurt captive, et ton cœur solitaire
Loin des champs paternels doit être enseveli :
Tu périras, de même, errante sur la terre,
Jetée, avant le temps, au gouffre de l'oubli !

Vilïa fuit toujours, et la vierge aime encore.
En vain l'on avertit le cœur et le torrent;
Vilïa s'est donnée au fleuve qu'elle adore,
La fille du Niémen aime et chante en mourant

III.

L'ENTRETIEN.

Après que le grand-maître eut baisé le livre des lois divines, qu'il eut fini les prières et reçu des mains du komthour le glaive et la grand'croix, insignes du pouvoir suprême, il leva fièrement un front orageux; d'un regard étincelant de colère ou d'une joie sinistre il parcourut l'assemblée : un sourire passager, hôte à peine connu, vint effleurer ses traits, imperceptible et fugitif comme le rayon qui perce une matinale nuée, annonçant à la fois le lever du soleil et la tempête.

Cette émotion du grand-maître, cet air de menace, remplissent les cœurs de plaisir et d'espoir; déjà tous se figurent les combats et les riches dépouilles qui les attendent : déjà ils s'imaginent voir couler des flots de sang païen! Qui saurait tenir tête à un pareil guerrier, affronter sans effroi le tranchant de son glaive ou le feu de ses regards; Lithuaniens, tremblez! votre heure approche! la croix sainte va briller au faîte des temples de Vilno!

Vain espoir! Les jours, les semaines se passent, l'année entière s'écoule dans un lâche repos. La Lithuanie menace; Wallenrod ne songe pas à combattre, à mener l'Ordre au combat : et, s'il se réveille, s'il paraît vouloir agir, c'est pour agir au rebours de la règle. Sans cesse il se plaint que l'Ordre a transgressé les anciennes coutumes, que les frères ont violé leurs vœux [14]! « Prions, dit-il; que la pauvreté, que l'amour de la paix et de la vertu remplacent le goût des richesses et des vanités mondaines! » Il ordonne des jeûnes, impose de longues pénitences; plus de plaisirs innocents, plus de jouissances paisibles : le bannissement, les cachots ou le glaive, voilà les punitions qu'il inflige même aux fautes les plus légères.

Cependant le Lithuanien, qui naguère évitait de bien loin les murs de la ville teutonique, maintenant chaque nuit met le feu aux villages d'alentour, traîne en esclavage le peuple des campagnes sans défense; et, pour la première fois, les enfants ont tremblé sur le seuil paternel aux sons rauques du cor samogitien [15].

Et pourtant, fut-il jamais une saison plus favorable aux combats? Les discordes intestines déchirent le sein de la Lithuanie; ici le Russien belliqueux, là le Sarmate inquiet, ailleurs le khan de Krimée, conduisent contre elle des peuplades aguerries. Vitold, détrôné par Jaghellon, est venu chercher l'appui de l'Ordre; il promet en échange des trésors et des fiefs opulents : et c'est en vain qu'il attend des secours [16]!

Les frères murmurent, le conseil se rassemble; seul, le grand-maître ne paraît pas. Le vieux Halban court le trouver; personne au château, personne à la chapelle. Où donc est-il?... Sans doute sous la tourelle au saillant du rempart. Les frères ont épié ses courses nocturnes; tous savent que chaque soir, quand des ombres plus épaisses enveloppent la terre, un chevalier dirige ses pas errants vers les bords du lac : collé contre la muraille, à genoux et couvert d'un manteau, il brille de loin comme une statue de marbre et passe ainsi de longues nuits sans sommeil. Souvent, à la voix de la recluse, qui à demi-voix l'appelle, il se lève et lui répond de même. De loin, on ne saurait saisir le sens des paroles; mais aux brusques lueurs de son cimier, aux mains frémissantes, aux mouvements de son front soulevé, on comprend que l'entretien roule sur de graves objets.

CHANT DU DONJON.

Qui comptera mes soupirs, mes douleurs?
O nuit profonde où mon cœur s'accoutume!
Dans ma poitrine est-il tant d'amertume
Que le grillage a rougi sous mes pleurs?
Et ces larmes, sans cesse inondant ma paupière,
Mieux qu'au sein d'un ami, pénètrent dans la pierre!

Dans le château du puissant Swentorog [17]
Il est un feu que la foudre alimente;
L'hiver nourrit une source fumante
Sur le sommet du tombeau de Mendog :
Hélas! nul n'entretient mes soupirs, mes alarmes,
Et mon cœur saigne encor, mes yeux sont pleins de larmes.

Baisers d'un père et regard maternel,
Blondes moissons sur un champ plein d'arômes;
Jours sans nuage et sommeil sans fantômes,
Tel fut mon sort : je le crus éternel!...

L'Innocence et l'Amour, ces deux anges paisibles,
Sans cesse à mes côtés, me gardaient invisibles !

   Chez une mère, où nous étions trois sœurs,
   Plus d'un grand roi me parla d'hyménée ;
   Pays charmant, jeunesse fortunée,
   Qui donc m'a dit qu'il est d'autres douceurs?
   Jeune et beau chevalier, pourquoi me faire entendre
Ce qu'avant toi jamais je n'aurais su comprendre !

   Qu'il est un Dieu, des esprits immortels,
   Des cités d'or sur de riches campagnes ;
   Où peuple et prince, à leurs jeunes campagnes
   Font des serments sur les mêmes autels :
Preux comme nos guerriers quand l'honneur les réclame,
Doux comme nos bergers quand l'amour les enflamme.

   Où, dépouillant son cilice odieux,
   L'âme s'enfuit vers le ciel, sa patrie ;
   Il fallait croire une voix si chérie :
   En t'écoutant, je pressentais les cieux !
Et depuis, jour par jour, je n'entends, je ne rêve
Que ta voix, que ce ciel où mon âme s'élève !

   Ta croix funèbre enchantait mon amour.
   D'une autre vie elle était le symbole [26] ;
   De cette croix l'éclair luit et m'immole :
   Et tout devient mort, désert à l'entour !
Je ne regrette rien ; je bénis ma souffrance,
Car Dieu m'a tout ravi... mais laissé l'espérance !...

Et l'écho redisait « Espérance ! » à travers les ondes, les vallons et les bois.

Où suis-je? et quelle voix parle ici d'espérance? s'écrie en souriant avec rage Konrad, que ce mot rappelle à lui-même. Pourquoi ces chants?... Ai-je donc oublié ton bonheur d'autrefois? Ta mère avait trois filles, toutes belles comme toi ; on te demanda la première en mariage... Malheur ! malheur à vous, roses charmantes! un serpent se glisse dans votre jardin ; et, par où sa poitrine marque son passage, l'herbe meurt, la rose se fane et devient livide comme le sein du reptile ! Rappelle à ta pensée les jours qui ne sont plus; ces jours qui pour toi seraient encore pleins de bonheur, sans... Tu gardes le silence? Oui, chante et maudis-moi! Cette larme de feu qui pénètre la pierre, qu'elle tombe, ici, sur ma tête! qu'elle ne coule pas en vain! j'ôterai mon casque, qu'elle me brûle le front; qu'elle tombe, je veux souffrir : je saurai le supplice qui m'attend aux enfers!

LA RECLUSE.

Pardonne, ô mon amant, seule je suis coupable!... Mais tu reviens si tard, l'attente est si pénible, et malgré moi je ne sais quelle chanson du jeune âge... Silence, plus de ces chants! Et de quoi me plaindrais-je?... Près de toi, mon bien-aimé, près de toi j'ai passé un instant de ma vie; et ce seul instant, je ne l'échangerais pas contre une éternité passée avec la foule monotone et muette! Toi-même tu m'as dit que les êtres vulgaires sont comme ces coquillages enfouis dans la vase; à peine une fois par an la tempête les pousse à la surface : alors ils s'ouvrent aux rayons du jour, jettent leur soupir vers les cieux et redescendent aussitôt dans leur tombe de limon... Oh! je n'étais point faite pour un pareil bonheur!... Encore dans ma patrie, tandis que je coulais une paisible existence au milieu de mes sœurs, je sentais je ne sais quels désirs inconnus s'emparer de mon âme; sans objet je soupirais et sentais battre mon cœur... Souvent je fuyais la prairie étalée à mes pieds; j'atteignais le sommet de la plus haute colline, et là je me disais : si chacune de ces alouettes me donnait une plume de ses ailes, je les suivrais dans les cieux! je n'emporterais qu'une petite fleur de ces montagnes... la fleur du souvenir!... puis, je voudrais m'envoler bien haut, au delà des nuages... et disparaître... Toi, tu m'as exaucée; aigle, roi de l'espace, tu m'as élevée jusqu'à toi... Oiseaux légers, je ne vous demande plus rien... Où pourrais-je vous suivre ?... à quelle autre volupté peut encore aspirer celle à qui fut donné d'adorer le souverain maître dans les cieux et de chérir un grand homme sur la terre !

KONRAD.

La grandeur, ô mon ange ! et toujours la grandeur !... mais elle seule cause nos tourments ! Console-toi ; quelques jours encore, il en reste si peu !... C'en est fait ! plus de regrets ; il est trop tard : pleurons à présent pour que l'ennemi tremble... Konrad pleure, mais afin d'égorger !... Que viens-tu faire ici... loin des murs du cloître, de l'asile de paix ?... Je t'ai vouée au service de Dieu ; hélas ! n'eût-il pas mieux valu, dans ces murs consacrés, pleurer et mourir loin de moi que d'attendre la mort dans ce pays du mensonge et du meurtre, dans cette tour sépulcrale, la mort qui vient à la suite de tortures prolongées ; ouvrant des yeux désespérés, mendiant du secours à travers les barreaux de cette grille inflexible !..) Et moi !... témoin du martyre de ta longue agonie, il me faut rester en bas et maudire mon âme d'avoir encore gardé quelque peu de sentiment.

LA RECLUSE.

Oh ! si tu viens maudire, ne viens plus ici ! En vain tu reviendrais, tu me supplierais avec des larmes, tu ne m'entendras plus ! J'abandonne cette fenêtre et je descends pour toujours dans ma nuit profonde, où je vais dévorer des larmes silencieuses... Adieu, mon seul amour, adieu pour jamais ! Périsse le souvenir de cette heure où tu n'as pas eu pitié de moi !

KONRAD.

Pitié donc pour moi-même, ô toi qui es un ange ! demeure encore ; ou, si ma prière ne te retient pas, je me brise le crâne sur l'angle de ce donjon : demeure, ou je mourrai comme ce maudit Caïn !

LA RECLUSE.

Ayons donc pitié tous les deux ! Songe, ô mon ami, si

nous n'étions que deux sur cette terre immense, si grande qu'elle soit; sur les sables de la mer, deux gouttes de rosée que le moindre souffle de vent pourrait faire disparaître!... Oh! puissions-nous mourir ensemble! Suis-je donc venue ici pour troubler ton repos? Je n'ai pas voulu prendre le voile et fiancer à Dieu ce cœur que possédait un amant mortel! J'ai seulement voulu demeurer dans le cloître et consacrer en toute humilité mes jours au service des religieuses. Mais là, autour de moi, tout était si nouveau, si étrange.... si désert sans toi! Je me suis rappelé qu'après bien des années tu devais revenir à la ville de Marie tirer vengeance d'un puissant ennemi et soutenir la cause d'un peuple opprimé... L'espérance abrége les années; peut-être, revient-il déjà, me disais-je en moi-même, lorsque vivante je venais m'ensevelir dans ce tombeau; ne m'est-il pas permis de le revoir encore et de mourir auprès de lui? J'irai donc, ai-je dit, m'enfermer dans un ermitage, sur un débris de rocher, au bord d'un chemin!... Peut-être un chevalier prononcera-t-il en passant le nom de celui que j'aime. Peut-être parmi les casques des guerriers, reconnaîtrai-je son panache! Qu'il change d'armure, qu'il change de bouclier et de devise, qu'il change de visage, d'aussi loin qu'il paraisse, mon âme devinera mon amant! Qu'obéissant à un devoir terrible, il répande autour de lui la mort et le carnage, que tous l'exècrent et le maudissent; une âme fidèle, de loin, osera le bénir!... C'est ici que j'ai choisi mon refuge et ma tombe, dans ce lieu désert et paisible où nul sacrilége étranger ne viendra surprendre les accents plaintifs de mon cœur. Tu te plais, je le sais, dans les promenades solitaires. Un soir, me disais-je encore, il viendra peut-être, loin de ses compagnons, s'entretenir avec les vents et les flots du lac bien-aimé; alors, il entendra ma voix, il me donnera une pensée... Le ciel a satisfait ces innocents désirs. Je t'attendais, te voilà! Mes accents, tu les as compris... Naguère je

priais Dieu de voir au moins dans un songe ta consolante
image, et ce n'était qu'une image pourtant!... Aujourd'hui,
que de bonheur!... Nous pouvons... oui! nous pouvons
pleurer ensemble!...

KONRAD.

Et ces pleurs, à quoi bon? Grand Dieu! en ai-je versé
depuis le jour où je me suis arraché de tes bras, arraché
pour jamais! où j'ai tué volontairement dans mon cœur toute
joie et toute volupté, pour remplir de sanglantes destinées!...
Mon martyre attend sa couronne; mes désirs vont être comblés! Et quand je vais me venger de tous mes ennemis, tu
viendrais me ravir la victoire?... Hélas! depuis le jour où
nos regards se sont rencontrés à la grille de ton cachot, il
n'y a plus pour moi dans le monde entier que ce donjon,
cette grille et ce regard. Autour de moi, lorsque tout respire la guerre, au milieu des fanfares, du cliquetis des
armes, moi, je n'épie que le son de ta voix angélique. Toute
ma journée n'est qu'une attente; et, lorsque le soir est enfin
venu, je veux le prolonger par le souvenir. Mes jours, à
moi, ce sont nos soirées. Cependant l'Ordre impatient murmure de mon repos; il appelle à grands cris la guerre, la
guerre qui doit le perdre : et le haineux Halban ne me laisse
pas de trêve. Tantôt il me rappelle mes serments, les pays
dévastés et les villages livrés à la fureur du soldat; ou, si je
résiste à ses plaintes, d'un soupir, d'un geste, d'un regard,
il sait rallumer dans mon sein tous les feux de la vengeance. Mon destin s'accomplit. La guerre qu'ils demandent,
ils l'auront. Un messager de Rome, hier, est venu nous annoncer que d'innombrables phalanges, armées sur tous le
points du globe par une sainte ferveur, se disposent à combattre les infidèles. Tous veulent que je les mène avec le
glaive et la croix aux remparts de Vilno; et, tandis qu'il
s'agit des destinées des nations, j'ai honte de l'avouer, je
pense à toi seule, j'imagine des retards pour vivre encore

un jour, un seul jour avec toi! O jeunesse, que tes dévouements sont immenses! Jeune, j'ai sacrifié pour la cause de ma patrie, sans crainte sinon sans regret, amour, ciel et bonheur; et, vieillard aujourd'hui, lorsque Dieu, l'honneur, le désespoir, tout m'ordonne de marcher aux combats, je ne puis détacher ma tête grise de ces murs : je crains de perdre... un moment d'entretien !

Il se tait. De la tourelle seulement transpirent des sanglots. Les heures tardives s'écoulent dans le silence. La nuit se dissipe, et le rayon de l'aurore a déjà coloré le sein du lac paisible. La brise du matin passe et repasse dans le feuillage assoupi des bosquets; les oiseaux essaient un timide ramage et se taisent de nouveau... croyant avoir hâté le moment du réveil...

Konrad est debout; il lève sur la grille un long regard de douleur : mais le rossignol chante et voici le matin !... Il baisse la visière, enveloppe son visage des plis de son manteau, de la main il salue la recluse et se perd dans les broussailles. Tel du seuil de l'ermite disparaît le génie des enfers, au son de la cloche argentine du matin.

IV.

ORGIE.

C'est le jour du patron, le jour solennel! Les komthours et les frères se hâtent vers la capitale; le drapeau blanc flotte sur les coupoles : Konrad va fêter les chevaliers par un brillant repas [19].

Cent manteaux blancs s'agitent autour d'une table [20].

Chaque manteau est noirci d'une croix. Ce sont les frères; et debout derrière eux se tiennent les novices, prêts à les servir.

Konrad est à la place d'honneur. A sa gauche, Vitold avec ses hetmans, jadis ennemi des croisés, aujourd'hui leur convive. Il a pactisé avec eux, contre la Lithuanie, sa patrie !

« Réjouissons-nous en Dieu²⁸ ! » dit Konrad en se levant et en donnant le signal du festin. « Réjouissons-nous en Dieu ! » répètent en chœur mille voix sonores ; l'argent des coupes résonne le vin ruisselle.

Wallenrod s'assied. Accoudé sur la table, il prête dédaigneusement l'oreille aux joyeux propos. Le bruit cesse ; à peine quelques plaisanteries à demi-voix interrompent le son léger des amphores.

« Réjouissons-nous ! dit encore Konrad. Eh quoi ! mes frères, est-ce ainsi qu'il convient à des chevaliers de se réjouir ? D'abord le tumulte d'une orgie et puis des murmures timides ! Sommes-nous des moines ou sommes-nous des brigands ?

« C'était une autre coutume de mon temps ! Lorsque sur un champ de bataille jonché de morts, sur les monts de Castille ou dans les forêts de Finlande, nous buvions aux feux des bivacs*, alors c'étaient des chants ! N'y a-t-il pas dans cette foule quelque barde ou ménestrel ? Le vin réjouit le cœur de l'homme ²² ; mais le chant, c'est le vin de la pensée ! »

Divers chanteurs se lèvent. Ici, un obèse Italien, au gosier de rossignol, exalte le courage et la dévotion de Konrad ; là, un troubadour des bords de la Garonne, chante les aven-

---

* *Bivac* est un mot allemand, *beywacht*, garde de convoi ; il a passé dans le français avec *lansquenet*, *sabretache*, *maréchal*, *marquis* et une foule d'autres.

tures des bergers amoureux, des dames enchantées, de chevaliers errants.

Wallenrod sommeille; les chants s'arrêtent. Réveillé soudain par l'interruption du bruit, il jette à l'Italien une ceinture garnie de pièces d'or. « Tu n'as chanté, dit-il, que mes seules louanges. Un seul ne peut donner une autre récompense. Prends, et retire-toi. Pour ce jeune troubadour, qui sert tour à tour et la gloire et l'amour, qu'il pardonne si dans cet essaim de soldats il ne se trouve dame gentille qui, par reconnaissance, veuille bien orner son pourpoint d'un vain bouton de rose.

« Ici toutes les roses sont fanées! Il me faut un autre barde; le moine-chevalier veut une autre chanson. Il faut qu'elle soit rauque et sauvage comme le son du cor et le bruit des armes, sombre comme les murs d'un cloître, ardente comme un solitaire enivré.

« Pour nous qui sacrons et massacrons les païens, qu'une chanson de mort annonce le jour sacré. Qu'elle nous provoque, nous irrite, nous endorme et soudain nous effraie. Telle est notre vie, telle sera notre chanson. Mais qui nous la chantera? Répondez!

« — Moi! » dit en se levant un vieillard vénérable qui était assis à la porte entre les écuyers et les pages; Prusse ou Lithuanien, comme son costume l'annonce. Une barbe épaisse et blanchie par les années retombe sur son sein; un reste de cheveux blancs couronne sa tête chauve; son front et ses yeux sont couverts d'un voile : ses traits sont sillonnés par l'âge et les souffrances.

Sa main droite porte un vieux luth prussique, et sa gauche, étendue vers la table, semble demander audience. On se tait. « Je chante, leur dit-il. Autrefois je chantais pour les Prusses et les Lithuaniens; maintenant les uns sont morts en défendant leur patrie; les autres, dédaignant de lui survivre, préfèrent s'achever sur son cadavre : comme ces fidèles serviteurs qui périssent, heur ou malheur, sur le bûcher de leur maître. Quelques-uns cachent leur honte au fond des forêts; les derniers, comme Vitold, demeurent parmi vous.

« Mais après la mort... Allemands, vous le savez vous autres... Interrogez vous-mêmes les transfuges, traîtres à leur pays! Que deviendront-ils lorsque, condamnés aux flammes éternelles, ils voudront invoquer leurs aïeux au séjour des élus? Dans quelle langue pourront-ils implorer merci? Sous leur parler germanique, ces aïeux reconnaîtront-ils la voix de leurs descendants?...

« O quelle honte, enfants, pour la Lithuanie!... Aucun, aucun de vous n'a pris ma défense quand des marches de l'autel, Vaïdelote impuissant, je fus traîné dans les fers des Teutons! Solitaire, j'ai vieilli sur le sol étranger; chanteur, je ne sais plus pour qui je dois chanter: Lithuanien, j'ai perdu les yeux à pleurer ma patrie. Aujourd'hui, si je veux adresser un soupir de regret au toit qui m'a vu naître, je ne sais plus où elle est, cette maison chérie, ici... là... ou ailleurs!...

« Là seulement, dans mon cœur, j'ai sauvé l'âme de ma patrie; et ces faibles débris de mes anciens trésors, Teutons, prenez-les-moi! Prenez mes souvenirs!

« De même qu'un guerrier vaincu dans un tournoi ne sauve sa vie qu'au prix de son honneur; et, las de traîner des jours couverts d'opprobre, revient une dernière fois auprès de son vainqueur, lui jette un dernier défi, et rassemblant ses forces, brise son arme à ses pieds :

« Ainsi je veux tenter une dernière épreuve. A moi le luth! Que le dernier Vaïdelote vous chante en lithuanien la dernière chanson!... »

Il dit, et attend que le grand-maître ait parlé. Tous attendent comme lui. Konrad épie d'un œil railleur et pénétrant les gestes et les traits de Vitold.

Tous ont pu l'observer; lorsque le Vaïdelote parlait des traîtres à la patrie, Vitold avait changé de couleur. Blême de honte et pourpre de colère, il saisit enfin le pommeau de son épée; il bondit, fend la foule étonnée, regarde le vieillard... et s'arrête soudain. Le nuage de courroux qui planait sur sa tête se résout en un torrent de larmes. Vitold revient, s'assied à sa place, cache sa figure dans les plis de son manteau et se plonge dans de mystérieuses rêveries.

Et les Allemands de se dire tout bas : « Devons-nous admettre à nos banquets de ces misérables mendiants?... Qui veut écouter leurs chants et qui peut les comprendre? » Des éclats de rire de plus en plus bruyants se mêlent à ces murmures; les pages s'écrient en sifflant dans des noix vides : « Voici l'air de la chanson lithuanienne[3] ! »

Konrad se lève et dit : « Valeureux chevaliers, selon l'antique usage, l'Ordre aujourd'hui reçoit les présents des cités et des provinces. C'est comme tribut d'un pays esclave que ce vieux mendiant nous apporte ses rhapsodies; agréons son offrande : ce sera le denier de la veuve.

« Nous voyons parmi nous le prince des Lithuaniens; ses généraux aussi sont les hôtes de l'Ordre : il leur sera agréable d'entendre le souvenir de vieux faits d'armes, rajeunis dans l'idiome qui leur est familier. Qui ne peut comprendre peut s'éloigner; quant à moi, j'aime ces accents inintelligibles et mornes de la chanson lithuanienne : comme j'aime le fracas des tempêtes ou le bruit léger d'une pluie de printemps... elle nous berce et nous endort. Chante donc, vieux mage! »

CHANT DU VAÏDELOTE.

« Quand la peste doit frapper la Lithuanie, l'œil du mage entrevoit son approche; car, s'il faut en croire les Vaïdelotes, souvent la vierge fatale[4] apparaît sur les tombeaux et les bruyères, vêtue de blanc, une couronne de feu sur la tête : son front dépasse les arbres de Bialowiez, et sa main agite un voile sanglant.

« Les gardiens des châteaux cachent leurs yeux sous les casques; et les chiens des campagnes enfoncent leurs museaux dans la terre, fouillent en flairant la mort, et poussent d'affreux hurlements.

« La vierge s'avance d'un pas sinistre à travers villages, châteaux et villes opulentes; autant de fois qu'elle secoue son voile, autant de châteaux deviennent des déserts : où son pied a passé, partout s'élève une tombe.

« Funeste apparition!... Mais il est pour les Lithuaniens des présages plus formidables; le cimier germanique au panache éclatant; le manteau germanique à la croix funèbre.

« Où les pieds d'un pareil fantôme ont laissé leur empreinte, ce n'est rien que la ruine des bourgs et des cités; une contrée entière devient une tombe. Si ton âme est encore lithuanienne, qui que tu sois, oh! viens, nous irons nous asseoir sur le cercueil des nations, rêver du passé, répandre des chants et des pleurs!

« Chant populaire, arche d'alliance entre les temps anciens et nouveaux; c'est en toi que le peuple dépose les armes de son héros, la trame de ses pensées et la fleur de ses sentiments!

« Arche sainte, à jamais inviolable si ton peuple ne te profane lui-même! Chant du peuple, gardien du sanctuaire national des souvenirs! si ta voix et tes ailes sont angéliques, tu tiens aussi parfois le glaive de l'archange!.

« L'histoire tracée au pinceau, la flamme peut la dévorer; vos trésors, les larrons porte-glaives [25] viendront les piller; le chant seul échappe et survit : le chant parcourt la foule, et si les âmes viles ne savent plus le nourrir de regrets et l'abreuver d'espérance, il fuit dans la montagne, il s'attache aux décombres, et raconte au désert l'histoire des temps passés. Tel le rossignol fuit les palais envahis par les flammes; il se pose un instant sur le toit, et quand le toi s'effondre, il fuit dans les forêts : là, d'une voix sonore, audessus des tombeaux et des ruines, il chante aux voyageurs les hymnes de la mort.

« Ce chant, je l'écoutais !... Souvent un centenaire heurtait des ossements du soc de sa charrue, s'arrêtait et jouait sur le chalumeau la prière des morts; ou pleurait des stances à votre gloire 26, vénérables aïeux : morts sans postérité*!... Les échos répondaient; moi, j'écoutais de loin !... Ces tableaux et ces chants m'exaltaient d'autant plus que j'étais seul à les voir et seul à les entendre !

« Comme au jour du jugement le clairon de l'archange évoquera du tombeau les siècles ensevelis, ainsi les ossements que je foulais se dressaient sous mes pas à la voix du chanteur et prenaient des formes de géants. Les ruines montaient en colonnes, s'érigeaient en arcades superbes; les lacs endormis retentissaient du bruit des rames : on voyait à travers le portail des châteaux les couronnes des princes, les armures des guerriers, les ménestrels chantant leurs louanges, les jeunes filles dansant à leurs joyeux refrains... Le rêve était divin; mais quel fut le réveil 27 !

« Proscrit, les bois et les montagnes du pays ont disparu à mes yeux ! La pensée, fatigant son aile à travers l'étendue, tombe enfin et se réfugie dans l'enclos domestique; le luth s'échappe d'une main défaillante : au milieu du gémissement de mes frères je n'entends plus la voix du passé, Mais les étincelles d'un jeune enthousiasme ne sont pas mortes dans mon cœur ! Souvent elles s'embrasent, raniment ma pensée et fécondent ma mémoire. Alors cette mémoire, comme une lampe de cristal coloré, bien que ternie par la poussière et les ans, si l'on vient à placer une flamme

---

* Sans postérité s'exprime en polonais par un seul mot, *bez-dzietny*, comme dans le grec απαις.

dans son cœur, séduit encore les yeux par la fraîcheur de ses teintes, et projette sur les lambris des images plus pâles, mais radieuses toujours !

« Si je pouvais verser dans l'âme de mes auditeurs les feux qui dévorent la mienne et ressusciter à leurs yeux les héros d'autrefois; si je savais frapper au cœur de mes compatriotes avec le dard de la parole, à l'instant même où le chant patriotique les aurait émus, ils sentiraient peut-être l'ancienne grandeur d'âme, l'ancien tressaillement du cœur, ils vivraient au moins une heure, une heure aussi sublime que la vie tout entière de leurs ancêtres !

« Mais pourquoi rappeler les temps évanouis ! le chanteur doit-il accuser son époque?... Il est un homme présent, contemporain, sublime; et c'est lui que je chante : écoutez, Lithuaniens !... »

Le vieillard se tait; de l'oreille et des yeux il interroge l'assemblée : les Allemands lui permettront-ils de poursuivre? Un profond silence règne dans la salle du festin, silence inspirateur des poëtes. Il chante donc une mélodie, mais sur un mode nouveau; sa voix se cadence en mesures plus lentes, sa main effleure à peine les cordes de sa lyre : et de l'hymne il descend à un simple récit.

RÉCIT DU VAÏDELOTE*.

« D'où reviennent les Lithuaniens? Ils reviennent d'une excursion nocturne, chargés de riches dépouilles conquises dans les temples et les châteaux. Des bandes de prisonniers allemands, les fers aux mains, la corde au cou, suivent les chevaux des vainqueurs. Parfois ils regardent la Prusse, et fondent en larmes; puis ils regardent Kowno et se recommandent à Dieu.

---

* Le récit du Vaïdelote est un vers non-rimés, en hexamètres très-réguliers, pour la première fois employés dans la poésie polonaise.

« Au milieu de Kowno s'étend la vallée de Péroun ; c'est là que les princes lithuaniens, quand ils rentrent vainqueurs après le combat, ont coutume de brûler en offrande les prisonniers germains.

« Deux chevaliers captifs avancent gaiement vers Kowno ; l'un jeune et superbe, l'autre courbé par l'âge. Tous deux, au plus fort du combat, ont quitté les drapeaux des Teutons et rejoint les Lithuaniens. Le prince Keystout[28] les reçoit ; mais il les fait entourer de gardes, et les emmène en son château. « Quel est votre pays et quels sont vos desseins ? — J'ignore, dit le plus jeune, ma naissance et mon nom ; j'étais enfant lorsque je fus enlevé par les chevaliers. Je me rappelle seulement que, dans une grande ville, quelque part en Lithuanie, était la maison de mon père ; une maison de brique rouge, dans une ville en bois, assise sur des hauteurs boisées. A l'entour des collines bruissait une forêt de pins ; à travers les arbres, au loin, scintillait un lac argenté[29]. Une fois, au milieu de la nuit, un cri d'alarme nous éveilla ; un jour sanglant frappa les fenêtres ; les vitres craquaient, une épaisse fumée inondait la maison, nous descendîmes à la porte ; la flamme courait dans les rues, des tisons volaient comme la grêle, puis un cri terrible : « Aux armes ! les Teutons dans la ville !... aux armes !... » Mon père s'élança, le fer en main, et... ne revint plus ! Les Allemands pénétrèrent dans les maisons ; l'un deux se mit à me poursuivre, m'atteignit et m'enleva sur son cheval. Je ne sais ce qui arriva depuis ; seulement j'entendis longtemps après, le cri de ma mère. A travers le bruit des armes, dans le fracas des maisons écroulées, ce cri m'a longtemps poursuivi, ce cri m'est resté dans l'oreille. Et même a présent lorsque je vois un incendie, lorsque j'entends des clameurs de détresse, ce cri se réveille dans mon âme comme l'écho de la caverne aux éclats de la foudre. Voilà tout ce qui m'est resté de la Lithuanie et de mes parents... Quelquefois, dans mes songes, je vois encore la noble figure de ma mère, celle de mon père, de mes frères ; mais, à mesure que j'avance en âge, un voile toujours plus épais s'étend sur leurs traits chéris...

« Mon enfance s'écoulait ; comme Allemand, je grandissais au milieu des Allemands. Walter était mon nom, on y ajouta celui d'Alph [30] : le nom seul était germain, l'âme resta lithuanienne ; elle conserva les regrets de la patrie et la haine de l'étranger !

« Winrick, le grand-maître, me gardait dans son palais ; c'est lui qui me tint sur les fonts du baptême. Il m'aimait et me traitait comme un fils ; moi, je m'ennuyais dans le palais : des genoux de Winrick je fuyais auprès du vieux Vaïdelote. Il y avait alors parmi les Allemands un Vaïdelote lithuanien ; prisonnier de guerre depuis de longues années, il servait d'interprète à l'armée. Dès qu'il eut appris que j'étais orphelin et Lithuanien, il sut m'attirer à lui, me parla Lithuanie, réchauffa mon âme soucieuse par des caresses, des chants, et les doux accents de l'idiome natal. Souvent il me menait sur les bords du bleu Niémen ; de là, nous aimions à contempler au loin les belles montagnes de la patrie. Quand nous retournions au château, le vieillard essuyait mes larmes, crainte des soupçons qu'elles pourraient exciter ; il les essuyait, tout en attisant ma vengeance contre les Allemands. De retour au palais, j'aiguisais secrètement un couteau ; je me rappelle avec quelle volupté de haine je coupais les tapis de Winrick ou je crevais ses miroirs, je jetais du sable et je crachais sur l'acier poli de son bouclier. Plus tard, aux jours de l'adolescence, souvent nous quittions en bateau le port de Kleypeda [31], pour visiter les rivages lithuaniens. Je cueillais des fleurs compatriotes ; et leur baume enchanteur éveillait dans mon âme je ne sais quels vagues souvenirs... Enivré de leur parfum, ô douce illusion ! je redevenais enfant ; il me semblait jouer encore dans le jardin paternel avec mes frères, enfants comme moi! Le vieillard aidait aussi ma mémoire; avec des paroles plus suaves et plus belles que les fleurs des champs, il me peignait un passé de bonheur; me disait combien il était doux de couler au sein de sa patrie, au milieu d'amis et de parents, les jours de la jeunesse : combien de pauvres enfants lithuaniens, ensevelis dans les cachots de l'Ordre, vivaient déshérités d'un pareil bonheur!...

« Voilà comment il me parlait dans les champs; mais sur les plaines de Polonga, où la mer blanchissante vient briser avec bruit sa poitrine sonore et vomit des torrents de gravier de sa gorge écumeuse : « Tu vois, me disait-il, les pelouses fleuries de ces rives, demain elles seront envahies par les sables; tu vois ces herbes printanières, elles s'efforcent de percer le linceul qui les couvre : vains efforts! L'hydre sablonneuse multiplie ses têtes, étend au loin ses blanches nageoires, étreint la rive expirante, et porte plus avant le règne sauvage du désert... Mon fils, les herbe du printemps ensevelies vivantes, ce sont nos frères subjugués, c'est la Lithuanie; mon fils, les sables d'outre-mer poussés par la tempête... c'est l'Ordre!... » Le cœur me saignait de l'entendre; j'aurais égorgé des Teutons et j'aurais fui parmi les nôtres. Le vieillard modérait ces transports : « Des guerriers libres, disait-il, peuvent en liberté choisir leurs armes et combattre en plein champ un adversaire de force égale[32]... Demeure parmi nous; formé par les Allemands dans les arts de la guerre, tu tâcheras de gagner leur confiance, et plus tard... nous verrons. »

« J'obéis au vieillard, je suivis les armées des Teutons mais, dès le premier combat, à peine eus-je aperçu les étendards, à peine eus-je entendu les chants de guerre de mon pays, je me précipitai vers les miens en entraînant le vieillard. Ainsi l'épervier arraché de son aire et nourri dans une cage, pour donner la chasse aux éperviers ses frères ; lors même qu'il semble étourdi par les mauvais traitements de l'oiseleur, dès qu'il s'élève dans les nuages, dès qu'il plonge ses regards dans l'immensité de sa patrie d'azur, qu'il entend le bruit de ses ailes, qu'il respire un air libre : va, chasseur, retourne chez toi la cage vide, et n'attends plus l'épervier [33] ! »

« Le jeune homme se tait. Keystout l'écoute encore, ainsi que sa fille Aldona, jeune et belle comme une divinité.

« L'automne arrive, avec elle viennent les longues soirées. Aldona, selon l'usage, entourée de ses jeunes compagnes, travaille à son métier ou s'amuse à filer des trames précieuses. Et pendant que les aiguilles s'agitent sur les toiles, que les fuseaux roulent, Walter, debout, conte les merveilles des pays germains et de sa forte jeunesse... Toutes les paroles de Walter, la jeune fille les aspire, les retient par cœur, et souvent les redit en songe. Walter cite les châteaux et les grandes villes d'outre-Niémen, la splendeur des costumes et la magnificence des fêtes ; les jeunes paladins venant briser leurs lances dans les tournois et les reines de beauté se penchant des galeries et décernant les couronnes. Il parle du Dieu puissant qui règne au delà du Niémen, et de la mère immaculée du Sauveur, dont il fait voir les traits angéliques dans un merveilleux scapulaire. Le jeune homme l'avait pieusement porté sur le sein ; et voici qu'il le donne à la jeune Lithuanienne, sa néophyte, en lui enseignant la prière ! Tout ce qu'il sait, il veut le lui apprendre ; hélas ! il lui apprend plus encore qu'il ne savait lui-même : il lui apprend l'amour !

« Et que de choses il en apprenait à son tour ! Avec quelle délicieuse émotion il entendait de ses lèvres des mots lithuaniens depuis longtemps oubliés ! A chaque mot retrouvé un sentiment nouveau s'éveillait dans son âme, comme une étincelle sous la cendre ; c'étaient les noms sacrés de famille, amitié, et un autre encore... Amour, qui n'a point son pareil sur la terre, si ce n'est... Patrie ! » D'où vient, se demande Keystout, ce changement subit dans ma fille ? Qu'est devenue son ancienne gaieté ? Où sont ses jeux d'enfance ? Lorsque toutes les jeunes filles s'en vont, les jours de fête, danser sur la pelouse, d'où vient qu'elle reste seule ou cause avec Walter ? Et les jours de travail, lorsque ses compagnes s'appliquent à l'aiguille, au tambour, l'aiguille lui tombe des mains; sur le métier, tous les fils se brouillent : elle ne regarde pas ce qu'elle fait, et tous me le font observer. Hier, je l'ai vue moi-même broder une rose en vert et les feuilles en soie rose... Et comment pourrait-elle voir autre chose, quand ses yeux ne cherchent que les yeux de Walter, quand sa pensée ne fait que rêver de son Walter? Si je demande où elle est allée, on me répond toujours : — au vallon. — D'où vient-elle ? — Du vallon. — Et qu'y a-t-il dans ce vallon ? — Le jeune homme a planté pour elle un jardin... — Un jardin !... Serait-il par hasard plus beau que les vergers de mon château ? (Keystout avait des vergers magnifiques, remplis de fruits de toute espèce, tentation des jeunes filles de Kowno 34). Pardieu, ce n'est pas le jardin qui l'attire... c'est le jardinier !... Cet hiver, les vitraux de ses fenêtres qui donnent sur le Niémen étaient brillants comme en plein été. Je l'ai vu, le givre n'en avait seulement pas terni le cristal. C'était encore Walter qui repassait par là ! Sans doute elle état à la fenêtre; et ses brûlants soupirs ont fait couler la glace des vitraux ! Je croyais, moi, qu'il lui montrait à lire et à écrire; on disait d'ailleurs que les princes commençaient a donner de l'instruction à leurs enfants. Au fait, c'est un bon jeune homme ; intrépide, savant dans les écritures comme un prêtre. Dois-je le congédier ?... Il peut être si nécessaire à la Lithuanie !... Nul ne sait mieux que lui ordonner les troupes, dresser les remparts, apprêter les armes à feu*; lui seul me vaut une armée. Viens ici, Wal-

---

* Voyez la note 6, sur les armes de guerre à cette époque.

ter, sois mon gendre, et combats pour la Lithuanie! »

« Walter devint l'époux d'Aldona. Teutons, vous croyez sans doute que c'est la fin de l'histoire? Dans vos fabliaux d'amour, quand le couple se marie, le trouvère termine sa ballade, en ajoutant seulement qu'ils vécurent heureux et longtemps. Walter adorait Aldona; mais Waltter avait l'âme grande. Il ne trouva point de bonheur au sein de sa famille, car le bonheur n'était point dans sa patrie.

« A peine les neiges ont-elles disparu, et l'alouette jeté son premier refrain (ailleurs l'alouette annone la saison des amours; pour la Lithuanie c'est le présage annuel de l'incendie et du meurtre), que les croisés descendent innombrables dans la plaine. Déjà, des montagnes d'outre-Niémen, l'écho nous apporte les bruits d'un camp tumultueux, le cliquetis des glaives, le hennissement des coursiers. Les armées tombent comme un brouillard et submergent au loin la campagne. Çà et là on voit briller les bannières des avant-gardes, comme l'éclair avant l'orage. Les Allemands s'arrêtent sur le Niémen; jettent des ponts, assiégent le fort de Kowno; chaque jour bastions et remparts s'écroulent sous les coups du bélier; chaque nuit la sape formidable se creuse dans la terre comme une taupe: la bombe s'élance dans les cieux sur ses ailes de flamme, et s'abat sur les édifices comme le faucon sur sa proie. Kowno n'est plus que décombres; les Lithuaniens se retirent sur Keydany [35]: Keydany croule, les Lithuaniens se retranchent dans les forêts et les montagnes. Les Allemands avancent toujours, en brûlant ce qu'ils ne peuvent piller; Keystout et Walter sont toujours les premiers au combat, les derniers à la retraite. Keystout, partout calme, avait appris, dès sa jeunesse, à tomber sur l'ennemi, à le terrasser tout en fuyant. Ses ancêtres ont tous ainsi combattu les Teutons; à leur exemple, il combat et ne se met pas en peine de l'avenir. Walter a d'autres pensées; élevé parmi les croisés, il connaît les ressources de l'Ordre : il sait qu'un appel du grand-maître fait refluer, de tous les points de l'Europe, trésors, armes et guerriers vers la ville de Marie. Les Prusses naguère ont voulu se défendre; n'ont-ils pas été détruits? Tôt ou tard, le même sort attend les Lithuaniens. En déplorant le passé de la Prusse, il tremble pour l'avenir de la Lithuanie. « Mon fils, lui dit Keystout, tu es un prophète de malheur; tu m'enlèves le bandeau des yeux pour me montrer des abîmes ! En t'écoutant, il me semble que mes mains faiblissent, que le courage abandonne mon cœur, avec l'espérance de la victoire !.... Que faire? comment résister aux Teutons? — Mon père, répond Walter, je sais un moyen terrible, unique, mais infaillible. Peut-être un jour, vous l'apprendrez. » C'est ainsi qu'ils parlaient après la bataille de la veille, avant le combat du lendemain; en attendant que la trompette les appelât à de nouveaux périls.

« Chaque jour Keystout est plus sombre; mais que devient Walter? Il n'a jamais été bien joyeux, et même aux instants de bonheur, une ombre légère voilait son visage; mais, dans les bras d'Aldona, son front reprenait sa sérénité : il l'accueillait toujours d'un sourire, la quittait avec un regard de tendresse. Maintenant, il semble obsédé d'une seule pensée; tous les jours devant sa demeure, les bras croisés, il regarde au loin la fumée des villes et des hameaux en flammes, et ses regards deviennent effrayants : la nuit, s'éveillant en sursaut, il observe à travers la croisée la sanglante lueur de l'incendie.

« Qu'as-tu donc, cher époux? demande la plaintive Aldona. — Ce que j'ai! Faut-il que je dorme en paix pour que les croisés me saisissent, me jettent dans les chaînes et me livrent aux bourreaux? — Dieu nous en préserve, mon bien-aimé; les sentinelles gardent les remparts ! — Oui, les sentinelles nous gardent, je veille et je porte une épée; mais une fois les gardes morts, une fois ce glaive ébréché !...

Écoute ; si je vois la tardive, la misérable vieillesse !... — Dieu nous donnera des enfants pour nous consoler... — Et si les Allemands se jettent sur nous, s'ils égorgent la mère, enlèvent les enfants, les emportent chez eux et les dressent à tirer contre leur père?... Et moi-même peut-être, j'aurais massacré mon père avec ses enfants, sans le vieux Vaïdelote! — Cher Walter, fuyons tout au fond de la Lithuanie ; pour leur échapper, cachons-nous dans les montagnes et les bois. — Nous fuirions ! Et les autres mères? et les autres enfants?... Les Prusses fuyaient aussi, et le Teuton a su les atteindre jusqu'en Lithuanie! Et s'ils nous découvrent dans les montagnes ? — Nous irons plus loin encore! — Plus loin!... plus loin, malheureuse ! plus loin que la Lithuanie ! mais ce sont les Russes ou les Tatars ! » A ces mots, Aldona s'arrête interdite. Elle avait pensé, jusqu'à présent, que la patrie était vaste comme le monde... elle apprend, pour la première fois, qu'il n'y a plus pour eux d'asile en Lithuanie ; elle se tord les mains, et demande à Walter : « Que faut-il faire ? — Il ne reste aux Lithuaniens qu'un seul moyen pour briser la puissance de l'Ordre ; ce moyen, je le connais : mais ne m'interroge pas, au nom du ciel! Maudit soit le jour où, contraint par eux, j'aurai recours à ce moyen! » Il refuse d'en dire davantage. Sourd aux supplications d'Aldona, il n'entend, il ne voit que les malheurs de la Lithuanie ; jusqu'au jour où le feu de la vengeance, en secret nourri par l'aspect des calamités de la patrie, eut embrasé son âme, dévoré un à un tous les autres sentiments : celui-là même qui jusqu'alors lui rendait la vie heureuse, même le sentiment de l'amour! Ainsi, quand les chasseurs allument un foyer sous le tronc d'un chêne de Bialowiez, l'arbre se consume jusqu'au cœur ; roi des forêts, bientôt il perd son feuillage aérien, le vent disperse ses rameaux : et même la couronne de gui, la seule qui parait encore son front de verdure, se flétrit sans retour.

« Longtemps après, les Lithuaniens, tour à tour agresseurs ou fuyards, erraient dans les montagnes, les châteaux, les déserts et les bois. Enfin la sanglante bataille de Roudava fut livrée; les jeunes héros lithuaniens tombèrent par dizaines de milliers : et tout autant de chefs et de frères teutons. Mais des renforts arrivent d'outre-mer au secours des croisés. Keystout et Walter, avec une poignée de braves, regagnent les hauteurs; et, les sabres ébréchés, les boucliers en pièces, couverts de sang et de poussière, ils s'en reviennent chez eux. Pas un regard, pas une parole pour Aldona! Walter parle allemand avec Keystout et le Vaïdelote. Aldona n'a rien compris; mais son cœur est obsédé d'affreux pressentiments. Après s'être concertés, tous trois jettent sur elle des regards douloureux. Walter la considère longtemps avec l'expression d'un muet désespoir; et deux ruisseaux de larmes s'échappent de ses yeux. Il tombe à ses genoux, presse ses mains sur son cœur et lui demande pardon de tout ce qu'elle a souffert à cause de lui : « Malheur, disait-il, malheur aux femmes qui s'attachent à ces êtres bizarres dont les yeux planent au delà des limites de leur village, dont la pensée monte éternellement comme la fumée au-dessus des toits, dont le cœur ne saurait se contenter du bonheur de famille. Les grands cœurs, Aldona, sont comme des ruches trop vastes; le miel ne pouvant les remplir, elles deviennent des nids de couleuvres. Pardonne, ô ma douce Aldona!... Aujourd'hui, je veux rester près de toi, je veux tout oublier; soyons encore l'un pour l'autre ce que nous fûmes jadis. Demain... ». Et il n'ose achever. Quelle ivresse pour Aldona! « Il va donc changer! se dit l'infortunée; il sera calme et joyeux. Plus de tristesse, plus de voile sur ses regards, plus de pâleur sur sa joue!... » Walter passe toute la soirée aux pieds d'Aldona. Lithuanie, guerre et Teutons, tout est pour l'instant oublié. Son arrivée à Kowno, les premières paroles échangées, la première promenade au vallon, enfin toutes les circonstances de leur premier amour, puériles peut-être, mais si douces au cœur, tels sont les sujets de leurs entretiens. Pourquoi donc ce mot seul : « Demain ! » vient-il les interrompre? A ce mot, il retombe dans sa rêverie, il regarde longtemps sa compagne, des larmes roulent sous sa paupière; il voudrait parler et n'ose. N'aurait-il évoqué le sentiment du bonheur d'autrefois que pour lui dire un suprême adieu? les entretiens, les caresses de ce soir seraient-elles les dernières lueurs du flambeau d'amour?... L'interroger serait en effet inutile; Aldona le considère avec inquiétude : elle attend, et, sortie de la salle, elle regarde encore à travers les fentes de la cloison. Walter verse du vin et boit coup sur coup; pour la nuit il retient chez lui le vieux Vaïdelote.

Au lever du soleil, le pavé retentit sous le fer des chevaux; deux guerriers se hâtent vers les montagnes dans le brouillard épais du matin. Ils éludent toutes les sentinelles; ils n'en peuvent éluder une seule : les yeux vigilants d'une amante. Elle avait deviné la fuite de son époux; elle se présente à lui dans le vallon : Oh! c'était une triste rencontre! « Retourne, ô bien-aimée! retourne à ta maison ! Tu seras heureuse, peut-être! tu seras heureuse dans les bras de tes parents; jeune et belle, tu seras consolée, tu m'oublieras! Plusieurs princes naguère ont recherché ta main; tu deviens libre, tu es veuve : oui, veuve d'un grand homme, qui, pour le bien de sa patrie, renonce... même à toi! Adieu! oublie-moi!... quelques pleurs sur ma tombe!... Walter a tout perdu, Walter est resté seul au monde, comme l'ouragan au désert! Il doit errer sur la terre, trahir, assassiner, et puis mourir de la mort des infâmes. Mais, après bien des années, le nom d'Alph retentira de bouche en bouche par la Lithuanie; un jour, les chants des Vaïdelotes t'apprendront ses hauts faits. Alors, ô bien-aimée! alors il t'en souviendra, de ce guerrier terrible, couvert des ombres du doute, connu de toi seule et qui fut jadis ton époux. Puisse alors un sentiment d'orgueil consoler ton veuvage! » Aldona l'écoute en silence; elle l'écoute et n'entend rien. « Tu pars, tu pars! » s'écrie-t-elle en s'effrayant elle-même de ce mot : *tu pars*. Ce mot seul vibre à son oreille; elle ne pense à rien, ne se souvient de rien : son présent, son passé, son avenir, tout est confondu. Mais son cœur devine qu'il lui est impossible de retourner en arrière, impossible d'oublier. Elle roule des yeux égarés, et plusieurs fois elle rencontre le farouche regard de Walter. Dans ce regard elle ne trouve plus la consolation d'autrefois... et semble implorer quelque nouveau soutien. Elle regarde alentour; partout des déserts, des forêts! Au milieu de ces forêts, au delà du Niémen, surgit un dôme solitaire, celui d'un monastère de religieuses, sombre édifice élevé d'une main chrétienne. C'est là que reposent les yeux et la pensée d'Aldona; telle la colombe emportée par le vent au milieu des mers, tombe sur le mât d'un navire inconnu. Walter a compris Aldona; il la reconduit en silence, lui fait part de ses projets et lui recommande le mystère. Arrivés à la porte du couvent, hélas! ce furent de déchirants adieux... Walter a suivi le Vaïdelote, et l'on ne sait pas ce qu'ils sont devenus. Malheur, malheur à lui s'il n'a pas encore accompli son serment; si après avoir renoncé à la félicité, empoisonné les jours d'Aldona... s'il a tant sacrifié, tant immolé, pour rien!... L'avenir nous en apprendra davantage... Allemands, j'ai fini mon récit. »

***

« Enfin!... » tel est le murmure qui se propage dans la salle. « Eh bien, ce Walter, quels seront ses exploits? où, sur qui cette vengeance? » s'écrient les auditeurs. Le grand-maître seul, dans cette foule émue, est resté silencieux, le front baissé vers la terre. Profondément agité, il se verse à tout moment des rasades et les vide d'un seul trait. Sa figure a changé; sur ses traits enflammés mille sentiments croisent leurs éclairs, son front devient de plus en plus orageux, ses lèvres noircies frémissent convulsivement : ses yeux égarés volent comme des hirondelles avant l'orage. Enfin il jette son manteau; et, bondissant au milieu de l'assemblée : « La fin de ta chanson, dit-il, chante-moi la fin tout à l'heure, ou donne-moi ce luth! Pourquoi trembles-tu? Donne-le moi, te dis-je, et verse-moi du vin. Je te dirai la fin, moi, si tu trembles!...

« Oh! je vous connais vous autres! Le chant du Vaïdelote est un présage de malheur, comme la nuit le hurlement du chien! Le meurtre, l'incendie, voilà les sujets que vous aimez à chanter; en nous laissant, à nous, la gloire et les remords! Dès le berceau, vos accents, perfides comme la vipère, étreignent le sein de l'enfant et lui versent dans l'âme les plus cruels poisons... le désir insensé de la gloire et l'amour de la patrie! Ce sont eux qui poursuivent les traces du jeune homme, pareils au spectre d'un ennemi, souvent ils apparaissent au milieu du festin et viennent mêler du sang aux coupes de la joie! Malheur! je vous ai trop écoutés! Le sort en est jeté; va, je te connais, tu l'emportes, vieux traître! La guerre! eh bien, soit! la guerre! le triomphe du poëte!... Du vin! je bois à tes prophéties!

« Je sais, moi, je sais la fin! Non, j'en veux chanter une autre... Lorsque je combattais sur les monts de Castille, les Maures m'ont appris une ballade. Vieillard, joue-moi cet air, cet air de l'enfance, que jadis dans le vallon de... Oh! c'étaient d'autres temps!... Je ne sais chanter que sur lui seul... Reviens donc ici, vieux mécréant; car, de par tous les dieux germains, prussiques, lithuaniens... »

Contraint d'obéir, le vieillard dut tirer de son luth des accords plus pressés et suivre les fougueux accents de Konrad, comme un esclave suit les pas irrités de son maître.

Cependant les flambeaux pâlissaient sur les tables; fatigués du banquet, les chevaliers penchaient leurs têtes assoupies : mais Konrad chante, ils se réveillent, l'entourent en se serrant, l'oreille attentive à chaque parole de la chanson.

ALPUHARA.

BALLADE.

Déjà du Christ l'étendard triomphant
    Des Maures a vu fuir le reste;
Seule et sans peur Grenade se défend,
    Mais Grenade en proie à la peste.

Almanzor seul des tours d'Alpuhara
    Sème d'atroces funérailles ;
Demain, le chef espagnol les prendra,
    Car demain il monte aux murailles.

Voici le jour!... Déjà de toutes parts
    Le canon gronde, le fer brille ;
Déjà la croix flotte sur les remparts :
    En avant, Burgos et Castille !

Le roi, voyant ses meilleurs chevaliers
    Morts ou prisonniers, prend la fuite,
Vole à travers champs, manoirs et halliers,
    Des vainqueurs trompant la poursuite.

Campéador fait servir un festin
    Au milieu des palais en flammes ;
Les Espagnols partagent le butin,
    Appellent du vin et des femmes.

La garde annonce aux chefs, aux généraux
    Un Maure au livide visage,
Sans doute un prince, un guerrier, un héros;
    Il s'avance : il porte un message.

C'est Almanzor, l'émir des musulmans !
    Qui, voyant Grenade asservie,
Vient se livrer à la foi des serments,
    Et ne demande que la vie.

« Fiers Espagnols, je reviens dans ce lieu,
   « Converti par tant de défaites,
« Bénir vos lois, adorer votre Dieu,
   « Croire enfin à tous vos prophètes.

« Vous triomphez! Allah! c'était écrit.
   « Qu'il soit dit par toute la terre
« Qu'hier un prince, à présent un proscrit,
   « Du chrétien sera tributaire. »

Les Espagnols estiment la valeur ;
   Chacun, déplorant sa disgrâce,
Lui tend la main, console son malheur :
   Le roi le salue et l'embrasse.

Lui dans ses bras les étreint tour à tour;
   Et, dans un baiser plein de fièvre,
Au souverain témoignant son amour,
   L'embrasse et se pend à sa lèvre.

Puis il chancelle, il pâlit en tombant;
   Mais sa main tremblante, ô mystère!
Aux pieds du prince attache son turban :
   Il rampe après lui sur la terre.

Sur l'assemblée il jette ses regards
   Pleins d'un feu sinistre et farouche ;
Un rire affreux crispe ses traits hagards :
   L'écume a jailli par sa bouche.

« Regardez-moi tous, je vous ai trahis.
   « Giaours! Almanzor vous déteste!
« Je vais mourir; Grenade est mon pays :
   « Je suis l'envoyé de la peste!

« Dans un baiser j'ai transmis à vos cœurs
   « Le feu mortel qui me dévore.
« Vous mourrez tous comme moi, mes vainqueurs!
   « Voici la vengeance du Maure! »

Il tord ses bras, se roule à leurs genoux ;
   Le sang inonde sa prunelle :
Contre son cœur il veut les presser tous
   D'une étreinte horrible, éternelle!

Il rit encore avec férocité ;
   Son regard pâlit et s'efface :
Riant, il meurt : et pour l'éternité
   Ce rire est figé sur sa face.

L'Espagnol fuit ; mais la mort le suivra :
   Une mort honteuse et funeste.
Sujet ou prince, autour d'Alpuhara
   Rien ne doit survivre à la peste!

« C'est ainsi que les Maures se vengeaient autrefois. Voulez-vous apprendre la vengeance du Lithuanien?... Et si quelque jour, fidèle à sa parole, il venait mêler la peste à vos breuvages?... Mais non, non!... autre temps, autres mœurs ; n'est-ce pas, prince Vitold? Aujourd'hui les princes lithuaniens viennent nous livrer eux-mêmes leurs États et tirer vengeance de leur peuple asservi.

« Mais pas tous au moins... oh! non, de par la foudre! Il est encore des hommes en Lithuanie!... Je veux chanter encore... Prends-moi cette lyre!... Une corde se rompt... Bien!... plus de chants aujourd'hui!... Mais j'espère, un jour il y en aura!... Aujourd'hui, l'excès des coupes... les fumées du vin... Réjouissez-vous, livrez-vous au plaisir... Et toi, Al... manzor... Arrière, vieux mendiant! Tiens, Halban... va-t'en.... sortez tous... laissez-moi seul. »

Il dit ; et d'un pas mal assuré il regagne sa place, se jette dans son fauteuil, profère encore des menaces : et d'un coup de pied renverse la table avec les vases et le vin. Puis il s'affaisse, sa tête retombe sur le dossier du siége, ses yeux s'éteignent par degrés, et, l'écume aux lèvres, il s'endort...

Les chevaliers demeurent interdits. Ils connaissent le vice lamentable de Konrad ; ils savent qu'une fois échauffé par le vin, il est sujet à des accès de démence. Mais durant le banquet, ô scandale inouï! aux yeux des étrangers, une telle fureur! Qui donc en est la cause? Où est ce Vaïdelote?

Il s'est glissé hors de la foule, et nul ne peut le découvrir.

On murmure tout bas que Halban, déguisé, avait chanté au grand-maître une chanson lithuanienne, et qu'il voulait ainsi provoquer les Teutons à une nouvelle croisade contre les idolâtres. Mais d'où vient ce changement subit dans l'humeur de Konrad? d'où vient la colère de Vitold? que signifie la singulière ballade du grand maître? En vain tous les assistants s'évertuent à se l'expliquer.

V.

UNE CROISADE [36].

Guerre!... En vain Konrad chercherait-il encore à contenir l'impatience de l'armée et les exhortations du conseil. Depuis longtemps le pays tout entier ne respire que vengeance pour l'invasion des Lithuaniens et les trahisons de Vitold.

Vitold, qui avait mendié l'assistance de l'Ordre afin de ressaisir sa capitale de Vilno, à peine, au sortir du banquet, a-t-il su que les croisés vont se mettre en campagne, Vitold change de projet, trahit ses nouveaux alliés, et s'évade furtivement de leurs murs avec son escorte.

Muni de faux pleins pouvoirs de l'Ordre, il s'introduit dans toutes les places fortes des Teutons qu'il trouve sur sa route; désarme les garnisons, et met tout à feu et à sang. Enflammé de colère et dévoré de honte, l'Ordre teutonique proclame une croisade contre les païens.

Voici venir la bulle apostolique. A son appel, d'innombrables essaims de guerriers s'assemblent par terre et par mer. Suivis de leurs vassaux, les princes souverains décorent leurs armures de la croix sanglante, et tous ont adopté pour devise : « Le baptême ou la mort. »

Les voilà tous en Lithuanie... Et leurs exploits, quels sont-ils ? Que celui qui désire les apprendre monte sur les remparts lorsque le jour incline, et regarde à l'Orient... Il verra déborder sur les cieux comme un fleuve de sang. Les fastes de ces guerres religieuses devraient s'écrire en imprécations. Massacre, incendie et pillage, flamboyante lueur, joie des âmes stupides, et dans laquelle le sage reconnaît avec crainte une voix criant vers le ciel : Vengeance !

Toujours, toujours plus loin, les vents portent l'incendie. Maintenant, les croisés pénètrent au cœur de la Lithuanie ; Kowno, Vilno, sont assiégés. On le dit ; mais bientôt, plus de nouvelles, plus de messages, plus de flammes dans la contrée. Le ciel ne reflète plus que des lueurs lointaines...

En vain les Teutons supputent-ils déjà les nombreux prisonniers et les riches dépouilles d'une terre conquise ; en vain écrivent-ils coup sur coup pour savoir ce qui se passe : les courriers se hâtent et ne reviennent pas. Lorsque chacun interprète à sa guise cette cruelle attente, il leur semble que le désespoir vaudrait mieux que l'incertitude.

L'automne a fui. Les neiges de l'hiver s'amoncèlent au front des montagnes et roulent sur les chemins. L'horizon rougit de nouveau... Est-ce une aurore boréale ? Est-ce l'embrasement de la guerre ?... Les flammes deviennent de plus en plus distinctes, et l'air étincelle toujours, toujours de plus près.

Le peuple de Marienbourg regarde sur la grand'route. Ils reviennent ! Les voilà ! Une bande de voyageurs se fraie un pénible chemin à travers les neiges. C'est Konrad ! Où sont nos généraux ? Comment les accueillir ? en vainqueurs ? en fugitifs ? Que devient le reste des bataillons ? Konrad lève la main, il montre à l'horizon une troupe dispersée... Ah ! toute la vérité se révèle à leur aspect !...

Ils courent en désordre, se débattent dans les neiges, se heurtent, s'entassent et se foulent comme de vils insectes plongés dans un vase trop étroit; ils grimpent sur des monceaux de cadavres, refoulés à leur tour, par d'autres aussi misérables! Les uns traînent encore leurs pieds engourdis, les autres s'arrêtent pétrifiés de froid au milieu de la route; mais ils restent debout : et, comme des poteaux indiquant le chemin, ils lèvent les deux bras vers la ville...

Effrayé, curieux, le peuple abandonne les rues; il craint d'en trop apprendre et ne demande rien. L'histoire de toute cette funeste campagne est écrite pour lui dans les yeux, sur les traits des guerriers... Les glaçons de la mort ont voilé leurs paupières, les harpies de la faim ont dévoré leurs joues. Ici, résonne le cor des cavaliers samogitiens; là, l'ouragan roule des amas de neige à travers la plaine; plus loin, des troupeaux de chiens affamés poussent d'affreux hurlements : au-dessus de leurs têtes, planent en croassant des volées de corbeaux...

Tout est perdu !... Konrad les a tous immolés. Lui, dont le glaive était si redouté; lui, autrefois si fier de sa prudence, dans cette dernière campagne, timide, insouciant, il n'a pas su déjouer les stratagèmes de Vitold : et séduit, aveuglé par sa soif de vengeance, ayant engagé l'armée sur les steppes de la Lithuanie, il a fait traîner en longueur le siége de la capitale.

Les provisions consommées, lorsque la faim décimait déjà le camp des croisés, que l'ennemi rôdant aux environs détruisait les convois, coupait les arrivages, interceptait les routes, que chaque jour des centaines de soldats périssaient de misère; lorsqu'il était temps de terminer la campagne par un assaut décisif ou d'aviser promptement à la retraite : alors même Wallenrod, paisible et sans défiance, se livrait à la chasse, ou bien, enfermé dans sa tente, tramait des négociations secrètes en refusant d'admettre les généraux à ses conseils ³⁷. Son apathie est devenue telle que, insensible aux larmes de son peuple, au lieu de tirer le glaive en sa défense, il méditait tout le jour, les bras croisés, ou délibérait avec Halban.

Cependant l'hiver s'avançait en ramenant les neiges. Vitold, ayant rassemblé de nouveaux soldats, assiégeait l'armée dans son camp, la harcelait sans cesse ; et le grand-maître, opprobre inouï dans les fastes de l'Ordre ! le grand-maître lui-même a donné l'exemple de la fuite ! Au lieu de lauriers et de trophées, il apporte des champs de bataille la nouvelle des victoires de la Lithuanie...

Avez-vous remarqué, lorsqu'après la défaite il ramenait aux foyers cette légion de fantômes, qu'une morne tristesse lui couvrait le front, et le ver de la douleur lui rongeait la face ; mais si l'on regardait ses yeux !... Cette longue paupière à demi-voilée lançait obliquement de sinistres éclairs. On aurait dit une comète prophétisant la guerre ; ou bien ces changeantes lueurs, œuvre du démon, qui la nuit éconduisent le voyageur égaré. Trahissant à la fois la joie et la colère, elle brillait de je ne sais quelle satanique expression !

Le peuple frémit et murmure. Konrad ne s'en émeut point. Il réunit en conseil les chevaliers mécontents ; il les regarde, prend la parole, fait un geste ! O lâcheté ! tous l'écoutent avec recueillement, et tous s'en vont satisfaits de ses explications. Dans les erreurs de l'homme ils voient les jugements de Dieu... ³⁸ Car où sont les mortels que ne persuade point... la terreur !

Arrête, orgueilleux potentat ! il est aussi des juges contre toi ! Il est à Marienbourg un profond souterrain ; là, quand la nuit étend ses voiles sur la ville, un TRIBUNAL SECRET s'assemble et tient lit de justice : là, veille nuit et jour une lampe attachée aux voûtes de la salle. Douze fauteuils sont rangés autour d'un trône. Sur le trône repose le livre scellé des lois. Douze juges, revêtus de sombres armures, se cachent dans les ténèbres aux regards de la foule, inconnus l'un à l'autre ainsi que des fantômes. Librement et d'un commun accord tous ont juré de châtier les crimes de leurs grands-maîtres, les délits scandaleux ou secrets pour le monde. Une fois l'arrêt prononcé, un frère même ne trouverait pas grâce aux yeux d'un frère. Chacun doit, par force ou par surprise, exécuter la sentence sur le coupable. Tous ont le stylet à la main, la rapière au côté. Un des francs-juges s'approche du trône ; et, debout, le glaive nu devant le livre de l'Ordre, il dit : « Juges formidables, les preuves n'ont que trop confirmé nos soupçons. L'homme qui prend le nom de Konrad Wallenrod n'est point le vrai Wallenrod ! Ce qu'il est, on l'ignore. Il y a quelque douze ans, il est arrivé de je ne sais où, dans les provinces rhénanes. Quand le comte Wallenrod allait en Terre sainte, il se joignit à son cortége en qualité d'écuyer. Peu de temps après Wallenrod disparut sans qu'on sût de quelle manière. L'écuyer, fortement soupçonné de l'avoir assassiné, quitta sans bruit la Palestine et débarqua, sur les côtes d'Espagne, où, dans les guerres contre les Maures, il se signala par maints traits de bravoure, remporta des couronnes dans maints tournois, et se rendit célèbre sous le nom de Wallenrod. Enfin, il fit les vœux monastiques ; et, pour le malheur de l'Ordre, il fut nommé grand-maître. Comment il a gouverné, tous vous le savez. Cet hiver, tandis que nous luttions contre les frimas, la disette et la Lithuanie, Konrad visitait seul les forêts et les bruyères ; et là, des entrevues secrètes avec Vitold !...

« Depuis longtemps mes affidés observent ses démarches. L'autre soir ils se sont embusqués près de la tourelle, au saillant du rempart ; ils ne purent comprendre ce qui se disait entre la recluse et lui : mais, ô juges ! ils parlaient le langage des Lithuaniens !

« Considérant donc, à l'égard de cet homme, les rapports récents des affidés du tribunal secret, le témoignage de nos agents et la rumeur déjà presque publique;

« Juges ! nous accusons le grand-maître de félonie, d'assassinat, d'hérésie et de trahison ! »

A ces mots, l'accusateur met un genou en terre devant le livre de l'Ordre; et, la main sur le crucifix, il atteste par serment la vérité de sa déposition, en invoquant le nom du Très-Haut et la passion du Sauveur.

Les juges examinent la cause; mais point de discours, point de consultations. A peine un coup d'œil, un signe de tête manifestent par moment quelque profonde et sinistre pensée. Chacun à son tour approche de l'autel, feuillète le livre sacré avec la pointe du poignard, l'interroge en silence, ne prenant conseil que de lui-même; et, quand son arrêt est formé, pose la main sur son cœur. Alors tous s'écrient d'une voix unanime : « Malheur ! malheur ! »

Et trois fois les voûtes ont répété : « Malheur ! »

Dans ce mot, ce mot seul, tout l'arrêt est compris. Les juges se sont entendus. Douze glaives ont brillé sur leurs têtes, tous sont dirigés vers un point... vers le cœur de Konrad. Ils se retirent en silence...

Et l'écho souterrain répète encore une fois :

« Malheur [39] ! »

VI.

LES ADIEUX.

Une matinée d'hiver. Le vent chasse la neige. Wallenrod accourt à travers neige et vents. A peine a-t-il atteint les bords du lac qu'il frappe avec son épée les murailles de la tour, et s'écrie : « Aldona, Aldona ! c'est moi, moi vivant, moi, ton bien-aimé !... Tes prières sont exaucées.

LA RECLUSE.

Alph ! c'est bien sa voix ! O mon Alph, mon amant ! Il est donc vrai ! La paix déjà ! Tu reviens sain et sauf ! Tu ne me quitteras plus !

KONRAD.

Oh ! pour l'amour de Dieu, ne me demande rien. Écoute, mon amie, écoute, et ne perds pas un mot. Ils sont morts !... Vois-tu ces incendies ? Les vois-tu ? Ce sont les Lithuaniens qui ravagent les terres des Allemands. Cent ans ne suffiront pas pour réparer leurs désastres. J'ai frappé au cœur ce monstre à cent têtes. Les trésors de l'Ordre, source de sa puissance, sont épuisés ; ses villes sont en cendres, un fleuve de sang a coulé : et tout cela, c'est moi qui l'ai fait ! Mes vœux sont accomplis. L'enfer ne saurait inventer une vengeance plus complète ; homme, je n'en veux pas davantage. Ma jeunesse s'est passée, sous un masque odieux, à massacrer des hommes ; aujourd'hui, courbé par l'âge, je suis las de trahisons : fatigué de la guerre, je suis assez vengé. Les Allemands sont hommes, après tout !... Dieu m'a éclairé. Je reviens de Lithuanie. J'ai revu tous ces lieux ; j'ai vu ton château, le château de Kowno, qui n'est plus que ruines ; j'ai détourné les yeux : j'ai fui vers ce vallon que tu sais. Tout est comme autrefois ; mêmes bosquets, mêmes fleurs ! Tout est resté comme le soir de nos adieux. Ah ! il me semblait à moi que ce n'était que d'hier ! La pierre... tu sais cette grande pierre qui était le but de nos promenades ; eh bien, elle y est encore, seulement la mousse l'a revêtue ! A peine ai-je pu la découvrir sous les touffes de verdure. J'ai arraché les herbes et j'ai lavé la pierre de mes larmes ! Et ce banc de gazon entre les ormes, où tu aimais tant à te reposer pendant les chaleurs de l'été ; la source où j'allais puiser de l'eau pour toi : tout, j'ai tout reconnu, retrouvé, visité, jusqu'à ton petit jardin que j'avais entouré de saules desséchés ! Ces saules, oh ! n'est-ce pas une merveille ? Aldona ! ces arbustes jadis plantés de ma main dans le sable aride, tu ne les reconnaîtrais plus aujourd'hui. Ce sont de beaux arbres tout pavoisés de feuilles printanières, où le duvet des jeunes fleurs se balance !... A cet aspect, une consolation inconnue, un pressentiment de bonheur a rafraîchi mon âme... j'embrassai mes saules, je tombai à genoux : « Mon Dieu ! me suis-je écrié, fais que cela soit ! Puissions-nous, de retour aux rives paternelles, heureux habitants des champs lithuaniens, puissions-nous y revivre encore ; et que nos destins, de même que ces arbres, reverdissent d'espérance !... » Oui, retournons, je t'en prie ! J'ai du crédit dans l'Ordre, je puis te faire libre. Mais que me sert de commander ? Quand ces portes seraient plus dures que l'acier, je les enlèverai, je les briserai ! Là, vers notre vallon, c'est là que je veux te conduire ; je t'y porterai dans mes bras, et plus loin s'il le faut ! Il est encore en Lithuanie des déserts ; les ombres muettes des bois de Bialowiez, où l'on n'entend ni le bruit des armes ennemies, ni les cris orgueilleux des vainqueurs, ni les gémissements de nos frères vaincus. Là, dans une agreste et paisible chaumière, dans tes bras, sur ton sein, j'oublierai qu'il y a des nations au monde, qu'il existe même un monde ! nous vivrons pour nous, pour nous seuls. Reviens ! Oh... parle, je t'en prie !... »

Aldona se taisait ; Konrad se taisait de même : il attendait sa réponse... Déjà l'aurore empourprait l'orient. « Mais pour Dieu, Aldona, le jour va nous surprendre ; les gardes s'éveilleront et la sentinelle pourra nous dénoncer. Aldona ! s'écriait-il, tremblant d'impatience ; la voix lui manque, il l'implore des yeux, et priant à genoux, les mains jointes, il demande pitié : il embrasse, il étreint les froides murailles de la tour.

LA RECLUSE.

Hélas! il n'est plus temps! Dieu me prêtera des forces, il me soutiendra dans cette suprême épreuve! En entrant ici, j'ai juré sur le seuil de n'en sortir que pour le tombeau. Dieu! j'ai tant lutté contre moi-même! et aujourd'hui, quand je remporte la victoire, tu viendrais me la ravir? Celle que tu veux rendre au monde, sais-tu bien ce qu'elle est? Un misérable fantôme! Songe donc, ah! songe, si jamais je me décidais à t'écouter, si je quittais ce cachot et volais avec transport dans tes bras; et toi, si tu ne me reconnaissais pas, si tu me repoussais en détournant les yeux, si tu disais avec effroi : « Ce spectre odieux, est-ce bien mon Aldona? » si tu cherchais dans son regard éteint, dans ces traits qui maintenant... ah! l'idée seule m'en épouvante!... Non, jamais! jamais l'infortunée recluse n'effacera l'image de la belle Aldona! Moi-même, je te l'avoue... pardonne, ô mon amant! toutes les fois que la lune brille d'un plus vif éclat, et que j'entends ta voix, je me cache derrière ces murs, je crains de te voir de plus près. Sans doute, tu n'es plus aujourd'hui tel que tu étais... il t'en souvient, il y a bien des années, lorsque tu entrais dans la cour du château avec nos guerriers... ah! mon cœur te prête encore les mêmes regards, les mêmes traits, tout, jusqu'au même costume!... Ainsi le beau papillon, noyé dans l'ambre, conserve à jamais les formes et les couleurs de ses ailes... Alph, ne vaut-il pas mieux pour nous demeurer tels que nous fûmes autrefois, tels que nous nous réunirons un jour... mais non pas sur la terre! Aux heureux les vallons fleuris. Pour moi, j'ai pris goût à ma tombe de pierre; il me suffit de te savoir vivant, d'entendre chaque soir ta voix bien-aimée... Même dans cette retraite, il est des maux que l'on peut adoucir. Renonce aux trahisons, aux meurtres, et reviens plus souvent et de meilleure heure... Si même... écoute! si tu plantais autour de cette plaine une rangée d'arbres, comme celle de là-bas; si tu transportais ici tes saules et mes fleurs, et même cette pierre du vallon : si parfois les enfants du village venaient jouer sous les arbres de mon pays, tressant en couronnes ses fleurs et répétant en chœur ses chansons... La chanson lithuanienne fait rêver; elle me donnerait des songes de la patrie et de toi... Et après... après ma mort, qu'ils les chantent toujours sur le tombeau d'Alph et d'Aldona!... »

Alph n'écoute plus; il parcourt la rive désolée sans pensée, sans but, sans désir; de solitude en solitude, dans ces aspects sauvages, dans cette course forcenée, il trouve une sorte de soulagement : la fatigue. Il étouffe au milieu des brumes de l'hiver; il arrache son manteau, sa cuirasse, il déchire ses vêtements : il dépouille sa poitrine de tout... hors du remords! Déjà vers le matin il touche aux remparts de la ville. Il aperçoit comme une ombre; il s'arrête en la suivant des yeux... l'ombre s'éloigne, glisse d'un pied silencieux sur la neige, et se perd dans les remparts. On n'entend que le cri par trois fois répété : « Malheur!... malheur!!.. malheur!!!. »

Alph à ce cri s'éveille, s'étonne, réfléchit un instant. Il devine tout; il tire son épée et jette autour de lui des regards inquiets : rien que des tourbillons de neige sur les champs, rien que les sifflements de la bise dans les airs. Alph se retourne encore vers le lac, s'arrête ému, et d'un pas chancelant se dirige vers la tour d'Aldona. Il l'aperçoit de loin à sa lucarne : « Bonjour, dit-il, bonjour! Depuis si longtemps la nuit seule nous a vus réunis! Maintenant, vois quel heureux présage! après tant d'années je puis te dire : « Bonjour! » Devine pourquoi je suis venu si matin?

LA RECLUSE.

Non! plus de présages! Adieu, mon bien-aimé!... il fait trop clair déjà! si l'on nous voyait!... Cesse de me tenter; à ce soir, adieu! je ne puis, je ne veux pas sortir.

ALPH.

Il n'est plus temps!... Sais-tu ce que je te demande? Oh! jette-moi quelque fleur... des fleurs? il n'en est point ici... Eh bien! un fil de ta robe ou le cordon de ta tresse, un seul caillou de la tourelle! Je les veux aujourd'hui... demain n'est pas à tout le monde; je veux quelque souvenir nouveau : il faut qu'aujourd'hui même il ait reposé sur ton sein, arrosé d'une larme encore fraîche! Je veux, avant de mourir, le presser sur mon cœur, je veux lui dire adieu dans un dernier baiser... Car je dois mourir, Aldona, mourir bientôt, mourir d'une mort terrible... Ah! que la mort au moins nous réunisse! Vois-tu cette tour avancée du château... ici près? c'est là que je vais demeurer. Tous les matins j'attacherai pour signal une écharpe noire; tous les soirs j'allumerai la lampe à la grille : regarde-les sans cesse. Si je jette l'écharpe, si la lampe s'éteint avant le lever du jour, ferme ta croisée, car peut-être... je ne reviendrai plus.

Adieu!... » Il part et disparaît. Collée à la grille, Aldona le cherche encore des yeux. Le matin passe, le soleil décline, et toujours on voit à la fenêtre sa robe blanche agitée par les vents et ses blanches mains étendues vers la terre.

« Couché! » dit enfin Alph à Halban, en lui montrant le soleil à la croisée de la tour, où depuis le matin, les yeux fixés sur le donjon de la recluse, il s'était enfermé...

« Mon épée! mon manteau! Adieu, fidèle serviteur! je m'en vais au donjon; adieu pour longtemps... pour jamais, peut-être! Écoute, Halban! si demain, à l'aube du jour, tu ne me vois pas revenir, tu fuiras ce château. Je veux, hélas! je voudrais te recommander encore quelque chose... Que je suis seul!... sous le ciel et, dans le ciel au moment du trépas, je n'ai rien à faire dire à personne... qu'à elle seule et à toi. Adieu, Halban! afin qu'elle soit avertie, tu jetteras cette écharpe, si demain matin... Qu'est-ce donc... entends-tu? on a frappé à la porte.

« Qui vive !!!. » s'écrie par trois fois la sentinelle. « Malheur!... » lui répondent plusieurs voix étranges. La garde n'offre plus qu'une faible résistance, et la porte cède sous des coups répétés. Déjà le cortége parcourt les basses galeries; déjà la spirale de fer conduisant au réduit de Wallenrod résonne sous les pas armés des guerriers. Alph, ayant assuré la porte avec une barre d'acier, tire le sabre, prend la coupe sur la table, court à la croisée et s'écrie : « C'en est fait ! » Il verse et boit : « A ta santé, vieillard ! »

Halban pâlit; il veut d'un geste faire tomber le breuvage... il réfléchit et s'arrête. Derrière la porte le bruit approche toujours; il laisse retomber sa main. Ce sont eux! les voilà !

« Vieillard, comprends-tu ce bruit? A quoi penses-tu donc? Voilà ta coupe remplie; j'ai vidé la mienne ! A toi maintenant, Halban ! »

Le vieillard le regarde avec un muet désespoir. « Non, toi aussi, mon fils, je dois te survivre ! je veux te fermer les paupières, et partir... afin de conserver au monde la gloire de ton dévouement et la redire à tous les siècles!

« J'irai en Lithuanie, de château en château, de village en village; où je ne pourrai parvenir, ma chanson ailée parviendra. Le Vaïdelote la chantera aux combattants durant la bataille, la mère à ses enfants à la veillée; elle la chantera : et de cette chanson et de leurs ossements naîtront un jour nos vengeurs! »

Alph se jette sur la croisée et pleure quelque temps; il regarde la tourelle, comme s'il voulait se repaître à cette heure suprême de l'aspect adoré qu'il va perdre à jamais. Il embrasse Halban ; leurs soupirs se confondent dans une étreinte muette mais sublime. Déjà l'acier brise les verrous; on entre : Alph est appelé par son nom.

« Traître, ta tête va rouler sous le glaive; repens-toi de tes crimes, et soit prêt à mourir. Voici le digne chapelain de l'Ordre ; purifie ton âme et meurs d'une mort exemplaire. »

Le glaive en main, Alph attend la rencontre ; mais soudain il pâlit, il chancelle, s'appuie sur la croisée ; et, roulant un regard de menace, il arrache son manteau, jette à terre ses insignes de grand-maître, les foule aux pieds avec un sourire de mépris : « Voilà, dit-il, voilà les seuls crimes de ma vie !

« Je suis prêt à mourir ; que voulez-vous de plus ? mais souffrez que je vous rende compte de mon règne. Voyez ! tous vos cadavres entassés, vos villes en cendres, vos villages en flammes... Entendez-vous les vents ? ils roulent des océans de neige ; là, périssent de froid les débris de vos bataillons. Entendez-vous les hurlements des chiens affamés ? ils se disputent les restes du banquet...

« Et tout cela, c'est moi qui l'ai fait ! Je suis grand, je suis fier ! Avoir tranché d'un coup tant de têtes de l'hydre ! avoir, comme Samson, en brisant une colonne, fait crouler tout l'édifice... et périr sous ses ruines !... »

Il dit, regarde la fenêtre et tombe inanimé.

Avant de tomber, il a renversé la lampe, qui, décrivant autour de lui trois orbes lumineux, vient s'arrêter devant le front de Konrad ; l'âme du foyer étincelle encore dans le fluide épanché, mais bientôt elle plonge, pâlit : et pour donner enfin le signal de la mort, elle trace autour d'elle un grand cercle de flamme... elle éclaire les yeux de Konrad... mais ses yeux sont glacés... et la flamme s'éteint.

Et dans le même instant, une clameur soudaine, stridente, prolongée, perce les parois de la tour. D'où vient-elle ? devinez ! Mais chacun reconnaît aisément que le sein d'où s'échappe un cri pareil restera muet pour toujours.

Dans ce cri de mort a vibré toute une âme.

Ainsi les cordes d'une lyre, sous un coup trop violent, résonnent et se rompent; en mêlant leurs accords elles semblent annoncer le prélude d'un chant : mais la fin, personne n'espère plus l'entendre !

Tels sont mes hymnes sur le sort d'Aldona. Ange de l'harmonie, achève-les dans le ciel; et toi, sensible auditeur, dans ton âme [40] !

FIN DE KONRAD WALLENROD.

II.

ACTES
DE LA NATION POLONAISE
ET
DES PÈLERINS POLONAIS [1].

(1832.)

ACTES
DE LA NATION POLONAISE

ET

DES PÈLERINS POLONAIS.

I.

LIVRE DE LA NATION POLONAISE.

DEPUIS LE COMMENCEMENT DU MONDE JUSQU'AU MARTYRE DE LA N. P.

† Au commencement étaient au monde la Foi en un seul Dieu et la Liberté; il n'y avait d'autres lois que la volonté de Dieu; et il n'y avait ni maîtres ni esclaves : mais il y avait des patriarches et leurs enfants.

Bientôt les hommes renièrent le Dieu unique et s'érigèrent une multitude d'idoles; ils les adoraient, leur sacrifiaient de sanglants holocaustes, et se faisaient la guerre au nom de ces idoles.

C'est pourquoi Dieu infligea aux idolâtres la peine suprême, la servitude.

Et la moitié des hommes devint esclave de l'autre moitié, quoique tous procédassent du même père; car ils avaient renié cette descendance et s'étaient donné toutes sortes de pères : tel se croyait issu de la terre, tel autre de la mer, et tous de divers éléments.

Et comme en guerroyant ainsi ils s'étaient asservis les uns les autres, tous ensemble tombèrent sous le joug de l'empereur de Rome.

L'empereur de Rome se fit appeler dieu, et proclama qu'il n'y avait au monde d'autre loi que sa volonté; ce qu'il approuvera sera juste, et ce qu'il désapprouvera, injuste.

Et il se trouva des philosophes qui s'appliquèrent à démontrer que l'empereur, en agissant ainsi, agissait bien.

Et l'empereur de Rome n'avait ni au-dessous de lui, ni au-dessus rien qu'il respectât.

Et toute la terre devint son esclave, et il n'y eut jamais de servitude pareille dans le monde, ni avant ni après, si ce n'est en Russie de nos jours.

Car même chez les Turks, le sultan doit respecter la loi de Mohammed, et ne peut l'interpréter lui-même; il y a pour cela des Imans.

Tandis que le tzar de Russie est le chef suprême de la foi; et ce qu'il ordonne de croire, il faut le croire.

Et il advint que l'esclavage, s'étendant sur le monde, fut au comble; comme au solstice d'hiver la nuit et les ténèbres atteignent à leur apogée, ainsi durant la domination romaine il y eut la crise suprême de la servitude.

En ce temps-là le fils de Dieu, Jésus-Christ, descendit sur la terre en enseignant aux hommes que tous sont égaux et frères, étant fils d'un même Dieu;

Que celui-là est grand parmi les hommes qui les sert et se dévoue à leur bonheur; que, meilleur on est, plus on doit sacrifier : or, le Christ, étant le meilleur, devait sacrifier son sang par la plus douloureuse passion.

Ainsi le Christ enseignait qu'il n'est de respectable sur la terre ni sagesse humaine, ni puissance, ni richesse, ni couronne, mais bien le sacrifice de soi-même pour le salut des autres;

Que tel qui s'immole au bien de ses semblables trouvera

sagesse, richesse et la couronne du ciel et de la terre dans tous les temps et dans tous les lieux;

Et tel qui sacrifie les autres à soi pour obtenir sagesse, puissance, richesse et couronne, ne trouvera que folie, misère et perdition sur la terre, aux enfers et partout.

Et le Christ dit enfin : « Qui me suivra sera sauvé, car je suis toute justice et toute vérité. » Et comme le Christ enseignait ceci, les juges qui jugeaient au nom de l'empereur de Rome s'effrayèrent et se dirent : « Nous avons expulsé la justice de la terre, et la voilà qui revient; tuons-la, et puis ensevelissons-la. »

Ils supplicièrent donc le plus saint et le plus innocent des hommes; ils le déposèrent au tombeau, et s'écrièrent : « Il n'y a plus de justice ni de vérité sur la terre; et qui donc osera maintenant résister à l'empereur de Rome ? »

Mais ce fut un cri insensé; car ils ignoraient qu'en commettant le plus grand crime ils avaient mis le comble à leurs iniquités : et leur puissance finit au moment de leur plus grande sécurité.

Car le Christ ressuscita; et, après avoir chassé les empereurs, il planta sa croix sur leur métropole. Alors les maîtres affranchirent leurs esclaves et reconnurent en eux des frères; et les rois, oints au nom de Dieu, reconnurent au-dessus d'eux la loi divine : et la justice revint sur la terre.

Et tous les peuples qui avaient reçu la foi, les Teutons comme les Italiens, les Français comme les Polonais, se considéraient comme un seul peuple, et l'on nommait ce peuple la chrétienté.

Et les rois de divers peuples se regardaient comme frères, et marchaient sous le même étendard, la croix.

Et tous ceux qui étaient chevaliers allaient combattre les païens en Asie pour défendre les chrétiens d'Asie, et pour reconquérir le sépulcre du Sauveur.

Et cette guerre en Asie se nommait croisade.

Et quoique ce ne fût ni amour de la gloire, ni soif des conquêtes, ni convoitise des richesses, qui portât les chrétiens à faire la guerre, mais bien la délivrance de la Terre sainte, Dieu les en récompensa par la gloire, de vastes possessions, des richesses et la sagesse. L'Europe s'éclairait, s'organisait, grandissait; et Dieu la récompensait ainsi de ce qu'elle s'était sacrifiée pour le bien d'autrui.

Et la liberté s'étendait en Europe peu à peu, mais avec ordre et persistance; des rois, la liberté descendait aux seigneurs, et ceux-là, étant libres, transmettaient la liberté aux chevaliers, et des chevaliers la liberté passait aux villes, et dans peu elle allait affranchir le peuple : et toute la chrétienté devait être libre, et tous les chrétiens, comme frères, égaux entre eux.

Mais les rois ont tout perverti.

Car les rois, devenus mauvais, étant tombés au pouvoir de Satan, se dirent l'un à l'autre : « Voilà que les peuples grandissent en sagesse et en bonheur, et ils agissent en sorte que nous ne pouvons les châtier, et le glaive se rouille dans nos mains; à mesure que les nations deviennent libres, notre pouvoir s'affaiblit : et sitôt qu'elles seront émancipées, notre pouvoir aura vécu. »

Et cette pensée des rois fut une pensée de folie; car si les rois sont les pères des peuples, les peuples aussi, comme leurs enfants, se libèrent en grandissant de la tutelle et des verges paternelles.

Et cependant, si les pères sont bons, les enfants, bien que majeurs et émancipés, ne renient pas leurs pères; mais, en raison de leur vieillesse, ils les respectent et les aiment davantage.

Mais les rois voulurent être comme les pères des sauvages vivant dans les bois, qui attèlent leurs enfants comme des bestiaux ou les vendent aux marchands pour en faire des esclaves.

Donc les rois se dirent : « Tâchons de faire en sorte que les peuples restent toujours dans l'ignorance, afin qu'ils ne connaissent pas leurs forces et qu'ils se divisent entre eux, pour qu'ils ne se coalisent pas contre nous. »

Les rois dirent donc aux chevaliers : « Qu'allez-vous faire en Terre sainte ? C'est trop loin de chez nous ; combattez-vous plutôt les uns les autres. » Et la philosophie de démontrer aussitôt qu'il n'appartenait qu'aux fous de combattre pour la foi.

Ainsi les rois, ayant renié le Christ, firent des dieux à leur image ; et, les ayant exposés à la face des peuples, ordonnèrent de les adorer et de combattre pour eux.

Et en France le roi fit une idole qu'il appela *Point-d'honneur*; et c'était la même idole qui du temps des païens se nommait *Veau-d'Or*.

Et en Espagne le roi fit une idole qu'il appela *Suprématie politique*, ou *Prépondérance nationale*, autrement Force et Violence ; et c'était la même idole que les Assyriens avaient adorée sous le nom de *Baal*, les Philistins sous celui de *Dagon*, et les Romains sous celui de *Jupiter*.

Et en Angleterre le roi fit une idole qu'il appela *Souveraineté des mers et du commerce*; et c'était la même idole qui se nommait autrefois *Mammon*.

Et Satan fit à l'Allemagne une idole qu'il appela *Brodsinn*, ou *Bien-être* ; et c'était la même idole qui se nommait anciennement *Moloch* et *Comus*.

Et les peuples adorèrent leurs idoles.

Et le roi dit aux Français : « Levez-vous et combattez pour l'Honneur ! »

Ils se levèrent donc et combattirent pendant cinq cents ans.

Et le roi dit aux Anglais : « Levez-vous et combattez pour Mammon ! »

Ils se levèrent donc et combattirent pendant cinq cents ans.

Et les autres nations combattirent aussi chacune pour son idole.

Et les peuples oublièrent qu'ils procédaient d'un seul et même père.

Et l'Anglais dit : « Mon père se nomme *Vaisseau* et ma mère *Vapeur*. » Le Français, au contraire, dit : « Mon père se nomme *Continent* et ma mère *Bourse*. » Tandis que l'Allemand dit : « Mon père se nomme *Établi* et ma mère *Guinguette*. »

Et ces mêmes hommes qui soutenaient que c'était folie de combattre pour la foi contre les païens, ces mêmes hommes se battaient pour un lambeau de papier appelé *traité*. Ils se battaient pour un port, pour une ville ; comme des paysans qui se battent à coups de perches pour la limite d'une terre qui n'est pas à eux, mais à leurs maîtres.

Et ces mêmes hommes qui soutenaient que c'était folie d'aller dans des pays éloignés au secours de leurs semblables, ces mêmes hommes traversaient les mers par ordre des rois, et combattaient tel pour un comptoir, tel pour un sac de laine, tel autre pour des sachets de poivre.

Et les rois les vendaient eux-mêmes à prix d'argent, pour être déportés outre-mer.

Et les peuples se corrompirent au point qu'entre tous les Allemands, Italiens, Français ou Espagnols, il ne se trouva qu'un seul homme chrétien, sage et chevalier. Il était natif de Gênes.

Celui-ci conseillait que l'on cessât de guerroyer chez soi, et que l'on s'efforçât plutôt de reconquérir le sépulcre de Notre-Seigneur ; ainsi que l'Asie, qui n'était plus qu'un désert, et qui pouvait devenir un pays riche et bien peuplé entre des mains chrétiennes. Mais tous se moquaient du Génois, et disaient : « Cet homme est un rêveur, un fou. »

Cet homme pieux partit donc seul pour sa croisade ; et comme il était seul et pauvre, il voulut d'abord découvrir le pays qui produit l'or : et là, s'étant muni de richesses, il comptait lever une armée et reconquérir la Terre sainte. Mais tous, entendant cela, s'écrièrent : « Décidément il est insensé ! »

Néanmoins Dieu vit ses bonnes intentions et le bénit. Et cet homme découvrit l'Amérique, qui devint la terre de la liberté, une autre terre-sainte. Cet homme avait nòm Christophe Colomb ; il fut le dernier chevalier croisé en Europe, et le dernier qui entreprit une expédition pour la gloire de Dieu et non pour la sienne.

Cependant, en Europe, l'idolâtrie se propageait ; et, de même que, chez les païens, on avait d'abord adoré des vertus sous formes d'idoles, et puis des vices, et puis des hommes et des bêtes, et puis des arbres, des pierres et diverses figures de géométrie, de même il advint en Europe.

Car les Italiens se figurèrent une idole qu'ils appelèrent *Équilibre politique ;* or, cette idole fut inconnue aux anciens idolâtres. Et les Italiens les premiers lui dressèrent des autels ; et, en combattant pour elle ils s'affaiblirent, s'hébétèrent, et tombèrent au pouvoir des tyrans.

Alors les rois de l'Europe, voyant que le culte de cette idole avait exténué la nation italienne l'instituèrent au plus vite dans leurs États, lui dressèrent aussi des autels, et ordonnèrent de combattre aussi en son nom.

Et voilà que le roi de Prusse traça un rond et dit : « Voici un dieu nouveau ! » Et l'on adora ce rond, et l'on appela ce culte *Arrondissement politique.*

Et les peuples, créés à l'image de Dieu, furent désormais considérés comme des amas de pierres ou des chantiers de bois ; on les tailla, les morcela, afin de les faire peser autant les uns que les autres. Et un État, une patrie d'hommes, fut comme une pièce de monnaie, qu'un juif circoncit pour s'arrondir.

Et il se trouva des philosophes qui se firent les apologistes des rois et de leurs œuvres.

Et parmi ces faux sages, prêtres de *Baal*, de *Moloch* et de l'*Équilibre*, il y en eut deux des plus célèbres.

Le premier se nommait *Machiavel*, ce qui signifie en grec un homme *avide-de-la-guerre;* sa doctrine conduisant à des guerres perpétuelles, comme celles des païens de la Grèce.

Le second vit encore et se nomme *Ancillon*, ce qui veut dire en latin *fils-de-l'esclave*, ses préceptes aboutissant à la servitude telle qu'elle existait parmi les Latins.

Enfin l'Europe idolâtre eut trois rois : le premier, nommé *Frédéric II*, de Prusse; l'autre, *Catherine II*, de Russie; le troisième, *Marie-Thérèse*, d'Autriche.

Et ce fut une trinité diabolique opposée à la trinité divine; c'était comme une moquerie, une profanation de tout ce qu'il y a de saint et de sacré.

Frédéric, dont le nom signifie le *pacifique*, inventa des guerres et des brigandages toute sa vie durant; et fut comme Satan, qui soufflerait partout la guerre, et se ferait appeler par dérision Jésus-Christ, ou dieu de la paix.

Or ce Frédéric, en dérision des anciens Ordres de chevalerie, institua un Ordre impie, auquel il donna la devise ironique de *Suum cuique;* c'est-à-dire : rends à chacun son droit*. Mais cet Ordre était porté par ses valets, qui pillaient et dévastaient le bien d'autrui.

Et ce Frédéric, en dérision de la sagesse, écrivit un livre qu'il intitula l'*Anti-Machiavel*, ou l'adversaire de Machiavel; tandis que lui-même agissait conformément à la doctrine de Machiavel.

Or, *Catherine* signifie en grec la *chaste*, tandis qu'elle était la plus impure des femmes; comme si l'impudique Vénus avait pris le nom de Vesta.

---

* Ou plutôt : «*Chacun pour soi, chacun chez soi, et Dieu pour tous.*» Cette odieuse maxime, quoi qu'on fasse, ne deviendra jamais la devise de la France.

Et cette Catherine réunit un conseil destiné à former un code de lois, en dérision de toute jurisprudence ; car elle-même détruisit et viola tous les droits de ses semblables.

Et cette Catherine fit annoncer qu'elle favorisait la liberté des cultes, en dérision de toute tolérance ; car elle avait contraint plusieurs millions de ses semblables à changer de religion.

De même *Marie-Thérèse* portait le nom de l'humble et immaculée mère du Sauveur, en dérision de toute humilité et de toute sainteté [42].

Car c'était une diablesse pleine d'orgueil et guerroyant toujours pour s'emparer du bien d'autrui ;

Et pleine d'impiété : car, tout en marmottant des prières et se confessant, elle réduisit en esclavage des millions de ses semblables.

Or, elle avait un fils nommé *Joseph*, qui portait le nom d'un patriarche, lequel patriarche ne se laissa point séduire à la femme Putiphar, et rendit à la liberté ses frères, qui l'avaient vendu comme esclave.

Et ce Joseph d'Autriche induisit sa propre mère en péché, et ravit la liberté à ses frères polonais, qui avaient sauvé son empire de l'esclavage ottoman.

Les noms de ces trois rois, Frédéric, Catherine et Marie-Thérèse, sont trois blasphèmes ; leur vie, trois forfaits ; leurs mémoires, trois malédictions.

Alors cette trinité, voyant que les nations n'étaient pas encore assez abruties et corrompues, fit une idole nouvelle, la plus hideuse de toutes, et nomma cette idole *Égoïsme* * ; et même les idolâtres de l'antiquité ne l'avaient pas connue.

Et les peuples se dépravèrent au point qu'il ne se trouva plus entre eux qu'un seul homme, citoyen et soldat.

Cet homme conseillait de cesser les guerres d'Égoïsme,

---

* Voyez l'*Ode à la Jeunesse*, tome I, page 54.

et d'aller plutôt défendre la liberté du prochain ; et lui-même alla combattre dans la terre de liberté, en Amérique. Le nom de cet homme est Lafayette; et il est le dernier des anciens hommes de l'Europe en qui subsiste encore l'esprit de dévouement, débris de l'esprit chrétien.

Cependant tous les peuples adoraient l'Égoïsme. Et les rois dirent : « Si nous propageons le culte de cette idole, il arrivera que, de même qu'il y a aujourd'hui guerre de peuple à peuple, il y aura guerre de ville à ville, puis guerre d'homme à homme.

« Et les hommes redeviendront sauvages, et nous ressaisirons sur eux le pouvoir qu'eurent jadis les rois sauvages et idolâtres, et que possèdent maintenant les rois nègres et les rois cannibales, le pouvoir de dévorer leurs sujets. »

Mais la nation polonaise seule n'adora point la nouvelle idole; elle n'eut point dans sa langue de nom pour la consacrer, ni pour baptiser ses adorateurs, dont le nom, *égoïstes*, est français.

La nation polonaise adorait un Dieu, sachant qu'en le faisant elle rendait hommage à tout ce qui est bon.

La nation polonaise resta donc fidèle au Dieu de ses pères, du commencement jusqu'à la fin.

Ses rois et ses hommes de guerre n'assaillirent jamais aucune nation chrétienne ; mais ils défendaient la chrétienté contre les idolâtres et les barbares, qui lui apportaient l'esclavage.

Et les rois de Pologne allaient, pour la défense des fidèles, dans les pays lointains; le roi Vladislas à Varna[*], et le roi Jean sous les murs de Vienne, pour la défense de l'Orient et de l'Occident.

Or, jamais ses rois et ses hommes de guerre n'envahi-

---

[*] Vladislas, fils de Jaghellon, tué en 1444 à la bataille de Varna. Nous ne faisons pas au lecteur l'outrage de lui indiquer la date du second événement.

rent les terres de leurs voisins; mais ils les admettaient à leur communion fraternelle, en les liant à eux par le bienfait de la foi et de la liberté*.

Et Dieu les en récompensa; car un grand peuple, la Lithuanie, vint s'unir à la Pologne comme une épouse à son époux : deux âmes dans un corps. Et il n'y eut jamais auparavant pareille union de peuples; mais il y en aura plus tard.

Car cette union et ce mariage de la Lithuanie à la Pologne est le symbole de l'union future de tous les peuples chrétiens, au nom de la foi et de la liberté.

Et Dieu accorda au roi de Pologne et aux guerriers de la liberté de pouvoir tous s'entre-donner le nom de frères, les plus riches comme les plus pauvres. Et il n'y eut jamais pareille liberté sur la terre; mais il y en aura plus tard.

Le roi et les hommes de guerre recevaient dans leur fraternité toujours plus de peuple, et souvent des légions entières et des tribus entières. Et le nombre des frères devint grand comme la nation; et dans aucune nation il n'y eut autant d'hommes libres et s'appelant frères que parmi les Polonais.

Et enfin, le jour du 3 mai**, le roi et les chevaliers entreprirent d'admettre tous les Polonais à leur fraternité; les bourgeois d'abord, les paysans après.

Et on appelait les frères *szlachta*, ou nobles; parce qu'ils s'anoblissaient en devenant frères des Lech***, tous hommes égaux et libres.

---

* Ce passage a trait au baptême des Lithuaniens par une reine de Pologne, la jeune Edvige, en 1387.

** 3 mai 1791; c'est-à-dire cinq mois avant la première constitution française (29 septembre 1791).

*** L'étymologie du mot *szlachta* est selon toute probabilité *z-lech*; *z* signifiant *avec*, et *Lech* étant la dénomination primitive des Polonais, *Léchites* ou *compagnons de Lech*.

Et ils voulaient que tout chrétien en Pologne fût anobli et s'appelât *szlachcic*, pour indiquer qu'il devait avoir une âme noble et être toujours prêt à mourir pour la liberté;

De même que l'on appelait autrefois chrétien tout homme adoptant l'Évangile, pour indiquer qu'il était prêt à répandre son sang pour le Christ.

La noblesse devait donc être un baptême de liberté; et tout homme qui serait prêt à mourir pour la liberté devait recevoir ce baptême, de par la loi et de par le glaive.

Et la Pologne dit enfin : « Quiconque viendra à moi sera libre et sera l'égal de tous, car JE SUIS LA LIBERTÉ. »

Mais les rois, ayant appris cela, frémirent dans leurs cœurs, et dirent : « Nous avons expulsé la liberté de la terre; et voilà qu'elle revient dans la personne d'une nation juste, qui ne sacrifie point à nos idoles : allons et tuons cette nation. » Et ils complotèrent entre eux une trahison.

Vint d'abord le roi de Prusse, qui embrassa la Pologne et la salua en lui disant : « Mon alliée! Et il l'avait déjà vendue pour trente villes de la Grande-Pologne, comme Judas avait vendu le Christ pour trente sicles d'argent.

Et les deux autres rois se jetèrent sur la Pologne, la garrottèrent, et le Gaulois, étant juge, dit : « En vérité, je ne trouve pas de crime en cette nation; et mon épouse, la France, femme timide, est tourmentée par de mauvais rêves : cependant, emparez-vous de cette nation et faites-la mourir dans les supplices! » Il dit et se lava les mains [*].

Et le gouverneur de la France dit : » Notre sang et notre or ne peuvent racheter cet homme, car de même que mon argent et mon sang n'appartiennent qu'à moi, le sang et

---

[*] *Narod*, ou nation, en polonais, est masculin. Nous n'avons pu nous servir du mot *peuple*, dont la signification collective est beaucoup plus restreinte.

Voyez, dans la deuxième partie des *Aïeux*, la Vision du prêtre Pierre (t. I, p. 246).

l'argent de ma nation n'appartiennent qu'à ma nation ! »

Et ce gouverneur proféra le dernier blasphème contre le Christ ; car le Christ enseignait que le sang du Fils de l'homme appartient à tous les hommes, ses frères.

Et dès que le gouverneur eut proféré ces paroles, toutes les croix tombèrent du haut des tours de la capitale impie ; car le signe du Christ ne pouvait plus éclairer un peuple idolâtre d'Égoïsme.

Et cet homme se nommait *Kasimir Périer*, d'un nom de baptême slave et d'un nom de famille romain*. Son nom de baptême exprime le corrupteur ou le destructeur de la paix ; et son nom de famille, dérivé du mot *perire,* ou périr, signifie celui qui se perd ou qui perd les autres : et ce double nom est celui de l'Antechrist, et il sera maudit dans la race slave comme dans la race romaine.

Et cet homme déchira l'alliance des peuples, comme jadis le pontife hébreu avait déchiré sa robe en entendant la voix du Christ expirant.

Et la nation polonaise fut mise à mort et déposée au tombeau ; et les rois s'écrièrent : « Nous avons tué la Liberté ! »

Et ce cri fut insensé ; car, en commettant le dernier crime, ils avaient comblé la mesure de leurs iniquités : et leur puissance finissait alors même qu'ils s'en réjouissaient davantage.

Car la nation polonaise n'est pas morte ; son corps repose dans le sépulcre, et son âme est descendue de la terre, c'est-à-dire de la vie politique, aux limbes, c'est-à-dire à la vie privée des peuples qui endurent l'esclavage, dans le pays et hors du pays : afin d'être témoin de leurs souffrances.

Et le troisième jour l'âme doit retourner à son corps, et la nation ressuscitera et délivrera tous les peuples européens de l'esclavage.

---

* *Kazi,* profane, détruit ; *mir,* la paix.

Et deux jours sont déjà passés; le premier jour finit avec la première prise de Varsovie, et le second jour finit avec la seconde prise de Varsovie : le troisième jour se lève, mais il ne finira point.

Et comme sur toute la terre après la résurrection du Christ cessèrent les sanglants holocaustes, de même dans la chrétienté cessera toute guerre, après la résurrection de la nation polonaise [43].

II.

LIVRE DES PÈLERINS POLONAIS.

L'âme de la nation polonaise ce sont les Pèlerins polonais.

Et chaque Polonais en pèlerinage ne s'appelle pas réfugié; car un réfugié est un homme fuyant pour emporter sa vie des mains de l'ennemi.

Le Polonais ne s'appelle pas non plus exilé; car un exilé est un homme banni par un décret de son magistrat, et ce n'est point son magistrat qui expulsa le Polonais.

Le Polonais en pèlerinage n'a pas encore de nom propre ; mais ce nom lui sera donné dans le temps, comme le nom des confesseurs du Christ leur fut donné dans le temps.

Et en attendant, le Polonais s'appelle *Pèlerin*, parce qu'il a fait vœu d'aller en pèlerinage à la Terre sainte, c'est-à-dire à la Pologne délivrée, et de poursuivre son chemin jusqu'à ce qu'il la trouve.

Mais la nation Polonaise n'est pas d'essence divine comme le Christ; donc son âme en pèlerinage dans les limbes peut s'égarer : et le jour de sa résurrection et de son incarnation nouvelle serait ainsi retardé.

Lisons donc à plusieurs reprises l'Évangile du Christ,

Et ces instructions et paraboles qu'un Pèlerin polonais a recueillies de la bouche et des écrits des Chrétiens polonais, martyrs et pèlerins.

I.

† Plusieurs vaisseaux de guerre et une barque de pêcheurs traversaient l'Océan; et il se fit un temps orageux d'automne. Dans ces temps, plus un vaisseau est grand, et plus il est insubmersible; plus il est petit, et plus il court de danger.

Les hommes qui étaient sur le rivage se dirent entre eux : « Bienheureux les nautoniers des grands vaisseaux ! Malheur aux matelots d'une barque de pêcheurs par un temps d'automne ! »

Mais les hommes du rivage ne virent pas qu'à bord des grands navires les marins s'étaient enivrés et révoltés, qu'ils avaient brisé les instruments au moyen desquels le pilote observe les étoiles, et jeté la boussole à la mer. Cependant les vaisseaux semblaient en apparence tout aussi puissants que naguère.

Mais, ne pouvant plus se gouverner d'après les étoiles, et privés de boussole, les grands navires s'égarèrent et furent submergés.

Et la barque de pêcheurs, qui gouvernait d'après le ciel et la boussole, ne s'écarta pas du droit chemin et atteignit le bord; et, quoiqu'elle se brisa sur les falaises, les hommes furent sauvés avec leurs instruments et leur boussole. Et ils reconstruiront leur barque.

Et il devint évident que la grandeur et la force des bâtiments sont utiles, mais que sans les étoiles et la boussole elles ne sont rien.

— Et l'étoile des Pèlerins, c'est la foi céleste; et leur boussole, c'est l'amour de la patrie.

L'étoile luit pour tout le monde, et l'aiguille aimantée indique toujours le nord. Et avec cette boussole on peut faire voile pour le levant comme pour le couchant, et sans elle l'Océan pacifique aussi n'est que périls et naufrages.

Donc, avec l'amour et la foi, le navire des Pèlerins polonais atteindra le terme de son voyage; et sans foi et sans amour les peuples guerriers et puissants dériveront et feront naufrage : et ceux d'entre eux qui se sauveront ne reconstruiront plus le vaisseau.

II.

Pourquoi votre nation doit-elle hériter de la future liberté du monde?

Vous savez qu'un homme ayant plusieurs proches ne lègue pas sa fortune à celui d'entre eux qui se distingue par sa force, ni à celui qui est le plus industrieux, ni à celui qui fait preuve de soif et de bon appétit;

Mais il la laisse à celui qui l'aime plus que les autres, qui demeure auprès de lui quand les autres courent après la bonne chère, le gain ou le plaisir.

Voilà pourquoi votre nation recevra l'héritage de la liberté.

Pourquoi la promesse de résurrection a-t-elle été donnée à votre nation?

Ce n'est pas parce que votre nation fut puissante; car les Romains ont été plus puissants : ils sont morts, et ne ressusciteront plus.

Ce n'est pas parce que votre république fut ancienne et célèbre; car Gênes et Venise ont été plus célèbres et plus anciennes : elles sont mortes, et ne ressusciteront plus.

Ce n'est pas parce que votre nation florissait par les sciences; car la Grèce, mère des philosophes, est morte, et demeura ensevelie jusqu'à ce qu'elle eut oublié toute philosophie : et, lorsqu'elle redevint ignorante, voilà qu'elle donna signe de vie.

Et les royaumes de Westphalie, d'Italie et de Hollande

furent très-éclairés; royaumes que vous avez vus naître et mourir sans qu'ils ressuscitent jamais.

Et vous vous lèverez du tombeau ; car vous êtes croyants et pleins d'espérance et d'amour.

Vous savez que le premier mort à qui le Christ rendit la vie fut Lazare.

Et le Christ ne ressuscita ni un général d'armée, ni un philosophe, ni un marchand, mais Lazare.

Et l'Écriture dit que le Christ l'aima ; et que le seul homme que le Christ pleura, fut Lazare.

Et qui donc, entre tous les peuples, est aujourd'hui semblable à Lazare ?

III.

Pèlerin polonais, tu as été riche, et voilà que tu souffres la pauvreté et la misère ; afin que tu apprennes ce que c'est que la misère et la pauvreté, et de retour chez toi que tu puisses dire : « Les pauvres et les indigents sont mes cohéritiers. »

Pèlerin, tu faisais les lois et tu avais droit à la couronne [44], et voilà que sur la terre étrangère on t'a mis hors la loi ; afin que tu connaisses ce que c'est que l'absence de protection légale, et de retour chez toi que tu puisses dire : « Les étrangers sont mes colégislateurs. »

Pèlerin, tu avais de la science, et voilà que les sciences estimées par toi te sont devenues inutiles, et que tu reconnais la valeur de celles que tu méprisais ; afin que tu saches le prix de toute science de ce monde, et de retour chez toi que tu puisses dire : « Les simples sont mes condisciples. »

IV.

N'invoquez pas la protection des princes, des magistrats et des savants étrangers. Durant les jours orageux, lorsque les nuées passent enceintes de la foudre, c'est folie que de s'aller abriter auprès des grands chênes, ou de se lancer à la grande mer.

Les princes et les magistrats de ce siècle ce sont les grands arbres attirant la foudre ; et la sagesse de ce siècle c'est la grande mer.

Ne croyez pas que le pouvoir soit mauvais en lui-même et la science mauvaise en elle-même ; ce sont les hommes qui les ont corrompus.

Car la magistrature, selon le Christ, était une croix sur laquelle un juste se laissait clouer et torturer pour le bien d'autrui.

Et les rois furent oints comme les prêtres, pour recevoir la grâce du sacrifice. Et le vicaire du Christ se nommait le serviteur des serviteurs.

Et la science, selon le Christ, devait être le Verbe divin, le pain et la source de vie. Le Christ a dit : « On ne vit pas que de pain, mais de parole aussi. »

Et tant qu'il en était ainsi, la science et le pouvoir furent considérés. Mais ensuite des hommes vils se disputèrent le pouvoir comme une couche bien chaude où ils voulaient dormir ; et ils évaluaient une charge publique comme une taverne de grand chemin, d'après ce qu'elle rapporte.

Et les hommes savants distribuèrent du poison au lieu de pain ; et leur voix fut comme le bourdonnement des moulins tournant à vide, dans lesquels le grain de la foi manque, et qui font leur tapage sans donner de nourriture à personne.

Et vous êtes devenus la pierre de touche des princes et des docteurs de ce monde ; car, durant votre pèlerinage, vous avez, Dieu merci, reçu plus de secours des mendiants que des princes : et durant vos combats, dans vos prisons et dans votre pauvreté, vous vous êtes mieux rassasiés d'une prière que de toute la science des Voltaire et des Hégel, qui sont comme le poison, et de toute la doctrine des Guizot et des Cousin, qui sont comme les moulins tournant à vide, et ne produisant que du son.

C'est pourquoi le pouvoir et la science sont tombés en mépris; car un homme vil est appelé maintenant *ministériel*, ce qui veut dire un homme au pouvoir ou aspirant à y arriver : et un sot est appelé *doctrinaire*, ce qui veut dire un pédant.

Il en était de même aux temps de la venue du Christ; car un publicain de Rome, c'est-à-dire un magistrat, voulait presque dire voleur; un proconsul, c'est-à-dire un gouverneur de province, signifiait bourreau; un pharisien, juif versé dans les Écritures, était l'équivalent d'hypocrite ; et un sophiste, c'est-à-dire un sage de la Grèce, signifiait fripon.

Et cette signification leur est restée jusqu'au jour d'aujourd'hui.

Et depuis votre venue, telle sera dans la chrétienté la signification de *roi*, de *lord*, de *pair*, de *ministre* et de *professeur*.

Mais vous avez reçu la mission d'en haut de réhabiliter le pouvoir et la science dans votre pays et dans toute la chrétienté.

Car vos supérieurs ne sont point ceux qui s'endorment le plus paisiblement dans leur emploi, et qui tirent le plus grand profit de leurs charges ;

Mais bien ceux qui ont le plus de soucis et le moins de sommeil, et qui sont persécutés et décriés plus que vous, qui ont abandonné de plus grandes richesses, de plus vastes domaines; et qui, s'ils tombaient au pouvoir de l'ennemi, subiraient de plus cruels supplices.

Et dans les autres pays, quand l'ennemi vient à s'emparer du gouvernement, le peuple perd son avoir ou la vie; et les magistrats fonctionnent toujours, et les pédants ergotent toujours et servent les gouvernements qui les payent toujours ;

Et parmi vous, vous savez que les meilleurs d'entre vos sénateurs, vos nonces et vos généraux sont les plus coupables aux yeux du tzar de Moskou, et ceux qu'il appelle les plus coupables sont les plus dignes d'estime : et ceux qu'il fera mourir dans les supplices seront saints devant Dieu et devant les hommes.

Et les sages ne sont pas ceux d'entre vous qui se sont enrichis en débitant leur science, et qui ont acheté des terres et des maisons, et que les rois ont gorgés d'or et comblés de faveurs ;

Mais bien ceux qui vous ont fait entendre la parole de liberté, qui ont subi la prison et le knout, et ceux qui ont le plus souffert sont les plus dignes d'estime : et ceux qui scelleront leur croyance avec leur sang seront saints devant Dieu et devant les hommes.

En vérité, je vous dis que toute l'Europe apprendra de vous quels sont ceux qu'il faut appeler sages et puissants. Car maintenant en Europe le pouvoir est opprobre, et la science folie.

Et si quelqu'un d'entre vous dit : « Voilà que nous sommes sans autres armes que nos bâtons de pèlerins ; et comment pourrions-nous changer l'ordre établi dans les États vastes et puissants? »

Que celui qui parle ainsi considère que l'empire romain fut grand comme le monde, et que l'empereur de Rome fut puissant comme tous les rois pris ensemble ;

Et voilà que le Christ envoya contre lui douze hommes simples. Mais comme ces hommes avaient l'esprit d'en haut, l'esprit de dévouement, ils vainquirent l'empereur.

Et si quelqu'un d'entre vous dit : « Nous ne sommes que des soldats illettrés ; et comment pourrions-nous convaincre les sages des pays les plus éclairés et les plus civilisés? »

Que celui qui parle ainsi considère que les sages d'Athènes furent réputés pour les plus éclairés et les plus civilisés des hommes;

Et ils furent vaincus par la parole des apôtres : car lorsque les apôtres commencèrent à prêcher au nom de Dieu et de la Liberté, le peuple abandonna les sages et suivit les apôtres.

V.

On vous dit souvent que vous êtes au milieu des nations civilisées, et que vous devez vous civiliser à leur exemple. Mais apprenez que ceux qui vous parlent de civilisation ne comprennent pas eux-mêmes le sens de leurs paroles.

Le mot *civilisation* est dérivé du mot latin *civis*, citoyen, et signifiait le *civisme*. Et l'on appelait citoyen un homme qui se dévouait pour sa patrie, comme Scévola, Curius et Décius; et un pareil dévouement était un acte de civisme. C'était une vertu païenne, moins parfaite que la vertu chrétienne, qui ordonne de se sacrifier non-seulement pour sa patrie, mais pour tous les hommes. Néanmoins c'était toujours une vertu.

Mais plus tard, quand l'idolâtrie eut confondu les langues, on appela civilisation une parure élégante et recherchée, la bonne chère, des lits commodes, de beaux spectacles et des routes larges*.

Non-seulement un chrétien, mais certes un païen de Rome, s'il ressuscitait et voyait les hommes qui s'appellent aujourd'hui civilisés, serait indigné, et leur demanderait de quel droit ils osent s'arroger un titre qui dérive du mot *civis*, citoyen.

N'admirez donc pas tant les nations qui s'engraissent

---

* C'est en un mot le *comfort* anglais, qui semble avoir détrôné partout la signification primitive et seule réelle du mot de *civilisation*.

de *Bien-être*, ou qui sont industrieuses et bien administrées.

Car si la nation la plus opulente, qui mange bien et boit bien, doit être la plus estimée, vous devriez estimer entre vous les hommes qui sont les plus corpulents et les plus robustes. Les animaux peuvent posséder les mêmes qualités; mais à l'homme autre chose encore est nécessaire.

Et si les nations industrieuses doivent être réputées parfaites, les fourmis les surpassent toutes en industrie; mais à l'homme autre chose encore est nécessaire.

Et si les nations les mieux administrées doivent être réputées parfaites, où donc y a-t-il une meilleure administration que dans une ruche? Mais à l'homme autre chose encore est nécessaire.

Car la seule civilisation vraiment digne de l'homme est la civilisation chrétienne.

† Un citoyen avait quatre fils, et lui-même il les élevait dans la piété et dans la vertu; et lorsque les aînés furent sortis de l'enfance, il les envoya dans une grande école.

Les deux aînés, étant vertueux et diligents, étudiaient bien et méritaient l'estime générale. Ils prospéraient et faisaient de grands progrès dans la sagesse.

Et, voyant que tout allait à leur gré, ils en conçurent de l'orgueil, et se dirent : « Les hommes nous estiment à juste titre, car nous en savons bien plus que les autres; or il convient que nous soyons mieux logés, mieux vêtus, et que nous jouissions du monde bien plus que les autres. »

Mais comme leur père ne leur envoyait de l'argent que pour subvenir à leurs besoins et non pour leurs fantaisies, ils cessèrent de s'adresser à leur père; ils rompirent avec lui, et commencèrent à se procurer eux-mêmes de l'argent, d'abord par des moyens honnêtes, puis en contractant des dettes sur leur héritage : et ils trouvèrent un usurier qui leur en fournissait largement, prévoyant leur ruine.

Et étant devenus tristes et soucieux, ils cherchèrent à s'étourdir par l'ivresse et la débauche; et se dirent entre eux : « Notre père nous a bien avertis des mauvais effets de la débauche et de l'ivresse; mais, étant arrivés à l'âge de raison, essayons de nous réjouir en usant des liqueurs et des plaisirs avec mesure, et comme il convient à des hommes raisonnables. »

Mais bientôt ils perdirent toute mesure, et devinrent de grands ivrognes et de grands débauchés; et, pour se procurer de l'argent à tout prix, escrocs. Cependant l'usurier, ayant obtenu contre eux un jugement et déjà détenteur de tout leur héritage, ne leur donnait plus rien.

Ils tombèrent dans une grande misère; et le père, ayant appris leur inconduite, les déshérita : et ils furent livrés à l'usurier pour qu'il les fît travailler jusqu'à leur complet acquittement. Et en travaillant, ils se rappelèrent les avertissements de leur père; et pensèrent en eux-mêmes : « Nous sommes bien punis de ne pas les avoir écoutés. »

Mais, comme ils étaient orgueilleux, ils refusaient de fléchir en lui écrivant, leur père qui les pleurait. Et ceux qui avaient péché sans honte devant l'univers entier, eurent honte des forçats qui travaillaient enchaînés à leurs côtés; et ils craignirent que ces forçats ne dissent : » Voilà des hommes pusillanimes et faibles de cœur, de pleurer et d'implorer le pardon de leur père. » Et ainsi ils moururent.

Et voyant tout cela, leurs voisins dirent : « Ces jeunes gens ont été vertueux tant qu'ils ont demeuré dans la maison paternelle; et dès qu'ils furent devenus savants à l'école, ils se corrompirent. La science doit donc être chose mauvaise; élevons nos enfants dans l'ignorance. »

Or, le père avait de l'expérience; et, ne se laissant pas rebuter par ses malheurs, il envoya aussi ses deux jeunes fils à la grande école : mais il leur mit sous les yeux l'exemple de leurs frères aînés. Donc, ils n'oublièrent jamais les avis de leur père; ils firent autant de progrès que leurs aînés dans la science, et furent toujours vertueux et considérés : et prouvèrent aux voisins que la science est une chose bonne si l'on obéit toujours à son père.

— Et ce père, c'est l'Église chrétienne; et les frères aînés furent les Français, les Anglais et les Allemands; et l'argent, c'est le bien-être et la gloire mondaine; et l'usurier, c'est le diable : et les frères puînés seront les Polonais, les Irlandais et les Belges, et les autres peuples-croyants.

VI.

Quels sont les hommes sur lesquels votre patrie a fondé ses plus hautes espérances, et les fonde jusqu'aujourd'hui?

Sont-ce les hommes qui s'habillent le mieux et qui dansent avec le plus de grâce, ou qui ont la meilleure cuisine? Non, car la plupart de ces hommes n'ont pas l'amour de la patrie.

Ou ceux qui ont longtemps fait la guerre et qui se sont exercés à la marche, à la manœuvre, aux évolutions, à disserter sur l'art militaire? Non, car la plupart de ces hommes n'ont aucune foi dans la cause de la patrie.

Mais bien les hommes que vous appelez bons Polonais; les hommes pleins de dévouement, les fidèles et simples soldats et la jeunesse.

Or, le monde est comme une patrie, et les peuples sont comme les hommes. La patrie des peuples a fondé ses espérances sur les peuples croyants, pleins d'espérance et d'amour.

En vérité je vous le dis; ce n'est pas vous qui devez vous élever à la civilisation des gentils : c'est vous qui devez leur enseigner la vraie civilisation chrétienne.

Il est bon d'apprendre un métier, un art ou une science; et non-seulement chez les Européens, mais chez les Turks et les sauvages on peut apprendre des choses fort utiles. Instruisez-vous donc, afin que vous puissiez vivre du travail de vos mains, comme les apôtres vivaient de l'état de charpentier, de tisserand, de tonnelier : mais sans oublier qu'ils étaient apôtres, appelés à enseigner des choses plus hautes que toutes les industries, les sciences et les arts.

Gardez-vous de lutter avec les gentils de discours et de raisonnements ; car vous savez qu'ils abondent en cris et en vaines paroles, comme les écoliers : et le maître le plus savant n'aura jamais le dernier mot avec un écolier insolent et criard.

Instruisez-les donc par votre exemple ; répondez à leur bavardage par les paraboles de l'Évangile et les paraboles du Livre des Pèlerins.

VII.

Jésus-Christ a dit : « Celui qui me suit, doit abandonner père et mère, et doit armer son âme de courage. »

Le Pèlerin polonais dit : « Celui qui suit la liberté, doit quitter sa patrie et mettre ses jours en péril. »

Car celui qui demeure dans sa patrie et subit l'esclavage pour avoir la vie sauve, perdra vie et patrie ; et celui qui s'exile de sa patrie pour défendre la liberté au péril de sa vie, sauvera sa patrie et vivra éternellement.

† Dans les anciens jours, quand la première ville fut bâtie sur la terre, il arriva qu'un incendie éclata dans cette ville.

Quelques-uns des habitants se levèrent et regardèrent aux fenêtres ; et, voyant que l'embrasement était bien loin, se recouchèrent et se rendormirent.

D'autres, voyant le feu de plus près, se tenaient aux portes et disaient : « Quand l'incendie viendra jusque chez nous, il sera temps de l'éteindre. »

Mais le feu s'accrut violemment et dévora les maisons de ceux qui se tenaient à leurs portes; et ceux qui dormaient furent brûlés avec leurs maisons.

Cependant il y eut aussi quelques hommes dévoués; ceux-là, voyant le feu, quittèrent aussitôt leurs maisons et portèrent leurs secours aux voisins : mais comme il y avait peu de ces hommes, leurs secours furent inutiles,

Et la ville brûla. Les hommes dévoués se mirent à la rebâtir à l'aide de leurs voisins; et, tout le peuple des environs aidant, la ville s'éleva plus grande et plus belle que jamais.

Et ceux qui n'étaient pas allés au feu et qui se tinrent seulement aux portes de leurs maisons, furent bannis de la ville; et ils moururent de faim.

Et dans la ville on décréta que, dans le cas d'un incendie, tous les habitants devaient courir au feu, qui avec l'échelle, qui avec l'eau, qui avec le croc; ou du moins devaient se faire remplacer par des veilleurs nocturnes, destinés à éteindre les incendies.

Et cette loi et ces dispositions furent depuis admises dans toutes les villes; et les habitants purent y dormir sans crainte de l'incendie.

— Or, cette ville, c'est l'Europe; l'incendie, c'est l'ennemi de l'Europe, le despotisme; et les hommes endormis sont les Allemands; et les hommes qui se tiennent à leurs portes sont les Français et les Anglais : et les hommes dévoués sont les Polonais.

VIII.

† Dans les anciens jours il y avait en Angleterre des cultivateurs possédant de grands troupeaux de bœufs et de moutons.

Mais les loups faisaient souvent irruption dans leurs champs et y causaient des ravages.

Les Anglais prirent donc des fusils et des chiens ; ils chassaient et tuaient les animaux féroces ; mais les loups, chassés d'un côté, revenaient de l'autre, et pour un loup tué il en renaissait dix. Et les cultivateurs, toujours à la chasse, s'appauvrirent, forcés qu'ils étaient de tenir beaucoup de chiens et d'acheter des armes. Leurs troupeaux de bœufs et de moutons avaient tous péri.

Cependant d'autres cultivateurs, qui étaient plus sages, se dirent : « Allons traquer les loups dans les bois, et nous détruirons jusqu'à leurs tanières. » Mais d'autres loups arrivèrent des autres forêts, et ces cultivateurs s'appauvrirent aussi et perdirent leurs troupeaux.

Étant ainsi appauvris, ils allèrent trouver leurs voisins, et leur dirent : « Assemblons tout le peuple, donnons la chasse aux loups pendant une année entière, jusqu'à ce que nous les ayons exterminés dans toute l'île. » Car l'Angleterre est une île.

Ils allèrent donc, et chassèrent jusqu'à ce qu'ils eussent anéanti la race entière des loups ; et alors ils déposèrent leurs armes, laissèrent vaguer leurs chiens :

Et leurs troupeaux paissent sans pasteur depuis ce temps jusqu'à nos jours.

IX.

† Or, il y avait en Italie un canton très-fertile en olives, en riz, mais insalubre ; chaque été la *mal'aria*, ou mauvais air, venait l'assaillir en apportant la fièvre et la mort.

Parmi les habitants de ce canton, les uns faisaient des fumigations dans leurs maisons en dépensant beaucoup d'argent pour les parfums ; les autres construisaient des murs du côté de l'occident, d'où leur venait la peste ; d'autres s'enfuyaient pendant la saison malfaisante : cependant tous moururent, et ce canton devint désert, et ses rivières et ses bosquets d'oliviers devinrent l'habitation des sangliers.

Et la *mal'aria* gagna un autre canton ; et les habitants recommencèrent leurs fumigations et leurs désertions, jusqu'à ce qu'il se trouva un homme sage qui leur dit :

« L'air mauvais émane d'un marais à cinquante milles d'ici ; allez donc et desséchez ce marais, en déversant l'eau qui s'y trouve : et si vous mourez vous-mêmes de la fièvre, vos enfants hériteront de vos peines, et tout le canton vous bénira.

Mais ces hommes paresseux hésitèrent à aller si loin et craignirent la mort; aussi moururent-ils bientôt dans leurs lits. Cependant la *mal'aria* poursuit sa route, et déjà dix cantons en sont infectés.

— Car quiconque n'ose quitter sa maison pour aller droit au mal et pour l'extirper de la terre, verra le mal venir à lui pour le tuer.

X.

Rappelez-vous que vous êtes parmi les gentils comme un troupeau parmi les loups, et comme un camp dans un pays ennemi ; et la concorde regnera parmi vous.

Les brouillons sont comme les brebis qui se détachent du troupeau, car elles ne sentent pas le loup; ou comme les soldats qui s'écartent du camp, car ils ne voient pas l'ennemi : mais s'ils le voyaient et le sentaient, ils resteraient unis.

Et vous n'avez pas pour ennemis que la trinité diabolique ; mais aussi tous ceux qui parlent et agissent au nom de cette trinité, et le nombre en est grand parmi les gentils : tous adorateurs de la Force, de l'Équilibre, de l'Arrondissement et de l'Égoïsme.

Vous n'êtes pas tous également bons; mais le pire d'entre vous est meilleur qu'un gentil soi-disant bon : car chacun de vous a l'esprit de sacrifice.

Et si quelques-uns d'entre vous diffèrent des autres, c'est parce qu'ils se vêtissent comme les gentils; les uns ont mis des calottes rouges à la française, les autres ont endossé l'hermine à l'anglaise, quelques-uns se sont affublés de toges et de barrettes à l'allemande : et sous ces déguisements une mère ne reconnaîtrait pas ses propres enfants.

Mais lorsque tous s'habilleront de *polonaises*, tous se reconnaîtront frères; tous iront s'asseoir sur les genoux de leur mère : et elle les embrassera tous avec le même amour.

Ne creusez pas sans cesse le passé pour en mettre au jour les erreurs et les crimes. Vous savez que le confesseur nous défend de nous souvenir de nos fautes passées, et à plus forte raison d'en parler aux autres; car de tels souvenirs et de tels discours nous font retomber dans le péché.

Ne vous écriez pas : « Voici un homme qui a sur lui telle tache, je dois la montrer; voilà un homme qui a commis telle ou telle faute, je dois la faire connaître. » Soyez-en sûrs, il se trouvera des hommes dont le devoir sera de fouiller dans toutes ces souillures, et des juges auxquels il appartiendra de les juger, et un bourreau qui les punira.

Quand vous allez par la ville, est-ce à vous de nettoyer le pavé quand il y a de la boue ? Et si vous rencontrez un voleur que l'on mène en prison, est-ce à vous de le traîner au gibet? Il y a d'autres hommes que cela concerne.

Et ces hommes ne manqueront jamais; car, lorsqu'une dynastie de bourreaux s'est dernièrement éteinte dans une ville française, il se présenta aussitôt pour la remplacer trois cent soixante-six candidats [45].

En parlant du passé, si vous répétez : « Dans telle bataille on a commis telle faute, et dans celle-là telle autre, et dans cette marche telle autre, » c'est bien. Mais ne vous croyez pas pour cela fort habiles ; car il est aisé d'observer les défauts et difficile d'apprécier les qualités du prochain.

Si dans un tableau il se trouve une tache noire ou un trou, le premier sot venu les apercevra; mais le connaisseur seul sentira les beautés du tableau.

Les hommes bons jugent en commençant par le bon côté ; les hommes mauvais, par le mauvais.

En se préparant à l'avenir, il faut revenir mentalement sur le passé; mais seulement comme un homme qui, se disposant à franchir un fossé, recule de quelques pas pour prendre un meilleur élan.

XI.

Vous êtes parmi les gentils comme des naufragés sur une plage inconnue.

† Un vaisseau ayant échoué, une partie de son équipage se réfugia sur la rive étrangère.

Or, il y avait parmi ceux qui s'étaient sauvés des soldats, des matelots ou gens de mer, des artisans et des savants qui écrivaient des livres.

Tous se lamentaient et voulaient retourner dans leur patrie. Ils entrèrent donc en délibération.

Le peuple de ce rivage ne leur donnait ni vaisseau ni pirogue; et, comme il était avide, il ne leur donnait du bois qu'à prix d'argent.

Ils allèrent donc dans la forêt, et commencèrent à examiner les arbres, et à discuter sur le nombre qu'il leur faudrait de ces arbres, et sur le genre de vaisseau qu'ils auraient à construire. Serait-ce un vaisseau pareil à l'ancien ou fait sur un nouveau patron? Une frégate, un brick ou bien une goëlette?

Cependant les hommes du rivage accoururent au bruit de leur dispute, et chassèrent les naufragés hors du bois.

Ils recommencèrent donc à se lamenter, et ils entrèrent en délibération.

Les uns disaient que le naufrage avait eu lieu par la faute du pilote, et voulurent tuer le pilote; mais il était déjà noyé. D'autres accusaient les marins; mais, comme peu de marins avaient survécu, ils n'osèrent les tuer de peur de ne pouvoir se guider eux-mêmes sur la mer : ils se contentèrent donc de les réprimander et de les tourner en ridicule.

Quelques-uns démontraient que le naufrage avait été produit par le vent du nord; d'autres en incriminaient le vent d'ouest : d'autres en accusaient un rocher sous-marin. Et il survint entre eux une grande querelle qui dura une année tout entière; et l'on n'avait rien décidé.

Ils se dirent alors : « Séparons-nous et cherchons des moyens de vivre. » Les charpentiers s'en allèrent dresser des charpentes; les maçons maçonner des murs, et les savants faire de la science pour les gentils : chaque artisan selon son métier.

Et il advint que tous soupiraient après la patrie; et les uns ne savaient pas bâtir selon les mesures des architectes gentils, et les autres ne connaissaient pas les écritures de ces gentils.

Ils se lamentaient donc de plus belle, et ils entrèrent de nouveau en délibération.

Et il se trouva entre eux un homme simple qui avait gardé jusqu'alors le silence, car il était pacifique; celui-là leur dit :

« En travaillant pour avoir de quoi vous nourrir, vous oubliez que nous devons retourner dans la patrie; et nous n'y retournerons que montés sur un vaisseau et par mer.

« Ainsi, que chacun de vous fasse des maisons, des murs ou des livres; mais aussi que chacun achète une hache et qu'il apprenne à nager.

« Et que ceux d'entre nous qui sont marins étudient la mer et les rivages, et les vents de ce pays.

« Et lorsque nous serons prêts, nous irons dans ce bois

et nous construirons vite un vaisseau, avant que les hommes de ce rivage n'aient eu le temps de se reconnaître ; et s'ils veulent nous le défendre, alors ayant des haches, nous pourrons leur tenir tête. » Ils dirent alors : « Procédons au choix d'un pilote. »

Les uns le voulaient très-vieux, les autres le voulaient très-jeune ; les maçons un autre, les savants un autre. Et cette querelle dura une demi-année, sans qu'ils eussent rien décidé.

Mais le même homme simple leur dit : « Choisissez d'abord un charpentier qui vous construise vite un vaisseau ; et, pour le moment, faites-le construire d'après l'ancien modèle : car nous n'avons pas le temps d'en essayer un nouveau.

« Et lorsque nous serons montés à bord et que nous aurons mis à la voile, nous assemblerons ceux d'entre nous qui sont marins, et nous leur ferons élire parmi eux un pilote.

« Les marins, non plus que nous, ne voudront pas se noyer, et ils éliront un bon pilote.

« Et si même alors nous étions en dissentiment, nous en aurons bientôt fini ; car les mutins seront garrottés ou jetés par-dessus le bord. Et tant que nous serons sur ce rivage, nos mésintelligences ne finiront jamais ; car il nous est défendu de tuer ou de garrotter personne. »

— Il fut fait selon ses conseils ; et les naufragés mirent heureusement à la voile.

XII.

Dans vos assemblées et vos délibérations n'imitez pas les gentils.

Car quelques-uns d'entre vous commencent à discourir, à délibérer ou à conspirer, toutes choses pour lesquelles il faut de la sagesse et de l'harmonie, par un dîner ou un souper, par le boire et le manger.

Or, qui a jamais vu qu'un estomac repu donnât la sagesse, ou que la bonne harmonie sortît d'une tête avinée, ou que la viande et la boisson fissent ressusciter la patrie ?

Et de pareils conciliabules ne réussissent pas ; car tel commencement, telle fin.

Et les médecins savent qu'un enfant engendré par un père après boire, est communément un idiot, et meurt avant l'âge.

Vous donc, entrez en conseil et en assemblée d'après les mœurs de vos pères, en allant à la messe et communiant ; et ce que vous aurez statué de cette manière, sera sage.

Et l'on ne vit jamais que les hommes fussent brouillons ou peureux le jour où ils avaient pieusement approché de la sainte table.

Entrés en conseil ou en assemblée, humiliez-vous à vos propres yeux ; car sans humilité, point de concorde.

Et voilà pourquoi on ne dit pas aux hommes : « *Élevez-vous à la concorde*, » mais on leur dit : « *Laissez-vous fléchir à la concorde**. »

Et celui qui veut lier en faisceau les sommets des arbres doit d'abord les incliner ; inclinez donc vos raisons orgueilleuses, et vous aurez la paix.

Dans vos fêtes n'imitez pas les gentils ; car les idolâtres parmi lesquels vous vivez célèbrent les anniversaires de réjouissance et de deuil toujours de la même manière c'est-à-dire en mangeant et en buvant : le ventre et la table sont leurs dieux et leurs autels.

Vous, au contraire, célébrez vos anniversaires, la fête de l'Insurrection**, la fête de Grochow***, la fête de Waver****,

---

* Cette distinction est beaucoup plus sensible dans le polonais.
** Le 29 novembre 1830.
*** Victoire remportée par 30,000 hommes de troupes polonaises sur 100,000 hommes de troupes russes, le 25 février 1831.
**** Victoire remportée le vendredi-saint et la veille de Pâques en 1831.

selon les mœurs des aïeux; en allant le matin à l'église et en jeûnant tout le jour.

Et l'argent épargné ce jour sur votre table, donnez-le à vos anciens pour en nourrir votre mère, la patrie. Et pour une pareille solennité, vous n'aurez besoin ni de la permission d'un magistrat, ni de louer une grande maison, ni de vous rassembler tumultueusement sur les places publiques.

Dans vos costumes n'imitez pas les gentils ; car les idolâtres parmi lesquels vous vivez veulent rendre la magistrature respectable non par le dévouement, mais par le costume : et ils la cousent dans la pourpre, dans l'hermine, la rendent semblable à une fille de joie toute fardée et toute parée, qui, plus elle devient laide, plus elle met de soin à sa toilette.

Vous autres portez les *polonaises* d'insurgés, vieux et jeunes ; car vous êtes tous soldats de la patrie insurgée : et en Pologne c'était le costume que l'on donnait aux mourants*.

Et beaucoup d'entre vous mourront dans le costume d'insurgés ; et que tous soient prêts à mourir.

Qui donc ne reconnaîtrait pas sous la polonaise d'insurgé l'homme qui a vaincu à Waver, et l'homme qui a vaincu à Stoczek, et l'homme qui a opéré sa retraite avec l'armée lithuanienne, et l'homme qui a commandé le régiment de Volhynie, et l'homme qui a dit dans les premiers jours de l'insurrection : « Jeunes gens, exécutez votre projet; allez et combattez ! » et ces mêmes jeunes gens qui les premiers chassèrent le tyran**, et les hommes qui les premiers ont crié : « *A bas Nicolas****! » Leurs noms sont assez connus par le monde.

Et qui sait comment s'appelle le roi de Naples ou le roi

---

* Le nom polonais de cet habit est *czamara* (prononcez *tchamara*).
** Les dix-sept conjurés du Belvédère.
*** Roman Soltyk, Antoine et Vladislas Ostrowski.

de Sardaigne, quoiqu'ils portent la pourpre royale ? qui connaît les noms des fils de rois dans les autres pays, et les noms des maréchaux, des généraux, porteurs de bâtons et de rubans ? Personne ne les connaît.

Et si l'on en connaît quelques-uns, c'est qu'ils se distinguent par leur dépravation et leur turpitude ; comme dans une petite ville on sait les noms du fameux bandit et du célèbre escamoteur, ou du bateleur qui court les rues pour divertir le peuple.

Et telle est la renommée du tzar Nicolas, et du petit tzar de Lisbonne, et du petit tzar de Modène, et de beaucoup de tzars, de rois et de ministres que vous savez.

Portez donc les polonaises d'insurgés.

Et celui qui doit mettre un costume plus somptueux et qui en a les moyens, qu'il agisse ainsi qu'il suit : si le vêtement coûte dix écus, après l'avoir payé qu'il dépose dix autres écus pour le vêtement de la patrie. Vous ferez de même quant à votre nourriture et à votre logement, qui seront ceux des soldats ; et vous soumettrez tout ce qui dépasse l'ordinaire d'un soldat, à un impôt bénévole.

Et toutefois ne contrôlez pas les autres dans leur nourriture, leurs habits et leur logement ; mais ayez soin de vous-mêmes : car ce conseil a été écrit afin que vous l'appliquiez, non pas aux autres, mais à vous-mêmes.

Soyez indulgents envers les autres et sévères envers vous-mêmes ; car selon que vous jugez les autres, vous-mêmes serez jugés.

Considérez encore le mystère suivant :

Que celui qui juge son prochain avec trop de rigueur pour une faute, soit de timidité, soit d'incurie, soit de versatilité, est sur le point de tomber dans la même faute ; et sera jugé de même par les autres.

C'est un mystère que certain Polonais pieux a pénétré, et qu'il vous révèle.

Un poltron est taxé le plus sévèrement par d'autres poltrons ; un voleur par d'autres voleurs : un fou est surtout bafoué par d'autres fous.

L'homme sage et courageux est indulgent dans ses paroles ; toutefois s'il devient chef ou juge, et si le peuple arme ses mains du glaive, alors il est sévère : il juge et punit selon sa conscience, car le peuple entier décrète par sa bouche, et la main du peuple tue avec son glaive.

Et l'homme vain est sévère dans ses paroles, tant qu'il n'est pas sorti de la foule ; et, dès qu'il devient ancien du peuple et juge, alors il trahit son peu de valeur : indulgent et craintif, il ne juge pas selon le cœur du peuple, mais selon ses amitiés et ses haines.

Si vous dites injustement de quelqu'un : « C'est un traître ! » ou si vous dites injustement de quelqu'un : « C'est un espion ! » soyez certains qu'au même instant d'autres disent de vous la même chose.

Ne vous divisez pas entre vous en disant : « Je suis de l'ancienne armée et toi de la nouvelle ; j'ai été à Grochow et à Ostrolenka, et tu n'as été qu'à Ostrolenka ; j'ai été soldat, et tu n'as été qu'insurgé : je suis Mazour*, et tu es Lithuanien. »

Que ceux qui parlent ainsi lisent dans l'Évangile la parabole des ouvriers qui vinrent travailler à la vigne, les uns appelés dès le matin, les autres à midi, et les autres le soir, et qui tous reçurent le même salaire. Et ceux qui arrivèrent les premiers portèrent envie aux autres ; et le Seigneur leur dit : « Hommes envieux, qu'est-ce à dire ? n'avez-vous pas reçu votre salaire ? »

Vous trouverez beaucoup de fils de soldats chez les étrangers ; mais il n'y a que parmi vous des fils d'insurgés.

---

* Habitant de la Mazovie, province polonaise, dont Varsovie est le chef-lieu.

Le Mazour et le Lithuanien sont frères ; les frères se querellent-ils entre eux parce que l'un s'appelle Vladislas et l'autre Vitold ? Ils ont un même nom, celui de Polonais.

XIII.

Ne vous disputez pas touchant vos mérites, vos grades et vos décorations.

† Une fois, des soldats pleins de courage livraient assaut à une ville ; une échelle fut dressée contre le mur, et l'armée s'écria : « Le premier qui mettra le pied sur le mur aura la grande croix du mérite militaire. »

La première escouade accourut ; et, comme chacun voulait monter le premier à l'échelle, ils commencèrent à se débattre entre eux : ils renversèrent l'échelle et furent tués un à un du haut des murs.

Une seconde échelle fut dressée, et une seconde escouade accourut ; et celui qui le premier sauta sur les échelons fut suivi par ses camarades, sans que personne s'y opposât.

Mais le premier soldat, ayant parcouru la moitié de l'échelle, se sentit défaillir ; il s'arrêta, en obstruant le chemin aux autres. Celui qui le suivait, se débattant avec lui, l'enleva de l'échelle, et le jeta en bas, et fit rouler tous les autres ; il se fit un grand désordre : et tous furent tués du haut des murs.

Alors on ajusta une troisième échelle, et la troisième escouade s'élança pour monter. Le premier soldat fut blessé, et ne voulut plus avancer ; mais celui qui le suivait était un homme robuste et de taille géante. Donc, sans rien dire, il saisit son chef de file à bras le corps, et le porta devant lui en se couvrant avec son fardeau comme avec un bouclier, et le posa debout au sommet du mur ; sur quoi, les autres arrivèrent : et la citadelle fut emportée.

Et ensuite, l'armée se réunit en conseil de guerre et voulut décerner la grande croix à ce soldat vigoureux ; mais il leur parla ainsi :

« Camarades, vous avez proclamé que le premier d'entre vous qui mettrait le pied sur le mur recevrait la décoration ; et voici un soldat blessé qui est monté avant moi : à lui donc la décoration, c'est par lui que Dieu a conquis la ville.

« Ne l'estimez pas à la légère en disant qu'il ne doit la première place qu'à l'agilité de ses jambes ; car l'agilité est une qualité du soldat aussi recommandable que la force et le courage.

« Ne dites pas qu'il n'a rien fait ; car s'il n'eût pas été blessé devant moi, c'est moi qui aurais reçu la blessure : et peut-être aujourd'hui la ville ne serait pas entre nos mains. Et celui qui couvre et défend est égal en tout à celui qui combat, et le bouclier vaut le glaive. Reprenez votre décoration ; car tous savent ce que j'ai fait [46]. »

— Dieu donne la victoire en se servant de l'agilité de l'un, du courage de l'autre, de la force du troisième ; et dès qu'un homme habile ou fort au lieu de pousser en haut son camarade le jette à bas, il fait naître le désordre pour recueillir la défaite : et s'il se vante de son mérite, il sème la discorde.

XIV.

Que chacun de vous donne à la patrie son talent, comme il jette son aumône dans un tronc, en secret et sans dire combien il donne. Un jour viendra où le tronc sera rempli ; et Dieu tiendra compte à chacun de ce qu'il aura déposé.

Mais si vous vous glorifiez d'avoir déposé tant, les hommes se riront de vous, et reconnaîtront que vous n'avez fait don de votre talent que pour vous en prévaloir.

Les services rendus à la patrie sont comme la poudre à canon.

Celui qui répandra la poudre sur une grande étendue et

l'allumera, ne produira qu'un éclair sans force, sans bruit et sans effet.

Mais celui qui mettra la poudre en terre, l'enfouira profondément, l'allumera, non-seulement bouleversera la terre et la mer avec bruit et plein succès; mais de plus, les hommes témoins de l'explosion se diront : « Certes, il y a eu là beaucoup de poudre. » Et cependant il n'y en eut que fort peu, mais dans une mine profondément enterrée.

De même aussi le mérite profondément caché se montrera plein de gloire. Et si quelqu'un le cache de telle sorte qu'il ne se montre jamais sur cette terre, il se montrera dans l'éternité; son retentissement sera infini, son éclat impérissable : et sa victoire, éternelle.

Un service rendu à la patrie est comme un grain. Celui qui le prend dans sa main et le montre à tous à la ronde en criant : « Voilà un beau grain! » celui-là le fera dessécher et n'en retirera aucun profit.

Mais celui qui sème ce grain en terre et prend patience pendant quelques semaines, celui-là verra le grain produire un épi.

Et celui qui garde le grain avec l'épi pour l'année prochaine, pour la vie future, celui-là doit en retirer cent grains; et de cette centaine, des milliers de milliers [47].

Par conséquent plus longue est l'attente, plus grande est la rémunération; et celui qui n'en reçoit aucune ici-bas, recevra là-haut la plus grande de toutes.

Et que penser des hommes qui se plaignent en disant : « Nous avons été braves, et nous n'avons eu ni grade ni décoration! » Avez-vous donc combattu pour des grades ou des rubans? Celui qui combat pour un ruban ou pour un grade n'a qu'à se mettre aux gages des Moskovites.

Et que penser des hommes qui se plaignent en disant : « Celui-ci à droite est un poltron, et il est décoré; celui-là à gauche est un ignorant, et il a reçu un grade! » Est-ce qu'un bon soldat en s'élançant sur l'ennemi regarde à droite et à gauche? Il regarde et marche droit devant lui. Car celui qui regarde à droite et à gauche est un poltron. Examiner et passer en revue, c'est l'affaire du chef de l'armée.

Et que penser des hommes qui se plaignent en disant : « Notre chef a commis une faute, en distribuant les grades et les décorations à des hommes indignes! » Car chacun voit aisément les défauts du chef et ne voit pas ses bonnes qualités ; comme chacun ne voit que son propre mérite, sans voir ses défauts.

Or, souvent ce qu'il y a de bon dans le chef est plus nécessaire au bien de la nation que le bien qui est en nous.

Est-ce que vous ne savez pas que Dieu le fils a admis un traître parmi les douze apôtres? Donc, si un chef mortel parmi les douze citoyens qu'il appelle aux grades et aux décorations n'en choisit que cinq mauvais, ce chef est parfait.

Et parmi les apôtres saint Jean a été le plus aimé, bien qu'il fût le plus jeune et qu'il n'eût aucune mission particulière ; qu'il ne fût ni vicaire du Christ comme saint Pierre, ni destiné à la vocation des gentils comme saint Paul, ni trésorier comme Judas.

Et toutefois Jean lui seul a prophétisé dans l'*Apocalypse*, eut le nom d'Aigle, et sa fin fut un mystère ; et beaucoup croient qu'il n'est pas mort, mais qu'il vit jusqu'au jour d'aujourd'hui : et l'on ne croit cela d'aucun autre apôtre que de Jean.

Vous voyez donc que le mérite sans rémunération temporelle est devenu plus éclatant dans la suite des âges.

XV.

Vous êtes parmi les gentils comme les hôtes cherchant des convives, et les invitant chez eux au banquet de la liberté.

† Certain hôte insensé ayant trouvé des convives, leur montra d'abord dans sa maison les coins où l'on jette les balayures, et les autres endroits sordides ; de sorte qu'il leur fit mal au cœur et que personne ne voulut s'asseoir à sa table.

Mais un hôte sage conduit les convives à la salle du banquet par un vestibule sans souillure. Il y a dans toutes les maisons des endroits pour les immondices, mais cachés de tous les regards.

Il en est parmi vous qui en parlant aux étrangers de la patrie, commencent par ce qu'il y avait de plus défectueux dans ses lois et ses institutions ; il en est d'autres qui commencent par ce qu'il y avait de plus beau et digne d'être vu en premier lieu. Or, dites-moi lesquels d'entre eux sont les hôtes insensés et les hôtes sages, et lesquels doivent réussir avec leurs convives ?

— Ne jetez pas des perles aux pourceaux. Ne parlez pas à tous les gentils des grandes choses que votre nation a faites pour le salut de l'humanité ; car les uns ne vous croiront pas, et les autres ne vous comprendront qu'après leur *conversion*.

† Un chrétien demeurait auprès d'une forêt dont il était forestier. Il découvrit un brigand qui sortait de la forêt, et s'acheminait vers une auberge tenue par des juifs qu'il voulait assommer et dépouiller. Le brigand dit au forestier : « Allons ensemble contre les juifs, et nous partagerons leurs dépouilles. »

Le forestier avait à la main un fusil, mais chargé seulement de menu plomb contre les oiseaux. Cependant, il se jeta sur le brigand, le blessa ; mais il reçut lui-même une blessure plus grave. Ils se saisirent à la gorge et luttèrent longtemps, jusqu'à ce que le brigand eut terrassé le forestier, l'eut foulé aux pieds et l'eut abandonné le croyant mort. Mais étant blessé aussi et perdant beaucoup de sang, il ne put accomplir son brigandage, et il s'en retourna dans la forêt. Le forestier, de son côté, se traîna jusqu'à l'auberge pour y chercher du secours.

LE FORESTIER, aux juifs.

Voilà que j'ai rencontré un bandit et je l'ai blessé en le forçant à retourner dans le bois; mais aussitôt qu'il sera guéri de sa blessure, il reviendra : et s'il ne revient pas ici, il ira piller d'autres juifs dans d'autres auberges. Allez donc; saisissez-le, et liez-le : et si vous avez peur, aidez-moi seulement. Le brigand est un homme à la longue main; mais, comme il est affaibli, nous en viendrons à bout.

Or, les juifs avaient vu de leur cabaret ce qui s'était passé; ils savaient qu'il les avait sauvés du pillage : mais ils craignaient qu'il ne réclamât un salaire.

Ils affectèrent donc un grand étonnement, en lui demandant d'où il venait et ce qu'il désirait. Les vieux juifs lui donnèrent de l'eau-de-vie et du pain, et les petits firent semblant de pleurer de pitié.

LES JUIFS.

Nous ne croyons pas que le brigand voulût nous tuer; il nous rendait visite autrefois, buvait notre eau-de-vie, et ne nous faisait aucun mal.

LE FORESTIER.

S'il a été ici, tant pis pour vous; car il a examiné votre maison et vos coffres-forts : et il a vu la maison habitée par des juifs, c'est-à-dire par des gens au cœur faible et timide.

LES JUIFS.

Ne blasphème pas contre la race juive; n'est-ce pas elle qui a produit David, qui tua Goliath, et Samson, le plus fort des hommes?

LE FORESTIER.

Je suis un homme peu versé dans les livres. J'ai entendu dire à mon curé que ce David et ce Samson avaient vécu, et qu'ils ne sont pas à la veille de ressusciter; songez donc à vous-mêmes.

LES JUIFS.

Ce n'est pas notre affaire de purger les forêts des brigands; il y a pour cela des magistrats et des gendarmes. Va, et dis-le leur.

LE FORESTIER.

Pour vous défendre, je n'ai pas invoqué les magistrats; je n'ai pas attendu les gendarmes.

LES JUIFS.

Tu t'es défendu toi-même.

LE FORESTIER.

Je pouvais cependant aider le brigand à vous dépouiller ou le suivre de loin sans rien dire; et il aurait partagé avec moi votre bien. Je pouvais aussi ne pas sortir de chez moi.

LES JUIFS.

Tu nous défendais, car tu comptais sur un salaire; eh bien! nous t'avons donné de l'eau-de-vie et du pain, et nous avons pansé ta blessure : et nous te donnerons encore un écu sonnant.

LE FORESTIER.

Foin de votre salaire! et pour le pain, l'eau-de-vie et les médicaments, je vous renverrai de l'argent dès que je sera de retour chez moi.

LES JUIFS.

Tu t'es battu avec le brigand; car nous savons que tu es un homme enclin aux querelles, et que tu te plais à batailler, sinon à chasser les bêtes fauves.

LE FORESTIER.

Si j'étais sorti pour me battre, je me serais mieux armé; j'aurais pris des balles et un couteau de chasse, je serais sorti plus tôt ou plus tard : et vous avez vu que je ne suis sorti ni plus tôt ni plus tard, mais au moment même où j'ai vu l'homme bandit qui marchait contre vous.

LES JUIFS, très-étonnés.

Parle donc, et nous dis toute la vérité; pourquoi as-tu fait ce que tu as fait ; et quelles étaient tes pensées : car tu es un homme singulier !

LE FORESTIER.

Voilà ce que je ne vous dirai pas ; et je vous le dirais que vous ne le comprendriez pas, car autre est la raison judaïque et autre la raison chrétienne : mais si vous vous convertissez au christianisme, vous le comprendrez sans que j'aie besoin de vous le dire.

Et ayant dit cela, il s'en alla de chez eux. Or, en marchant, il gémissait de ses blessures.

LES JUIFS, entre eux.

Il se vante d'être brave, et il gémit ; ses blessures ne sont pas graves : il gémit seulement pour faire peur à nos enfants.

— Ces juifs savaient bien qu'il était grièvement blessé ; mais ils sentaient qu'ils avaient mal fait, et ils voulaient se persuader à eux-mêmes qu'ils n'avaient pas mal fait : et ils parlaient haut pour assourdir la voix de leur conscience.

XVI.

Vous êtes sur la terre infidèle, hors la loi, comme des voyageurs qui, dans un pays inconnu, seraient tombés dans un piége.

† Certains voyageurs tombèrent dans une fosse à loup. Il y avait parmi eux des maîtres, des domestiques et un guide.

Et dès qu'ils se virent au fond de la fosse ils la mesurèrent des yeux ; et, quoiqu'ils ne dissent mot, ils prévirent ce qu'il y avait à faire.

Le plus fort et le plus gros d'entre eux se tint debout au fond de la fosse, et le second monta sur ses épaules, et le troisième monta sur les épaules du second, et le guide monta sur les épaules du dernier.

En se faisant ainsi la courte échelle, ils n'eurent pas égard à leurs distinctions de maîtres ou de valets; mais ils se rangèrent d'après l'embonpoint et la largeur des épaules.

Ils jugèrent donc qu'il fallait placer le guide en haut, et le faire sortir le premier de la fosse; parce que, connaissant les lieux et les chemins, il pourrait trouver le plus tôt du secours.

Et quand le guide fut dehors, ils attendirent en silence, en se restaurant avec la nourriture qu'ils avaient dans leurs besaces, et la distribuant à chacun selon sa faim.

Quelques-uns craignaient que le guide ne les laissât là; mais ils ne disaient rien pour ne pas décourager leurs camarades, et se dirent seulement à part : « S'il nous trahit, nous aurons le temps de nous en plaindre. »

Après quelques moments, le guide amena des hommes et retira les voyageurs, et les conduisit au village.

Ils se séparèrent donc en silence, et se dirent tout bas : « Le guide n'est qu'un sot; mais, comme il a péché par sottise et non par mauvaise volonté, et qu'il a déjà eu assez peur lui-même, laissons-le partir en paix : et, une autre fois, choisissons un meilleur guide. »

Et le guide pensa : « Je me suis trompé, et j'ai failli perdre ces braves gens; une autre fois, je ne me chargerai plus jamais de guider personne. »

Et entre ces hommes, depuis l'instant de leur chute jusqu'à celui de leur sortie, régna un morne silence.

L'année suivante, d'autres voyageurs tombèrent dans la même fosse avec un autre guide; et ils imaginèrent de se sauver par le même moyen.

Mais il y eut discussion au sujet de celui qui resterait en bas, car les maîtres ne voulurent point prêter l'épaule aux domestiques; et ceux-ci craignirent que leurs maîtres, une fois sortis, ne les abandonnassent à leur sort.

Et tous craignaient de lâcher le guide; car en punition de

son erreur, ils le frappaient et l'injuriaient : il fut donc forcé de leur jurer par ses grands dieux qu'il reviendrait.

Dès qu'il fut sorti, il pensa : « Ce sont de méchantes gens, et ils trament quelque chose contre moi; car ils m'ont témoigné peu de confiance : laissons-les dans la fosse. » Il prit donc le chemin de sa maison.

Et les voyageurs mouraient de faim depuis plusieurs jours, lorsque, par hasard, des hommes les trouvèrent et les retirèrent de la fosse.

A peine eurent-ils été mis en liberté, que les uns voulurent poursuivre leur chemin ; les autres voulurent chercher et punir le guide infidèle. Ils se disputèrent donc, et se séparèrent.

Les plus emportés allaient maudissant et menaçant leur guide ; et il arriva que personne ne voulut leur servir de guide, malgré leurs prières et leur argent.

Et le guide infidèle jurait et criait qu'il n'était pas coupable, que ces hommes s'étaient égarés par leur faute ; et, pour prouver sa connaissance des lieux et des chemins, il s'engagea comme guide avec d'autres voyageurs. Et grâce à lui, il leur arriva ce qui était arrivé aux premiers.

Et depuis l'instant de leur chute jusqu'à celui de leur délivrance, ce fut pour ces derniers une dispute continuelle.

XVII.

Vous êtes en pèlerinage sur la terre infidèle comme était le peuple de Dieu dans le désert.

Gardez-vous, pendant votre pèlerinage, de vous plaindre, de murmurer et de douter ; car ce sont des péchés mortels.

Vous savez que lorsque le peuple de Dieu s'en retournait à la terre de ses aïeux, à la Terre sainte, il était en pèlerinage dans le désert ; et, parmi le peuple de Dieu, il y avait beaucoup de pèlerins qui regrettaient l'Égypte et qui disaient : « Retournons dans la terre d'esclavage ; nous y serons captifs, mais nous aurons force oignons et viande. »

Et l'Écriture nous apprend que le Seigneur, offensé, prolongea le pèlerinage de cette nation dans le désert jusqu'à la mort de tous ceux qui avaient regretté l'Égypte; car aucun d'eux ne devait voir la Terre sainte.

Vous savez qu'il y en eut d'autres parmi le peuple de Dieu qui ne croyaient pas à leurs prophètes, et qui disaient : « Et comment pouvons-nous reconquérir la terre de nos aïeux, lorsque nous avons contre nous des rois puissants et des peuples qui semblent des peuples de géants? »

Et l'Écriture ajoute que le Seigneur, offensé de ce manque de foi, prolongea de nouveau le pèlerinage de cette nation dans le désert jusqu'à la mort de tous ceux qui avaient douté de lui; car aucun d'eux ne devait voir la Terre sainte.

Et non-seulement ceux qui avaient hautement murmuré et perdu la foi, mais aussi ceux qui avaient murmuré et douté dans leurs cœurs, moururent dans le désert; car Dieu lit dans les cœurs comme dans un livre ouvert pour lui, bien que scellé pour tous.

C'est pourquoi gardez-vous du péché de murmure et de doute, pour ne pas prolonger les jours de votre pèlerinage.

Et comme dans le camp du peuple élu il y avait des pestiférés atteints de la lèpre ou de la gale, de même aussi parmi vous on rencontre des pestiférés et des galeux, c'est-à-dire de mauvais Polonais. Fuyez-les, car leur mal est plus contagieux que la lèpre; or, vous les reconnaîtrez aux signes que voici :

Le pestiféré ne croit pas à la résurrection de la Pologne, quoiqu'il se soit battu et qu'il soit en pèlerinage pour elle. Et sa maladie se révèle par des propos comme ceux-ci : « Je savais que l'insurrection était une folie; mais je me suis battu vaillamment pour la cause de l'insurrection, comme un bon soldat doit le faire. Je sais qu'il est impossible de reconquérir la Pologne; mais en homme d'honneur je poursuis mon pèlerinage. »

Dès que vous aurez entendu de tels propos, fuyez en vous bouchant les oreilles, et rapportez-les aux anciens; et les anciens déposeront sur-le-champ le pestiféré de ses fonctions, s'il est fonctionnaire, et le dépouilleront de sa polonaise s'il est Pèlerin : et lui prescriront de méditer chez lui pendant un nombre de jours déterminé.

Et après ce nombre de jours, ils s'assureront s'il est guéri, et si la grâce et la foi ont éclairé son âme; une fois rétabli, s'il renonce au péché, on le proclamera purifié : et il sera réintégré dans le corps des Pèlerins.

Mais si le malade tient les mêmes propos qu'auparavant, les anciens lui mettront le masque, en publiant qu'il est impur. Et tous le fuiront, et sa personne et ses discours : car il n'est ni un bon soldat, ni un homme d'honneur; mais un insensé et un pervers.

Car s'il allait au feu dans les combats, le cheval aussi que montait le krakuse en l'éperonnant et le cheval aussi qui trainait le canon sous le fouet du conducteur allaient au feu! et peut-on appeler bon soldat un cheval du train ou des krakuses [*]?

Et si le pestiféré dit qu'il se bat pour l'honneur, un officier moskovite dit aussi qu'il se bat pour l'honneur; et l'Italien, en tuant son rival d'un coup de stylet, dit aussi qu'il venge son honneur : or, que signifie cette folle idolâtrie du Point-d'honneur?

En vérité, je vous le dis, un soldat qui combat sans avoir foi dans la justice de sa cause n'est qu'une bête féroce; et le chef qui le conduit au feu sans cette foi n'est qu'un brigand.

[*] Les régiments des krakuses étaient cette cavalerie improvisée avec les paysans des environs de Krakovie, qui à Stoczek a remporté la première victoire sur les Russes, en 1831.

Le pestiféré combat sur la plaine et tue deux ennemis ; et de retour dans la tente il corrompt le cœur des soldats, et tue les âmes de dix des siens.

Il ressemble à un homme qui va à l'église et se met à genoux ; et qui, de retour dans sa maison, se moque, en présence des enfants, de Dieu et de la foi.

Et qu'il ne s'excuse pas en disant qu'autre chose est la conduite ou l'action, et autre chose la pensée ou la parole ; car on peut pécher aussi gravement contre la patrie par des paroles que par la pensée : et aucun de ces péchés n'échappera à son châtiment.

Telles sont les précautions à prendre contre les pestiférés dans le pèlerinage polonais.

XVIII.

Vous êtes parmi les gentils comme étaient les apôtres parmi les idolâtres.

Ne vous emportez pas contre les idolâtres ; combattez-les par la parole, et d'autres les vaincront par le glaive : et ce sont les juifs qui les vaincront, ou les hommes selon la loi ancienne, qui adorent la Souveraineté-du-peuple, et l'Égalité, et la Liberté. Ils haïssent les idolâtres et n'ont pas l'amour du prochain ; et ils sont envoyés de Dieu pour l'extermination des idolâtres de Chanaan.

Et ils briseront leurs idoles, et ils jugeront les idolâtres selon la loi de Moïse et de Josué, de Robespierre et de Saint-Just, en exterminant depuis l'enfant à la mamelle jusqu'au vieillard, depuis le taureau jusqu'au chien ; car leur dieu, qui s'appelle la *Souveraineté-du-peuple*, est juste, mais inflexible et brûlant comme le feu.

Et de même que le Christ et sa loi apparurent au milieu des juifs et de leur capitale, ainsi votre loi nouvelle apportera sa règle de dévouement et d'amour dans les capitales mêmes des libéraux de l'Europe.

Car l'Angleterre et la France sont comme Israël et Juda. Si vous entendez donc les libéraux se quereller pour une ou deux chambres, pour une chambre héréditaire ou pour une chambre élective, argumenter sur le mode d'élection, sur la liste civile, sur la liberté de la presse, ne vous éprenez pas de leur sagesse; car leur sagesse est celle de la loi ancienne.

Ce sont des pharisiens et des saducéens qui se disputent sur le pur et l'impur, et qui ne comprennent pas ce que c'est que d'aimer la vérité et de mourir pour la vérité.

Et quand ils vous entendent, vous, enfants du Nord, parler de Dieu et de la liberté, ils s'emportent, ils se récrient comme les docteurs contre l'enfant Jésus : « Eh! d'où lui est venue à lui tant de sagesse, au fils du charpentier? Et comment un prophète a-t-il pu naître à Nazareth? Et comment ose-t-il nous en remontrer, à nous autres, vieux docteurs! »

Et quand ils parlent de votre guerre entreprise pour le salut des nations, ils ne nient pas que vous n'ayez bien agi, mais ils disent que c'était mal à propos; de même que les docteurs reprochaient au Christ d'avoir osé faire des guérisons le jour du sabbat, et s'écriaient : « Est-il permis de guérir le jour du sabbat? est-il permis de faire la guerre aux Russes pendant une paix européenne? »

Et s'ils font l'aumône aux veuves et aux orphelins de la liberté, aux veuves et aux orphelins de l'Espagne, du Portugal, de l'Italie et de la Pologne, ils la font avec fracas dans les assemblées, comme faisaient les pharisiens.

Et s'ils donnent à leur patrie, ils discutent combien, d'après la loi ou la constitution, ils doivent donner.

Or, votre loi est autre; car vous dites : « Tout ce qui est à nous est à notre patrie; tout ce qui est à notre patrie est aux peuples libres. »

Les Anglais, qui aiment la liberté selon la loi ancienne, disent : « Reprenons l'Océan à la France, comme Israël reprenait des villes à Juda. » Et les Français de l'ancienne loi disent : « Reprenons aux Allemands les provinces rhénanes. » Et les Allemands disent : « Reprenons aux Français le duché d'Alsace. » Et ainsi des autres. C'est pourquoi je vous dis qu'ils sont insensés au point de devenir idolâtres de Baal et de Moloch et de l'Équilibre.

Parce que les ports, les mers et les continents sont l'héritage des peuples libres. Le Polonais se prend-il de querelle avec le Lithuanien pour les rives du Niémen, pour Grodno et Bialystok ? C'est pourquoi je vous dis que le Français et l'Allemand et le Russe doivent être comme sont le Lithuanien et le Polonais.

† Un homme sauvage s'empara un jour avec sa femme et ses enfants d'une maison délaissée. Et comptant les fenêtres, il dit : « Par cette fenêtre regardera ma femme, et par cette fenêtre mon fils, et par cette fenêtre moi. » Ils regardaient donc ; et, lorsqu'ils quittaient les fenêtres, ils les bouchaient selon la coutume des sauvages, afin que la lumière appartenant à l'un ne servît pas à l'autre. Et le reste de la famille n'eut aucune fenêtre.

Et l'homme sauvage dit : « Seul j'aurai le droit de me chauffer à mon poêle (et il n'y avait qu'un poêle), et que les autres se fassent chacun un poêle. Et il dit ensuite : « Ouvrons dans notre maison pour chacun une porte séparée. » Ils ruinèrent donc la maison et se battirent souvent pour la lumière, et pour la chaleur, et pour diverses parties du logement.

— Voilà comment font les nations européennes. Elles s'envient l'une à l'autre le commerce des livres, et le commerce des vins, et le commerce du coton ; ignorant que la science et la richesse appartiennent à une même maison : à l'association des peuples libres.

XIX.

Quelques-uns d'entre vous discutent sur l'aristocratie et la démocratie, et sur d'autres points de l'ancienne loi. Ceux-là de vos frères se trompent, comme les premiers chrétiens qui dissertaient sur la circoncision et sur l'ablution des mains.

Car les peuples ne seront pas sauvés par l'ancienne loi, mais par les mérites du peuple martyr; et ils seront baptisés au nom de Dieu et de la liberté : et celui qui reçoit ce baptême est votre frère.

Ne discutez pas beaucoup sur les lois. Les lois sont comme des créances et les gouvernements comme des débiteurs, et la patrie comme une hypothèque. Plus le débiteur est vil et rusé, plus on le circonscrit; tandis qu'à son père ou à son frère on prête sans signature.

Soyez donc parfaits comme les apôtres, et les peuples vous croiront sur parole; et ce que vous établirez aura force de loi non-seulement pour les vôtres, mais pour tous les peuples libres.

N'argumentez pas beaucoup sur la forme de gouvernement à donner à la Pologne. Non pas ceux qui parlent le plus feront les meilleures lois, mais ceux qui aiment le mieux et qui ont le plus de dévouement.

† Certains orphelins cherchaient un tuteur qui administrât leurs terres et qui prît soin de leur éducation. Ils jetèrent donc les yeux sur leur voisin, qui était bon administrateur, mais avide, et qui avait accumulé des sommes immenses, et qui passait généralement pour un homme industrieux mais intraitable. Les orphelins dirent : « Nous ne voulons pas de celui-là, car il s'enrichirait à nos dépens. »

Ils jetèrent les yeux sur un autre voisin qui avait écrit un livre sur l'agriculture, mais qui n'avait jamais cultivé les champs. Ils dirent donc: « Nous n'en voulons pas, car il ferait des essais d'agronomie à nos dépens. « Mais ils entendirent parler d'un troisième homme qui aurait autrefois joui d'une grande fortune, mais qui l'aurait perdue en prenant la défense de la veuve et de l'orphelin. Ils dirent donc : « Prenons celui-là. »

La forme du gouvernement à venir est semblable à la forme du discours que prononce un orateur.

Un homme circonspect en allant au conseil national réfléchit sur ce qu'il doit mettre à l'exorde de son discours, et au milieu, et à la péroraison; car c'est ainsi qu'à l'école on lui a dit de faire. Mais comme il ne sent que faiblement la cause nationale, son discours sera disposé avec art, mais vide; et passera sans laisser de souvenir.

Et l'homme dévoué allant au conseil national, le cœur plein d'amour de la patrie et pénétré de la vérité de ce qu'il a à dire, parle sans songer à l'agencement de ses phrases; et son discours sera bien ordonné, et les sténographes le saisiront au vol, afin qu'il puisse servir de modèle aux autres : et l'orateur lui-même sera étonné d'avoir si sagement parlé.

C'est ainsi que des législateurs doués d'un fervent patriotisme établiront dans le pays un ordre conforme à ses besoins; et le pays sera sagement constitué, et ses voisins transcriront cette constitution et l'imiteront.

La république que vous avez à fonder ressemble à une forêt semée par un planteur.

Si le planteur sème une bonne semence sur une bonne terre, il peut être sûr que les arbres viendront d'eux-mêmes, sans qu'on ait besoin de penser à leur forme, et sans craindre qu'il ne vienne des aiguillons aux chênes ou des feuilles aux sapins.

— Semez donc l'amour de la patrie et l'esprit de dévouement, et soyez sûrs qu'il en naîtra une république grande et belle.

XX.

† Une femme veuve était tombée en léthargie, et son fils appela des médecins.

Tous les médecins dirent : « Choisissez d'entre nous un seul pour la traiter. »

Un des médecins dit : « Je la traiterai d'après Brown. » Mais les autres objectèrent : « C'est une mauvaise doctrine que celle-là; il vaut mieux qu'elle reste en léthargie et qu'elle meure que d'être traitée d'après Brown. »

Un autre dit : « Je la traiterai d'après Hahnemann. » Les autres repartirent : « C'est un mauvais système; qu'elle meure plutôt que d'être traitée par l'homœopathie.

Alors le fils de la veuve dit : « Traitez-la comme il vous plaira, pourvu que vous la guérissiez. » Mais les médecins ne purent s'accorder. Les uns ne voulurent en rien céder aux autres.

C'est alors que le fils, désespéré, s'écria : « O ma mère! » Et la veuve à ce cri s'éveilla et revint à la santé. Et les médecins furent chassés.

Quelques-uns d'entre vous disent : « Il vaut mieux que la Pologne reste en esclavage que de revivre par l'aristocratie. » Et d'autres disent : « Il vaut mieux qu'elle reste asservie que de revivre par la démocratie. » Et d'autres disent . « Il vaut mieux qu'elle reste comme elle est que d'avoir telles ou telles frontières. » Ceux-là ne sont que des médicastres et non pas des fils, et n'aiment pas leur mère, la Patrie!

En vérité je vous le dis : ne recherchez pas quelle sera la forme du gouvernement en Pologne; qu'il vous suffise de savoir qu'elle sera préférable à toutes celles imaginées par vous. Ne vous informez pas de ses frontières, car elles seront plus grandes qu'elles n'ont jamais été.

Et chacun de vous a dans son âme la semence des lois futures et la mesure des frontières futures.

— Plus vous amenderez et vous agrandirez vos âmes, plus vous corrigerez vos lois et vous élargirez vos frontières.

XXI.

Vous entendez ce que disent les Juifs, les Bohémiens et les hommes qui ont une âme de Bohémien ou de Juif : « *La Patrie est où l'on est bien.* » Le Pèlerin dit aux nations : « *La Patrie est où l'on est mal.* » Car partout en Europe où il y a oppression de la liberté et combat pour la liberté, il y a aussi combat pour la Pologne ; et ce combat tous les Pèlerins doivent le livrer.

Autrefois on disait aux peuples : « Ne déposez pas les armes tant que l'ennemi occupe un seul pouce de votre territoire. » Dites aux nations : « Ne déposez pas les armes tant que le despotisme retient un seul pouce de terrain libre. »

Car le Français aussi, et l'Anglais aussi, et l'Allemand aussi, défendent leurs biens et détestent leurs ennemis. Et cependant lorsque le Français et l'Anglais sont en pèlerinage parmi les peuples, les peuples ne vont pas à leur rencontre et ne leur chantent pas leurs chants.

Et cependant, ils vont au-devant de vous, ils vous fêtent, ils vous chantent vos chants ; car ils pressentent que vous guerroyez pour la liberté du monde.

Si donc votre idée de la liberté et vos dévouements pour elle ne sont pas plus parfaits que les idées et les dévouements du Français et de l'Anglais, en vérité je vous le dis, vous n'entrerez point dans votre patrie.

Le Christ a dit au peuple de Dieu : « Toi, peuple d'Abraham, si tu ne suis pas mes voies, Dieu rejettera ta race, et donnera plutôt la vie à des pierres, pour en faire des fils d'Abraham. » Ce qui voulait dire que des Grecs et des Romains il ferait des chrétiens.

Et le Pèlerin dit au Français et à l'Anglais : « Vous, enfants de la liberté, si vous n'entrez pas dans mes voies, Dieu rejettera votre race et donnera plutôt la vie à des pierres, pour en faire des défenseurs de la liberté ; c'est-à-dire à des Moskovites et à des Asiatiques. »

Car celui qui rejette l'appel de la liberté sera rejeté par elle.

† Il y avait autrefois une reine qui appela un simple soldat au commandement de ses armées, et qui lui dit : « Remporte la victoire sur tous mes ennemis, et je te donnerai la moitié de mon royaume, et je serai ton épouse. »

Ce soldat se mit aussitôt en campagne, suivi des armées qu'il commandait au nom de la reine ; et jour par jour il battait ses ennemis : et il devint glorieux et puissant.

Il dit donc à cette reine : « Il est temps, ma souveraine, que je vous épouse et que nous régnions en paix. » Et la reine dit : « Il n'en est pas temps encore, parce que tu n'as pas défait tous mes ennemis. »

Or, le chef, courroucé, dit : « Voilà que je deviens vieux et riche ; plutôt que de combattre sans cesse pour cette femme, je m'établirai dans mes terres et je me reposerai. » Il s'établit donc et laissa les frontières découvertes ; et l'ennemi répara ses pertes, et vint jusque dans ses terres étendre ses ravages.

Alors le chef se réveilla ; et, se montrant au peuple, lui cria : « Aux armes ! suivez-moi pour défendre mes biens, comme vous me suiviez naguère lorsque nous remportions de grandes victoires. »

Mais les hommes dirent : « Qui es-tu donc, homme insensé, pour que nous allions à ta suite défendre tes biens ? Naguère nous t'avons suivi, car tu nous appelais au nom de la reine ; mais tu n'es plus à présent son général : tu n'es qu'un homme comme un autre. » Et ils le renvoyèrent.

Or, la reine s'était déjà choisi un autre simple soldat; et celui-ci devint général, et il était obéi : et il remporta la victoire.

— Cette reine, c'est la Liberté; ce soldat, cétait la France.

XXII.

Lorsque durant votre pèlerinage vous entrerez dans une ville, bénissez-la en disant : « Que notre liberté soit avec vous! » Si les habitants vous accueillent et vous écoutent, ils seront libres; s'ils vous dédaignent et ne vous écoutent pas et s'ils vous bannissent, votre bénédiction retournera sur vous-mêmes.

En quittant une ville et un pays impie, esclave ou ministériel, secouez la poussière de vos sandales; et je vous le dis en vérité : Toulon, et Nantes, et Lyon, furent mieux traités aux jours de la Convention, que cette ville ne le sera aux jours de la Fédération européenne.

Car, lorsque la Liberté viendra s'asseoir sur la capitale du monde, elle jugera les nations.

Et elle dira à une nation : « J'ai été assaillie par des brigands, et je t'ai demandé du fer pour ma défense et une poignée de poudre; et tu m'as donné un article de gazette. » Et la nation répondra : « Quand donc, ô Liberté! m'avez-vous appelée? » Et la Liberté répondra : « Je t'ai appelée par la bouche de ces Pèlerins, et tu ne m'as pas entendue. Va donc en esclavage, où il y aura le sifflement du knout et le grincement des oukazes! »

Et la Liberté dira à une autre nation : « J'ai souffert la misère et l'affliction, je t'ai demandé la protection des lois et du pain; et tu m'as jeté des ordonnances. » Et la nation répondra : « Quand donc, ô Liberté! êtes-vous venue me trouver? » Et la Liberté répondra : « Je suis venue sous l'habit de ces Pèlerins, et tu m'as repoussée. Va donc en esclavage, où il y aura le sifflement du knout et le grincement des oukazes ! »

En vérité, je vous le dis, votre pèlerinage deviendra pour les puissances la pierre d'achoppement.

Les puissances ont rejeté votre pierre de l'édifice des peuples ; et voilà que cette pierre deviendra la pierre angulaire et la clef de l'édifice à venir : et celui sur qui elle tombera sera écrasé, et celui qui viendra se heurter contre elle tombera et ne se relèvera plus.

Et du grand édifice politique de l'Europe il ne restera pas pierre sur pierre.

Car la métropole de la Liberté sera transférée ailleurs.

Jérusalem ! ô toi qui fais mourir les hommes qui prêchent la Liberté, tu fais mourir tes prophètes ; et le peuple qui tue ses prophètes se frappe lui-même au cœur comme un suicide insensé.

Une grande oppression viendra fondre sur Israël et sur Juda.

XXIII.

Gouverneurs de la France et docteurs de la France, vous qui parlez de liberté et qui servez le despotisme, vous serez jetés entre le despotisme étranger et votre peuple, comme une barre de fer entre l'enclume et le marteau.

Et vous serez battus, et vos scories et vos étincelles jailliront jusque sur les frontières du monde ; et les peuples se diront : « Certes, il doit y avoir là un grand battement comme dans une forge infernale. »

Et vous crierez au marteau, à votre peuple : « O peuple ! pardonne et cesse de frapper, car nous avons parlé de liberté. » Et le marteau répondra : « Tu as parlé d'une manière et tu as agi de l'autre. » Et il retombera sur la barre avec une force nouvelle.

Et vous crierez à l'enclume inexorable, au despotisme étranger : « O despotisme! nous t'avons servi, adoucis-toi et creuse-toi afin que nous puissions nous cacher du marteau. » Et l'enclume répondra : « Tu as agi d'une manière et tu as parlé de l'autre. » Et il vous présentera sa tranche dure et glacée, et la barre sera battue et aplatie, et personne ne la reconnaîtra.

Gouverneurs de l'Angleterre et docteurs de l'Angleterre, vous vous enorgueillissez de votre naissance, et vous dites : « Mon aïeul a été lord et mon bisaïeul roi; vivons donc en bonne intelligence avec nos proches, rois et seigneurs de l'Europe. » Mais un jour viendra où vous crierez au peuple : « Fais nous grâce de la vie, car nous n'avons eu dans notre famille ni roi, ni lord, pas même un esquire. »

Et vous, négociants et boutiquiers des deux nations, affamés d'or et du papier qui donne l'or, vous avez envoyé votre monnaie pour la répression de la liberté, et le jour viendra où vous lècherez votre or et vous mâcherez votre papier, et personne ne vous enverra ni pain, ni froment.

Vous avez entendu parler de ces famines durant lesquelles les mères dévoraient leurs enfants; mais votre faim sera plus atroce : car, je vous le dis, en vérité, vous couperez des oreilles à des hommes vivants et à vous-mêmes, et vous les ferez rôtir et vous les mangerez. Car vous avez mérité d'avoir les oreilles coupées comme des infâmes.

XXIV.

Tels sont les Actes de la nation polonaise et des Pèlerins polonais; non inventés, mais recueillis dans les histoires de la Pologne et dans les Écritures, et dans les traditions, et dans les enseignements des Polonais pieux et dévoués à la Patrie, martyrs, confesseurs et Pèlerins : et çà et là quelques choses par la grâce de Dieu.

Relisez-les, frères d'armes et croyants ; et que vos anciens, ceux d'entre vous que vous appelez bas-officiers ou sergents, vous les éclaircissent et vous les expliquent.

Car vos chefs sont comme les pères d'une nombreuse famille, occupés tout à la fois de leurs enfants, de leur maison et de vos affaires ;

Mais vos bas-officiers sont comme les guides et les nourrices de leurs jeunes frères d'armes : et sont toujours à leurs côtés pour veiller sur eux.

Ils ont commencé la guerre des peuples ; et, Dieu aidant, ils la finiront heureusement.

Ainsi soit-il.

LA PRIÈRE DU PÈLERIN.

Seigneur Dieu tout-puissant ! les enfants d'une nation guerrière élèvent vers toi, des diverses parties du monde, leurs mains désarmées. Ils t'appellent du fond des mines de Sibérie, et des neiges du Kamtchatka, et des steppes de l'Algérie, et de la terre étrangère de France. Et du sein de notre patrie, qui t'est restée fidèle, il ne serait pas permis de t'appeler ? et nos vieillards, nos femmes et nos enfants ne pourraient te prier que dans le mystère, par la pensée et les larmes ? Dieu des Jaghellons, Dieu de Sobieski, Dieu de Kosciuszko, aie pitié de notre patrie, aie pitié de nous ! Accorde-nous de pouvoir encore te prier un jour, comme te priaient nos ancêtres, sur le champ de bataille, les armes à la main, devant un autel de tambours et de canons, et sous un baldaquin d'aigles blancs et d'ardentes bannières. Permets à nos familles de te prier dans les églises de nos villes et de nos villages, et permets à nos enfants de te prier sur nos tombeaux. Et cependant que ta volonté, et non la nôtre, soit faite aux cieux et sur la terre.

Ainsi soit-il.

LITANIES DES PÈLERINS.

Kyrie eleyson, Christe eleyson.

Notre père, qui avez sauvé le peuple élu de la captivité d'Égypte, et qui l'avez ramené dans la Terre sainte,

Ramenez-nous dans notre patrie.

Fils de Dieu, sauveur du monde, qui avez souffert la passion et la croix, qui êtes ressuscité, et qui régnez dans la gloire céleste,

Ressuscitez notre patrie.

Vierge Marie, que nos pères appelaient reine de Pologne et de Lithuanie,

Sauvez la Pologne et la Lithuanie.

Saint Stanislas, patron de la Pologne,

Priez pour nous.

Saint Kasimir, patron de la Lithuanie,

Priez pour nous.

Saint Josaphat, patron de la Russie polonaise,

Priez pour nous.

Tous les Saints et martyrs de notre république,

Priez pour nous.

De la servitude moskovite, autrichienne et prussienne,

Délivrez-nous, Seigneur.

Par le martyre des trente mille guerriers de Bar, morts pour la Foi et pour la Liberté,

Délivrez-nous, Seigneur.

Par le martyre des vingt mille habitants de Praga, massacrés pour la Foi et pour la Liberté,

Délivrez-nous, Seigneur.

Par le martyre des jeunes Lithuaniens tués sous le bâton, morts dans les mines ou dans l'exil,

Délivrez-nous, Seigneur.

Par le martyre des habitants d'Oszmiana [48], égorgés dans leurs maisons et dans les églises,

Délivrez-nous, Seigneur.

Par le martyre des soldats massacrés à Fischaü [49] par les Prussiens,

Délivrez-nous, Seigneur.

Par le martyre des soldats tués à coups de knout dans Kronstadt [50] par les Moskovites,

Délivrez-nous, Seigneur.

Par le sang de tous les soldats morts durant la guerre de la Foi et de la Liberté,

Délivrez-nous, Seigneur.

Par les blessures, les larmes et les souffrances de tous les prisonniers, proscrits et Pèlerins polonais,

Délivrez-nous, Seigneur.

Accordez-nous la guerre générale pour la liberté des peuples,

Nous vous prions, Seigneur.

Rendez-nous les armes et les aigles nationales,

Nous vous prions, Seigneur.

Donnez-nous une mort bienheureuse au champ d'honneur,

Nous vous prions, Seigneur.

Accordez-nous un tombeau pour nos ossements dans la Terre natale,

Nous vous prions, Seigneur.

Rendez-nous l'Indépendance, l'Intégrité et la Liberté de notre patrie,

Nous vous prions, Seigneur.

Au nom du Père, du Fils et du Saint-Esprit.

Ainsi soit-il.

FIN DES ACTES DE LA NATION POLONAISE
ET DES PÈLERINS POLONAIS.

III.

THADÉE SOPLIÇA,

OU

LE DERNIER PROCÈS EN LITHUANIE,

RÉCIT HISTORIQUE EN DOUZE LIVRES.

(1834.)

THADÉE SOPLICA*.

I.

L'INTÉRIEUR.

SOMMAIRE. — Retour du neveu. — Première entrevue dans le boudoir, une seconde à table. — Grave leçon du juge sur la civilité. — Remarques du président sur les modes étrangères. — Origine de la discussion à propos d'*Écourté* et de *Faucon*. — Lamentations du sénéchal. — Le dernier huissier-audiencier. — Coup d'œil sur l'état politique de la Lithuanie et de l'Europe à cette époque.

Lithuanie, ô ma patrie! il en est de toi comme de la santé; on ne t'apprécie à ta juste valeur qu'après t'avoir perdue! Si je vois et décris aujourd'hui ta beauté dans tout son éclat, c'est que je te pleure, ô mon pays!

Vierge Marie! toi qui défends la sainte montagne de Czenstochowa et règnes à Vilno sur la porte Ostra![51] toi qui protèges le château de Nowogrodek et son peuple fidèle! jadis au berceau, lorsque ma mère éplorée m'eut voué, mourant, à tes autels, tu me rendis la santé par un miracle; je soulevai aussitôt ma paupière appesantie, et je pus le même jour aller sans appui, dans ta sainte chapelle, remercier Dieu de la vie que tu m'avais rendue : par un miracle non moins grand, daigne ramener les Pèlerins au sein de leur patrie absente. Cependant laisse fuir mon âme désolée vers ces collines boisées, vers ces verdoyantes savanes qui

---
* Prononcez : *Soplitza*.

s'étendent au loin sur les deux rives du bleu Niémen ; vers ces champs diaprés de froment aux gerbes d'or, de seigle aux épis argentés, avec le colza couleur d'ambre, le sarrazin neigeux, la sarriette aux teintes virginales : le tout liséré çà et là d'une verte ceinture de poiriers au feuillage muet!

C'était dans un site pareil, au bord d'un ruisseau sans nom, sur une colline couronnée de bouleaux, que s'élevait jadis une maison de seigneur, la cage en bois, les soubassements de briques rouges. Les blanches parois tranchaient de loin sur la sombre verdure des peupliers qui la garantissaient des vents de l'automne. L'habitation était peu spacieuse, mais commode et bien tenue ; à côté d'elle, une vaste grange et trois meules de blé, qui n'avaient pu trouver place sous les hangars, et qui témoignaient de la fécondité du sol. Au grand nombre des gerbes de blé entassées le long ou en travers des sillons, et aussi pressées que les étoiles du ciel, à la quantité de charrues ouvrant dès le matin le sein de cette terre noire et fertile, qui sans doute appartenait à la maison blanche, et dont les immenses carrés étaient cultivés avec autant de luxe que les plates-bandes d'un jardin, on devinait une ferme où régnaient l'ordre et l'abondance. Les portes de l'enclos, toutes larges ouvertes, annonçaient l'hospitalité des habitants et semblaient inviter le voyageur à venir s'y reposer des fatigues de la route.

Le jeune seigneur était justement arrivé dans une briska*, attelée de deux chevaux ; et, après avoir fait le tour de l'enceinte, il était descendu devant le perron. Les chevaux, abandonnés à eux-mêmes, s'étaient mis à brouter le gazon, en ramenant lentement la voiture vers la porte. Il n'y avait personne à la maison ; car l'entrée principale était close, et le verrou était mis extérieurement. Le jeune homme n'alla

---

* Ce mot, de même que bourka, tchapka, kourtka, wiltchoura, konik (bidet), etc., est devenu français depuis 1807.

pas s'adresser aux domestiques de la ferme; il ouvrit lui-même, se précipita dans la maison, la parcourut avec attendrissement : il y avait si longtemps qu'il ne l'avait vue! Envoyé dans une ville lointaine pour faire ses études, il venait alors d'en atteindre le terme. Ses regards émus passaient avidement en revue, comme de vieilles connaissances, les antiques parois; c'étaient les mêmes meubles, les mêmes tapisseries, objets de ses juvéniles admirations, mais moins grands, moins beaux qu'autrefois; les mêmes portraits à la muraille : c'était Kosciuszko dans sa cape brune de Krakovie [52], les yeux levés au ciel et le sabre dans les deux mains. C'est dans cette attitude qu'il avait fait le serment de chasser du sol polonais les trois despotes, ou sinon d'expirer sur son glaive brisé. Plus loin, c'était Reytan [53] en costume polonais, triste après la liberté perdue. Il dirigeait contre sa poitrine la pointe d'un stylet; devant lui étaient ouverts le *Phédon* et la *Vie de Caton*. Puis, c'était Iasinski [54], beau et pensif jeune homme; et, près de lui, Korsak, son inséparable compagnon. Debout sur les remparts de Praga, tous deux, fauchant les ennemis et pressant du pied des monceaux de kalmouks, ils regardaient l'incendie de Praga qui les environnait. C'était encore, à l'entrée du dortoir, la même vieille horloge à carillon dans sa châsse en bois; aussitôt, plein d'une joie enfantine, le voyageur en tira le cordon pour entendre la marche bien-aimée de Dombrowski. Puis il se mit à scruter la maison en cherchant la chambre qu'il avait habitée dix ans auparavant; il entre, il recule avec un regard de surprise et de peine : ici le boudoir d'une femme! Qui donc serait-elle? son vieil oncle n'était point marié, et sa jeune tante habitait Saint-Pétersbourg. Peut-être la femme de charge? Un piano! Des livres et des cahiers de musique, le tout négligemment épars; mais quel aimable désordre! Elles devaient être jeunes et jolies, les mains qui les avaient ainsi dispersés! Tout auprès, une robe blanche, étendue sur le dossier d'un fauteuil, semblait attendre sa maîtresse ; et, sur les fenêtres, des pots bigarrés de géraniums, de giroflées, de reines-marguerites et de violettes, répandaient leurs parfums printaniers.

Le jeune homme s'approcha d'une croisée ; nouveau prodige! le coin du verger, jadis encombré d'orties, s'était changé en un parterre coupé par des sentiers bien alignés et planté de gramens et de menthes ; une petite haie à jour, tressée en initiales, qui régnait tout autour, laissait voir à travers ses interstices des carrés tout émaillés de pâquerettes. Les plates-bandes venaient seulement d'être arrosées, et l'arrosoir était auprès; mais la jardinière elle-même était invisible : elle venait de sortir, car la porte entr'ouverte se balançait encore, et l'on voyait à côté la trace d'un petit pied sans chaussure qui s'était posé sur un sable blanc et léger comme neige. A cette trace peu profonde, mais distincte, on devinait que le pied mignon dont elle gardait l'empreinte devait avoir dans sa course rapide à peine effleuré la terre.

Le jeune voyageur resta longtemps devant la fenêtre, absorbé dans ses réflexions. Il respirait avec délices l'air imprégné du parfum des fleurs, tantôt se penchant jusque sur les touffes de violettes et laissant errer un regard curieux sur les sentiers du jardin, tantôt le reportant sur les traces mystérieuses, et se livrant à mille conjectures au sujet de celle qui les avait imprimées sur le sable. Levant les yeux par hasard, il aperçut, debout sur le mur du jardin, une jeune fille ; son peignoir, trahissant une taille charmante, cachait à peine sa poitrine et laissait à découvert ses blanches épaules et son cou de cygne ; c'était le matinal déshabillé d'une jeune Lithuanienne, aux secrets duquel jamais un regard profane ne fut admis : et, quoiqu'elle se crût seule, la jeune fille croisait ses mains sur sa poitrine, en ajoutant ainsi un voile nouveau à sa beauté naissante. Sa chevelure, encore emprisonnée dans de petites papillotes, encadrait admirablement sa tête, en se dorant au soleil comme l'auréole d'une sainte image. On ne voyait pas son visage ; tournée vers la campagne, elle semblait chercher quelqu'un du regard, au loin, dans la vallée ; l'ayant découvert, elle sourit, frappa des mains, s'envola de la muraille comme un bel oiseau blanc, franchit le jardin, les barrières et les fleurs : et, avant qu'il eût pu revenir de son étonnement, le jeune homme la vit glisser le long d'une planche appuyée contre le mur de sa chambre et s'élancer par la fenêtre, agile, silencieuse et légère comme un rayon de la lune. Elle saisit sa robe en chantant, courut au miroir ; et, prête à s'habiller, elle aperçut l'étranger ! La robe lui échappa des mains ; elle pâlit de surprise et de frayeur ; et, de même qu'un nuage rougit à l'approche de l'aurore, le sang monta au front du jeune homme. Sa modestie lui fit baisser les yeux ; il essaya d'articuler quelques paroles d'excuses, ce fut en vain : il ne put que saluer et s'enfuir. La jeune fille avait jeté un faible cri d'alarme, aussi vague que celui d'un enfant effrayé par un rêve. Le voyageur, inquiet, hasarda un regard ; mais elle avait disparu, et force lui fut de sortir interdit, le cœur plein de trouble et d'agitation, et ne sachant trop lui-même si cette rencontre inespérée devait le faire rire, le confondre ou le charmer.

Cependant l'arrivée d'un hôte nouveau n'avait pas échappé aux habitants de la ferme. Déjà les chevaux étaient attachés dans les écuries, devant un râtelier abondamment pourvu d'avoine et de foin, comme il convenait dans une aussi bonne maison ; car M. le juge[55] ne consentait jamais à renvoyer, selon le nouvel usage, les chevaux des étrangers dans les hôtelleries livrées à l'industrie des juifs. Si les domestiques n'allèrent pas au-devant du nouvel arrivé, ce n'était pas faute d'empressement ou par négligence dans le service, mais ils attendaient que le sénéchal[56] eût fini de se vêtir et d'ordonner le souper à l'autre extrémité du bâtiment. Ami de la maison et parent éloigné du seigneur, c'était lui qui, en son absence, était chargé de recevoir et d'entretenir les hôtes, lui qui le remplaçait dans les soins domestiques. Voyant arriver quelqu'un, il se rendit furtivement à l'office; et, honteux d'aller à sa rencontre dans un sarrau de toile grise, il se revêtit le plus vite qu'il put de ses habits du dimanche, préparés depuis le matin : car depuis le matin il s'apprêtait à s'asseoir à souper avec de nombreux convives.

Le sénéchal reconnut de loin le jeune voyageur; il lui tendit les bras : ce furent des embrassements et des cris de joie ! Alors commença ce dialogue rapide et sans suite qui voudrait renfermer en quelques mots l'histoire de plusieurs années, en multipliant les questions, les récits sans cesse interrompus, en prodiguant les soupirs et les exclamations. Satisfait de son interrogatoire, le sénéchal lui fit le programme de la journée :

« C'est bien à toi, mon Thadée (tel était le nom qu'en souvenir de Kosciuszko l'on avait donné au jeune homme, venu au monde durant la guerre d'indépendance), c'est bien à toi, dit-il, d'être arrivé chez nous un jour où nous avons tant de jeunes personnes. Ton oncle pense sérieusement à t'établir; il y aura du choix; depuis quelques jours une société nombreuse s'assemble chez nous pour entendre le jugement qui doit mettre fin à nos anciennes contestations avec le comte, annoncé lui-même pour demain. M. le président de la cour territoriale[57] est déjà parmi nous, avec sa femme et ses deux filles. Les jeunes gens sont allés dans le bois tirer le menu gibier, et les dames, accompagnées des hommes d'âge mûr, se sont dirigées vers les moissonneurs, en attendant le retour de la chasse. Allons, si tu veux, au-devant de ces dames, de ton oncle et du président. »

Ils suivaient tous deux le chemin de la forêt, sans pouvoir se rassasier de leurs entretiens. Le soleil, au terme de sa carrière, tout en tiédissant ses rayons, élargissait son orbite. Sa face était rouge et rebondie comme celle d'un laboureur bien portant, qui va goûter le repos après le travail de la journée. Déjà le disque flamboyant descendait sur la cime des forêts ; déjà les brumes épaisses remplissant les sommets et les branches des arbres, semblaient fondre tout le bois en une masse compacte. C'était comme un vaste et noir édifice incendié par le soleil. Soudain le dôme embrasé s'écroule ; une fois encore un long rayon de flamme se fait jour, comme une lumière tamisée par les fentes des volets : et puis tout s'éteint. Les faucilles sonores s'arrêtent au milieu des gerbes, et les râteaux bruyants sur les prairies. Les chars, que l'on commençait à remplir, s'en retournent à moitié vides vers les greniers ; et les bœufs, pressant le pas, semblent tout joyeux de leur légèreté inaccoutumée. Car telle était l'irrévocable volonté du juge : chez lui, avec le jour finissaient tous les travaux de la campagne, et sa volonté était chose sainte, même pour son économe : « Le Maître du monde, disait-il, connaît la mesure du travail et du repos. Quand le soleil, son journalier, abandonne le ciel, il est temps pour le laboureur de regagner sa chaumière. »

En ce moment le juge ramenait en bon ordre au château tous ses hôtes joyeux. En tête marchaient les enfants avec leur précepteur, puis le juge donnant le bras à madame la présidente, et à côté d'eux le président entouré de sa famille. Venaient ensuite les demoiselles ; et les jeunes gens, selon les usages reçus, les suivaient à un demi-pas d'intervalle. Personne n'assignait leurs places aux dames et aux cavaliers, personne ne prescrivait l'ordre à suivre, et pourtant tous semblaient intéressés à le maintenir. C'est que le juge faisait observer dans sa maison les anciennes coutumes, et jamais il n'aurait permis que l'on manquât à l'âge ou à la naissance, au mérite ou à la dignité.

« C'est l'accomplissement de ces devoirs, disait-il, qui fait la gloire des familles et des nations ; sans quoi, nations et familles doivent inévitablement périr. » Aussi sa famille et ses serviteurs étaient-ils façonnés à l'ordre qu'il avait établi ; et même le visiteur, parent ou étranger, qui avait passé quelques jours dans son intérieur, contractait à son insu quelque chose de cet esprit de convenance que tout respirait autour de lui.

Après quelques instants d'expansion, le juge abandonna sa main aux baisers de son neveu, et le baisa lui-même au front en lui souhaitant la bienvenue ; et bien que, par égard pour ses hôtes, il fût avare envers lui de paroles, une larme, furtivement essuyée avec la manche de son habit, vint témoigner de son affection pour Thadée.

Tous, à l'exemple du maître, retournent au logis, de la plaine comme du bois, des plantations comme des pâturages. Là, un troupeau de moutons se presse en bêlant sur le chemin du hameau, et fait lever un nuage de poussière ; plus loin, s'avance lentement un troupeau de vaches du Tyrol avec leurs clochettes de laiton ; ailleurs, des chevaux hennissants accourent de la prairie, où récemment la faux avait passé : tout se réunit autour de la citerne, dont la bascule toujours mouvante, ne cesse de crier et de répandre dans les auges une abondante boisson.

Le juge, tout fatigué qu'il était et bien qu'entouré de ses hôtes, ne voulut pas manquer à un rigoureux devoir, et se rendit lui-même auprès du puits ; car c'est le soir surtout qu'un agronome vigilant peut le mieux s'assurer de l'état de son troupeau : jamais le juge ne confiait ce soin à ses métayers, persuadé que l'œil du maître fait engraisser le cheval [58].

Le sénéchal et l'huissier Protais se tenaient dans le vestibule et se parlaient avec toute la véhémence d'une dispute ; car, en l'absence du premier, Protais avait clandestinement fait porter le souper dans le vieux château ruiné, dont on apercevait les décombres à la lisière du bois. A quoi bon ce déménagement ? Le sénéchal en avait pris de l'humeur, et se confondait en excuses devant le juge étonné ; mais le mal était fait, il était trop tard pour y remédier aisément : on aima mieux s'excuser auprès des convives et les mener dans les ruines. Chemin faisant, l'huissier Protais ne cessait d'expliquer au juge pour quels motifs il avait changé les dispositions arrêtées, la maison n'ayant aucune chambre assez vaste pour contenir tant d'hôtes respectables ; tandis que le vestibule du manoir était spacieux, bien conservé, que la voûte en était solide... Il est vrai qu'une paroi s'était fendue de haut en bas, que les croisées étaient veuves de leurs vitres ; mais en été cela n'offrait aucun inconvénient : et d'ailleurs le voisinage des caves facilitait prodigieusement le service. Tout en parlant ainsi, il clignait les yeux d'un air d'intelligence, et semblait avertir le juge qu'il avait eu pour cela des raisons sérieuses, qu'il importait encore de dissimuler.

A deux mille pas derrière la demeure du juge était situé le château, remarquable par sa structure, imposant par son étendue, domaine de l'ancienne famille des Horeszko ; le chef en avait péri pendant les troubles qui suivirent le partage du pays ; les terres, ruinées par le séquestre, négligées durant une tutelle peu soigneuse, morcelées par les arrêts des tribunaux, étaient en partie tombées en quenouille : les créanciers s'étaient emparés du reste. Mais personne n'avait voulu du château ; car les frais d'entretien eussent été trop considérables pour la bourse d'un simple gentilhomme. Cependant le comte, parent éloigné des Horeszko, qui s'était vu, en devenant majeur, à la tête d'une fortune considérable, avait été pris, à son retour des pays étrangers, d'une belle passion pour ces vieux murs, situés dans le voisinage de ses propriétés. Il soutenait que ce château était d'architecture gothique, quoique le juge s'efforçât de lui démontrer pièces en main que le constructeur était tout simplement un maçon de Vilno, et non pas un descendant des Goths. Quoi qu'il en soit, le comte voulait l'avoir; et l'on ne sait pas trop pourquoi l'envie en vint en même temps au juge. Ils entamèrent donc un procès, d'abord devant le tribunal de première instance, puis devant la cour d'appel, puis devant le sénat. Renvoyés en cassation devant le tribunal de première instance, ils comparurent de nouveau devant le gouverneur; et enfin, après maints arrêts et beaucoup de frais, la cause était revenue à la cour de délimitation territoriale.

L'huissier augurait avec raison que, sous le vestibule, il y aurait place pour les gens de robe et les autres convives. Il était grand comme un réfectoire; sa voûte reposait sur des colonnes; le sol était couvert de dalles; les murailles étaient nues, mais propres, et tout autour étaient incrustés dans le mur des bois de cerfs et de chevreuils, avec des inscriptions qui indiquaient où et quand ces trophées avaient été conquis. Tout auprès étaient gravées les armoiries des chasseurs, ainsi que le nom de chacun d'eux en toutes lettres; à la voûte brillaient les armes des Horeszko : la *demi-chèvre*.

Les hôtes entrèrent en bon ordre, et se placèrent en rond. Le président alla s'asseoir au haut bout de la table : cet honneur était dû à son âge et à sa dignité. Il saluait, en marchant, les dames, les vieillards et les jeunes gens. A ses côtés était un frère quêteur de l'ordre de Saint-Bernard; et, plus loin, le juge. Le bernardin récita un court *Benedicite* en latin; on présenta les liqueurs aux hommes : alors tous s'assirent en silence et se mirent à manger rapidement le *cholodziec* lithuanien [59].

---

* *Chlodzic*, rafraîchir. Excellente soupe froide, des concombres en tranche, de la crème et du gibier. Cette période se reproduit à plusieurs reprises dans la suite du poëme, comme certains passages de l'Odyssée.

Thadée, quoique jeune, mais en sa qualité de nouvel arrivant, avait été placé au haut bout, près des dames, à côté du maître de la maison. Entre lui et son oncle, restait une place vide; on eût dit qu'elle attendait quelqu'un. A chaque instant le juge regardait alternativement cette place, puis la porte, comme s'il lui tardait de voir arriver la personne qui devait l'occuper. Les yeux de Thadée suivaient ceux du juge dans leur trajet de la porte au fauteuil. Chose étrange! autour de lui étaient assises des demoiselles dignes du regard d'un roi, toutes étaient de naissance illustre, toutes étaient jeunes et belles; et Thadée ne voyait que cette chaise où il n'y avait personne : cette place vide était une énigme, et la jeunesse aime les énigmes. Distrait, à grand'peine adressa-t-il quelques mots à sa jolie voisine, la fille du président, sans prendre soin de lui changer son assiette, sans lui remplir son verre, oubliant d'amuser les dames par des propos dont la politesse aurait pu faire deviner une éducation distinguée, puisée dans la capitale du pays. Cette seule place vide l'occupe et l'attire; elle a cessé d'être vide, car son imagination la remplit. Mille conjectures s'exercent sur elle, comme on voit, après la pluie, sautiller de petites grenouilles vertes sur une prairie solitaire ; mais, au milieu de ses mille pensées, une pensée domine toutes les autres : de même que, par une belle journée, on voit le nénuphar élever son front blanc sur la surface des ondes. Il se rappelle le moment où il entrait dans le boudoir vide comme cette place, où il regardait à la fenêtre du verger comme maintenant à la porte, à travers les fleurs du jardin comme à présent par les têtes de ses jolies voisines. En souvenir il cherche la trace du pied mignon, plus profondément empreinte dans sa pensée que sur le sable du chemin; il ose à peine lever les yeux, car il s'attend à voir sur un pilier de la salle la robe aérienne, les cheveux frisés emprisonnés dans de petites cosses de papier, et

12.

les deux petites mains croisées sur la potrine demi-nue.

On servit le troisième plat. Le président dit alors, tout en versant une goutte de vin dans le verre de mademoiselle Rose et en passant à sa sœur cadette une assiette de concombres :

« Il faut bien que je vous assiste, mesdemoiselles mes filles, quelque vieux et gauche que je sois. » Aussitôt plusieurs jeunes gens se hâtèrent d'accourir auprès de ces demoiselles. Le juge jeta un regard de travers sur Thadée ; et, relevant les manches de son habit, il se versa un verre de vin de Hongrie :

« Aujourd'hui, dit-il, pour nous conformer aux nouveaux usages, nous envoyons les jeunes gens faire leurs études dans la capitale, et sans contredit nos fils et nos petits-fils ont plus de littérature que leurs pères ; mais tous les jours j'aperçois, à mon grand regret, qu'il n'y a plus d'école où la jeunesse puisse apprendre à vivre avec les hommes et la société. Anciennement nous allions à la cour des magnats ; j'ai moi-même été pendant dix années à celle du feu palatin, père de M. le président (cela disant, il pressa de la main le genou du président). C'est lui dont les conseils m'ont préparé à servir dignement l'État ; il me tint sous sa garde jusqu'à ce qu'il eût fait de moi un homme : sa mémoire sera chère à jamais à tous les miens, et tous les jours je prie Dieu pour le repos de son âme. Si j'ai moins profité que les autres à sa cour et si de retour chez moi je me suis mis à labourer les champs, tandis que d'autres, plus dignes des soins du palatin, sont arrivés aux premières dignités du pays, j'ai du moins acquis assez de savoir-vivre pour que personne n'eût à me reprocher d'avoir jamais manqué envers qui que ce soit d'égards et de politesse. Je le dis franchement, la civilité n'est pas science facile et de peu d'importance. Elle n'est pas facile, car elle ne consiste pas seulement à savoir lever le pied en saluant, à accueillir par un sourire le premier venu ; cette politesse de boutique, à la mode aujourd'hui, me semble plutôt convenir à un commis qu'à un bon gentilhomme polonais. Il faut être poli pour tout le monde; mais il faut l'être pour chacun d'une manière différente : l'affection des enfants pour leurs parents, les égards d'un mari pour sa femme en présence des étrangers, la bonté d'un seigneur pour ses domestiques, sont autant d'espèces de politesse, mais toutes distinctes entre elles. Il faut une longue étude pour ne pas s'y tromper et rendre à chacun ce qui lui est dû. Nos pères étudiaient aussi. La conversation, chez les grands, c'était l'histoire vivante du pays; chez les gentilshommes, c'était la chronique du district. Le frère gentilhomme apprenait en l'écoutant que rien ne demeurait secret, que l'on se connaissait de castel à castel, et cela l'obligeait à veiller lui-même sur ses mœurs. Ne demandez plus aujourd'hui à un homme : Qui êtes-vous? quelle est votre naissance? quels sont vos amis? qu'avez-vous fait? On est reçu partout, pourvu qu'on ne soit suspect ni d'espionnage ni de mendicité. De même que Vespasien trouvait que l'argent sentait toujours bon [60] et ne s'inquiétait pas de quelles mains, de quel pays il sortait, aujourd'hui on ne s'informe plus de la naissance et des mœurs d'un homme; il suffit qu'il ait le poids, qu'il soit marqué au coin : on l'estime comme le juif estime l'argent qu'il reçoit.»

Tout en parlant ainsi, le juge parcourut ses hôtes d'un regard interrogateur; car, quoiqu'il parlât toujours avec sens et facilité, il savait que la jeunesse d'aujourd'hui est impatiente, que les longs discours la fatiguent, tout éloquents qu'ils puissent être. Mais tous observaient un profond silence. Il paraissait aussi consulter des yeux le président, qui se gardait de l'interrompre par des louanges, mais qui se contentait de l'approuver de fréquents signes de tête. Le juge s'était tu, que le président lui faisait encore des gestes approbatifs. Il remplit donc la coupe de son hôte et son propre verre, puis il reprit :

« Or, la civilité n'est pas chose de peu d'importance ; car, en apprenant à estimer à leur juste valeur l'âge, la naissance, les vertus et les mœurs des autres, on apprend à connaître son propre prix : de même que, quand nous voulons savoir au juste notre poids, il nous faut placer quelqu'un sur l'autre plateau de la balance. Mais, messieurs, la politesse qu'on doit au beau sexe est digne d'une attention particulière, surtout quand la naissance et la fortune rehaussent encore les charmes et les qualités naturelles. C'est là le point de départ de toute affection, l'origine des plus honorables alliances entre les familles. C'était au moins l'avis de nos ancêtres; donc... »

Ici, par un prompt mouvement de tête, le juge se retourna vers Thadée, lui jeta un regard sévère ; on voyait qu'il arrivait aux conclusions de son discours.

Le président fit résonner sous ses doigts sa tabatière d'or, et prit la parole :

« Mon cher hôte, dit-il, anciennement c'était bien pis! Je ne sais pas si la mode nous a fait aussi changer, nous autres vieux, ou si la jeunesse est réellement devenue meilleure; mais j'aperçois moins de scandale de par le monde que de nos jours. Ah! je me rappelle les temps où, pour la première fois, la gallomanie se déclara dans notre pays ; où tout à coup une horde de jeunes gens, revenant de l'étranger, horde pire que celles des Tatars, fondirent sur la Pologne : blasphémant le Dieu de leurs pères, dénigrant la foi, les mœurs, les lois, tout, jusqu'aux anciens costumes nationaux. C'était une chose triste à voir que ces blancs-becs au teint blafard, parlant du nez, souvent privés de nez, armés de brochures et de diverses gazettes, et proclamant une religion nouvelle, une loi nouvelle, une toilette nouvelle. Cette engeance exerçait une grande influence sur les esprits; car, lorsque Dieu veut châtier une nation, il commence par ôter la raison aux citoyens. Les plus sages ne surent pas résister à ces jeunes muguets ; et tout le pays en eut peur comme de la peste : car déjà il sentait en lui le germe du mal qui devait le mener au tombeau. On se récriait contre les novateurs, et cependant on adoptait leurs modes; on changeait de foi, de langage, d'habitudes, de costume. Ce fut une mascarade, une orgie digne du carnaval ; après laquelle devait arriver bientôt le long carême : l'esclavage ! Je me rappelle, bien que je ne fusse alors qu'un enfant, le jour où le fils du grand-échanson arriva chez mon père, au district d'Oszmiana, dans une carriole à deux roues ; c'est lui qui le premier en Lithuanie osa s'habiller à la française. Tout le monde le suivait comme les moineaux un hibou en plein jour. On enviait la maison devant laquelle s'arrêtait sa voiture, baptisée du nom exotique de cabriolet ; au lieu de laquais, il y avait derrière deux caniches, et sur le siège un vieux cocher allemand, maigre comme une latte, avec de longues jambes aussi minces que des échalas, des bas en spirale, des boucles d'argent sur les souliers, de plus une perruque et une queue dont l'extrémité allait se perdre dans une bourse. Les personnes âgées pouffaient de rire en regardant cet équipage, et les paysans faisaient le signe de la croix, disant que c'était le diable de Venise voyageant par le monde dans un carrosse d'Allemagne. Comment était bâti le jeune échanson, c'est ce qui serait trop long à décrire. Qu'il vous suffise de savoir qu'il ne ressemblait pas mal à un singe ou à un perroquet, avec sa perruque à marteaux, qu'il se plaisait à comparer à la toison d'or, et qui nous semblait, à nous, une plique bien conditionnée. Si quelqu'un avait encore le sentiment que le costume polonais était plus décent que ces burlesques modes étrangères, il n'osait l'avouer ; parce que tous ces jeunes gens auraient crié à l'obscurantisme, à la réaction, à la trahison, que sais-je ! Telle était la force des préjugés d'alors. Le jeune échanson avait annoncé qu'il était venu nous civiliser, nous réformer, nous constituer. Il proclamait que je ne sais quel Français avait découvert que tous les hommes sont égaux. Il y avait longtemps, il est vrai, que l'Évangile le portait écrit en toutes lettres, et que chaque curé le publiait tous les dimanches du haut de sa chaire. La doctrine était ancienne, il ne s'agissait donc plus que d'en faire l'application. Mais il régnait alors un tel aveuglement, que l'on n'ajoutait foi aux plus anciennes vérités de ce monde qu'autant qu'on les lisait dans une gazette française. En dépit de l'égalité, le jeune échanson prit le titre de marquis : chacun sait que les titres se forgeaient à l'usine de Paris ; or, à cette époque celui de marquis avait la vogue. Aussi, quand plus tard la mode en passa, le marquis se fit démocrate. Enfin, le goût ayant encore changé sous Napoléon, le démocrate nous revint baron de l'empire. S'il est destiné à vivre un peu plus longtemps, il est probable que, par une nouvelle métamorphose, de baron il redeviendra démocrate; car Paris est renommé pour l'inconstance de ses modes : et ce que le Français imagine, le Polonais l'imite avec enthousiasme. Vive Dieu ! si notre jeunesse passe encore à présent les frontières, ce n'est plus pour aller quérir des modes, chercher quelque législation de pacotille dans une librairie au rabais, ou bien apprendre l'éloquence dans les cafés de Paris. Napoléon, homme actif et sage, ne lui laisse plus le temps de courir après les travestissements et les belles phrases. Aujourd'hui, les armes retentissent; et nos vieux cœurs se dilatent d'entendre encore une fois le monde répéter avec admiration le nom polonais. La gloire est déjà là, donc nous aurons bientôt la République; c'est toujours des lauriers que naît l'arbre de la liberté : seulement il est triste de penser que les années s'écoulent ainsi pour nous dans l'inaction ! qu'ils soient toujours si loin ! Attendre si longtemps ! Si les nouvelles au moins étaient plus fréquentes !... frère Robak [61], ajouta-t-il d'un ton plus bas en s'adressant au bernardin, j'ai ouï dire que vous aviez reçu des nouvelles d'outre-Niémen ; peut-être, mon frère, savez-vous quelque chose de notre armée?

— Rien du tout, répondit Robak * d'un air d'indifférence (on voyait bien que ce discours lui déplaisait). S'il me vient parfois une lettre de Varsovie, elle concerne uniquement les affaires de notre communauté ; j'aurais tort d'en parler à souper : il y a ici des laïques, que cela n'intéresse guère. »

En parlant ainsi il jeta un regard oblique sur la place qu'occupait un convive russe. C'était le capitaine Rykoff, vieux soldat cantonné dans un village des environs. Le juge l'avait invité par simple politesse.

Le capitaine mangeait avec appétit et prenait peu de part à la conversation ; mais, en entendant nommer Varsovie, il leva la tête :

« Monsieur le président ! s'écria-t-il en mauvais polonais, oh! oui, vous êtes toujours ravi d'apprendre quelque chose de votre Bonaparte et de votre Varsovie! Eh, eh ! la patrie! Moi, je ne suis pas espion. Je sais le polonais, moi. La patrie! Je sens, je comprends cela [62]. Vous êtes Polonais, moi Russe ; mais à présent pas de bataille, il y a armistice : donc, nous mangeons et buvons ensemble. Souvent aux avant-postes, un des nôtres cause avec un Français ; on prend la goutte ensemble, puis on entend crier « hourra! » et le tremblement commence. Un proverbe russe dit : « Qui s'aime se chamaille. Caresse bien ta maîtresse, mais aussi bats-la comme ta pelisse pour qu'elle soit propre. » Je dis, moi, que nous aurons la guerre. Un adjudant de l'état-major est arrivé avant-hier chez le major Plout, avec l'ordre de se préparer au départ. Nous marchons assurément ou contre les Turks ou contre les Français. Oh! ce Bonaparte est un

---

* *Robak*, en polonais ver de terre. Voyez l'origine de ce nom dans la note 61.

enragé ! N'ayant plus Souwaroff à notre tête, nous pourrions bien être rossés. Quand nous marchâmes contre les Français, on racontait dans mon régiment que Bonaparte était sorcier [63]; Souwaroff l'était bien aussi : donc il y avait sortilége contre sortilége. Une fois, au milieu d'une bataille, il disparut. Où est Bonaparte ? Il s'était changé en renard. Souwaroff de se changer aussitôt en lévrier. Bonaparte se fait chat, et puis viennent les coups de griffe. Souwaroff se métamorphose en bidet; et voici ce qu'il advint finalement avec Bonaparte et Souwaroff... ».

Rykoff s'interrompit et se remit à manger. Dans ce moment on apporta le quatrième service; tout à coup une porte latérale s'ouvrit, et l'on vit paraître une personne jeune, parée, gracieuse : son apparition subite, son maintien, son costume, tout attira sur elle les yeux des convives. Tous la saluèrent; car, excepté Thadée, tous la connaissaient. Une taille élancée et bien prise, un buste charmant, une robe de soie rose très-décolletée et garnie en dentelles, des manches courtes; un éventail dans la main, non pour se défendre de la chaleur, mais évidemment pour se donner une contenance, tout couvert de paillettes d'or et faisant jaillir à chaque mouvement une pluie d'étincelles; une coiffure en cheveux frisés en grosses boucles et retenus par des rubans roses ; un diamant noyé au milieu, avec la prétention de vouloir se cacher, mais brillant à travers son réseau transparent comme une étoile dans la chevelure d'une comète : en un mot, un costume de gala complet rehaussait les attraits de cette belle personne. Quand elle fit son entrée, quelques-uns se dirent à l'oreille que sa toilette était trop recherchée pour la campagne, pour un jour ordinaire. Quoique sa robe fût courte, on n'apercevait pas ses pieds; car elle marchait très-vite, ou plutôt elle glissait comme les marionnettes que des enfants cachés derrière le rideau font jouer le jour des Trois-Rois.

Elle courait donc, et, saluant tous les convives, elle voulut se mettre à la place qui lui avait été réservée. C'était difficile ; car le nombre des hôtes était plus grand que celui des chaises ; et l'on avait dû les faire asseoir sur quatre rangées de banquettes. Il fallait, ou déplacer tout un rang, ou franchir une banquette ; elle se glissa, par un mouvement plein d'agilité, dans l'intervalle que laissaient deux bancs ; puis elle s'avança vers sa place entre les convives et la table, en tournant sur elle-même comme la bille lancée sur un billard. En passant, elle frôla notre jeune homme ; la garniture de sa robe s'étant accrochée au genou de quelqu'un, elle fit un faux pas et s'appuya par mégarde sur l'épaule de Thadée. Après s'être excusée de la manière la plus gracieuse, elle se mit à la place réservée entre lui et son oncle, mais elle ne mangea rien ; tantôt elle faisait tourner entre ses doigts le manche de son éventail, tantôt elle rajustait sa collerette de dentelles ; tantôt, d'un léger mouvement de main, elle caressait les boucles de ses cheveux et les nœuds de ses rubans.

Le silence régnait depuis quelques minutes. Cependant on entendit bientôt à l'autre bout de la table, d'abord de faibles essais de conversation, puis des entretiens à demi-voix. Les hommes se mirent à parler de leur chasse du jour. La dispute que soutenaient obstinément l'assesseur [64] et le notaire se réveilla de plus en plus animée. Il s'agissait de deux lévriers rivaux : *Écourté*, que le notaire se faisait gloire de posséder, et *Faucon*, qui était l'orgueil de l'assesseur ; tous deux, au dire de leurs propriétaires, avaient eu l'honneur de saisir un lièvre le matin. On demanda l'avis des hôtes sur cette importante question. Les uns prirent parti pour Écourté, les autres pour Faucon ; les premiers comme témoins oculaires, les seconds en qualité de connaisseurs. Le juge, placé au haut bout de la table, dit à demi-voix à sa jolie voisine :

« Veuillez nous excuser, madame, si nous avons été obligés

de nous mettre à table : il devenait impossible de retarder le souper, nos hôtes ayant faim, grâce à la longue promenade qu'ils avaient faite dans les champs : je croyais d'ailleurs que vous ne souperiez pas aujourd'hui avec nous.. » Puis, remplissant son verre et celui du président, il se mit à demi-voix à parler politique.

Pendant qu'on était ainsi occupé aux deux extrémités de la table, Thadée examinait du coin de l'œil la belle inconnue. Il se rappela qu'il avait deviné, au premier regard jeté sur la place vide, qu'elle était destinée à une femme. Il rougissait, le cœur lui battait avec force ; il voyait ses conjectures réalisées ! Il était donc écrit que ce soir, à ses côtés, viendrait s'asseoir la beauté qu'il avait entrevue au crépuscule du matin. Il est vrai qu'elle lui paraissait en ce moment d'une taille plus élevée ; elle le devait sans doute à sa toilette : car la toilette, comme on sait, grandit ou rapetisse. Les cheveux de l'autre lui avaient également paru plus courts, d'un blond doré ; et celle-ci avait de longues tresses noires et luisantes comme l'aile d'un corbeau. Ce changement de couleur pouvait avoir pour cause l'action des rayons du soleil, qui, à son coucher, répand sur tous les objets une teinte uniformément ardente. Il n'avait pas aperçu son visage, elle avait disparu trop vite ; mais la pensée devine aisément la beauté : cette fois elle l'avait douée de beaux yeux noirs, d'un teint de neige, de deux lèvres roses et semblables à deux cerises jumelles. Il retrouvait tout cela chez sa voisine ; mêmes yeux, une bouche et des joues en tout conformes à l'idée qu'il s'en était faite. La seule différence pouvait être dans l'âge. La jardinière lui avait semblé une toute jeune fille ; et la dame qui était assise à ses côtés était une personne majeure. Mais la jeunesse ne demande jamais son acte de naissance à la beauté ; pour un jeune homme, toute femme est jeune : pour une âme vierge, toute fille est vierge.

Quoique Thadée comptât près de vingt ans, quoique dès son enfance il eût habité Vilno, la grande ville, comme il avait été élevé dans l'antique sévérité des principes par un précepteur ecclésiastique, il avait rapporté dans son pays natal une âme pure, une imagination vive, un cœur innocent, mais avec tout cela de grandes dispositions au libertinage. Il s'était bien promis d'avance de jouir à la campagne d'une liberté longtemps comprimée ; il se savait bel homme, il se sentait adulte et dispos : il tenait de ses parents, pour tout héritage, une humeur enjouée et une santé parfaite. C'était un Sopliça ; or, les Sopliça sont généralement agiles, d'un bel embonpoint, robustes, singulièrement aptes au service militaire et très-modérément appliqués à l'étude.

Thadée n'avait pas dégénéré : il était beau cavalier, bon piéton, et n'avait pas l'intelligence dure ; mais il avait fait peu de progrès dans les sciences, bien que son oncle n'eût rien épargné pour son éducation. Il aimait mieux s'exercer au tir ou à l'escrime ; il savait qu'on le destinait à la carrière des armes, et que son père en avait formellement exprimé le vœu dans son testament. Penché sur ses livres, il n'avait jamais cessé de rêver au bruit du tambour. Mais son oncle avait tout à coup abandonné son premier projet ; il lui avait enjoint de revenir à la maison afin de se marier, et de ne plus s'occuper que d'agronomie. Il avait promis de lui céder, pour commencer, un petit village, et plus tard sa fortune tout entière.

Aucun des agréments et des avantages de Thadée n'échappa à l'œil exercé de sa belle voisine. Elle mesura du regard sa taille svelte et bien prise, ses puissantes épaules, sa large poitrine ; elle arrêtait souvent les yeux sur sa figure, qui se couvrait d'animation toutes les fois que leurs regards se rencontraient : car le jeune voisin, entièrement remis de son premier embarras, la considérait maintenant avec des yeux pleins d'assurance et d'éclairs. Elle l'examinait de son côté; et leurs quatre prunelles flamboyaient, comme quatre cierges bénits pendant la messe de minuit.

Elle lui adressa la première la parole en français. Il revenait de la capitale, de l'université; elle lui demanda donc son avis sur les ouvrages nouveaux, sur les différents auteurs : et ses réponses amenaient de nouvelles questions. Mais que devint Thadée lorsqu'elle se mit à parler tableaux, concerts, danse et même statues! Elle prouva que ni le pinceau, ni la musique, ni les livres et les romans ne lui étaient étrangers. Thadée semblait pétrifié de tant d'érudition : il craignait de donner prise à la raillerie, il bégayait comme un écolier devant son professeur. Heureusement son examinateur était une femme jolie et peu exigeante. Sa voisine devina la cause de son trouble, et fit tomber la conversation sur des matières moins ardues et moins savantes. Elle parla des peines et des ennuis de la vie champêtre, de la manière dont il fallait y passer le temps et le distribuer afin d'en rendre le séjour le plus agréable possible; Thadée répondit avec plus de hardiesse : la conversation devint plus animée. Au bout d'une demi-heure ils avaient fait connaissance; ils essayaient même déjà quelques plaisanteries et quelques disputes. La voisine posa finalement devant Thadée trois petites boules de pain, qui devaient signifier trois personnes, et le pria de choisir. Il prit celle qui était le plus près de lui, choix qui provoqua une moue sur les lèvres des deux filles du président, et un sourire sur celles de sa dame; mais elle ne lui dit pas qui cette boulette favorisée devait désigner.

On passait différemment le temps à l'autre bout de la table; car les partisans de Faucon, recevant de nouveaux renforts, opprimaient sans pitié les défenseurs d'Écourté. La discussion était vive. Déjà les derniers plats avaient passé sans que personne y touchât. Les deux partis s'attaquaient debout et le verre en main. Le plus furieux était le notaire;

il suffoquait, rouge de colère comme un coq de bruyère *. Une fois lancé, il ne put guère s'arrêter ; il parlait, tout en appuyant chaque mot par un geste expressif, afin de rendre sa pensée d'une manière plus pittoresque. M. Bolesta (c'était le nom du notaire) avait été avocat ; on lui avait donné le sobriquet de *Prédicateur*, à cause de sa propension à gesticuler. Les bras collés au corps, les coudes en arrière, il allongeait ses doigts et ses ongles, afin de figurer par cette pantomime deux lévriers en laisse. Il terminait ainsi ses exploits :

« Hare ! nous les lâchons ensemble, moi et l'assesseur comme les chiens d'un fusil à deux coups qu'on ferait partir à la fois. Hare ! ils prennent leur élan ; et le lièvre, tendu comme la corde d'un arc, gagne le large. Les chiens le suivent (en disant cela, il faisait marcher ses doigts le long de la table et simulait à la perfection le mouvement des lévriers), les chiens le suivent ; et vlan ! ils le rejettent dans la plaine. Sus ! Faucon va le saisir ; c'est un chien agile, mais un écervelé : c'est dommage. Il avait devancé mon Écourté de tout cela, d'un doigt ; je savais qu'il le raterait. Le lièvre, fin matois, fait semblant de gagner les champs. La meute le suit ; dès que le rusé compère s'aperçoit que tous les chiens sont à ses trousses, prrrrt ! il fait un écart à droite, une culbute. Les chiens, tout penauds, de le suivre à droite ; mais lui, zest ! se jette à gauche d'un bond : puis les chiens prennent à gauche, il va fuir dans la forêt, et mon Écourté, happ ! le saisit. » En criant le dernier mot, le notaire, penché sur la table, avait avancé ses doigts jusqu'à l'autre bord. Mais ce dernier cri : happ ! résonna si près de l'oreille de Thadée, que celui-ci et sa voisine, effrayés, précisément au milieu d'une phrase, par l'explosion de cette voix ton-

---

* Toute cette phrase s'exprime en polonais par un seul mot : *zacietrzewiony*. Nous ne pouvons demander à la langue française plus qu'elle ne peut donner.

nante, écartèrent soudainement leurs têtes l'une de l'autre, comme font les cimes de deux arbres entrelacés que le vent sépare avec violence; leurs mains, qui s'étaient rapprochées sous la table, se désunirent, et leurs deux visages se couvrirent de la même rougeur.

Thadée, pour ne pas trahir son embarras, s'écria aussitôt :

« Vous avez raison, monsieur le notaire. Écourté est sans doute un beau lévrier, quant à l'apparence; et s'il était aussi habile à la saisie...

— A la saisie? cria le notaire, mon chien favori ne serait pas habile à saisir? » Thadée s'empressa de témoigner tout son contentement qu'un si beau chien fût en même temps si parfait; en ajoutant qu'il était fâché de ne l'avoir aperçu qu'au retour de la forêt, et de n'avoir pas eu l'occasion d'apprécier ses excellentes qualités.

A ces mots l'assesseur frémit; il laissa échapper son verre, et jeta sur Thadée un regard de basilic; il avait le verbe moins haut que le notaire; moins remuant que lui, il était de petite taille et très-susceptible : mais il se faisait redouter partout, dans les bals comme dans les diétines, car on disait qu'il avait dans la langue le dard d'une vipère. Ses jeux de mots étaient si mordants, ses railleries si acerbes, qu'on aurait pu les faire imprimer dans un almanach. Autrefois riche, il avait tout dépensé, l'héritage de son père et la part de ses frères, pour figurer dans le grand monde. Il avait depuis peu accepté un emploi du gouvernement, afin de jouir de quelque importance dans le district; il aimait beaucoup la chasse, autant à cause de l'amusement qu'elle lui procurait que pour les sons du cor et la vue des traqueurs, qui lui rappelaient les années de sa jeunesse, ces années où il avait à lui seul de nombreux chasseurs et des chiens renommés. De toute sa meute, il ne lui restait plus que deux lévriers, et encore voulait-on dénigrer le meilleur!

Il faut savoir aussi qu'il faisait une cour assidue à Télimène, dont il semblait éperdument amoureux ; tout en regrettant de s'être laissé prendre dans ses filets : car il la voyait à présent occupée à pêcher un autre poisson. Il s'avança donc vers Thadée lentement, en caressant ses favoris, et dit avec un sourire sur les lèvres, mais un sourire plein d'une mortelle ironie :

« Vous avez bien, messieurs, une célèbre académie à Vilno ; mais je doute qu'on vous y ait donné des notions bien justes sur les lévriers : on en pense autrement à Varsovie, à Krakovie, et autrement chez nous, au village. Nous avons un vieux proverbe : un lévrier sans queue ressemble assez à un gentilhomme sans emploi ; la queue contribue aussi à la légèreté d'un lévrier, et vous considérez, monsieur, comme une qualité dans un chien, le manque de cet ornement ? Au reste, nous pouvons soumettre cette question à la sagacité de madame votre tante ; car, quoique madame Télimène ait habité la capitale, et qu'elle soit revenue depuis peu dans nos contrées, elle s'entend mieux à la chasse que nos jeunes chasseurs : tant il est vrai que l'expérience nous vient avec l'âge. »

Thadée, sur qui venait de tomber inopinément cette bourrasque, se leva tout abasourdi, se tut quelques instants ; mais son regard s'attacha sur son adversaire et devint de plus en plus menaçant. Heureusement, le président vint à éternuer deux fois : *Vivat!* cria-t-on de toutes parts ; il salua, et fit résonner lentement sa tabatière d'or garnie de diamants, au milieu de laquelle était le portrait du roi Stanislas : ce prince en avait fait cadeau lui-même au père du président et celui-ci faisait honneur à son héritage. Quand il frappait des doigts sur le couvercle, c'était un signe qu'il allait prendre la parole ; tout le monde se tut avec respect en écoutant ces mots :

« Puissants seigneurs et frères, le forum des chasseurs

ce sont les prairies et les forêts; je ne décide donc pas de pareille cause au logis : je lève la séance et la renvoie à demain. Je défends aux parties de continuer à plaider ; huissier ! portez la cause sur le rôle de demain. Le comte aussi doit venir avec tout son attirail de chasse ; et vous aussi, monsieur le juge, mon voisin, vous, madame Télimène, vous toutes, mesdames et mesdemoiselles, vous viendrez avec moi : nous ferons une grande chasse d'apparat, le sénéchal ne nous refusera pas de nous accompagner. » En parlant ainsi, il offrit une prise de tabac au vieillard.

Le digne sénéchal était assis à l'autre extrémité de la table, parmi les chasseurs; il écoutait, les yeux fermés, sans dire un mot, quoique la jeunesse lui demandât souvent son avis, car personne mieux que lui ne s'entendait à la chasse. Longtemps encore il resta silencieux et absorbé dans ses pensées, avant que de prendre la prise qu'il pesait entre ses doigts ; puis il éternua à faire retentir toute la salle, et, secouant la tête, il répondit avec un sourire plein d'amertume :

« Oh ! combien ma vieillesse et m'étonne et m'afflige ! Que diraient les chasseurs s'ils voyaient une société composée de tant de gentilshommes, de seigneurs, occupée à discourir sur la queue d'un lévrier ! Que dirait le vieux Reytan, s'il ressuscitait ? Il s'en retournerait à Lachowicze et se recoucherait dans sa tombe ! Que dirait le vieux palatin Niesiolowski[65], lui qui, jusqu'à ce jour, possède les meilleurs chiens courants du monde, qui a deux cents chasseurs, selon l'ancienne coutume, et cent chariots de filets dans son château de Woroncza, et qui, depuis nombre d'années, enfermé dans son château comme un cénobite, n'accepte plus aucune invitation de chasse ? Il a refusé même Bialopotrowiez[66] ! car que ferait-il dans ces parties ? la belle gloire pour un si grand seigneur, d'aller, comme on le fait aujourd'hui, courre de misérables lapereaux ! De mon temps, monseigneur; dans le langage des gentilshommes, le sanglier, l'ours, l'élan, le loup, étaient appelés gibier de nobles; quant aux animaux n'ayant ni boutoirs, ni cornes, ni griffes, on les abandonnait aux mercenaires, à la valetaille. Jamais un seigneur n'aurait voulu toucher à une arme profanée par le menu plomb ! On avait bien aussi des lévriers; et si, au retour de la chasse, quelque pauvre lièvre venait se blottir sous les pieds des chevaux, on lançait après lui, pour la forme, une meute : et les enfants du seigneur, montés sur des poneys, prenaient plaisir à le poursuivre sous les yeux de leurs parents, sans que ceux-ci daignassent honorer cette chasse d'un regard, bien loin d'en faire l'objet d'une querelle. Que votre seigneurie, monsieur le président, veuille donc révoquer ses ordres et me dispense de l'accompagner à une pareille chasse; car je n'y saurais mettre les pieds : je suis un Hreczecha, et depuis le roi Lech jamais un fils de mes ancêtres ne s'est amusé à courir le lièvre ! »

A ces mots, le rire des jeunes gens couvrit la voix du sénéchal; on se leva de table, le président donna l'exemple : cet honneur était dû à son âge et à sa dignité. Il saluait, en marchant, les dames, les vieillards et les jeunes gens. Après lui, venait le frère quêteur; tout près du bernardin, le juge. Sur le seuil de la porte, ce dernier offrit le bras à la présidente, Thadée à Télimène, l'assesseur à la fille de l'écuyer tranchant, enfin le notaire à mademoiselle Hrezecha.

Thadée, avec quelques-uns des convives, alla se coucher dans la grange. Il se sentait agité, mécontent, triste; il repassait en lui-même tous les événements de la journée, sa rencontre du matin, le souper près de sa jolie voisine; mais c'était surtout le mot de tante qui lui revenait sans cesse comme le bourdonnement d'une mouche importune. Il aurait bien désiré questionner l'huissier sur madame Télimène, mais il n'avait pu le rencontrer. Il n'avait pas trouvé davantage le sénéchal; car, de suite après le souper, comme de bons serviteurs, ils avaient tous deux suivi les hôtes afin de préparer leurs chambres à coucher. Les vieillards et les dames occupaient la maison seigneuriale; Thadée avait été chargé de conduire, au nom de son oncle, les jeunes gens dans la grange, sur le foin odorant.

Une demi-heure après, dans toute la maison régnait un silence aussi profond que dans un cloître après la cloche de l'angélus, interrompu seulement par la voix du gardien nocturne. Tous s'endormirent; le juge seul ne fermait pas les paupières. Comme un général la veille d'une bataille, il dresse le plan de la journée du lendemain, il donne ses ordres aux intendants, aux gardes champêtres, aux secrétaires, à la femme de charge, aux chasseurs et aux valets d'écurie; il contrôle tous les comptes de la journée, et dit enfin à l'huissier qu'il est prêt à se déshabiller; l'huissier lui dénoue sa ceinture, une ceinture de Sluck [67], une ceinture de brocart à laquelle pendent des franges épaisses comme des aigrettes : d'un côté elle est en or, avec des fleurs pourpres; de l'autre, elle est en soie noire avec des carreaux d'argent. Une ceinture pareille peut se porter des deux côtés : l'endroit, tissé d'or, pour les jours de fête; l'envers, plus foncé, pour les jours de deuil. L'huissier Protais possédait seul l'art de la dénouer, de la plier; c'était justement ce qu'il faisait lorsqu'il reprit en ces termes :

« Ai-je mal fait de transporter les tables dans le vieux château? Personne n'y a perdu; et vous, monseigneur, vous y gagnerez peut-être : car c'est bien ce château qui est en litige. Dès aujourd'hui, nous avons acquis des droits sur ces ruines; et, malgré tout l'acharnement de la partie adverse, je prouverai qu'il nous appartient. Celui qui invite des hôtes à souper dans un château ne prouve-t-il pas qu'il le possède ou qu'il en prend possession *de facto?* Nous requerrons le témoignage de nos adversaires ; je me souviens de maints cas pareils qui se sont présentés... »

Le juge dormait déjà ; l'huissier se retira sans bruit, et s'assit sous le vestibule devant une chandelle. Il sortit de sa poche un livre qu'il portait constamment sur lui comme un livre d'heures ; il ne s'en séparait jamais, ni au logis, ni en voyage : c'était le rôle des anciennes plaidoiries du tribunal. Là étaient inscrites par ordre chronologique les causes que jadis il avait appelées lui-même ou dont plus tard il avait eu connaissance. Pour le vulgaire, ce rôle n'eût été qu'un catalogue insignifiant de noms pris au hasard ; pour l'huissier, c'était le cadre d'imposants tableaux. Il se mit donc à le lire avec recueillement : « Oginski contre Wizghird, les dominicains contre Rymsza, Rymsza contre Wysoghierd, Radzivill contre Wereszczaka, Ghiédroïç contre Rodultowski, Obuchowicz contre la commune juive, Iuraha contre Piotrowski, Malewski contre Mickiewicz, enfin le comte contre Soplica. » Tout en lisant ces noms, il repassait dans sa mémoire ces causes célèbres, toutes les phases de ces procès mémorables ; il revoyait la cour, les parties, les témoins ; il se revoyait lui-même, avec son justaucorps blanc, son surtout gros-bleu, en face du tribunal, lorsqu'une main sur la poignée de son sabre, et de l'autre appelant la partie adverse à la barre, il criait : « Silence, messieurs ! » Bientôt, ses souvenirs se confondant avec ses rêves, s'endormit peu à peu le dernier huissier-audiencier du grand tribunal de la Lithuanie.

Tels étaient les amusements, les discussions et les repas dans un paisible village lithuanien, à cette époque où le reste du monde nageait dans les larmes et le sang ; alors que ce héros, ce dieu de la guerre, entouré d'une nuée de légions, traînant un millier de canons à sa suite, attelant à son char de triomphe l'aigle d'or avec l'aigle d'argent, courait des déserts de la Libye aux sommets des Alpes, noyés dans les cieux : foudroyant coup sur coup les Pyramides, le Thabor, Marengo, Ulm, Austerlitz. Devant lui court la Victoire, derrière lui marche la Conquête. La Renommée, témoin de mille hauts faits, porte au son de la trompette, mille noms héroïques des bords du Nil jusqu'au septentrion ; et sa voix rebondit aux rives du Niémen, en frappant sur le rocher des rangs moskovites : muraille qui défend l'approche de la Lithuanie à un nom plus formidable pour ces barbares que la peste, celui de Napoléon Bonaparte !

Néanmoins, de temps à autre, une nouvelle tombe au milieu de la Lithuanie comme un météore ; souvent un vieillard, privé d'une jambe ou d'un bras, recevant l'aumône qu'il avait implorée, s'arrêtait et jetait de tous côtés des regards de défiance ; puis, quand il n'apercevait dans la maison ni soldats russes, ni calottes juives, ni collets rouges, il avouait son état : soldat des légions, il rapportait ses vieux os dans sa patrie, qu'il n'avait plus la force de défendre. Il fallait voir alors comment toute la famille du seigneur, comment tous les serviteurs l'entouraient, l'embrassaient, étouffant de sanglots. Il s'asseyait à la table, et racontait des histoires plus merveilleuses que des contes de fées. Il disait comment le général Dombrowski marchait d'Italie en Pologne[68], comment il avait rassemblé ses compatriotes dans les champs de la Lombardie, comment Kniaziewicz donnait des ordres du haut du Capitole, comment il avait jeté aux pieds des Français cent étendards sanglants conquis sur les Césars[69] ; comment Jablonowski avait conduit sa légion du Danube jusqu'au pays où l'on récolte le poivre[70], où croît le sucre, où fleurissent les bois parfumés d'un éternel printemps : c'est là que le général polonais combat les nègres et la peste en soupirant après sa patrie.

Ces discours du vieillard circulaient mystérieusement dans le village. Le jeune homme qui les avait entendus disparaissait subitement de la maison et s'enfuyait en secret à travers les bois et les marais ; poursuivi par les Russes, il plongeait dans le Niémen, atteignait entre deux eaux le bord qui appartenait au duché de Varsovie ; et là il entendait ces douces paroles : « Sois le bienvenu, camarade ! » Mais, avant que d'aller plus loin, il s'élançait sur une colline et criait aux Russes, à travers le Niémen : « Au revoir ! » C'est ainsi que s'échappèrent Gorecki, Paç, Obuchowicz, Piotrowski, Obolewski, Rozycki, Ianowicz, les Mierzeiewski, Brochocki, les Bernatowicz, Kupsc, Gédymin, et d'autres que je ne saurais dénombrer. Ils quittaient tous leurs parents, leur terre chérie et leurs biens, confisqués au profit du trésor du tzar moskovite.

De temps à autre, arrivait en Lithuanie un frère quêteur d'un couvent étranger. Lorsqu'il avait fait plus intime connaissance avec les seigneurs de la maison, il déployait et montrait une gazette qu'il avait cousue dans son scapulaire ; là étaient consignés et le nombre des soldats et le nom de tous les chefs des légions, avec la relation des victoires de chacun ou de sa mort. Pour la première fois depuis de longues années, la famille avait des nouvelles de son fils vivant, couvert de gloire, ou mort au champ d'honneur. On prenait le deuil, mais on n'osait dire de qui ; seulement on le devinait dans la contrée : et partout la morne tristesse ou la joie secrète de leurs maîtres était la seule gazette des paysans. Il est probable que Robak était un pareil frère quêteur. Souvent il conférait en particulier avec le juge ; et, après chacun de ces entretiens, il s'ébruitait toujours quelque nouvelle dans le voisinage. Les allures de ce bernardin trahissaient qu'il n'avait pas toujours porté le capuchon, que ce n'était pas entre les murs d'un cloître qu'il avait vieilli. Il avait au-dessus de l'oreille droite, vers la tempe, une large cicatrice ; et dans sa barbe on apercevait les traces récentes d'un coup de lance ou de feu : certes ce n'était pas en lisant son bréviaire qu'il avait reçu ces blessures. D'ailleurs, ce n'était pas seulement son regard et ses cicatrices qui trahissaient en lui son caractère martial ; c'étaient encore tous ses mouvements et le son même de sa voix.

Pendant la messe, quand il se retournait, les mains levées vers le peuple, pour prononcer le *Dominus vobiscum*, maintes fois son mouvement était si brusque et si agile, qu'on eût dit qu'il faisait demi-tour à gauche au commandement de son officier ; et les paroles de la liturgie prenaient un tel accent dans sa bouche, qu'on eût dit d'un capitaine à la tête de son escadron : au point que les enfants de chœur s'en étaient aperçus. Il connaissait aussi les affaires publiques mieux que la vie des saints ; souvent pendant ses quêtes, il s'arrêtait dans la ville du district. Il était en général très-affairé ; tantôt c'étaient des lettres qu'il recevait et qu'il n'ouvrait jamais devant un étranger : tantôt c'étaient des messages qu'il envoyait, mais où ? pour qui ? il ne le disait jamais. Souvent, la nuit, il s'esquivait pour aller visiter quelque maison seigneuriale, et sans cesse il parlait à l'oreille des gentilshommes. Il parcourait continuellement les villages d'alentour, entrait dans les cabarets, où il entamait des discussions avec les paysans, et toujours sur quelque sujet politique. Maintenant, lorsque tous dormaient, il réveilla le juge et s'entretint longtemps avec lui. Il le prévint, en sortant, qu'il ne pourrait dire la messe basse aux chasseurs ; car le lendemain, dimanche, il devait prêcher dans l'église paroissiale ; mais il attendrait, disait-il, leur retour dans l'auberge voisine, ou bien-même, s'ils tardaient à le rejoindre, il irait au-devant d'eux.

II.

LE CHATEAU.

Sommaire. — Chasse aux lévriers, lièvre pris au gite. — Un hôte dans le château. — Le dernier porte-clefs des Horeszko raconte l'histoire du dernier de ses maitres. — Coup d'œil sur le verger. La jeune fille aux concombres. — Le déjeuner. — Anecdote de Saint-Pétersbourg racontée par Télimène. — Nouvelle explosion de la querelle au sujet d'Écourté et de Faucon. — Intervention de l'abbé. — Le sénéchal. — Le pari. — La chasse aux champignons.

Qui de vous peut avoir oublié ces années où, jeune homme, le fusil sur l'épaule, vous alliez en sifflant à travers champs? Aucun fossé, aucune haie n'arrêtait vos pas; même après avoir franchi, sans y prendre garde, la limite des guérets du voisin. Car en Lithuanie le chasseur, c'est le nautonnier sur la mer; il va où il veut, et prend le chemin que bon lui semble. Tantôt, semblable à un prophète, il regarde le ciel; car dans les nuages il y a une foule de signes intelligibles pour l'œil du chasseur : tantôt, semblable à un nécromant, il interroge la terre, qui lui répond par des milliers de voix, tandis qu'elle est muette pour l'oreille du citadin.

Ici, la bécassine se fait entendre sur la prairie; je la chercherais en vain : elle navigue dans les hautes herbes comme un brochet dans le Niémen. Là, j'entends retentir au-dessus de ma tête la clochette matinale du printemps, l'alouette également cachée dans les profondeurs des cieux. Plus loin l'aigle, battant l'air de ses larges ailes, effraye les moineaux comme la comète effraye les tzars de Moskou; et l'épervier, suspendu à la voûte azurée, agite les siennes comme un papillon sur une épingle, jusqu'à ce qu'il aperçoive dans la prairie un oiseau ou un lièvre : alors il tombe sur lui comme une étoile filante.

Quand Dieu nous permettra-t-il de retourner de notre pèlerinage et d'habiter de nouveau la maison natale ; de servir dans cette cavalerie qui fait la guerre aux lièvres, ou dans cette infanterie qui porte le fusil contre les oiseaux ? Quand viendra le temps où nous n'aurons plus besoin pour toutes armes que de faux et de faucilles ; où, pour toutes gazettes, nous ne lirons plus que les registres de nos terres ?

Déjà le soleil s'est levé sur Soplicow ; il dore le chaume des toits et se glisse par les lézardes dans la grange. L'or pur de ses rayons s'épanche sur le foin vert, tout frais et parfumé, dont les jeunes gens avaient fait leur lit ; et par les trous du chaume noirci, il jaillit en bandes scintillantes, semblables à des rubans dans une tresse de cheveux. La lumière matinale vient agacer les lèvres des dormeurs, de même qu'une jeune fille armée d'un épi, qui veut réveiller son amant. Déjà les moineaux pépient en sautillant sur les toits ; déjà par trois fois le jars a jeté son cri joyeux, auquel ont répondu en chœur les canards et les dindons : et déjà l'on entend le mugissement des bestiaux qui se rendent dans les pâturages.

Les jeunes gens se lèvent. Thadée dort encore : car il s'est endormi le dernier. Il était sorti tout agité du souper de la veille ; au chant du coq, il n'avait pas encore fermé les yeux : à force de se tourmenter sur sa couche il s'était noyé dans le foin. Il dormait d'un sommeil profond, lorsqu'un courant d'air frais vint frôler ses paupières ; la porte de la grange s'est ouverte avec fracas, et le frère Robak entre en criant : *Surge, puer !* et en agitant au-dessus de ses épaules les nœuds de sa ceinture. Déjà l'on entend dans la cour les appels des chasseurs ; on amène les chevaux, on sort les voitures, à peine la foule peut-elle tenir dans la cour : les cors résonnent, on ouvre le chenil, une troupe de lévriers s'en précipite en aboyant joyeusement. En apercevant les chevaux des piqueurs, les meutes des traqueurs, ils bondissent comme écervelés dans la cour, et viennent d'eux-mêmes tendre un cou docile aux colliers. Tout présage une bonne chasse. Le président donne enfin l'ordre du départ. Les piqueurs vont au pas, l'un à la suite de l'autre; mais ayant franchi la porte, ils se déploient sur une ligne de bataille. Au milieu se trouvent, l'un à côté de l'autre, le notaire et l'assesseur. Tout en se jetant parfois un regard d'animosité, ils s'adressent des paroles amicales, comme des gens d'honneur qui vont vider une querelle par un duel à mort. A les entendre, on serait loin de les croire ennemis. Le notaire tient en laisse Écourté, l'assesseur Faucon. A quelque distance, viennent les dames en voiture; les jeunes gens à cheval, galopant aux portières, s'entretiennent avec leurs belles.

Le frère Robak se promène à pas lents dans la cour, achevant sa prière du matin. De temps en temps il jette un regard sur Thadée, fronce le sourcil en souriant; enfin il l'appelle par un signe. Thadée fait approcher son cheval; Robak le menace du doigt; mais, malgré ses prières et ses questions, il ne veut pas s'expliquer plus clairement sur ce qu'il médite. Il ne daigne ni lui répondre ni le regarder; seulement, il relève son capuchon et s'en va finir ses prières. Thadée court rejoindre les chasseurs.

Ils venaient d'arrêter leurs lévriers au moment même; tous étaient immobiles à leurs places, s'imposant réciproquement le silence. Tous les yeux étaient dirigés vers une pierre près de laquelle se tenait le juge. Il avait découvert le gibier; et, par ses gestes, cherchait à expliquer ses ordres. On avait compris, et l'on s'était arrêté. L'assesseur et le notaire s'avancent au petit trot, par le milieu du champ. Thadée, plus rapproché, les devance, se place auprès du juge, et cherche des yeux de tous côtés. Il y avait longtemps qu'il n'avait été dans les champs; il lui était donc difficile d'apercevoir le lièvre à travers les sillons grisâtres, et surtout au milieu des pierres : mais le juge le lui montra. Le pauvre animal était accroupi sous un moellon, s'aplatissant, dressant les oreilles ; son œil rouge avait rencontré les regards des chasseurs : et, comme fasciné par l'effroi du sort qui le menaçait, il ne pouvait l'en détacher. Il restait sous sa pierre, immobile comme elle. La poussière s'étend de plus en plus sur la plaine, Écourté toujours en laisse, près de lui l'agile Faucon, et derrière eux l'assesseur et le notaire, côte à côte, s'écriant : « Hare, hare ! » Tous disparaissent dans un nuage de poussière.

Pendant qu'on poursuivait ainsi le lièvre, apparut le comte lui-même près du bois attenant au château. On savait dans les environs que ce seigneur n'arrivait jamais à l'heure. Il l'avait oubliée à dormir ; aussi, était-il de très-mauvaise humeur contre ses domestiques. Ayant aperçu les chasseurs au milieu des champs ; il prit le trot pour les rejoindre. Il laissait flotter dans l'espace une grande redingote à l'anglaise, blanche et longue. Derrière lui se tenaient à cheval des valets, en chapeaux noirs, petits et luisants comme des champignons, en jaquettes, en bottes à revers, en pantalons blancs. Ainsi affublés, on les appelait dans son palais des jockeys.

Les chasseurs s'étaient rassemblés dans la plaine, quand le comte arrêta son cheval en face du château. C'était la première fois qu'il le voyait le matin ; à peine croyait-il que ce fussent les mêmes murs, tant la lumière matinale lui paraissait avoir avivé, embelli, tous les contours de l'édifice. Il demeura stupéfait devant cette perspective si nouvelle ; la tour lui semblait deux fois plus haute au milieu des vapeurs du matin ; le toit en fer-blanc était doré par le soleil : à travers les grilles brillaient le peu de vitres qui n'avaient pas été brisées, sous les rayons splendides du soleil levant, qu'elles décomposaient en mille arcs-en-ciel. L'étage inférieur était couvert d'un voile de brouillards qui en dissimulait les lézardes et les brèches. Les cris des chasseurs dans le lointain venaient, apportés par les vents, se répercuter en mille échos sous les voûtes du château. On aurait juré qu'ils en sortaient; qu'à la faveur du brouillard on avait relevé ces murs, on les avait peuplés de nouveaux habitants.

Le comte aimait l'extraordinaire, le neuf; il l'appelait romantique, et prétendait avoir beaucoup d'imagination En effet, c'était un grand original. Souvent, en courant le renard ou le lièvre, il s'arrêtait brusquement et levait vers le ciel un œil mélancolique, comme un chat qui aperçoit des moineaux au sommet d'un sapin. Souvent, sans chien, sans fusil, il errait dans les bois comme un conscrit réfractaire; souvent il s'asseyait au bord d'un clair ruisseau, il restait immobile, la tête penchée sur l'onde comme un héron qui des yeux dévore les poissons. Telles étaient les singulières habitudes du comte. Tout le monde disait qu'il lui manquait quelque chose. On le respectait pourtant; il était noble de vieille souche, très-riche, plein de bonté pour ses paysans : affable avec ses voisins, et même avec les juifs.

Son cheval, détourné de sa route, se mit à trotter à travers champs jusqu'à la porte du château. Le comte solitaire poussait de fréquents soupirs; il regarda les ruines, prit du papier, un crayon, et se mit à dessiner. Tout à coup il aperçut, à une vingtaine de pas, un homme, un amateur de sites comme lui, qui, la tête en l'air, les mains dans les poches, semblait compter les pierres du château. Il le reconnut à l'instant, mais il dut l'appeler plusieurs fois avant que Gervais l'entendît. C'était un gentilhomme, serviteur des anciens seigneurs du château, et le seul qui survécût à ses maîtres. Grand vieillard à cheveux blancs, il avait le visage sillonné de rides, triste, sévère, mais annonçant pourtant la vigueur et la santé. Sa gaieté avait passé en proverbe parmi les gentilshommes; mais depuis le combat témoin de la mort de son maître, il était tout changé, et depuis maintes années il n'assistait plus ni aux fêtes patronales, ni aux noces : on n'entendait plus de ses saillies, on ne voyait plus de sourire sur ses lèvres. Il continuait à porter l'ancienne livrée des Horeszko : un habit chamois à pans bordés d'un galon jaune, probablement d'or autrefois, mais dont il ne restait plus que les fils. Sur ce vêtement était brodée la demi-chèvre, armoiries de ses anciens maîtres; aussi toute la contrée appelait-elle le vieux gentilhomme *Demi-chevreau*. Quelquefois cependant on l'appelait aussi *mon-petit-maître*, son mot favori, qu'il répétait sans cesse; d'autres fois l'*Ébréché*, à cause des cicatrices ou brèches dont sa tête était couverte ; mais son véritable nom était Rembaïlo : je ne connais pas ses armes. Il se donnait le titre de *porte-clefs* ou sommelier, parce que jadis il en avait exercé les fonctions au château, et dès lors il ne cessait de porter un trousseau de clefs suspendu à sa ceinture par un ruban à houppe d'argent, quoiqu'il n'eût rien à ouvrir ni fermer, puisqu'il n'y avait plus de portes. Cependant il en avait retrouvé deux qu'il avait fait réparer et replacer; et tous les jours il s'amusait à les ouvrir. Il avait élu domicile dans une des chambres vides. Il aurait pu vivre chez le comte à ne rien faire, mais il ne l'avait pas voulu; car il se sentait triste et mal à l'aise partout où il ne respirait pas l'air du château.

Dès qu'il aperçut le comte, il ôta son bonnet, et salua respectueusement le parent de ses maîtres, en inclinant sa tête chauve, luisante et sillonnée comme une râpe par de nombreux coups de sabre. Il y passa la main, s'approcha, salua encore une fois, et dit tristement :

« Mon petit maître, monseigneur, pardon si je m'exprime ainsi, très-illustre comte, c'est par une vieille habitude et non par irrévérence. Tous les Horeszko disaient : mon petit maître. Le dernier panetier, mon patron, se servait de cette expression. Est-il bien vrai, mon petit maître, que vous vous montrez avare de sous pour le procès, et que vous cédez ce château aux Soplica? je ne l'aurais pas cru, mais on en parle dans tout le district. » A ces mots, il jeta un regard sur le château, en poussant de profonds soupirs.

« Qu'y a-t-il là d'extraordinaire? demanda le comte. Les frais sont grands, l'ennui l'est encore plus : je veux en finir. Le gentilhomme traîne l'affaire en longueur, il s'entête, il a compris qu'il me ferait céder de guerre lasse. Et vraiment, je n'insisterai plus; je déposerai les armes aujourd'hui même : j'accepterai les conditions de l'accord telles que le jugement me les offrira.

— De l'accord? s'écria Gervais, de l'accord avec les Soplica, mon petit-maître? » En parlant ainsi, il faisait une grimace, comme étonné lui-même de ce qu'il disait. « Accord avec les Soplica, mon petit-maître? monseigneur veut rire. Le château, la résidence des Horeszko passer entre les mains des Soplica! Daignez seulement descendre de cheval, monseigneur; entrons dans le château, que monseigneur le voie! Mais monseigneur ne sait pas ce qu'il fait! Ne vous en défendez pas, descendez, monseigneur! » Et il lui tenait l'étrier pour l'aider à descendre.

Ils entrèrent. Gervais s'arrêta sur le seuil du vestibule.

« Ici, dit-il, ici s'asseyaient souvent les anciens seigneurs, entourés de leur cour, après l'heure du dîner. Le maître accordait les différends entre les paysans; ou, dans sa bonne humeur, il racontait à ses hôtes diverses histoires curieuses : ou bien il riait de leurs propos et de leurs plaisanteries. La jeunesse s'amusait dans la cour, soit à faire des armes, soit à dompter les chevaux turks de monseigneur. »

Ils entrèrent sous le vestibule. « Cet immense vestibule, reprit Gervais, n'est pas pavé d'autant de dalles, monseigneur, que l'on y a vidé de tonneaux de vin dans le bon temps. Les tonneaux étaient tirés de la cave, à l'aide de leurs ceintures d'or, par les nobles invités à la diète ou à la diétine du district, à la chasse ou la fête de monseigneur. Pendant le repas, sur cette galerie, étaient des musiciens qui jouaient des orgues et de mille autres instruments! Et, quand on portait une santé, les trompettes tonnaient du haut des galeries comme au jour du jugement dernier. Les santés se succédaient sans interruption. La première était celle de Sa Majesté le roi; on en portait ensuite une seconde au primat, puis à la reine, puis aux nobles, puis à la République; enfin, à la cinquième coupe vidée, on proposait la santé de tout le monde : embrassons-nous. C'était alors des vivat commencés avec le jour et qui se prolongeaient jusqu'au lendemain. Dans la cour, les équipages et les voitures étaient tout prêts à reconduire chacun chez soi. »

Ils avaient déjà traversé plusieurs chambres; Gervais, qui ne parlait plus, arrêtait ses regards tantôt sur la muraille, tantôt sur la voûte, évoquant ici un souvenir triste, là un souvenir joyeux. Quelquefois, comme pour dire : « Tout est fini! » il secouait tristement la tête; d'autres fois il agitait la main. On voyait que ses souvenirs mêmes étaient un tourment pour lui, et qu'il aurait voulu les chasser. Ils montèrent enfin dans une grande salle de l'étage supérieur, jadis lambrissée de glaces. Elles avaient été enlevées; il n'en restait plus que les cadres. Les croisées étaient veuves de leurs vitres; un balcon donnait sur la cour, en face de la porte. En entrant, le vieillard, inclinant sa tête pensive, se cacha le visage dans les mains. Quand il le découvrit, il offrait les traces d'un profond désespoir. Quoique le comte ne sût pas ce que tout cela signifiait, il ne put se défendre d'une certaine émotion en apercevant le visage du vieillard; il lui serra la main. Après un moment de silence, Gervais, élevant la main droite et l'agitant dans les airs, reprit en ces mots :

« Mon petit maître, il n'y a pas d'accord possible entre Sopliça et Horeszko ; or, c'est le sang des Horeszko qui coule en vous, monseigneur, bien que par les femmes. Vous êtes parent du panetier par votre mère, la fille du veneur, qui était née elle-même de la seconde fille du castellan, lequel, comme on le sait, était l'oncle de mon maître. Écoutez, monseigneur, l'histoire de votre propre famille, histoire qui se passa dans cette salle même, et non dans une autre.

« Feu mon patron, le panetier, le premier seigneur du district, riche, de naissance illustre, avait un seul enfant, une fille belle comme un ange ; aussi était-elle courtisée par une foule de jeunes et nobles seigneurs. Dans le nombre il y avait un grand brouillon, un ferrailleur, Jacques Sopliça, surnommé *Palatin* par plaisanterie. Il avait, en effet, beaucoup d'influence dans le palatinat : car il avait à ses ordres la famille des Sopliça, et disposait à son gré de leurs trois cents votes : quoiqu'il ne possédât rien lui-même, à l'exception d'un petit champ, d'un sabre et d'une paire de grandes moustaches qui lui allaient d'une oreille à l'autre. Monseigneur le panetier invitait donc souvent ce crâne, et l'hébergeait dans le château, à l'époque surtout des diétines, pour se rendre populaire parmi ses parents et ses partisans. Ce barbu s'enorgueillit de cet accueil gracieux, au point qu'il se mit en tête de devenir le gendre de monseigneur. Il se présentait de plus en plus souvent au château sans y être invité ; en un mot, il s'était installé chez nous comme chez lui-même. Il allait se déclarer, mais on s'était aperçu de ses prétentions, et on lui servit la soupe noire [71]. Il serait possible qu'il eût donné dans l'œil de la fille du panetier, mais elle n'en laissa rien voir à ses parents. C'était du temps de Kosciuszko. Monseigneur soutenait la constitution du 3 mai ; et déjà il assemblait la noblesse pour porter secours aux confédérés, lorsqu'une nuit les Russes vinrent subitement cerner le château. A peine eut-on le temps de tirer le mortier d'alarme, de fermer les grandes portes et de placer les barres de fer. Il n'y avait dans le château que monseigneur le panetier, moi, madame, avec le chef de cuisine et deux marmitons, tous trois ivres, de plus, l'aumônier, un domestique, et quatre heiduques, gens pleins de courage. Aux armes! tous aux fenêtres! Une cohue de Russes s'avançait par l'esplanade vers la porte, en criant : hourra! Nous fîmes feu roulant de dix fusils. Il était nuit. Les domestiques tiraient sans relâche des étages inférieurs ; monseigneur et moi, du balcon. Tout allait bien malgré la consternation. Vingt fusils étaient rangés sur le parquet ; aussitôt que nous en avions déchargé un, on nous en présentait un autre : c'était l'aumônier, madame, mademoiselle et les demoiselles de leur suite qui s'étaient chargés de ce soin. Il n'y avait que trois tireurs, et cependant le feu ne discontinuait pas. Les fantassins russes nous envoyaient d'en bas une grêle de balles, mais nous les chauffions non moins vivement d'en haut, et à coups plus sûrs. Trois fois ces manants se ruèrent jusqu'à la porte, trois fois trois d'entre eux firent la culbute. Ils se réfugièrent donc près du vieux trésor*, et déjà le jour commençait. Monseigneur le panetier, tout joyeux, alla sur le balcon avec son fusil ; et, dès qu'un Russe montrait son nez derrière le trésor, il faisait feu, et ne manquait jamais. A chaque coup un schako noir tombait sur l'herbe, et déjà on n'en apercevait plus que rarement. Voyant ses ennemis terrifiés, le panetier pensa à faire une sortie ; il prit son sabre, et du haut du balcon donna ses ordres à ses serviteurs. Puis, s'étant tourné vers moi : « Suis-moi, Gervais! » me dit-il. Au même instant un coup de feu partit de derrière la porte ; le panetier bégaya,

---

* Lé *Lamus*, appendice obligé de toute maison seigneuriale. C'était en même temps le garde-meuble, le trésor, la cave et l'arsenal.

devint rouge, devint pâle, voulut parler, cracha du sang, et j'aperçus alors la balle qu'il avait reçue en pleine poitrine. En tombant, monseigneur m'indiqua du doigt la porte. Je reconnus ce brigand de Sopliça! je le reconnus à sa taille, à ses moustaches! C'est de sa main que le panetier a péri; je l'ai vu : le brigand avait encore son fusil en joue, la fumée sortait encore du canon. Je l'ajustai, il resta là comme une borne. Deux fois je fis feu, deux fois je le manquai! Est-ce la colère, est-ce le désespoir qui me fit mal viser? J'entendis les sanglots des femmes, je me retournai... monseigneur n'existait plus. »

Gervais se tut, il était inondé de larmes; puis il reprit :

« Les Russes avaient déjà enfoncé la porte, car après la mort de monseigneur, je n'avais plus la tête à moi, je ne savais plus ce qui se passait autour de moi. Heureusement accourut à notre secours Parafianowicz avec deux cent Mickiewicz de Horbatowicze, dont la famille nombreuse et pleine de bravoure, du premier jusqu'au dernier, haïssait depuis un siècle celle des Sopliça. Ainsi périt un seigneur puissant, pieux et juste, qui comptait parmi ses ancêtres des chaises sénatoriales, des grands cordons, des bâtons de grand-hetman. Il avait été le père de ses paysans, le frère de tous les gentilshommes, et il ne laissait pas de fils qui jurât sur son tombeau de le venger. Mais il avait des serviteurs fidèles; je teignis de son sang une rapière, appelée *canif*. Certainement, monseigneur, vous aurez entendu parler de mon canif; il est célèbre dans toutes les diètes, les marchés et les diétines. J'ai juré de l'ébrécher sur le cou des Sopliça; je les ai poursuivis dans les comices, dans les expéditions [72], dans les foires; j'en ai haché deux dans une querelle, deux autres dans un duel : j'en ai grillé un en mettant le feu à sa maison de bois, lorsque nous fûmes en expédition à Korelicze avec Rymsza. Oui, je l'ai grillé comme un lamprillon; et je ne saurais compter ceux à qui j'ai coupé les oreilles. Il n'en reste qu'un auquel jusqu'à présent je n'ai pas laissé de souvenir! C'est le propre frère du barbu; il vit encore, il tire vanité de ses richesses. Ses possessions touchent au château des Horeszko; il est considéré dans le district, il en est un des dignitaires : il est juge, et c'est à lui, monseigneur, que vous voulez abandonner le château? Ses pieds indignes effaceraient sur ce parquet les traces du sang de monseigneur? Oh non! Tant que Gervais aura de l'âme pour une obole, tant qu'il aura assez de force dans son petit doigt pour tenir son canif, qui reste jusqu'à présent suspendu à la muraille, un Soplica n'aura pas ce château!

— Oh! s'écria le comte en levant les mains, quel heureux pressentiment me faisait aimer ces ruines! Je ne savais cependant pas qu'ils renfermassent un tel trésor, tant de scènes dramatiques, tant d'histoires romanesques! Dès que j'aurai repris aux Soplica ce château de mes pères, ô Gervais, je t'en ferai burgrave! Ton récit m'a beaucoup intéressé. Quel dommage que tu ne m'aies pas conduit ici au milieu de la nuit! Drapé dans mon manteau, je me serais assis sur ces ruines; et toi, tu m'aurais raconté ces scènes sanglantes. Malheureusement tu n'as pas reçu de la nature un grand talent pour conter. J'ai souvent entendu ou lu de pareilles légendes; chaque manoir de lord en Angleterre et en Écosse, chaque cour de comte en Allemagne a été le théâtre de quelque meurtre. Chaque famille ancienne, noble, puissante, conserve la tradition d'un drame sanglant, d'une trahison, qui lèguent la vengeance en héritage à ses descendants. C'est la première fois que j'entends parler en Pologne de pareilles choses! Je sens en moi couler le sang valeureux des Horeszko; je sais ce que je dois à ma gloire et à ma naissance. Oui, il faut que je rompe toute négociation avec les Soplica, dussions-nous en venir au pistolet ou à l'épée! L'honneur l'ordonne!... »

Il dit, s'éloigne d'un pas solennel, et Gervais le suit en silence. Le comte s'arrête devant la porte, se parle à lui-même, jette encore un regard sur le château, saute à cheval, et, tout distrait, termine ainsi son monologue :

« C'est dommage que ce Sopliça soit vieux, et qu'il n'ait ni femme ni fille dont je puisse adorer les charmes ! Si je l'aimais, sans pouvoir obtenir sa main, le drame serait plus complexe. D'un côté l'amour, de l'autre le devoir ; ici la vengeance, là de tendres sentiments ! »

Tout en se parlant à lui-même, il donne de l'éperon à son cheval, qui s'élance vers la maison du juge. Au même instant, du côté opposé, les chasseurs sortaient de la forêt. Dès qu'il les aperçut, le comte, qui, par amour de la chasse, avait déjà tout oublié, voulut courir les rejoindre, en franchissant la porte cochère, le jardin, les haies ; mais, à un détour, ayant jeté les yeux de côté, il arrêta son cheval près de la haie : c'était celle d'un jardin potager.

Des arbres fruitiers, bien alignés, ombrageaient un vaste espace. Au-dessous étaient des plates-bandes. Ici le chou antique, inclinant son front chauve, paraît méditer sur le sort des légumes. Là, mariant ses gousses aux vertes tresses de la carotte, le haricot élancé lui sourit de ses mille yeux. Çà et là le maïs agite son aigrette d'or ; çà et là on aperçoit le ventru melon d'eau égaré loin de sa racine, et rendant visite aux betteraves rougissantes.

Les planches sont séparées par de petits espaces où croissent des tiges de chanvre ; on dirait des sentinelles en ligne. Ce sont les cyprès des légumes, mornes, droits et verts ; leurs feuilles et leur odeur servent de défense aux plates-bandes : car, à travers leurs feuilles, la vipère n'oserait se glisser, et leur odeur est mortelle aux chenilles et aux insectes. Plus loin s'étalent des fleurs de pavots ; on croirait qu'un essaim de papillons s'est posé sur elles, en agitant leurs ailes où se jouent toutes les nuances de l'arc-en-ciel, ou brille tout l'éclat des pierres précieuses : tant le pavot éblouit les yeux par la diversité de ses vives couleurs ! Au milieu des fleurs, comme la pleine lune au milieu des étoiles, le rond tournesol suit du lever au coucher le soleil de son large disque flamboyant.

Au-dessous de la haie étaient de petits tertres, longs et arrondis, sans arbres, sans arbustes, sans fleurs ; c'était le jardin aux concombres : ils y croissaient admirablement. Leurs feuilles larges et charnues avaient couvert les planches comme avec les plis d'un tapis. Debout au milieu se tenait une jeune fille, vêtue de blanc, plongée jusqu'au genou dans la verdure printanière. Les pieds sur les plates-bandes, le corps penché en avant, elle paraissait ne pas marcher, mais nager au milieu des hautes herbes et se baigner dans leurs ondes. Sa tête était couverte d'un chapeau de paille. Le long de ses tempes flottaient deux rubans roses, et quelques boucles blondes s'étaient échappées de ses tresses dénouées. Elle avait un panier au bras, elle tenait les yeux baissés et la main droite levée, comme si elle eût voulu attraper quelque chose. Comme une enfant poursuit dans son bain joyeux de petits poissons agaçant ses pieds mignons, telle cette jeune fille baisse à tout moment ses mains et son panier afin de cueillir le fruit qu'elle a touché du pied ou découvert du regard.

Le comte, ravi de cette apparition divine, restait immobile. Entendant au loin le bruit des chevaux de ses gens, il leur fit signe de s'arrêter ; ils obéirent. Curieux, il regardait, le cou tendu, comme une grue au plumage tacheté placée en sentinelle loin de sa troupe : l'œil aux aguets, elle se tient sur un pied, et porte une pierre de l'autre afin de ne pas s'endormir. Le comte fut tiré de sa rêverie par un bruit léger derrière lui ; c'était Robak, le frère quêteur bernardin, secouant en l'air sa ceinture noueuse :

« Est-ce des concombres que vous voulez ? en voici, lui

cria-t-il en lui montrant les nœuds, qui avaient la forme de concombres; pas d'excursion sur les terres d'autrui : les fruits de ces plates-bandes ne sont pas pour vous, vous n'y toucherez pas! » Puis, le menaçant du doigt, il remit son capuchon et s'en alla. Le comte resta quelques instants encore à la même place, riant et pestant à la fois de ce contre-temps inattendu. Il reporta les yeux sur le jardin, mais la jeune fille n'y était plus; seulement, il entrevit de loin ses rubans roses et sa petite robe blanche. On distinguait sur les planches le chemin qu'elle avait pris; car les feuilles vertes qu'elle avait froissées dans sa course se relevaient, se balançaient un instant et redevenaient immobiles, comme l'eau effleurée par l'aile d'un oiseau. A la place où elle avait été, on ne voyait plus qu'un panier en osier renversé, le couvercle en bas; et dont les fruits, répandus sur les feuilles, se berçaient encore dans leur ondoyante verdure.

Un moment après, tout était muet et solitaire. Le comte avait arrêté ses regards sur la maison et tendait l'oreille ; il restait pensif, et ses chasseurs se tenaient immobiles derrière lui. Enfin, de cette maison silencieuse et déserte, il entendit sortir d'abord un murmure, puis un bourdonnement vague, puis des cris de joie, comme lorsqu'un essaim d'abeilles se précipite dans une ruche vide; c'était un signe que les hôtes étaient de retour de leur chasse et que les domestiques s'occupaient à servir le déjeuner. En effet, dans toutes les chambres, régnait un mouvement insolite; on faisait circuler des plats, des couverts, des bouteilles; les hommes vêtus comme ils l'étaient en descendant de cheval, en kourtka verte, se promenaient dans les chambres, des verres et des assiettes en main : ils mangeaient, buvaient, ou bien, appuyés contre les croisées, ils parlaient fusils, chiens et lièvres. La famille du président et le juge étaient à table; dans un coin, les demoiselles chuchottaient entre elles. Il;

ne régnait pas cet ordre qu'on avait coutume d'observer à dîner et à souper ; le tumulte était une mode nouvelle dans cette ancienne maison polonaise. Le juge n'approuvait pas cette innovation, mais il la tolérait malgré lui. On servait un grand nombre de mets, différents pour les hommes et pour les femmes. Ici l'on présentait des plateaux avec un café complet ; d'immenses plateaux peints de fleurs superbes, sur lesquels fumaient des cafetières en fer-blanc remplies d'une liqueur odorante à côté de tasses en porcelaine de Saxe dorée : près de chacune était un petit pot de crème. On ne fait en aucun pays d'aussi bon café qu'en Pologne ; suivant une ancienne coutume, il y a dans les maisons polonaises bien tenues une femme chargée uniquement de ce soin : on l'appelle la *kawiarka*. C'est elle qui fait venir de la ville, ou des bateaux arrivant de Kœnigsberg et de Dantzick, les meilleures espèces de fèves ; elle seule connaît les procédés secrets pour préparer cette boisson, qui a la couleur noire du charbon, la transparence de l'ambre, l'odeur du moka et la consistance de l'hydromel. Chacun sait ce qu'est au café la bonne crème du village ; là il n'est pas difficile de s'en procurer, car le matin la kawiarka, après avoir mis au feu ses appareils, se rend elle-même à la laiterie pour écrémer légèrement le lait frais : chaque tasse a son petit pot à part, afin que chacune d'elles ait son enveloppe de crème épaissie et dorée par le feu.

Les dames âgées avaient pris leur café en se levant ; elles se préparaient alors un autre mets, en faisant cuire de la bière blanchie de crème, dans laquelle nageaient des cubes de fromage nouveau.

Pour les hommes, il y avait des viandes fumées à choisir, des oies grasses, des filets, des tranches de langue ; le tout excellent, le tout préparé à la manière des bonnes maisons, c'est-à-dire fumé avec du bois de genièvre : enfin, pour dernier plat, on servit les *zrazy* *. Tel était le déjeuner chez le juge.

Deux groupes différents s'étaient formés dans deux chambres différentes. Les personnes âgées, rassemblées autour d'une petite table, parlaient de nouveaux procédés d'agriculture, des oukazes du tzar Alexandre, de plus en plus sévères. Le président discutait les nouvelles qui circulaient sur la guerre, et en déduisait les conséquences politiques. Mademoiselle la sénéchale, ses lunettes bleues sur le nez, amusait madame la présidente en lui tirant les cartes. Dans l'autre chambre, les jeunes gens s'entretenaient sur la chasse, d'une voix moins élevée et plus posée qu'à l'ordinaire ; c'est que l'assesseur et le notaire, les deux grands orateurs, les plus savants en fait de vénerie et les plus habiles tireurs, étaient assis l'un vis-à-vis de l'autre, ne disant rien et se boudant. Tous deux avaient bien lancé leurs chiens, tous deux avaient été sûrs de la victoire de leurs lévriers ; mais, au milieu de la plaine, s'était trouvé un petit champ de paysan encore couvert de sa récolte. Le lièvre s'y était réfugié ; déjà Écourté, déjà Faucon le saisissaient, lorsque le juge avait arrêté les chasseurs sur la lisière. Ils avaient été obligés d'obéir, malgré leur dépit ; les chiens étaient revenus l'oreille basse et personne ne savait encore si le pauvre animal s'était sauvé ou s'il avait été pris. Personne ne pouvait deviner s'il avait expiré sous la dent d'Écourté, sous celle de Faucon ou des deux à la fois ; chaque parti en décidait différemment, et la solution de cette question avait été remise à d'autres temps.

Le vieux sénéchal se promenait d'une chambre à l'autre, jetant de tous côtés un regard distrait, et ne se mêlant ni à la conversation des chasseurs ni à celle des personnes âgées. On voyait qu'il avait d'autres soucis en tête. Il avait en

---

* Tranches de bœuf hachées, étuvées, sautées dans leur jus. Mets succulent, très-populaire en Pologne.

main un chasse-mouches en cuir; quelquefois il s'arrêtait, réfléchissait longtemps et tuait une mouche sur la muraille.

Thadée et Télimène se tenaient debout près de la porte de communication entre les deux chambres ; ils causaient : et, comme l'espace qui les séparait du reste de la société n'était pas considérables, ils se parlaient à voix basse. Thadée venait d'apprendre que sa tante Télimène était riche, et qu'ils n'étaient pas tellement proches parents que les canons de l'Église les séparassent absolument. Il n'était même pas très-certain que Télimène fût parente de son neveu quoique l'oncle l'appelât sa cousine ; leurs parents jadis les nommaient frère et sœur malgré la différence de leur âge. Elle avait longtemps habité Saint-Pétersbourg, où elle avait rendu de grands services au juge, ce qui faisait que celui-ci la respectait beaucoup et qu'il aimait aux yeux du monde, par vanité peut-être, à se faire passer pour son frère ; Télimène s'y prêtait par pure amitié. Ces confidences avaient allégé le cœur de Thadée. Ils se dirent encore beaucoup d'autres choses, et il leur suffit pour cela d'un moment.

Dans la chambre à droite, le notaire, pour provoquer l'assesseur, jeta ces mots dans la conversation :

« Je disais bien hier que notre chasse ne réussirait pas, qu'il était beaucoup trop tôt, que le blé n'est pas encore tout moissonné, et que beaucoup de champs de paysans sont encore couverts de trémois : c'est même pour cela que le comte ne s'est pas rendu à l'invitation. Dès son enfance, il a été élevé dans les pays étrangers ; il soutient donc que c'est une marque insigne de barbarie que de chasser, comme chez nous, sans égard aux lois et aux ordonnances, sans respect pour les limites des propriétés, traversant les terres d'autrui sans permission du propriétaire, courant les champs et les bois au printemps comme en été, tirant parfois le renard quand il perd sa fourrure, laissant nos lévriers troubler ou même déchirer une femelle pleine au moment où elle met bas, et tout cela au grand préjudice du gibier ; c'est ce qui fait dire au comte que 'la civilisation est plus avancée en Russie; car, là au moins, il y a des oukazes de l'empereur sur la chasse : la police veille à leur exécution et punit de mort ceux qui les enfreignent ! »

Télimène, se tournant vers la chambre à gauche et s'éventant les épaules avec son mouchoir de batiste :

« Comme j'aime maman, dit-elle, le comte a raison; je connais aussi bien que lui la Russie. Vous n'avez jamais voulu me croire, quand je vous répétais combien sont dignes de louanges, sous beaucoup de rapports, la vigilance, la sévérité du gouvernement. J'ai visité Saint-Pétersbourg, pas une fois, pas deux ! Doux souvenirs ! charmante image du passé ! Quelle ville ! Personne d'entre vous, messieurs, n'a-t-il été à Saint-Pétersbourg ? Peut-être désirez-vous en voir le plan ?.... je l'ai dans mon secrétaire. Dans cette capitale, le beau monde, en été, habite les *datch*, c'est-à-dire les maisons de campagne... datch veut dire *campagne* ou *villa*. J'habitais donc un petit château sur les bords mêmes de la Néva, ni trop près ni trop loin de la ville, sur une petite colline élevée tout exprès pour y construire un datch. Ah ! qu'il était joli, mon petit datch !... j'en ai aussi le plan dans mon secrétaire. Pour mon malheur, je ne sais quel employé, chargé d'une enquête, vint s'établir dans mon voisinage. Il avait aussi des lévriers; quel désagrément d'avoir, logés si près de soi, des chiens et des employés ! Toutes les fois que j'allais me promener, un livre en main, dans mon parc pour y jouir du clair de lune et de la fraîcheur du soir, à l'instant je voyais accourir un chien qui remuait la queue et les oreilles comme s'il eût été possédé. Souvent j'en avais peur; mon cœur me disait qu'il m'en arriverait malheur. C'est ce qui eut lieu en effet; car un matin que j'étais allée dans mon jardin, ce lévrier déchira, à mes pieds, mon petit épagneul mes amours ! Ah !

c'était un charmant petit chien que mon épagneul; je l'avais reçu en souvenir du prince Soukin *; il était spirituel, agile comme un écureuil : j'ai là son portrait... mais je ne veux pas me donner la peine de l'aller chercher. En le voyant étranglé, je m'évanouis de douleur, j'eus des spasmes, des palpitations de cœur, peut-être me serait-il arrivé pis encore, si heureusement n'était arrivé au même instant le grand-veneur de la couronne, Kiryllo-Gawrylicz Kozodusin **. Il s'informa de la cause de mon chagrin; aussitôt il fit amener l'employé par les oreilles : il comparut devant nous pâle, tremblant, presque mort. « Comment oses-tu, s'écria Kiryllo d'une voix tonnante, comment oses-tu chasser, au printemps, une biche pleine sous les yeux mêmes de l'empereur? » En vain l'employé, stupéfait, jura-t-il qu'il n'avait pas encore commencé à chasser; qu'avec la gracieuse permission du grand-veneur, l'animal mort lui semblait être un chien et non pas une biche. « Comment, coquin ! répondit Kiryllo, tu prétends te connaître en chasse et en espèces de gibier mieux que moi, Kozodusin, grand-veneur de Sa Majesté ? Que le chef de la police décide à l'instant entre nous ! » On fit venir le chef de la police; on ordonna une enquête : « Monsieur, dit Kozodusin, je soutiens que voilà une biche; ce radoteur croit que c'est un chien : qui de nous deux s'entend le mieux en fait de chasse et de gibier ? décidez ! » Le chef de la police comprenait les devoirs de sa charge; il s'étonna beaucoup de l'arrogance de l'employé : et, l'ayant pris à part, il lui conseilla en ami d'avouer son erreur et de racheter ainsi sa faute. Le veneur s'humanisa, il promit d'intercéder auprès de l'empereur afin qu'il lui fît grâce d'une partie du châtiment. Les lévriers furent pendus, l'employé fut mis en prison pour un mois, et tout fut dit. Cette plaisanterie

---

* *Soukin*, fils de chienne. Voy. t. Ier, note 151.

** *Kozodusin*, étrangleur de chèvres. Les noms russes offrent beaucoup de ces agréables dérivations.

nous divertit toute la soirée ; ce fut l'anecdocte du lendemain : on répéta partout que le grand-veneur avait été juge et partie dans la cause de mon épagneul, et je sais positivement que l'empereur lui-même en a ri ! ».

Un éclat de rire unanime partit des deux chambres. Le juge et le bernardin jouaient au mariage ; trèfle était atout : le premier devait jouer une carte importante. Le prêtre était aux abois ; mais le juge, ayant entendu le commencement de cette anecdote, en fut tellement occupé que, la tête levée, la carte en l'air, prêt à couper, il resta immobile, à la grande frayeur du bernardin, tant que Télimène parla. Enfin il jeta le valet sur la table :

« Vante qui voudra, s'écria-t-il en riant, l'ordre des Russes ou la civilisation des Allemands ; que les habitants de la Grande-Pologne apprennent d'eux à chicaner sur un renard, à lancer dix recors pour écrouer un chien courant qui est entré dans la forêt d'autrui. En Lithuanie, grâce à Dieu, nous avons conservé nos anciennes coutumes ; nous avons encore assez de gibier et pour nous et pour nos voisins. Jamais nous n'entamerons de procès sur de pareilles causes ; nous avons pardieu assez de blé : et les chiens ne nous affameront pas s'ils traversent un champ de seigle ou de luzerne. Je ne défends la chasse que sur les terres des paysans. »

L'économe, qui était assis dans un coin, répondit :

« Ce n'est pas étonnant, monseigneur, car vous payez assez cher ce gibier-là. Les paysans sont ravis lorsqu'un lévrier entre dans leurs champs ; il n'a qu'à casser dix épis de blé pour que vous leur en donniez soixante gerbes, et encore tout ne finit pas là : souvent ils reçoivent un écu en sus. Croyez-moi, mon maître, les paysans deviendront par trop arrogants si... » Le juge ne put entendre le reste du raisonnement de l'économe, car il s'éleva dans les deux groupes une dizaine de conversations particulières, chacun racontant une anecdote, une histoire, et finalement tous se disputant.

Thadée et Télimène, oubliés de tous, ne s'occupaient que d'eux-mêmes. La dame était enchantée que son esprit plût à ce point au jeune homme; et celui-ci, de son côté, se confondait en compliments. Télimène baissait de plus en plus la voix, et Thadée paraissait avoir de la peine à l'entendre au milieu du bruit confus des conversations. Aussi, en lui parlant, s'en était-il tellement approché, qu'il sentait sur son visage l'enivrante chaleur du sien; respirant à peine, il buvait l'haleine de sa voisine, et saisissait au passage tous les rayons qui jaillissaient de ses yeux.

Tout à coup entre leurs lèvres passe une mouche, puis le chasse-mouches du sénéchal.

Il y a beaucoup de mouches en Lithuanie, entre autres une espèce particulière que l'on appelle mouches nobles. Elles ressemblent aux autres de couleur et de forme; seulement, elles ont la poitrine plus large, l'abdomen plus gros que la mouche commune. Leur vol est bruyant, leur bourdonnement insupportable. Leurs ailes sont si fortes qu'elles traversent les toiles d'araignées; ou, si quelqu'une s'y prend, elle y bourdonne trois jours de suite, car elle peut lutter corps à corps avec son ennemie. Le sénéchal avait observé tout cela; il affirmait aussi que de ces mouches nobles naissait une espèce plus petite; qu'elles étaient au genre mouche ce que la reine est à l'essaim d'abeilles : qu'en les exterminant on exterminerait en même temps le reste de ces insectes. Il est vrai que ni la femme de charge ni le curé du village ne partageaient son opinion, et qu'ils avaient des idées différentes sur le genre mouche. Mais le sénéchal suivait l'ancien usage; dès qu'il apercevait une pareille mouche, il la pourchaisait. C'était précisément une de ces mouches nobles qui lui avait bourdonné à l'oreille. Deux fois il avait frappé; deux fois il avait manqué, à son grand étonnement; il venait de frapper une troisième fois, au risque de briser un carreau de vitre, quand la mouche, effrayée enfin de tout ce bruit, et voyant sur la porte deux personnes qui lui coupaient la retraite, se jeta de désespoir entre les deux visages, toujours poursuivie par le sénéchal. Le coup avait été si fort, les deux têtes se séparèrent comme les deux moitiés d'un arbre brisé par la foudre et se rejetèrent en arrière avec une telle violence que, se heurtant contre les montants, elles se firent sans doute de fortes contusions.

Heureusement personne ne s'en aperçut; car la conversation, qui jusqu'alors avait été vive, bruyante, sans être désordonnée, venait de dégénérer tout à coup en dispute. Ainsi quand des chasseurs entrent dans la forêt à la suite d'un renard, on entend de temps à autre le bruissement des branches, les coups de fusil, les cris des chiens; mais le traqueur découvre-t-il par hasard un sanglier, le signal donné, les appels des chasseurs et les aboiements de la meute retentissent, comme si chaque arbre avait pris une voix : telle la conversation languit jusqu'à ce qu'elle tombe sur un sujet de la taille d'un sanglier. Le sanglier de la conversation de nos chasseurs était la querelle de l'assesseur et du notaire au sujet de leurs fameux lévriers. Elle avait recommencé depuis peu, mais elle avait fait beaucoup de chemin en un instant; car ils s'étaient renvoyé l'un à l'autre tant d'injures, qu'ils avaient déjà épuisé les trois périodes du débat : mots piquants, outrages et provocations. Ils allaient en venir aux mains.

Toutes les personnes qui se trouvaient dans l'autre chambre accoururent. En se précipitant par la porte, comme les nuages poussés par l'ouragan, elles entraînèrent avec elles le jeune couple, qui se tenait debout sur le seuil, semblable à Janus, le dieu au double visage.

Thadée et Télimène avaient à peine eu le temps de répa-

rer le désordre de leur coiffure, que déjà les cris avaient
cessé. Un murmure mêlé de rires s'éleva dans la chambre.
Les adversaires étaient séparés, le frère quêteur avait étouffé
la querelle. Quoique barbon, il avait la main robuste et de
larges épaules. Au moment où l'assesseur allait se jeter sur
l'homme de robe, où les deux gladiateurs se menaçaient du
geste, il les avait saisis tous deux au collet; après avoir
choqué deux fois leurs têtes l'une contre l'autre, comme
des œufs de Pâques, il avait étendu les bras, et, semblable
à un poteau indicateur, il les avait lancés aux deux extrémités de la chambre, en leur criant : « *Pax, pax, pax
vobiscum!* la paix soit avec vous! ».

Stupéfaits, les deux champions se prirent à rire. Le respect dû à l'habit ecclésiastique empêchait de réprimander
le moine; on avait eu d'ailleurs une preuve trop certaine
de sa vigueur pour que personne se sentît l'envie de lui
chercher querelle. Au reste, dès que Robak eut apaisé l'affaire, il fut évident qu'il ne cherchait guère à jouir de son
triomphe; car, sans menacer ni même gronder les disputeurs, il remit son capuchon, passa les mains dans sa ceinture, et se retira tranquillement. Le président et le juge se
placèrent entre les deux partis. Le sénéchal, comme réveillé
d'une profonde méditation, s'avança tout à coup au milieu
de la chambre, promena sur la société des regards enflammés (ses yeux brillaient toujours de cet éclat inaccoutumé quand on parlait de chasse), et là où il entendait
encore un murmure, il imposait silence en agitant son chasse-mouches comme un prêtre son goupillon. Enfin il en leva
le manche d'un air aussi digne qu'un maréchal de diète
lève son bâton de présidence :

« Silence! s'écria-t-il, silence! Vous, les premiers chasseurs du district, songez donc au scandale que donne votre
dispute! Y pensez-vous? Voilà des jeunes gens, l'espoir de
la patrie, qui devaient faire un jour la gloire de nos forêts

et de nos plaines, et qui malheureusement ne sont que trop enclins à négliger la chasse ; croyez-vous que vos querelles n'augmenteront pas leur dédain ? Que penseront-ils en voyant ceux qui devraient donner l'exemple, ne rapportant de leur chasse que rixes et disputes ? Ayez égard du moins à mes cheveux blancs ; j'ai connu de plus grands chasseurs que vous ! Qui, dans les forêts de la Lithuanie, a jamais égalé Reytan ? Pour organiser une chasse, pour lutter contre les bêtes sauvages, qui oserait se comparer à Georges Bialopiotrowicz ? Où donc y a-t-il aujourd'hui un chasseur comme le noble Jegota, qui d'un coup de pistolet tuait un lièvre à la course ? J'ai connu Teraïewicz, qui, pour la chasse aux sangliers, ne prenait jamais d'autres armes que la lance. J'ai connu Budrewicz, qui luttait corps à corps avec les ours. Voilà les hommes que virent jadis nos forêts ! S'il s'élevait entre eux quelque contestation, comment la vidait-on ? on choisissait des juges et on déposait un enjeu. Oginski perdit un jour cent arpents de terre pour un loup. Un blaireau coûta plusieurs villages à Niesiolowski. Et vous, messieurs, imitez l'exemple que vous ont laissé vos aînés, et décidez votre querelle par un pari moindre si vous voulez. La parole, c'est du vent ; jamais il n'y a de fin à des disputes de vive voix. Ce n'est vraiment pas la peine de se dessécher plus longtemps le gosier à des contestations sur un lièvre. Choisissez d'abord des arbitres, et soumettez-vous en conscience à ce qu'ils décideront. Moi, je prierai le juge de ne plus empêcher les traqueurs d'avancer, même dans un champ de froment, et j'espère qu'il m'accordera cette grâce. » En parlant ainsi, il pressait le genou du juge.

« Un cheval, s'écria le notaire, je mets un cheval tout harnaché ; et je ferai enregistrer dans les actes du gouvernement ma promesse d'offrir cette bague au juge, en dédommagement de ses peines comme arbitre.

— Moi, dit l'assesseur, je mets mes colliers d'or, garnis

de peau de chagrin avec des boucles d'or. La laisse en soie est d'un travail aussi précieux que la pierre qui brille sur l'agrafe. Je voulais les léguer à mes enfants en cas que je me mariasse. C'est un cadeau du prince Dominique [73]; il m'en a fait don lorsque j'ai chassé avec lui, le prince maréchal Sanguszko et le général Meïen [74], un jour que j'avais défié tout leur monde au lévrier. Par un tour de force sans exemple dans les annales de la chasse, j'ai pris six lièvres avec une seule chienne. Nous chassions alors sur les terres de Kupisko. Le prince Radzivill ne pouvait plus tenir à cheval; il mit pied à terre, et prenant dans ses bras ma chienne Corneille, il la baisa trois fois au front. « Je te fais duchesse de Kupisko, » lui dit-il en lui frappant trois fois sur le museau. C'est ainsi que Napoléon donne à ses généraux des titres, du nom des localités où ils ont remporté quelque grande victoire. »

Contrariée de ces interminables disputes, Télimène voulut sortir; mais elle désirait avoir un partner pour l'accompagner. Elle décrocha son panier : « Ces messieurs, à ce que je vois, dit-elle, resteront au logis; moi, je vais ramasser des mousserons. Qui aura plaisir à venir avec moi, me suive ! » Elle dit; puis, entourant sa tête d'un cachemire rouge, elle prend d'une main la jeune fille du président, tandis que de l'autre elle relève sa robe jusqu'à la cheville. Thadée se glisse après elles, pour aller cueillir des champignons.

Le but de cette promenade plaisait fort au juge; il y voyait un moyen de mettre fin à cette bruyante dispute :

« Messieurs, s'écria-t-il, allons dans la forêt chercher des champignons ! Celui qui reviendra pour le dîner avec la plus belle oronge se placera auprès de la plus belle demoiselle ; il la désignera lui-même. Si c'est une dame, elle fera asseoir à ses côtés le plus beau garçon de son choix. En route, aux champignons ! Vous, monsieur l'huissier, vous aurez soin du dîner; seulement, gardez-vous bien de faire porter la table dans le château. »

III.

LES AMOURETTES.

Sommaire. — Expédition du comte dans le verger. — La nymphe mystérieuse paissant les oies. — Ressemblance des chercheurs de champignons avec les ombres des Champs-Élysées. — Télimène dans le temple de la Mélancolie. — Discussion sur l'établissement de Thadée. — Le comte paysagiste. — Réflexions artistiques de Thadée sur les arbres et les nuages. — Idées du comte sur l'art. — La cloche. — Le billet. — Un ours, messeigneurs!

Le comte s'en revenait chez lui, mais il arrêtait de temps en temps son cheval, tournait souvent la tête, regardait le verger. Tout à coup il crut apercevoir de nouveau la mystérieuse robe blanche s'envolant de la fenêtre comme quelque sylphe aérien. En un clin d'œil elle avait traversé tout le jardin, et brillait déjà au milieu des concombres verts, telle qu'un rayon de soleil échappé du sein d'un nuage quand il se reflète sur un cristal de roche ou sur un filet d'eau au milieu d'un pré fleuri.

Le comte descendit de cheval, renvoya ses gens ; et, seul, en tapinois, se dirigea vers le jardin. Il atteignit bientôt la haie, y trouva des ouvertures, et s'y glissa avec précaution comme un loup dans une bergerie. Heureusement il frôla des buissons secs de groseilliers à maquereau. La jardinière, comme effrayée par le bruit, regarda de tous côtés ; et, quoiqu'elle ne découvrît rien, se mit à fuir à l'autre extrémité du verger. Le comte caché par des feuilles de bardane, d'oseilles monstres, s'avançait en sautillant comme une grenouille, en rampant à quatre pattes ; puis, tendant le cou, il vit une merveilleuse apparition.

Dans cette partie du jardin croissaient çà et là quelques cerisiers ; et entre eux différentes espèces de graines, comme à dessein semées pêle-mêle : du froment, du blé de Turquie, des fèves, de l'orge chevelue, du millet, des petits pois, et même des fleurs et des arbrisseaux. C'était pour les volatiles de basse-cour que la femme de charge avait imaginé ce petit jardin. Cette précieuse ménagère s'appelait Kokosznicka, née Iendykowicz. Son invention a fait époque dans les ménages; aujourd'hui elle est généralement connue, mais alors c'était encore une nouveauté confiée sous le sceau du secret à un petit nombre de personnes. Ce fut l'almanach qui dévoila le mystère dans un article intitulé : *Moyen de garantir la volaille des attaques des milans et des autours, ou nouvelle méthode de l'élever*. L'application du système était le petit jardin.

Aussi, à peine le coq placé en sentinelle, immobile et le bec au vent, la tête penchée de côté afin de mieux voir dans les airs, apercevait-il un milan planant au milieu des nues, à peine avait-il jeté le cri d'alarme, qu'à l'instant poules, oies, paons, tout se cachait dans le jardin. Les pigeons eux-mêmes y cherchaient un refuge si, dans leur frayeur subite, ils n'avaient pas eu le temps de se sauver sous le toit.

On ne voyait en ce moment aucun ennemi dans les airs; seulement le soleil d'été dardait ses brûlants rayons sur la terre. Devant lui seul avaient fui dans la petite forêt de blé tous les volatiles; ils s'étaient couchés sur le gazon ou se baignaient dans le sable.

Au-dessus de ces têtes d'oiseaux s'élevaient de petites têtes humaines, nues, à cheveux blancs comme le lin, le cou découvert jusqu'aux épaules; et parmi elles une jeune fille plus grande d'une tête, avec des cheveux plus longs. Tout près, derrière ces enfants, un paon étalait le disque de ses plumes et déployait son arc-en-ciel de mille couleurs, sur le bleu foncé duquel semblaient peintes ces petites têtes blondes comme sur le fond d'une image. Elles reflétaient l'é-

clat de cette auréole d'yeux, qui les entourait comme une
couronne d'étoiles et brillaient comme dans un transparent,
au milieu des tiges d'or du blé de Turquie, des gramens
touffus lisérés d'argent, des baies de corail, des mauves
verdoyantes. Leurs formes et leurs couleurs mélangées imitaient un treillage tissé d'argent et d'or, en se balançant
comme un voile nacré aux ondulations de la brise.

Au-dessus de ces touffes bigarrées de tiges et d'épis flot-
tait comme un badalquin un nuage de papillons blancs et
jaunes, dont les quatre ailes, légères comme une toile d'a-
raignée, transparentes comme du mica, à peine visibles
quand elles étaient suspendues dans les airs, semblaient
immobiles, quoique leur bourdonnement trahît leur continuelle agitation.

La jeune fille balançait dans les airs un panache grisâtre
qui ressemblait à un bouquet de plumes d'autruche. Elle paraissait s'en servir pour écarter des têtes des enfants cette
pluie de papillons d'or qui tombait autour d'elles. De l'autre
main elle tenait une espèce de corne qui resplendissait
comme de l'or mat; c'était peut-être un vase pour nourrir
les enfants, car elle l'approchait alternativement des lèvres
de chacun d'eux : il avait d'ailleurs la forme de la corne
d'or d'Amalthée.

Ainsi occupée, elle ne cessait pourtant pas de tourner la
tête du côté où elle se souvenait avoir entendu le frôle-
ment des buissons de groseilliers; elle ne se doutait pas de
l'approche de l'ennemi, qui était arrivé tout près d'elle par
un autre chemin, en se glissant comme un serpent sur les plates-bandes, et qui se dressa soudain au milieu des barda-
nes touffues. Elle le vit enfin presque à ses côtés, à quatre
plates-bandes de distance : il la saluait profondément. Déjà
elle s'était relevée, déjà elle avait pris son élan pour s'envoler comme un geai effrayé, déjà ses pieds légers glissaient au-dessus de la verdure, lorsque les enfants, épou-

vantés de l'apparition de l'inconnu et de la fuite de la jeune fille, se mirent à pousser des cris perçants. En les entendant, elle sentit qu'il était imprudent de laisser ainsi seuls ces petits êtres effarés ; elle revint donc sur ses pas, non sans hésiter, mais il le fallait bien. Tel qu'un esprit rétif évoqué par les paroles magiques d'un nécromant, elle accourut pour jouer avec le plus criard des enfants, s'assit auprès de lui par terre, le prit sur ses genoux, caressa les autres de la main et de la voix, et parvint à les apaiser. Tous se groupèrent autour d'elle, embrassant ses genoux de leurs petites mains et cachant dans son sein leurs petites têtes; on eût dit des poussins sous l'aile de leur mère. « Est-ce joli de crier ainsi? leur dit-elle. Est-ce poli? Ce monsieur aura peur de vous. Ce monsieur n'est pas venu pour vous effrayer; ce n'est pas un vilain mendiant, c'est un hôte, un beau monsieur. Voyez comme il est gentil ! »

Elle leva les yeux sur lui; le comte sourit agréablement. Il était facile de voir combien il était reconnaissant de ces éloges. Elle s'en aperçut, baissa les yeux, et rougit comme un bouton de rose.

C'était en effet un beau monsieur que le comte. Il était grand de taille; il avait le visage allongé, les joues pâles, mais fraîches cependant, les yeux bleus et doux, la chevelure longue et blonde. Il avait encore à ses cheveux des feuilles d'arbres et des brins d'herbe qu'il avait ramassés en se glissant à travers les plates-bandes; on aurait dit une couronne de fleurs.

« O toi! s'écria-t-il, sous quelque nom que je doive t'honorer, que tu sois nymphe ou déesse, fée ou génie, parle; est-ce ta propre volonté qui t'a conduite sur la terre? est-ce un pouvoir ennemi qui t'enchaîne dans cette vallée de larmes? Ah! je comprends; c'est certainement un amant méprisé, quelque seigneur puissant ou bien un tuteur jaloux qui te garde dans le parc de son château comme une âme enchantée, digne que les palatins combattent pour tes charmes, digne de devenir l'héroïne des romans chevaleresques ! O belle captive, apprends-moi les mystères de ta destinée ; en moi tu trouveras un libérateur. Dès ce moment, sois maîtresse de mon bras comme tu l'es déjà de mon cœur ! » Et il étendait le bras pour la protéger.

La jeune fille l'écoutait, le visage couvert d'une rougeur virginale, mais le sourire sur les lèvres ; comme un enfant aime à voir des images enluminées et s'amuse avec des jetons de métal luisant avant que d'en connaître la valeur, telle la jeune fille sentait son oreille caressée par des mots sonores dont elle ne comprenait pas le sens. Enfin elle lui demanda :

« D'où venez-vous, monsieur ? Que cherchez-vous sur ces plates-bandes ? »

Le comte ouvrit de grands yeux étonnés ; il resta confondu. Enfin, changeant de ton :

« Pardonnez-moi, mademoiselle, dit-il, si j'ai osé interrompre vos jeux. Oh ! daignez m'excuser ; j'allais déjeuner au château, il est déjà tard, et je voulais arriver à temps. Mademoiselle sait que la route fait un circuit, et je crois qu'on abrége en passant par le jardin.

— Voilà votre chemin, monsieur, répliqua la jeune fille ; seulement prenez garde de gâter les planches, il y a un sentier sur le gazon.

— A gauche ou à droite ? » demanda le comte.

La jardinière leva ses yeux bleus comme pour l'interroger ; elle était toute surprise, car à mille pas la maison était parfaitement visible, et le comte lui en demandait le chemin. C'est qu'il voulait à toute force causer avec elle et trouver un sujet de conversation.

« Mademoiselle demeure ici, près de ce jardin ? ou bien est-ce au village ? Comment se fait-il que je n'aie jamais aperçu mademoiselle à la maison ? N'y a-t-il pas longtemps qu'elle est ici ? Est-elle seulement en visite ? »

La jeune fille secoua la tête.

« Pardon, mademoiselle, n'est-ce pas là votre chambre, à cette petite fenêtre? »

Il pensait en lui-même : Si ce n'est pas une héroïne de roman, c'est du moins une charmante et toute jeune fille; trop souvent une grande âme, une noble pensée vit dans l'isolement, comme la rose épanouie au fond des forêts : il suffit de la transporter à la lumière, de l'exposer au soleil, pour qu'elle étonne par le charme et l'éclat de ses couleurs.

En attendant, la jardinière se leva sans lui répondre, mit un enfant sur son bras, le pencha sur son épaule, en prit un second par la main; et, chassant les autres devant elle comme une troupe d'oies, elle se dirigea vers l'enclos.

« Ne pourriez-vous pas, monsieur, dit-elle en se retournant, faire rentrer dans le blé mes oiseaux dispersés?

— Moi, faire rentrer vos oiseaux ! s'écria le comte étonné. »

La jeune fille avait déjà disparu sous l'ombrage des arbres. Un moment encore le comte vit luire entre les verts turbans des espaliers quelque chose comme deux yeux d'azur souriants. Resté seul, il demeura longtemps encore dans le jardin, Son âme, comme la terre après le coucher du soleil, se refroidissait peu à peu et prenait des teintes plus sombres. Il se mit à rêver; mais ses rêveries étaient loin d'être agréables. Il s'éveilla ne sachant lui-même s'il devait se fâcher. Hélas! il avait peu trouvé parce qu'il avait trop espéré; car lorsqu'il s'approchait de la bergère en rampant comme un reptile sur les plates-bandes, sa tête brûlait, son cœur bondissait, tant il voyait d'attraits dans cette nymphe mystérieuse, tant il l'avait douée de charmes, tant il devinait de merveilles ! Mais que la réalité était différente ! A la vérité, elle avait une jolie figure, une taille élancée; mais qu'elle avait peu d'élégance dans les manières! Et cette fraîcheur de visage, cette vivacité de couleurs, n'annonçaient-elles pas un excès de santé, une complexion vulgaire? C'était un signe évident que son imagination dormait encore, que son cœur était encore assoupi. Et ses réponses si villageoises ! si triviales ! « Pourquoi me faire illusion ? s'écria-t-il, je devine après coup que ma nymphe mystérieuse garde probablement les oies ! »

Avec la nymphe, tout l'enchantement du paysage disparut. Cet or, cet éclat de pierres précieuses redevint paille et mauvaises herbes.

Le comte, les mains croisées, regardait une touffe d'ivraie, qui, entre les doigts de la jeune fille, lui avait semblé un bouquet de plumes d'autruche. Il n'avait pas oublié le vase ; ce vase d'or, cette corne d'Amalthée, n'était qu'une carotte ; il avait vu l'un des enfants la dévorer avec avidité : l'illusion, le charme, le mirage, tout s'était donc évanoui !

Tel un enfant aperçoit un pissenlit, dont la houppe soyeuse appelle sa petite main ; il veut jouer avec elle, s'approche, souffle, et son haleine fait évanouir la fleur dans les airs : l'enfant, trop curieux, ne voit plus dans sa main qu'une méchante tige d'herbe, nue et décolorée.

Le comte enfonça son chapeau sur ses yeux, et sortit du verger par où il y était entré ; seulement il abrégea le chemin en marchant sur les légumes, les fleurs et les buissons de groseilliers. Après avoir sauté la haie, enfin il respira. Il se rappela qu'il avait parlé de déjeuner à la jeune fille ; peut-être tout le monde connaissait-il déjà son aventure, peut-être l'enverra-t-on chercher, peut-être, s'est-on aperçu qu'il se sauvait : qui sait ce qu'on en pensera ? Il vaudrait mieux peut-être revenir sur ses pas. Il se baisse derrière la haie, se glisse entre les herbes ; et, après mille détours, il se sent tout joyeux d'avoir enfin regagné la grand'route qui conduit directement dans la cour de la maison. Il suivait la haie sans jeter un regard dans le jardin ; tel un voleur, pour ne pas se trahir, détourne les yeux de la grange qu'il veut visiter ou qu'il a visitée déjà. C'est ainsi que le comte prenait ses précautions, bien que personne ne l'observât; il regardait à droite, du côté opposé au jardin.

Il y avait là un bois peu épais, semé de gazon; et partout, sur ces tapis de verdure, entre les troncs de blancs bouleaux, sous la tente formée par les branches qui s'inclinaient vers la terre, passaient, à la file les unes des autres, une quantité de figures dont les mouvements bizarres ressemblaient à des danses, dont les habillements étaient singuliers : on eût dit des spectres errant au clair de lune. Les unes étaient couvertes de vêtements étroits et noirs, les autres de robes flottantes, blanches comme la neige; celle-ci avait une coifure aussi large qu'un cerceau, celle-là était nu-tête; d'autres enfin, comme enveloppées d'un nuage, laissaient flotter derrière elles, dans les airs, des voiles qu'on eût pris pour des queues de comètes. Toutes avaient une posture différente; l'une paraissait avoir pris racine en terre, ses yeux seuls semblaient chercher quelque chose sur le gazon : l'autre, regardant fixement devant elle, marchait comme un somnambule, le corps aussi droit que sur la corde tendue, sans se détourner ni à droite ni à gauche. Souvent toutes se baissaient jusqu'à terre de divers côtés, comme pour faire des révérences. Lorsqu'elles s'approchaient l'une de l'autre, lorsqu'elles se rencontraient, elles ne se parlaient ni ne se saluaient; elles paraissaient profondément pensives, absorbées en elles-mêmes. Le comte croyait voir les ombres dans les Champs-Élysées; quoique inaccessibles aux souffrances, aux chagrins, elles y errent paisibles, silencieuses, mais tristes.

Qui devinerait que ces figures, si peu remuantes, si taciturnes, ne sont autres que nos vieilles connaissances, les hôtes du juge? Ils avaient quitté leur bruyant déjeuner pour la récolte solennelle des champignons. En gens bien avisés, ils savent approprier leurs discours, leurs mouvements, à l'occasion, à l'endroit, au temps ; voilà pourquoi, avant que de suivre le juge dans le bois, ils avaient changé de maintien et de costumes et en avaient pris d'autres pour la promenade ; c'étaient des surtouts en toile qu'ils avaient passés par-dessus leurs habits, et des chapeaux de paille dont ils s'étaient couvert la tête, ce qui les faisait paraître blancs et diaphanes comme des âmes du purgatoire : les jeunes gens aussi avaient pris d'autres vêtements, excepté Télimène et quelques uns habillés à la française.

Le comte ne comprenait rien à tout cela ; il ne connaissait pas les usages de la campagne : aussi, au comble de l'étonnement, il courut vers le bois.

Il y avait dans ce bois force champignons. Les jeunes gens ne cueillaient que les plus beaux, les mousserons, si célèbres dans les chants lithuaniens ; ils sont l'emblème de la virginité, car jamais la rouille ne les ronge : et, chose étrange, jamais un insecte ne les pique de son aiguillon. Les demoiselles courent après le ceps élancé, que les poëtes appellent le capitaine des champignons [75]. Chacun tâche de trouver l'oronge, qui, d'une taille plus modeste, est aussi moins chantée, mais n'en est pas moins la meilleure à manger, fraîche ou salée, en automne ou en hiver. Le sénéchal ne ramasse que le champignon vénéneux nommé tue-mouches.

L'autre famille de champignons, quoique méprisée comme nuisible ou mauvaise au goût, n'est pas cependant sans utilité ; elle sert de nourriture au gibier, de nid aux insectes et d'ornement aux forêts. Sur la verte nappe des prairies, comme des vases rangés sur une table, surgissent, ici, les girolles aux rebords arrondis, à la couleur dorée, argentée et rouge, semblables à de petites tasses pleines de vin de diverses couleurs ; là, la coquemelle, qui ressemble au fond d'une coupe renversée ; plus loin, l'entonnoir rouge-bord, élancé comme un verre à boire le champagne; plus loin encore les agarics, ronds, blancs, larges et plats comme des tasses de porcelaine de Saxe remplies de lait; et la sphérique vesse-de-loup, qui, avec la poussière noire qu'elle contient, ressemble à une salière pleine de poivre. Quant aux autres espèces, les noms en sont connus dans la langue des lièvres et des loups : les hommes ne les ont point baptisés : le nombre en est infini. Personne ne daignait toucher à ceux qui sont de cette catégorie; et si quelqu'un se baissait par mégarde, dès qu'il reconnaissait son erreur, il brisait le cryptogame avec colère ou lui donnait un coup de pied, sans se soucier de flétrir l'herbe, de ternir l'éclat de la verdure. Télimène ne cueillait ni ceux des loups ni ceux des hommes. Distraite, ennuyée, elle levait la tête et promenait ses regards autour d'elle; aussi l'irascible notaire disait-il qu'elle cherchait des champignons sur les arbres : tandis que l'assesseur, plus méchant, la comparait à une femelle qui tâche de trouver dans les environs un endroit propre à y faire son nid.

Et vraiment elle paraissait chercher l'isolement, le repos. Elle se sépara lentement de la compagnie, et s'avança seule à travers le bois vers le penchant d'une colline ombragée d'arbres plus touffus. Au milieu du bosquet s'élevait une grande pierre grise, sous laquelle murmurait un ruisseau. A peine échappées de la source, ses ondes, comme fuyant la lumière, couraient se cacher dans une haute et épaisse verdure qui leur devait la richesse de sa végétation. Emmaillotté dans les fleurs, couché sur le gazon, le ruisseau captif, sans mouvement, sans bruit, invisible, à peine entendu, se plaint comme un enfant dans son berceau lorsque sa mère a noué les rideaux au-dessus de sa tête et mis des feuilles de pavot sous son oreiller. L'endroit est calme et beau; souvent Télimène s'y réfugie : elle l'appelle le *Temple de la Mélancolie.*

Elle s'arrêta près du ruisseau, étendit sur le gazon son châle léger, rouge comme l'agathe ; et, pareille à la baigneuse qui se penche sur une source avant que d'oser s'y plonger, elle se mit à genoux et s'inclina lentement sur le côté. Enfin, comme entraînée par des flots de pourpre, elle tomba sur le châle et s'étendit de tout son long, les coudes sur l'herbe, la tête dans les mains et tournée vers la terre ; sous ses yeux, brillait le vélin d'un livre français, sur les pages d'albâtre duquel descendaient des boucles noires, des rubans roses.

A la voir couchée sur l'émeraude d'une luxuriante verdure, sur son châle couleur de cornaline, enveloppée dans une longue robe, comme dans une draperie rouge, aux extrémités de laquelle brillaient en haut ses cheveux d'ébène, en bas ses souliers vernis ; tandis que, de chaque côté, tranchait la blancheur de ses bas, de son mouchoir, de ses mains, de son visage, on l'eût prise pour une chrysalide bariolée reposant sur la verte feuille d'un platane.

Hélas ! ce tableau si séduisant, si plein de charmes, attendait vainement un connaisseur ! Personne n'y prenait garde, tant on était occupé de la récolte des champignons ! Thadée cependant la regardait du coin de l'œil ; mais n'osant pas aller droit à elle, il prenait cent détours : tel qu'un chasseur couvert de sa ramée mobile, et assis au milieu des deux roues, s'avance vers les outardes ou s'approche des pluviers dorés. Il se cache derrière le cheval, appuie son fusil sur la selle ou sur le cou ; et, tout en faisant semblant de tirer la herse, de tracer le sillon, il s'approche de plus en plus des oiseaux. Ainsi s'avançait l'ingénieux Thadée.

Le juge fit échouer son plan en lui coupant le chemin et en allant droit au ruisseau ; les basques de son surtout de toile blanche flottaient dans les airs, ainsi que son mouchoir attaché par un bout à sa ceinture : son chapeau de paille, qu'il avait noué sous le menton, agité par le vent dans sa marche rapide comme une feuille de bardane, tantôt lui tombait sur les épaules, tantôt sur les yeux. Il tenait en main une canne énorme. Ainsi procédait le juge. Après s'être lavé les mains dans le ruisseau, il s'assit sur la grande pierre, vis-à-vis de Télimène, s'appuya des deux mains sur la pomme en ivoire de son jonc, et parla en ces termes :

« Voyez-vous, cousine depuis que Thadée est chez nous, j'ai bien des soucis. Je suis vieux, sans enfants; ce bon garçon n'est-il pas ma seule consolation dans le monde, l'héritier futur de ma petite fortune? Grâce au ciel, je lui laisserai un morceau de pain assez respectable! Il est temps aussi de penser à l'établir; mais concevez-vous mon chagrin, cousine? Vous savez que M. Jacques, mon frère le père de Thadée, est un singulier homme; il est si difficile de comprendre quelque chose à ses projets! Il ne veut pas revenir dans le pays, et Dieu sait où il se cache! Il ne veut même pas faire savoir à son fils qu'il vit encore, et cependant il en dispose à tout instant. Il a d'abord songé à l'envoyer dans les légions; ce dont je fus très-peiné : puis il a consenti à ce qu'il restât à la maison et s'y mariât. Il trouvera à se marier, c'est évident; j'ai un parti en vue. Personne d'entre nos concitoyens n'égale le président quant au nom et aux alliances de famille. Sa fille aînée, Anna, est en âge d'être mariée; c'est une belle demoiselle, et qui aura une bonne dot. Je veux entamer la négociation. » A ces mots Télimène pâlit, ferma son livre, se souleva et s'assit.

« Comme j'aime maman, répondit-elle, y a-t-il du bon sens dans ce que vous me dites là, monsieur mon cousin? Pour l'amour de Dieu, vous croyez donc devenir le bienfaiteur de Thadée en faisant de ce jeune homme un paysan? * Lui fermer

---

* Littéralement : *grykosiéy*, un semeur de sarrazin.

le monde! Croyez-moi, il vous maudira quelque jour. Enfouir un tel trésor au milieu de ces forêts et de ces champs! Croyez-moi, autant que j'ai pu m'en apercevoir, c'est un jeune homme de mérite, il vaut la peine qu'on l'envoie se dérouiller dans le grand monde. Vous ferez bien, mon cousin, de l'envoyer dans la capitale, par exemple à Varsovie. Ou bien savez-vous, mon cousin, ce qui me vient en idée? Si on l'envoyait à Saint-Pétersbourg? J'y retournerai certainement cet hiver pour les soins du procès; nous nous concerterons sur ce qu'il y aura à faire de Thadée. J'y connais beaucoup de monde, j'y ai des influences; c'est le meilleur moyen de parvenir. Par mon entremise, il sera reçu dans les premières maisons; et, une fois connu de quelques personnages puissants, il obtiendra des places, des décorations. Alors, s'il le veut, il n'aura qu'à quitter le service, à revenir chez lui; il aura acquis de l'importance et connaîtra le monde. Eh! qu'en pensez-vous, mon cousin?

— Mais sans doute, il est bon que pendant ses jeunes années un homme respire l'air du grand monde, qu'il apprenne à le connaître, qu'il se frotte aux autres hommes. Quand j'étais jeune, j'ai aussi beaucoup voyagé; j'ai bien été à Pétrikau, à Dubno, tantôt à la suite du tribunal dont j'étais membre, tantôt pour mes propres affaires : j'ai même visité Varsovie. Votre serviteur n'a pas peu profité! Je voudrais bien envoyer aussi mon neveu courir le monde, comme un apprenti qui voyage soit pour se perfectionner dans son métier, soit pour acquérir la connaissance des hommes et des choses. Ce ne serait pas pour qu'il obtînt des emplois, des ordres; car, grand merci des emplois russes : triste distinction qu'un ordre russe! Qui de nos anciens seigneurs, et même des seigneurs d'aujourd'hui, pour peu qu'il soit considéré parmi la noblesse du district, ferait cas de pareilles futilités? Et cependant ils sont estimés; car nous honorons en eux une naissance illustre, un nom intact ou quelque dignité : mais une dignité, bien entendu, dont ils ont été revêtus par les suffrages de leurs concitoyens, et non pas un grade que leur a donné la faveur d'un tzar moskovite. »

Télimène l'interrompit : « Si tels sont vos sentiments, mon cousin, tant mieux ; envoyez-le dans les pays étrangers comme simple voyageur.

— Voyez-vous, ma cousine, reprit le juge en se grattant tristement la tête, je le désirerais ; mais il y a de nouvelles difficultés. M. Jacques ne veut pas le laisser sortir de sa tutelle ; et il vient précisément de m'envoyer ce bernardin Robak, qui me tombe sur les bras de l'autre côté de la Vistule. Ami de mon frère, il connaît tous ses projets ; et tous deux ont déjà décidé du sort de Thadée. Ils veulent qu'il se marie, qu'il épouse Sophie, notre pupille, cousine. Outre ma fortune, ils recevront une jolie dot en argent, de la part de Jacques. Vous savez, ma cousine, qu'il a des capitaux ; vous savez que sa générosité m'a laissé toute la fortune de nos parents : il a le droit d'en disposer. Pensez à cela, cousine, que tout s'arrange avec le moins de difficultés possible ; il faut leur faire faire connaissance. Il est vrai qu'ils sont bien jeunes ; Sophie surtout est encore une petite fille, mais cela ne fait rien. D'ailleurs il serait temps de tirer Sophie de sa réclusion ; car, n'est-ce pas ? ce n'est plus une enfant... »

Télimène, étonnée et comme effrayée, se soulevait de plus en plus. A genoux sur son châle, elle écouta d'abord attentivement ; puis, agitant vivement les mains devant ses oreilles comme pour éloigner des insectes, elle semblait vouloir rechasser dans la bouche du juge ses paroles désagréables :

« Ah, ah ! voilà du nouveau. Si cela convient ou non à Thadée, s'écria-t-elle en colère, c'est à vous d'en juger, monsieur. Que m'importe votre Thadée ? C'est à vous autres de vous occuper de lui. Faites-en un économe, faites-en un aubergiste, qu'il verse à boire, ou qu'il soit chargé de fournir votre table de gibier, que m'importe? Faites-en tout ce que vous voudrez; mais, quant à Sophie, en quoi vous touche-t-elle? C'est à moi de disposer de sa main, à moi seule! Que M. Jacques ait fourni de l'argent pour l'éducation de Sophie, qu'il lui donne une petite pension annuelle, qu'il ait même promis de l'augmenter, il ne l'a pas achetée pour autant! Au reste vous le savez, messieurs, et personne ne l'ignore, vous n'êtes pas généreux sans de graves motifs. Oui, messieurs, les Sopliça ont des devoirs à remplir envers la famille des Horeszko. « Le juge écoutait avec un trouble extrême; sa tristesse, sa répugnance étaient visibles. Comme s'il eût craint la suite de ce discours, il baissait la tête, approuvait du geste, le visage couvert d'une vive rougeur. Télimène continua :

« Je l'ai portée dans mes bras, je suis sa parente, sa seule tutrice; personne que moi n'est chargé de son bonheur.

— Mais si elle trouvait le bonheur dans cette union? observa le juge en levant la tête; si Thadée lui plaisait?

— S'il lui plaisait? Ce sont des si; qu'il lui plaise ou non, c'est bien là ce dont je me soucie! Sophie n'est certainement pas un riche parti, mais aussi, elle n'est pas née dans le premier village venu; elle n'est pas d'une famille de gentillâtres, elle est de souche illustre : c'est la petite fille d'un palatin, c'est une Horeszko. Allez, elle trouvera un mari; nous avons donné tous nos soins à son éducation : à moins qu'en restant ici, elle ne devienne tout à fait sauvage. » Le juge l'écoutait attentivement, en la regardant dans les yeux, comme pour pénétrer sa pensée. Il parut enfin avoir pris son parti; car il lui dit avec assez de gaieté :

« Eh bien! que voulez-vous? Dieu m'est témoin que j'ai

voulu mener à bien cette affaire ; mais ne vous fâchez pas, vous avez le droit de vous y opposer, cousine : c'est triste, mais ce n'est pas une raison pour nous garder rancune. Je vous en ai parlé par ordre de mon frère, personne ne peut vous y forcer; puisque vous refusez Thadée, je répondrai à Jacques que ce n'est pas ma faute si ses fiançailles avec Sophie ne se font pas. Je lui conseillerai dès à présent, et je crois que cela vaudra mieux, d'entrer en pourparlers avec le président. Désormais ces soins ne regarderont que moi seul ; nous présenterons les jeunes gens et règlerons tout. »

Cependant l'émotion de Télimène s'était calmée :

« Je ne refuse pas Thadée, mon cousin ; n'allons pas si vite. N'avez-vous pas dit vous-même qu'il est encore trop tôt, qu'ils sont encore trop jeunes ? Réfléchissons, attendons ; nous n'y pouvons rien perdre. Faisons faire connaissance aux jeunes gens, nous observerons; on ne peut pas ainsi livrer au hasard le bonheur des autres. Je vous avertis seulement de ne point influencer Thadée, de ne point le forcer à devenir amoureux de Sophie ; car le cœur n'est pas un esclave, il ne connaît pas de maître, et ne se laisse pas enchaîner [76]. »

Avant que le juge, tout pensif, se fût levé pour s'éloigner, Thadée s'était approché du côté opposé, feignant d'être amené par la recherche des champignons. Dans la même direction s'acheminait lentement le comte.

Pendant la discussion du juge avec Télimène, le comte était resté derrière les arbres, fort occupé de cette scène. Il tira de sa poche du papier, un crayon, objets qu'il portait toujours sur lui ; penché sur le tronc d'un arbre, il déploya sa feuille et se mit à dessiner, tout en se parlant à lui-même : « C'est comme si on les avait groupés à dessein ; l'un sur une pierre, l'autre sur le gazon ! quel ensemble pittoresque ! quelles têtes caractéristiques ! que contraste de physionomies ! »

Il approchait, s'arrêtait, essuyait les verres de son lorgnon, s'éventait avec son mouchoir, et de temps à autre levait la tête pour contempler ses personnages : « Ce charmant, ce divin tableau s'évanouira-t-il ou se métamorphosera-t-il si j'approche ? Ce gazon velouté ne serait-il encore que betteraves et haricots ? Verrai-je encore cette nymphe se transformer en femme de charge ? »

Quoiqu'il eût déjà vu Télimène chez le juge, qu'il visitait assez souvent, le comte avait peu fait attention à elle. Il fut fort étonné d'abord en reconnaissant le modèle de son esquisse. La beauté du site, la grâce de sa pose, le goût de sa toilette avaient opéré en elle de tels changements, qu'à peine pouvait-il la reconnaître. Ses yeux brillaient encore d'une colère mal éteinte; sa figure, animée par le grand air, par sa dispute avec le juge et par l'arrivée subite des deux jeunes gens, avait pris des couleurs plus vives qu'à l'ordinaire.

« Madame, dit le comte, daignez excuser ma hardiesse; je viens vous remercier et vous demander pardon à la fois. Vous demander pardon d'avoir épié vos démarches, vous remercier de m'avoir rendu témoin de vos rêveries. Je vous ai tant offensée, je vous dois tant! J'ai interrompu vos méditations, je vous dois un moment d'inspiration, un moment de bonheur; condamnez l'homme, mais pardonnez à l'artiste. J'ai beaucoup osé, j'oserai plus encore; jugez! » A ces mots il mit un genou en terre et lui présenta son dessin.

Télimène jugea ce croquis du ton d'une personne bien élevée, et qui se connaissait en fait de beaux-arts. Avare d'éloges, elle ne ménagea pas les encouragements.

« Bravo, dit-elle, je vous en félicite, il y a là du talent; mais ne le négligez pas, monsieur, et surtout cherchez la belle nature. O ciel heureux du pays d'Italie, ô bosquets de roses des Césars !-Vous, cascades classiques de Tibur, vous, chemins rocailleux du sombre Pausilippe ! Voilà, monsieur le comte, des contrées pittoresques ! Chez nous, c'est à faire pitié. Un enfant des Muses mis en nourrice à Sopliçow y périrait certainement. Mon cher comte, je ferai encadrer cela ; ou bien je le placerai dans mon album, dans ma collection de dessins : j'en ai recueilli dans tous mes voyages... j'en ai beaucoup dans mon secrétaire. »

Ils se mirent à converser sur l'azur des cieux, le mugissement des mers, les zéphyrs parfumés, les pointes des glaciers; semant leur entretien de sarcasmes et de paroles méprisantes pour leur pays natal, selon la coutume de certains voyageurs.

Et cependant autour d'eux se déroulaient ces forêts de la Lithuanie, si majestueuses, si belles ! Le nerprun enlacé des guirlandes du houblon sauvage, le sorbier aux fruits rouges comme les joues d'un berger, le noisetier semblable à une ménade, avec ses grappes de noisettes pendues à des thyrses verts; à leurs pieds les enfants des forêts, l'aubépine dans les bras du sureau sauvage, enfin la mûre pressant la framboise de ses lèvres : noires arbres et arbrisseaux se prennent par la main, comme les jeunes garçons et les jeunes filles formant une ronde autour des fiancés. Au milieu s'élèvent, par-dessus tous les autres habitants des forêts, dont les distinguent la hauteur de leur taille, l'éclat de leurs couleurs, un bouleau blanc et un charme entrelacés comme deux amants. Et plus loin, semblables à des vieillards veillant sur leurs enfants et leurs petits-enfants, siégent silencieux d'antiques hêtres, à l'ombre d'un vieux chêne, à la barbe de mousse, portant cinq siècles sur son dos voûté, et s'appuyant sur les troncs pétrifiés de ses ancêtres comme sur les colonnes brisées d'un tombeau.

Thadée se tournait en tous sens, ennuyé qu'il était de ces longs entretiens auxquels il ne pouvait prendre part. On en vint enfin à admirer les bosquets des pays étrangers; à en énumérer l'une après l'autre toutes les espèces d'arbres : l'oranger, le cyprès, l'olivier, l'amandier, le cactus, l'aloès, l'acajou, le santal, le citronnier, le laurier, le noyer, voire même le figuier, en s'extasiant sur leurs formes, leurs fleurs, leurs écorces. Thadée, de plus en plus impatienté, ne put maîtriser plus longtemps sa colère.

C'était un jeune homme sans art, mais son cœur sentait vivement les beautés de la nature. Regardant avec amour ses forêts natales, il s'écria d'un ton plein d'émotion :

« J'ai vu, dans le jardin botanique de Vilno, ces arbres si célèbres de l'Orient, du Midi, du beau pays d'Italie. Lequel d'entre eux peut se comparer à nos arbres ? voyons, serait-ce l'aloès, avec ses massues en forme de paratonnerres ? Serait-ce le citronnier nain, avec ses boules d'or, ses feuilles vernies, le citronnier court et trapu comme une petite femme laide, mais riche ? Ou bien serait-ce le cyprès tant vanté, long, mince et grêle, qui me semble, non pas l'arbre de la douleur, mais celui de l'ennui ? On dit qu'il paraît fort mélancolique sur un tombeau. Pour moi, je lui trouve l'air d'un laquais allemand en livrée de deuil, qui n'ose ni lever la main ni baisser la tête de peur de manquer à l'étiquette. Tout cela vaut-il notre bouleau blanc, qui, semblable à une mère lorsqu'elle pleure son fils, à une veuve sur le corps de son mari, se tord les bras, laisse tomber jusqu'à terre le long de ses épaules les ruisseaux de ses tresses, éloquent par sa pose quoique muet de douleur ? Pourquoi monsieur le comte, s'il aime tant à dessiner, ne peint-il pas les arbres de nos forêts ? Vraiment, nos voisins se riront de vous, monsieur, s'ils s'aperçoivent qu'au milieu des plaines fertiles de la Lithuanie, vous ne peignez que des rochers et des déserts arides.

— Mon ami, répondit le comte, la nature est belle, mais ce n'est que forme, canevas, matière ; ce qui en est l'âme, c'est cette inspiration qui nous enlève sur les ailes de l'imagination, qui se perfectionne par le goût et s'appuie sur des principes. La nature ne suffit pas, l'enthousiasme ne suffit pas, il faut que l'artiste vole jusqu'aux sphères de l'idéal. Tout ce qui est beau n'est pas beau en peinture ; les livres vous l'apprendront plus tard. Quant au choix du sujet, il faut d'abord pour un tableau un point de vue, des groupes, un ensemble, un ciel, un ciel d'Italie ! Et voilà pourquoi, dans le paysage, l'Italie a été, et sera toujours la patrie des peintres. Aussi, si l'on excepte Breüghel, non pas Van der Hœlle, mais le paysagiste, car il y a deux Breüghel, et Ruysdæl, où y a-t-il, dans tout le Nord, un peintre de paysages de première force ? Ce qu'il faut d'abord, c'est un beau ciel.

— Notre Orlowski 77, interrompit Télimène, avait le goût tel qu'on peut l'avoir à Soplicow. (Il faut savoir que c'est une maladie commune aux Soplica de ne rien trouver de beau que leur pays.) Orlowski passa sa vie à Saint-Pétersbourg... j'ai quelques esquisses de ce peintre célèbre dans mon secrétaire. Il vivait près de l'empereur, à sa cour, comme dans un paradis ; et vous ne sauriez croire, monsieur le comte, combien il avait le mal du pays. Il aimait tant à se rappeler ses souvenirs de jeunesse, qu'il prenait tout en Pologne, terre, ciel, forêts...

— Il avait bien raison, s'écria Thadée avec force. Votre ciel d'Italie, à ce que j'ai entendu dire, est bleu, sans nuages ; mais c'est comme de l'eau glacée ! Les tempêtes, les orages, ne sont-ils pas mille fois plus beaux ? Chez nous, il suffit de lever la tête ; que de phénomènes, que de drames, que de tableaux dans le jeu des nuages ! car chaque nuage est autre. Celui d'automne, gros d'une averse, rampe comme une tortue paresseuse, et laisse tomber du haut des cieux sur la terre de longs sillons semblables à des tresses de cheveux en désordre ; ce sont des ruisseaux de pluie. Le nuage de grêle vole sur l'aile des vents comme un ballon arrondi ; bleu-foncé sur les bords, il brille au centre d'une lueur livide : tout autour se fait entendre un grand mugissement. Et même les nuages ordinaires! Voyez ces petits nuages blancs; quelle diversité de formes! D'abord ils ressemblent à une troupe de grues ou de cygnes sauvages ; le vent comme un vautour les réunit en masse, les pousse épouvantés; ils se pressent, grossissent, s'amoncèlent; nouveau miracle : leurs encolures se courbent, leurs plumes se hérissent en crinières, on aperçoit de longues files de pieds, ils s'élancent sous la voûte des cieux comme une troupe de chevaux dans les steppes. Blancs comme l'argent, tout à coup ils se mêlent ; leurs cous deviennent des mâts, leurs crinières de larges voiles : ce sont des vaisseaux qui glissent dans un majestueux silence sur la plaine azurée des cieux! »

Le comte et Télimène levèrent la tête ; Thadée, d'une main, leur montrait les nuages, tandis que de l'autre il pressait légèrement celle de Télimène. Cette scène muette durait depuis quelques instants; déjà le comte avait déployé une feuille de papier sur son chapeau et tiré un crayon, quand la cloche de la maison fit entendre sa voix perçante : à ce signal, la forêt silencieuse retentit de voix et de clameurs. Le comte secoua la tête et dit avec emphase :

« Oui, c'est ainsi que tout finit dans ce monde, par le son d'une cloche ; les calculs d'une haute pensée, les projets de l'imagination, les plaisirs de l'innocence, les joies de l'amitié, l'expansion de deux âmes sensibles! Quand l'airain gronde, tout s'émeut, finit, s'évanouit, s'anéantit! » Puis, tournant vers Télimène un regard plein de sensibilité : « Que nous en reste-t-il?

— Le souvenir! » répondit-elle. Et, pour dissiper un peu la tristesse du comte, elle cueillit dans le gazon une pensée, la lui offrit; le comte la baisa et l'attacha sur sa poitrine, tandis que Thadée, du côté opposé, écartait les branches d'un buisson où l'on apercevait quelque chose de blanc qui s'avançait vers lui : c'était une petite main aussi blanche qu'un lis. Il la saisit, la baisa, y plongea ses lèvres comme une abeille son dard dans le calice d'une fleur. Il rencontra quelque chose de froid ; c'était une clef, et un papier satiné plié : c'était un petit billet. Il s'en empara, les mit dans sa poche, ne sachant encore ce que signifiait la clef, mais espérant que le billet le lui apprendrait.

La cloche sonnait toujours ; et, du milieu de la forêt silencieuse, répondaient mille bruits, mille clameurs : c'était la voix de ceux qui se cherchaient, qui s'appelaient. La récolte des champignons étant terminée, des sons, non pas funèbres, comme il semblait au comte, mais un signal joyeux appelait à dîner. Du haut du toit, chaque jour la cloche renouvelait à midi la même invitation aux hôtes et aux serviteurs. Cette ancienne coutume des grandes maisons s'était conservée dans celle du juge. Du bois sortait donc toute la troupe portant des corbeilles, des paniers, des mouchoirs noués et pleins de champignons. Les demoiselles tenaient d'une main le champignon en éventail, de l'autre des agarics et des bolets de diverses couleurs attachés l'un à l'autre ; on eût dit un bouquet de fleurs champêtres. Le sénéchal portait son champignon vénéneux. Télimène s'avançait les mains vides, ainsi que les deux jeunes gens qui la suivaient.

Les hôtes entrèrent en bon ordre et se placèrent en rond. Le président alla s'asseoir au haut bout de la table ; cet honneur était dû à son âge et à sa dignité. Il saluait en marchant, des dames, les vieillards et les jeunes gens. A ses côtés était le frère quêteur de l'ordre de Saint-Bernard, et plus loin le juge. Le bernardin récita un court bénédicité en latin ; on présenta les liqueurs aux hommes : alors tous s'assirent en silence, et se mirent à manger rapidement le cholodziec lithuanien.

Le dîner était moins bruyant qu'à l'ordinaire. Personne ne voulait parler, quoique le juge se mît en frais pour animer la conversation. Les parties intéressées à la fameuse querelle des chiens pensaient à la lutte du lendemain et au pari ; une grande pensée force ordinairement les lèvres au silence. Télimène, qui s'entretenait sans cesse avec Thadée, se croyait obligée de se retourner de temps à autre vers le comte, et même de jeter parfois un coup d'œil à l'assesseur. Ainsi l'oiseleur regarde les filets où il veut attirer les linottes, et en même temps les nœuds coulants qu'il a disposés pour les moineaux. Thadée et le comte, tous deux satisfaits d'eux-mêmes, tous deux heureux, tous deux pleins d'espérance, étaient par conséquent taciturnes. Le comte jetait des regards mélancoliques à sa fleur ; Thadée tâtait furtivement la clef dans sa poche pour s'assurer qu'elle y était toujours : de l'autre main, il froissait le billet qu'il n'avait pas encore lu. Le juge versait à plein bord au président les vins de Hongrie et de Champagne, le servait avec attention, lui pressait le genou ; mais de causer avec lui, il n'en avait nulle envie : on voyait qu'il avait des soucis secrets. Les services se succédaient sans qu'on rompît le silence ; enfin la monotonie de ce dîner fut interrompue par un hôte qu'on n'espérait guère. C'était le garde-chasse, qui entra précipitamment, sans s'inquiéter que ce fût l'heure du dîner ; il courut droit au seigneur, et il était facile de lire sur ses traits, dans ses gestes, qu'il était porteur d'une nouvelle importante, extraordinaire. Tous les yeux se dirigèrent vers lui ; après avoir repris haleine : « Un ours, monseigneur! » s'écria-t-il. On devina tout le reste ; que l'ours avait quitté sa tanière, qu'il se dirigeait vers les forêts au delà du Niémen ; qu'il fallait à l'instant se mettre à sa poursuite. Tout le monde s'accorda là-dessus, quoiqu'on ne se fût pas concerté, quoiqu'on ne se fût pas communiqué ses pensées. On reconnaît en tous la même idée aux mots entrecoupés, à la vivacité des gestes, aux ordres multipliés qui leur échappent ; et qui, sortant tumultueusement de tant de bouches différentes, n'en vont pas moins au même but.

« Courez au village, s'écria le juge ; à cheval le centurion[78] ! Demain, à la pointe du jour, les traqueurs ; mais des hommes de bonne volonté : quiconque viendra avec une pique, sera dispensé de deux journées de travail avec ses bêtes, ou de cinq journées de travail à lui seul !

— Qu'à l'instant on selle ma jument grise, s'écria le président ; qu'à l'instant on aille à mon château prendre mes deux bouledogues, célèbres dans toute la contrée. Le chien s'appelle Sprawnik, et la chienne Strapczyna [79]. Qu'on les musèle, qu'on les enferme dans un sac et qu'on les apporte à cheval pour plus de célérité !

— Wanka, cria en russe l'assesseur à son domestique, repasse mon couteau de chasse ; tu sais, celui dont m'a fait cadeau le prince Sanguszko. Visite ma ceinture ; vois s'il y a une balle dans chaque cartouche !

— Qu'on prépare nos fusils, s'écrièrent-ils tous à la fois.

— Du plomb, du plomb ! ne cessait de répéter l'assesseur ; le moule est dans ma carnassière.

— Qu'on fasse savoir au curé, ajouta le juge, qu'il aura à dire demain matin la messe basse dans la chapelle de la forêt ; un service bien court, pour les chasseurs, la messe ordinaire de saint Hubert ! »

Tous ces ordres donnés, le silence se rétablit ; chacun réfléchit et promène ses regards autour de soi, comme pour chercher un des assistants. Peu à peu tous les yeux se fixent sur la respectable figure du sénéchal ; c'est un signe qu'on demande un chef pour l'expédition projetée, et que c'est à lui qu'on donne le bâton de commandement. Le sénéchal se lève ; il a compris le vœu général ; et, frappant avec dignité sur la table, il tire de son sein une chaîne d'or, à laquelle est suspendue une montre de la grosseur d'une poire :

« Demain, dit-il, à quatre heures et demie, près de la chapelle de la forêt, se réuniront nos frères les chasseurs et les traqueurs. »

Il dit, et se lève de table. Le garde-chasse le suit pour ordonner les préparatifs de la chasse.

Ainsi, quand le général a décidé que le lendemain on livrera la bataille, les soldats, dans le camp, mangent et nettoient leurs armes ; ou bien, couchés sur leurs selles et leurs manteaux, ils dorment libres de soucis : tandis que leur chef médite dans la solitude de sa tente.

Le dîner fut interrompu. La journée se passa à ferrer les chevaux, à donner la pâtée aux chiens, à rassembler ou à nettoyer les armes ; à peine parut-il quelques personnes au souper. Les partisans mêmes d'Écourté et ceux de Faucon cessèrent de s'occuper de leur grave dispute. Le notaire et l'assesseur, bras dessus, bras dessous, allèrent chercher du plomb. Le reste de la société, fatigué, se retira de bonne heure, afin de pouvoir se lever le lendemain de grand matin.

Thadée entra dans sa chambre. Le cœur lui bat, les mains lui tremblent ; il parcourt avidement le billet, y colle ses lèvres avec transport, baise la clef, met la lumière dans la cheminée, place auprès un paravent de peur qu'on ne l'aperçoive, baise une fois encore le billet, et s'élance par la fenêtre. Les voiles épais d'une nuit d'automne ont couvert de mystère la trace de ses pas.

18.

IV.

LA DIPLOMATIE ET LA CHASSE.

SOMMAIRE. — Une apparition en papillotes éveille Thadée. — Reconnaissance tardive d'une erreur. — Hôtellerie juive. — L'émissaire. — La tabatière employée à propos ramène la discussion à son véritable objet. — Le paradis des animaux. — L'ours. — Danger de Thadée et du comte. — Trois coups de fusil. — Procès du fusil Ségalas contre le fusil Sanguszko décidé en faveur de la carabine Horeszko. — Les choux gras. — Histoire racontée par le sénéchal sur le duel de Doweyko et de Domeyko, interrompue par un lièvre. — Fin de l'histoire de Doweyko et Domeyko.

Contemporains des grands-ducs de la Lithuanie, arbres de Bialowież, de Switez, de Ponary, de Kuszelew, vous dont l'ombre se projetait jadis sur les têtes couronnées du terrible Witenes, du grand Mendog et de Gédymin, lorsque, sur les montagnes de Ponary, couché sur une peau d'ours, près du feu des chasseurs, prêtant l'oreille aux chants du sage Lezdeyko [80], bercé par les rêveries que lui inspiraient la vue de la Vilia et le murmure de la Vileyka ; il pensait au loup de fer apparu dans ses songes [81], et qu'à son réveil, par l'ordre exprès des dieux, il bâtit la ville de Vilno, assise au milieu des forêts comme un loup au milieu des bisons, des ours et des sangliers. C'est de Vilno que sortirent, comme des flancs de la louve romaine, Keystout, Olghierd et ses fils ; aussi habiles chasseurs que grands guerriers, ils terrassaient avec autant de gloire l'ennemi que les bêtes féroces. C'est le songe d'un chasseur qui nous a révélé le mystérieux avenir de la Lithuanie ; c'est lui qui nous a appris qu'avec du fer et des forêts, la Lithuanie ne périra jamais.

Forêts ! vous qui vîtes chasser le dernier de nos rois qui porta le kolpak de Vitold [82], le dernier des Jaghellons heureux à la guerre, le dernier souverain chasseur de la Lithuanie ! Arbres de mon pays, si le ciel permet que je retourne à vous, mes vieux amis, vous retrouverai-je encore ? Êtes-vous encore vivants, ô vous autour desquels, enfant, j'essayais mes premiers pas ? Le vieux Baüblis [83] est-il encore debout, lui dont le tronc, creusé par les siècles, pouvait contenir, comme une salle spacieuse, douze personnes assises autour d'un banquet? Le bosquet de Mendog fleurit-il encore auprès de l'église paroissiale ? Et là-bas, en Ukraine, sur les bords du Ross [84], s'élève-t-il encore, devant la maison des Holowinski, ce tilleul si vaste que cent jeunes gens et cent jeunes filles ont dansé sous son ombrage ?

Paternels monuments ! combien d'entre vous tombent chaque année sous la hache du marchand ou celle du gouvernement moskovite, qui ne laisse d'abri ni aux chantres des forêts ni aux poëtes, auxquels votre ombre est aussi chère qu'aux oiseaux ? N'est-ce pas le tilleul de Czarnolas [85] qui, attentif à la voix de Jean, lui inspira tant de beaux vers ? N'est-ce pas ce chêne babillard qui raconta tant de miracles au ménestrel kosaque [86] ?

Et moi-même, que ne vous dois-je pas, arbres de ma patrie ! Médiocre chasseur, fuyant les railleries de mes camarades, combien n'ai-je pas atteint de pensées, sinon de gibier, lorsque, assis au milieu de quelque clairière bien sauvage, sur une motte de terre, je voyais, oublieux de la chasse, s'étendre autour de moi, ici la mousse à barbe grise, bleuie du sang des myrtilles écrasées ; là des tertres tout rouges d'airelles, qui les paraient comme d'un collier de corail ! Tout à l'entour règne un morne silence. Les branches suspendues sur ma tête ressemblent à des nuages bas, sombres, verdoyants. Au-dessus de cette voûte gronde et mugit l'ouragan. Il se plaint, il gémit, il tonne, il éclate... Sons pleins de prodiges et de mystères ! Il me semble entendre au-dessus de ma tête rouler une mer en fureur.

Plus bas on dirait les ruines d'une ville. Ici un bras de

chêne renversé s'élève de terre, comme un pilier immense soutenant des pans de murailles écroulées et des fûts de colonnes. Là, des troncs branchus ; plus loin, des socles vermoulus, entourés d'un rempart de ronces. On ne peut sans frémir porter ses regards dans les profondeurs de l'enceinte ; c'est là que s'abritent les hôtes des forêts : les loups, les sangliers, les ours. L'entrée est jonchée des os à moitié rongés de quelque visiteur imprudent. Quelquefois par-dessus les hautes herbes s'élèvent les deux bois d'un cerf comme deux jets d'eau ; et vous apercevez entre les arbres une ligne jaunâtre comme un rayon de soleil qui brille et s'efface dans les touffes de verdure : c'est un daim qui passe et s'enfuit.

Tout rentre dans le silence. Le pivert, sur un mélèze, frappe légèrement l'écorce, s'envole plus loin, et disparaît. Invisible, il ne cesse de frapper de son bec, comme un enfant qui se cache et qui appelle pour qu'on l'aille trouver. Plus près est assis un écureuil ; il tient une noisette dans ses pattes, et la ronge : il a relevé sa queue au-dessus de sa tête comme un panache sur le casque d'un cuirassier. Quoique ainsi protégé, il regarde de tous côtés ; il a aperçu l'étranger. A l'instant ce voltigeur des forêts s'élance d'une branche à l'autre, et tombe comme un éclair dans le trou invisible d'un arbre. Telle une dryade retourne dans le tronc qui lui sert de demeure. Et puis tout rentre dans le silence.

Tout à coup, une branche s'agite ; les grappes du sorbier s'écartent, et livrent passage à une figure plus vermeille que ses fruits. C'est une jeune fille qui cueille des fraises ou des noisettes ; elle vous offre, dans un panier d'écorce de bouleau, des airelles à peine cueillies et aussi rouges que ses lèvres. A ses côtés marche un jeune homme ; il abaisse les branches des noisetiers. La jeune fille attrape au vol les noisettes auxquelles elle peut atteindre en sautant.

Mais voici qu'ils entendent les sons du cor, les clameurs des chiens. Ils devinent que la chasse approche ; et, pleins de frayeur, ils disparaissent dans les broussailles, comme des divinités de la forêt.

Tout était en mouvement à Sopliçow ; mais ni les aboiements des chiens, ni les hennissements des chevaux, ni le bruit des voitures, ni les sons du cor des chasseurs qui se mettent en route, n'avaient pu tirer Thadée de son sommeil. Il s'était jeté sur son lit tout habillé ; il dormait comme une marmotte dans son terrier. Personne ne songeait à l'aller appeler ; chacun, occupé de soi, se hâtait d'arriver au rendez-vous. Tous avaient oublié leur compagnon assoupi.

Il dormait. Le soleil était entré dans sa chambre par l'ouverture en forme de cœur du volet, et tombait en colonne de feu sur son front. Voulant dormir encore, il se tournait et se retournait afin d'éviter la lumière ; lorsque tout à coup il entendit frapper : il se réveilla. Ce réveil était agréable comme ses songes. Il se sentait léger comme un oiseau, il respirait avec facilité ; il était heureux, il se souriait à lui-même en pensant à tout ce qui lui était arrivé la veille, il rougissait, il soupirait, le cœur lui battait de plaisir.

Il tourna ses regards vers la fenêtre. O miracle ! Au milieu des rayons en cœur qui se glissaient dans sa chambre luisaient deux yeux tout grands ouverts, comme ceux d'une personne qui, d'un endroit éclairé, cherche à voir dans un réduit obscur. Il aperçut aussi une petite main déployée en éventail, pour garantir les yeux de la lumière. Les doigts, exposés au soleil, étaient roses comme s'ils eussent été de rubis ; il vit une bouche curieusement entr'ouverte, des dents qui brillaient comme des perles dans un collier de corail, et des joues qui elles-mêmes, ombragées par la main vermeille, avaient le vif éclat de la rose.

Thadée reposait sous la fenêtre, entièrement caché dans l'ombre. Étendu de tout son corps, il admirait cette merveilleuse apparition. Elle était précisément au-dessus de lui, presque sur sa figure ; à peine savait-il si c'était rêve ou réalité

N'était-ce pas un de ces jeunes et beaux visages d'enfants qu'on se rappelle avoir vus quelquefois, en songe, dans ses années d'innocence ? Cette tête se baissa. Tremblant de peur et de joie, il l'aperçut, hélas! il l'aperçut distinctement; il se la rappela: il reconnut les cheveux courts, d'un blond clair, roulés en petites papillotes blanches comme la neige, qui ressemblaient à présent à des gousses argentées, et qui luisaient au soleil comme l'auréole d'une sainte image.

D'un bond il s'assit sur son lit; mais l'apparition s'était envolée, effrayée par le bruit. Il attendit, elle ne revint pas; seulement il entendit frapper trois coups et crier : « Que monsieur se lève, il est temps de partir pour la chasse. Monsieur s'est oublié! » Il sauta du lit, et des deux mains poussa le volet avec tant de violence que les gonds en tremblèrent, et qu'il alla heurter des deux côtés contre le mur. Il s'élança hors de sa chambre, regarda tout autour de lui. Étonné, confondu, il ne vit rien et n'aperçut les traces de personne. Près de la fenêtre était la haie du jardin, sur laquelle se balançaient des feuilles de houblon aux couronnes fleuries. Étaient-ce des mains légères, était-ce le vent qui les avaient ainsi agitées? Thadée chercha longtemps; il n'osa pénétrer dans le jardin. Seulement il s'appuya contre la haie, leva les yeux, s'imposant silence à lui-même, le doigt sur les lèvres, de peur que quelque parole involontaire ne vînt rompre la chaîne de ses idées, et se frappant le front comme pour y réveiller d'anciens souvenirs. Enfin il se mordit les doigts à en faire jaillir le sang, et s'écria avec force : « C'est bien fait; j'ai mérité mon sort! »

Dans la maison, si bruyante un instant auparavant, régnait alors le silence d'un désert, la solitude d'un cimetière. Tout le monde était par les champs. Thadée prêta l'oreille, y appliqua la main en guise de cornet, pour mieux entendre les sons du cor et les cris des chasseurs, que le vent apportait du côté de la forêt. Son cheval l'attendait à l'écurie tout sellé. Il prit donc son fusil, sauta en selle et vola comme un possédé vers les deux auberges, près de la chapelle où devaient se rassembler les traqueurs.

— Ces deux auberges s'inclinaient sur chaque côté de la route ; on eût dit qu'elles se menaçaient de leurs fenêtres, comme deux camps ennemis. La plus vieille à droite, appartenait de plein droit au possesseur du château ; l'autre, Sopliça l'avait bâtie par esprit d'hostilité. Gervais donnait le ton dans la première comme dans son héritage ; Protais occupait la place d'honneur dans la seconde.

Celle-ci n'était pas d'un extérieur remarquable ; l'autre avait été construite sur un modèle antique inventé jadis par les charpentiers de Tyr, et répandu plus tard par les Juifs dans le monde entier. C'est un genre d'architecture totalement inconnu aux étrangers ; nous en sommes redevables aux fils d'Israël. L'auberge est composée de deux corps différents quoique protégés par le même chaume ; comme une double coquille de noix. Par devant, elle ressemble à une arche ; par derrière, à un temple. L'aspect en est tout semblable à l'arche de Noé ; c'est une caisse carrée, connue aujourd'hui sous le nom vulgaire de grange. Il y a là des animaux de différentes espèces, des chevaux, des vaches, des bœufs, des chèvres à longues barbes ; et, sous le toit, des troupes d'oiseaux et des reptiles [87], au moins une paire de chaque : il y a aussi des insectes. Le derrière de la maison a une forme bizarre, qui rappelle par son extérieur cet édifice de Salomon que les habiles charpentiers de Hiram élevèrent sur le mont Moriah. Les Juifs l'imitent encore aujourd'hui dans l'architecture de leurs synagogues, et le plan de ces synagogues se reproduit dans leurs auberges et leurs écuries. Le toit est en bardeaux et en chaume, pointu, retroussé comme un kolpak juif déchiré. Autour des faces latérales règne un balcon appuyé sur une nombreuse rangée de colonnes de bois. Ces colonnes, au grand étonnement de tous les architectes, sont solides, quoique à moitié vermoulues et inclinées comme la tour de Pise; elles n'appartiennent à aucun ordre grec, car elles n'ont ni socle ni chapiteau. Elles supportent des arcs-boutants également en bois, empruntés à l'architecture gothique. L'extérieur est couvert d'ornements sculptés, non pas avec le ciseau ou le poinçon, mais avec la hache, et tordus comme les branches des chandeliers du sabbat; enfin, tout autour sont suspendues des boules qui ont quelque ressemblance avec les phylactères que les Juifs placent sur leurs fronts en récitant leurs prières, et qu'ils appellent dans leur langue *cycès*. En un mot, de loin l'auberge, balancée par le vent, ressemble à un Juif en oraison. Le toit, c'est son bonnet; le chaume échevelé, c'est sa barbe; les murs enfumés et sales, c'est sa robe noire : et les sculptures, c'est le cycès qu'il porte sur le front.

Dans l'intérieur du bâtiment se trouve une cloison comme dans une synagogue. Un côté est divisé en plusieurs cellules étroites et longues, qui servent exclusivement aux nobles dames et voyageurs; l'autre, forme une salle immense, le long des murs de laquelle est placée une grande table à plusieurs pieds avec des chaises qui, bien que plus basses, lui ressemblent comme des enfants à leur mère.

Tout autour de la table étaient assis des paysans et des paysannes, ainsi que la petite noblesse, tous en bon ordre; l'économe seul à l'écart. Après la messe du matin, comme c'était un dimanche, on était allé s'amuser et boire chez le juif Yankiel. Devant chacun déjà moussait un gobelet plein d'une eau-de-vie grisâtre; la cabaretière, debout, courait çà et là remplissant les coupes, tandis que son mari Yankiel se tenait au milieu de ses hôtes, vêtu d'une longue tunique tombant jusqu'à terre et retenue par des agrafes d'argent. Une main passée dans sa ceinture en soie noire, de l'autre caressant avec dignité sa barbe grise, il promenait ses regards autour de lui, donnait des ordres, saluait les nouveaux venus parlant aux uns, accordant les autres ; mais il ne servait personne, il ne faisait qu'aller et venir. C'était un vieillard, quoique juif, généralement connu par sa probité. Depuis bien des années il avait affermé l'auberge, et pas un villageois, pas un noble n'avait encore porté plainte contre lui à son seigneur. Et pourquoi s'en plaindrait-on ? Il avait de bonnes boissons au choix ; il comptait avec soin, mais ne trompait jamais ; il ne défendait pas de s'amuser, mais il ne souffrait pas qu'on s'enivrât. Grand amateur de fêtes, c'était chez lui que se célébraient toutes les noces, tous les baptêmes ; chaque dimanche il faisait venir du village la musique, composée d'un violon, d'une basse et d'une cornemuse.

Il cultivait la musique, il était même renommé pour son talent. Jadis il avait parcouru les châteaux avec un tympanon, instrument de sa nation ; et il avait étonné par son jeu et son chant, car il chantait et jouait avec goût. Quoique juif, il avait une prononciation polonaise assez pure ; il aimait surtout les airs nationaux, et de chacun de ses voyages au delà du Niémen il rapportait une foule de Kolomyiki [88] de Halicz, de Mazurki de Varsovie. On disait dans les environs ; je ne sais si c'était à tort ou à raison, que lui le premier avait fait connaître et rendu populaire dans le district ce chant célèbre aujourd'hui dans le monde entier, et joué pour la première fois aux Italiens sur la terre d'Ausonie par les trompettes des légions polonaises [89]. Le talent du chant est fort estimé en Lithuanie, il gagne l'affection et rapporte honneur et profit. Yankiel avait fait fortune. Rassasié de gloire, devenu riche, il avait suspendu à la paroi son tympanon, et s'était établi avec ses enfants dans l'auberge où il donnait à boire. Il était en outre sous-rabbin dans une ville voisine. Aussi le voyait-on toujours avec plaisir, et le consultait-on souvent. Il connaissait parfaitement le commerce des grains et s'entendait fort bien à les expédier par eau ; cette connaissance est indispensable à la campagne. Il avait aussi le renom de bon Polonais.

C'était lui qui le premier avait apaisé les disputes quelquefois sanglantes entre les deux auberges, en les affermant toutes les deux. Il était également respecté des partisans des comtes Horeszko et des serviteurs du juge Soplica. Lui seul savait en imposer au terrible porte-clefs Gervais, au criard huissier Protais. En présence de Yankiel, ces deux antagonistes faisaient taire leur vieille haine; Gervais redoutable par son bras, Protais par sa langue. Gervais était absent alors; il était allé à la chasse, parce qu'il n'avait pas voulu que le comte, jeune et inexpérimenté, courût seul les chances d'une expédition aussi difficile et aussi importante. Il l'avait donc accompagné pour l'aider de ses conseils et pour veiller sur lui.

C'était le frère Robak qui occupait alors la place de Gervais entre deux bancs à l'extrémité du cabaret faisant face à la porte. Yankiel l'y avait conduit. On voyait qu'il éprouvait un profond respect pour Robak; car dès qu'il remarquait que son verre était vide, il s'empressait d'accourir et ordonnait de lui verser de l'hydromel. On disait qu'ils s'étaient connus dans leur jeunesse, je ne sais où, dans quelque pays étranger. Le bernardin se rendait souvent de nuit à l'auberge, et tous deux avaient de mystérieux entretiens sur d'importantes matières. Le bruit courait que le prêtre faisait la contrebande, mais c'est une calomnie indigne de foi. Robak, accoudé sur la table, parlait à demi-voix; une nuée de gentilshommes l'entourait, prêtant l'oreille à ses paroles et penchant le nez sur la tabatière sacerdotale, où ils puisaient de temps en temps une prise qui les faisait éternuer comme des obusiers.

« Révérendissime, dit Skołouba après avoir éternué, voilà du tabac qui nous monte joliment à la tête. Depuis que je porte un nez, ajouta-t-il en caressant son nez circonflexe, je n'en ai jamais pris de pareil (nouvel éternument). Vrai tabac de bernardin ; il vient certainement de Kowno, ville célèbre dans le monde entier par son tabac et son hydromel. J'y ai été, il y a de ça... » Robak l'interrompit :

« A la santé de vous tous, messieurs mes amis et frères. Quant au tabac, hé, hé ! il vient de plus loin, qu'on ne le croit, monsieur Skolouba. Il vient de la Sainte-montagne ; ce sont les frères de l'ordre de St-Paul qui le préparent dans la ville de Czenstochowa, où se trouve cette image, célèbre par tant de miracles, de la sainte mère de Dieu, reine de la couronne de Pologne, et jusqu'à présent reconnue duchesse de Lithuanie. En effet, elle porte encore la couronne du royaume ; mais le duché de Lithuanie est aujourd'hui sous la domination du schisme.

— De Czenstochowa ! s'écria Wilbik, j'y suis allé me confesser le jour du jubilé, il y a de ça trente ans. Est-il vrai que le Français occupe la ville, qu'il veut démolir l'église et s'emparer des trésors de Notre-Dame ? Tout cela est écrit dans *le Courrier de la Lithuanie*.

— C'est faux, répondit le bernardin. Non, Sa Majesté l'empereur Napoléon est le catholique le plus exemplaire ; le pape ne l'a-t-il pas sacré ? Ils vivent en paix et ramènent de concert à la foi le peuple français, qui s'était un peu fourvoyé. Il est vrai que Czenstochowa a versé dans le trésor national une grande partie de ses ornements d'argent ; mais c'est pour la patrie, pour la Pologne : et Dieu veut que ses autels soient toujours le trésor de la patrie. N'avons-nous pas dans le duché de Varsovie cent mille hommes de troupes polonaises ? Peut-être avant peu, y en aura-t-il encore davantage. Qui payera cette armée ? Sera-ce vous autres Lithuaniens, vous qui n'avez d'argent que pour les coffres des Moskovites ?

— Le diable leur en donnerait, mais non pas nous, s'écria Wilbik ; vu qu'ils le prennent de force !

— O notre bon père, observa humblement un paysan en

se levant et en se grattant la tête, les gentilshommes ne souffrent encore qu'à demi; mais c'est nous autres qu'on écorche!

— Fils de Cham, répondit Skolouba, que tu es bête! toi, paysan, tu es habitué comme une anguille à ce qu'on t'écorche; mais nous autres bien nés, nous autres nobles, nous sommes accoutumés à vivre en liberté. Oh! mes frères, dans le bon temps un noble dans son village...

— Oui, oui, s'écrièrent-ils tous à la fois, marchait l'égal d'un palatin.

— Aujourd'hui, on nous conteste notre noblesse, reprit Skolouba, on nous oblige à aller fouiller dans de vieux grimoires! afin de prouver par des chiffons de papier, que nous sommes gentilshommes!

— Passe pour vous, mon frère, s'écria Iuraha; vos ancêtres, à vous, furent des paysans anoblis; mais à moi qui suis issu du sang des kniaz, me demander des titres qui établissent quand Dieu m'a fait noble! Lui seul se le rappelle. Que le Russe aille donc s'informer auprès de ces vieux chênes qui leur a donné le droit de s'élancer au-dessus de tous ces buissons!

— Vous, issu des kniaz? répondit Jaghiel, faites-en accroire à d'autres! Dans ma famille vous trouverez des couronnes de princes.

— Vous avez une croix dans vos armes, s'écria Podhaïski; c'est une allusion cachée à votre descendance de juifs baptisés.

— C'est un mensonge, interrompit Birbarz; moi qui descends des comtes tatares, n'ai-je pas une croix et un vaisseau dans mes armes?

— Le poraï, une mitre dans un champ d'or, voilà mes armes, à moi, s'écria Mickiewicz; ce sont des armoiries de prince: Stryikowski en parle souvent. »

Alors un grand tumulte s'éleva dans le cabaret; le frère Robak eut recours à sa tabatière. Il la présenta à tous les oraleurs successivement; le bruit s'apaisa à l'instant : chacun prisa, éternua plusieurs fois, par égard pour le prêtre. Le bernardin, profitant du moment, reprit ainsi :

« Oh! de grands hommes ont déjà éternué après avoir pris de ce tabac. Croiriez-vous, messieurs, que les doigts du général Dombrowski se sont plongés quatre fois dans cette tabatière ?

— Dombrowski ! s'écrièrent-ils tous.

— Oui, ce général en personne ! J'étais dans son armée pendant qu'il reprenait Dantzick aux Allemands; il avait à écrire et, craignant de s'endormir, il prisa, éternua, me frappa deux fois sur l'épaule : « Frère Robak, me dit-il, frère bernardin, nous nous reverrons en Lithuanie encore avant la fin de l'année. Dites aux Lithuaniens qu'ils m'attendent avec du tabac de Czenstochowa, je n'en prends jamais d'autre. »

Les paroles du prêtre avaient excité un tel étonnement une telle joie, qu'un instant de silence régna dans la tumultueuse assemblée. Puis on entendit répéter à demi-voix :

« Du tabac de Pologne! de Czenstochowa! Dombrowski arriverait d'Italie ! « Enfin, comme du choc de toutes les pensées, de toutes les paroles individuelles, s'éleva un cri général, spontané : « L'air de Dombrowski ! » Et tous l'entonnèrent à la fois en s'embrassant; le paysan et le comte tatare, la couronne de prince et la croix de juif baptisé, le poraï et le griffon : tout le reste fut oublié, même le bernardin. On n'entendait plus que des chants et des cris : « De l'eau-de vie! de l'hydromel! du vin ! »

Robak écouta longtemps l'air national, enfin il voulut l'interrompre; il prit donc à deux mains sa tabatière géante, et en éternuant, troubla la mélodie. Sans laisser aux chanteurs le temps de recommencer, il s'empressa de continuer :

« Vous vantez mon tabac, mes frères; mais voyez ce qu'il y a dans l'intérieur de ma tabatière ! » Après en avoir essuyé la surface avec son mouchoir, il leur montra sur le couvercle toute une armée peinte, petite comme un essaim de mouches, et au milieu, un homme à cheval de la grandeur d'un hanneton, probablement le général ; son coursier se cabrait comme s'il eût voulu escalader les cieux : d'une main il tenait les rênes, l'autre, il la portait à son nez aquilin.

« Regardez bien, dit Robak, cette figure menaçante. Devinez qui c'est ? » Tous regardèrent pleins de curiosité.

« C'est un grand homme, c'est l'empereur, le vrai ! non pas celui des Moskovites, les tzars et leurs alliés ne prennent jamais de tabac.

— Un grand homme, s'écria Cydzik, en simple capote ? J'avais toujours cru que les grands hommes étaient habillés d'or ; car chez les Russes, le premier général venu est tout resplendissant de faux galons, comme un brochet à la sauce de safran.

— Bah ! interrompit Rymsza, n'ai-je pas vu dans ma jeunesse Kosciuszko, le chef de notre nation, un grand homme pourtant, habillé en paysan krakovien, c'est-à-dire en czamara?

— Comment ! en czamara ? répliqua Wilbik, c'était une taratatka.

— La czamara a des brandebourgs, l'autre n'en a pas, cria Mickiewicz. » De là grande dispute sur la coupe de la taratatka et de la czamara.

L'habile Robak voyant la conversation s'éparpiller de nouveau, essaya de la concentrer sur sa tabatière, comme des rayons dans un foyer ; il offrit du tabac, on éternua, on se dit : « A vos souhaits ! » et le prêtre continua ainsi :

« Quand l'empereur Napoléon prend prise sur prise pendant une bataille, c'est un signe certain qu'il la gagnera. A Austerlitz, par exemple, les Français avaient pris position avec leur artillerie. Une nuée de Moskovites vient fondre sur eux. L'empereur regarde et se tait. Dès que les Français tirent, les Moskovites tombent par régiments sur la glace. Un escadron charge après l'autre et tombe noyé dans le lac. A chaque régiment détruit, l'empereur prend une prise. Enfin Alexandre avec son aimable frère Constantin et l'empereur allemand François prennent la clef des champs, et l'empereur, voyant la bataille gagnée, les regarde fuir, prend une prise et fait claquer ses doigts. Vous tous, messieurs qui êtes ici présents, si un jour vous faites partie de l'armée de l'empereur, rappelez-vous ce que je viens de vous dire.

« Ah ! s'écria Skolouba, mon cher frère quêteur, quand ce moment arrivera-t-il ? Pour chaque fête, et cela autant qu'il y en a dans l'almanach, on nous promet les Français ; nous les attendons, nous regardons que les yeux nous en sortent de la tête, et le damné Moskovite nous tient par le cou comme auparavant ! Je crains qu'avant que le soleil se lève, les frimas ne nous fassent perdre la vue.

—Mon frère, répondit le bernardin, c'est aux vieilles femmes à se plaindre, c'est au Juif à attendre les bras croisés que quelqu'un arrive dans son auberge et frappe à sa porte. Battre les Moskovites avec Napoléon, ce n'est pas merveille. N'a-t-il pas tanné trois fois le cuir aux Allemands ? N'a-t-il pas écrasé sous son pied cette vermine de Prussiens ? N'a-t-il pas rejeté les Anglais au delà des mers ? Certes, il viendra aussi à bout des Moskovites ; mais savez-vous, mes frères, ce qui en résultera ? C'est que la noblesse lithuanienne ne montera à cheval et ne tirera le sabre que lorsqu'il n'y aura plus personne à combattre. Napoléon, après avoir vaincu tout seul, lui dira : « Je me passerai de vous, qui que vous soyez ! » Il ne suffit pas d'attendre son hôte, il ne suffit pas de l'inviter ; il faut encore assembler ses serviteurs, préparer les tables, et, avant le festin, balayer toutes les ordures de la maison : je le répète, balayer la maison. Oui, mes enfants, il faut la balayer! »

Ces paroles furent suivies d'un silence; puis une clameur générale retentit : « Qu'entendez-vous, mon frère, par « balayer la maison »? Nous nous chargeons de tout, nous sommes prêts à tout; seulement, expliquez-vous plus clairement, mon frère! »

Le prêtre s'était approché de la croisée; quelque chose le frappa : il avança la tête hors de la fenêtre. Après un moment de réflexion, il répondit avec dignité :

« Aujourd'hui, je n'en ai pas le temps; plus tard, nous en parlerons plus longuement. J'irai demain à la ville du district pour un procès; et, afin de venir quêter chez vous, mes frères, je ferai un détour.

— Tâchez donc, mon frère, de venir passer la nuit à Niéhrymow, » lui dit l'économe. Le porte-étendard aura tant de plaisir à vous voir! Un ancien proverbe lithuanien ne dit-il pas : « Cet homme est heureux comme un frère quêteur à Niéhrymow? »

— Visitez-nous aussi, s'il vous plaît, ajouta Zubkowski; il se trouvera bien une demi-pièce de toile, une demi-tonne de beurre, un mouton ou une vache. Rappelez-vous, mon frère, ces paroles : « Il y arrivera aussi heureusement qu'un prêtre à Zubkow. »

— Et chez nous donc, s'écria Skolouba.

— Et chez nous, dit Teraïewicz; jamais bernardin n'est sorti avec la faim de Pucewicze. » C'est avec de telles prières et de telles promesses que ces gentilshommes suivaient le prêtre. Robak était déjà parti.

Il avait aperçu par la fenêtre Thadée, qui galopait sur la grand'route, sans chapeau, la tête baissée, le visage triste et pâle. Il ne cessait d'aiguillonner son cheval de l'éperon et du fouet. A cet aspect le bernardin fut tout consterné. Il s'empressa de suivre à grands pas le jeune homme dans la direction de la forêt, dont la ligne noire bornaît l'horizon aussi loin que la vue pouvait s'étendre.

Qui serait en état de scruter les profondeurs infinies des forêts lithuaniennes? Qui oserait pénétrer jusqu'à leur centre, jusqu'à leur noyau? Le pêcheur entrevoit à peine le fond de la mer de ses rivages; le chasseur parcourant la lisière des forêts de la Lithuanie, à peine connaît-il leur extérieur, leur forme, leur physionomie. Quant à leur cœur, c'est encore pour tous un mystère impénétrable; on ne sait ce qui s'y passe que par des contes, des traditions. Car s'il osait s'engager dans ces forêts séculaires, dans ces bois touffus, le voyageur trouverait dans leurs méandres des rêmparts de troncs, de branches, de racines, défendus par des marais, par mille ruisseaux, par des palissades de plantes entrelacées, par des fourmilières, des nids de guêpes et de taons, des monceaux de serpents. Et quand, par un courage surhumain, il serait parvenu à vaincre tous ces obstacles, il rencontrerait plus loin de plus grands dangers. A chaque pas, comme des fosses à loups, de petits lacs tendent leurs pièges sous les pieds de l'imprudent visiteur. Couverts jusqu'à moitié de verdure, si profonds qu'on n'en a jamais pu les sonder (il y a même grande apparence que c'est la demeure des diables), ces puits sont comme rouillés de sang. Sans cesse il s'en exhale une odeur fétide qui dépouille de leur feuilles et de leur écorce les arbres d'alentour. Chauves, rabougris, vermoulus, malades, baissant jusqu'à terre leurs branches couvertes de mousses comme de pliques chevelues, et leurs dos chargés de champignons moisis, ces arbres sont accroupis autour de ces marais comme une bande de sorcières se chauffant autour de la chaudière où bouillirait un cadavre.

En vain voudrait-on pénétrer, même du regard, au delà de ces lacs; car tout y est noyé d'un épais brouillard qui s'élève éternellement de ces abîmes sans fond. Enfin, derrière ces vapeurs, une tradition populaire le raconte, s'étend une contrée belle et fertile, la capitale du règne végétal et animal. Là sont déposées les semences de toutes les plantes, de tous les arbres ; c'est de là que leurs rejetons émigrent dans le monde entier. Là, comme dans l'arche de Noé, est abritée une paire au moins de tous les animaux, pour la conservation de l'espèce. Au milieu, dit-on, s'élèvent les palais du vieil aurochs, du bison et de l'ours, les empereurs des forêts. Autour d'eux, sur les arbres, se tiennent l'agile léopard, le vorace glouton, comme des ministres vigilants. Plus loin, semblables à de nobles vassaux soumis, habitent les sangliers, les loups, les élans aux larges cornes. Au-dessus d'eux nichent les faucons et les aigles, qui vivent de la table du maître, comme les courtisans. Toutes ces espèces principales d'animaux mènent une vie patriarcale, cachée dans le noyau des forêts. Invisibles au monde, ils envoient leurs petits, comme des colons, au delà des frontières, tandis qu'ils restent eux-mêmes dans la métropole à jouir de leur bien-être. Ils ne périssent jamais ni par l'arme à feu ni par l'arme blanche ; ils meurent de leur mort naturelle. Ils ont aussi leur cimetière. Lorsqu'ils sentent la mort approcher, les oiseaux déposent leurs plumes, les quadrupèdes leur poil. L'ours, quand il a usé ses dents ; le cerf, quand il est cassé de vieillesse, et qu'il peut à peine remuer les pieds ; le lièvre infirme, quand son sang se fige dans ses veines ; le corbeau, quand il commence à grisonner ; le faucon, quand sa vue s'affaiblit ; l'aigle, quand son bec se recourbe et se croise de manière qu'il lui soit impossible de l'ouvrir pour avaler [90] : tous vont au cimetière commun. Et même le menu gibier, quand il est blessé ou malade, court mourir dans son pays natal. Voilà pourquoi, dans les endroits de la forêt où l'homme peut pénétrer, on ne trouve les ossements d'aucun animal [91]. On dit que dans cette république, les bonnes mœurs règnent parmi les animaux, car ils se gouvernent eux-mêmes ; ils ne sont pas encore corrompus par la civilisation humaine : ils ne connaissent pas le droit de propriété qui divise le monde ; ils ne savent pas ce que c'est que le duel ni l'art de la guerre. Les fils mènent dans ce paradis le même genre de vie que leurs pères ; privés ou sauvages, ils vivent en commun, ils s'aiment, ils sont unis. Jamais l'un ne donne à l'autre ni coup de dents ni coup de cornes. Et même si quelque homme émigrait dans leur empire, n'eût-il pas d'armes, il pourrait le traverser sans qu'il lui arrivât le moindre mal. Tous ces animaux le regarderaient de ce regard étonné qu'au sixième jour de la création leurs premiers pères dans le paradis terrestre durent jeter sur Adam, avant qu'ils se prissent de querelle avec lui. Mais jamais personne n'entrera dans cette enceinte ; car la fatigue, la crainte et la mort en défendent les approches.

Quelquefois seulement des chiens courants s'aventurent imprudemment au milieu de ces marais, de ces mousses et de ces ronces. Effrayés à l'aspect terrible de l'intérieur des forêts, ils se hâtent de fuir en hurlant, les yeux égarés, et longtemps après, quoique caressés par la main du maître, ils tremblent encore à ses pieds comme possédés du démon de la crainte. Cette mystérieuse capitale des forêts, inconnue aux hommes, le Lithuanien l'appelle, dans son langage de chasse, le *matecznik*, ou le paradis des animaux.

O ours imbécile ! si tu étais resté dans ton paradis, jamais le sénéchal n'aurait entendu parler de toi ! Mais, soit que l'odeur des ruches t'eût alléché, soit que l'appétit te soit venu pour l'avoine déjà mûre, tu as paru sur la lisière de la forêt, où le taillis est moins épais, et aussitôt le garde-chasse a découvert ta présence. Astucieux comme un chef d'espion, il est allé reconnaître à l'instant les lieux où tu manges, où tu couches ; et voilà le sénéchal avec ses traqueurs qui t'entourent et te coupent la retraite du paradis natal !

Thadée avait appris que depuis longtemps les chiens avaient été lancés dans le gouffre des forêts.

Le silence règne. En vain le chasseur tend l'oreille, en vain il écoute le silence comme le discours le plus éloquent. Immobile à sa place, il n'entend que la bruyante musique des chiens dans le lointain. Ceux-ci plongent dans la forêt comme des plongeurs dans la mer, et les chasseurs, leurs fusils dirigés vers le bois, fixent les yeux sur le sénéchal. Il est à genoux, l'oreille collée à la terre. Tels que des neveux qui cherchent à lire sur la figure du médecin la sentence de vie ou de mort d'un oncle opulent, les chasseurs, pleins de confiance dans l'habileté du sénéchal, attachent sur lui des regards pleins de convoitise et de crainte. « Il est là, il est là ! » s'écrie-t-il à demi-voix. Il se relève, il a tout entendu ; les autres écoutent encore. Enfin ils entendent un chien pousser un cri strident ; puis deux, puis vingt après Tous, dispersés en bandes, ils s'appellent, ils aboient ; les voilà sur la piste, ils la suivent en hurlant. Ce ne sont pas les cris de chiens qui poursuivent un lièvre, un renard ou un chevreuil ; ce sont des cris continus, brefs, fréquents, secs, acharnés. Ils ne sont pas tombés sur une trace éloignée, ils poursuivent à vue. Tout à coup les cris cessent ; ils ont atteint l'animal. Nouveaux cris, nouveaux hurlements. L'animal se défend et probablement, blesse. De la meute s'élèvent de plus en plus souvent les voix des chiens à l'agonie.

Les chasseurs sont à l'affût ; chacun a son fusil en main et s'incline en avant, comme un arc, la tête tendue vers la forêt. Ils ne peuvent plus attendre. Ils quittent leur poste l'un après l'autre et s'engagent dans le bois ; tous veulent être les premiers à rencontrer l'animal, malgré les exhortations du sénéchal, qui parcourt les postes à cheval, menaçant de coups de laisse sur les épaules quiconque abandonnera sa place, noble ou paysan. Vains efforts ! Tous sont déjà dans la forêt en dépit de la défense. Trois coups de fusil partent à la fois puis cent. L'ours mugit, on n'entend que lui seul, et la forêt entière lui répond ; c'est un cri terrible de douleur, de rage, de désespoir. A ce cri succèdent ceux des chiens ; les appels des chasseurs, les sons du cor du piqueur roulent comme un tonnerre dans les taillis.

Les uns courent dans la forêt, les autres arment leurs fusils, tous se réjouissent. Le sénéchal seul est triste : « Il est manqué, » s'écrie-t-il. Et l'ours, effrayé du combat, rebrousse chemin et se dirige vers des endroits moins bien gardés, vers les champs, où, de tous les chasseurs, absents de leurs postes il ne restait plus que le sénéchal, Thadée et le comte, avec quelques traqueurs.

Ici, la forêt devient moins épaisse. De ses profondeurs on entend sortir les mugissements de l'animal furieux, le bruit des branches qu'il casse dans sa course, et tout à coup on le voit s'en précipiter lui-même avec la rapidité de la foudre. Les chiens, autour de lui, le harcèlent, le mordent. Il se dresse sur ses pattes de derrière, ses cris effraient ses ennemis; et tantôt il déracine un arbre, tantôt il arrache une pierre qu'il leur lance. Armé d'un tronc d'arbre, qu'il brandit comme une massue à droite et à gauche, il se jette sur les traqueurs, le comte et Thadée. Intrépides, ils l'attendent, dirigent sur lui leurs deux fusils comme deux paratonnerres contre un noir nuage, les arment à la fois. Jeunes imprudents ! Les coups partent ; ils ont manqué tous deux. L'ours bondit ; ils arrachent de leurs quatre mains une pique plantée en terre auprès d'eux, se la disputent, regardent l'immense gueule rouge, où brillent deux rangées de dents blanches comme les griffes qui s'abaissent sur leurs têtes, pâlissent, sautent en arrière et se sauvent à travers les champs. L'animal se précipite derrière eux. Déjà il étend la patte, mais sans les atteindre ; il les poursuit avec plus d'ardeur, se dresse sur ses pieds, et de sa patte noire touche la blonde chevelure du comte. Il allait lui enlever le crâne comme on enlève un chapeau de dessus une tête, quand l'assesseur et le notaire parurent de chaque côté, et Gervais avec Robak, à cent pas en face du monstre. Robak seul sans armes. Les trois armes font feu à la fois, comme à l'ordre du capitaine. L'ours bondit tel qu'un lièvre devant les lévriers, tombe sur la tête, fait la culbute les quatre pattes en l'air ; couvert de sang, il roule aux pieds du comte, et le renverse. Il mugissait encore, il essayait de se relever, quand sur lui s'élancent la féroce Strapczyna et le furieux Sprawnik.

Alors le sénéchal saisit la corne de buffle suspendue à son cou par un ruban. C'était un cor long, tacheté, recourbé comme un boa. Des deux mains il l'appuie contre ses lèvres, enfle ses joues comme une citrouille, ferme à demi ses paupières sur ses yeux rouges de sang ; et, de son ventre comprimé, envoyant dans ses poumons toute sa provision d'air, il sonne l'hallali. Les sons, s'échappant du cor en spirale, multipliés par l'écho, retentissent dans la forêt comme un ouragan. Les chasseurs se taisent, les traqueurs restent immobiles, étonnés qu'ils sont de la force, d la pureté, de l'ineffable harmonie de l'air. Le vieillard déploie encore une fois devant eux tout le talent qui l'avait jadis rendu célèbre dans les forêts. Il remplit bientôt de sa mélodie, il anime les bois et les plaines, comme s'il y avait lâché tout une meute et recommencé la chasse ; car dans cet air il y avait tout une histoire abrégée de la chasse. C'étaient d'abord des sons vifs et joyeux comme le réveil, puis des gémissements plaintifs et répétés comme les cris des chiens ; de temps à autre un ton plus dur retentissait comme le tonnerre : c'étaient les coups de feu.

Il s'arrêta, mais il tenait son cor ; tous croyaient que le sénéchal en sonnait toujours : c'était l'écho qui lui répondait.

Il souffle de nouveau dans son cor. On eût dit que le cor changeait de forme sous les lèvres du sénéchal, qui tantôt l'amincissaient, tantôt le grossissaient, en imitant les voix des animaux. S'allongeant en gosier de loup, il hurla longtemps, bruyamment. S'ouvrant de toute sa largeur comme la gueule d'un ours, il mugit sourdement. Puis, le beuglement du bison déchira les airs...

Il s'arrêta, mais il tenait son cor; tous croyaient que le sénéchal en sonnait toujours : c'était l'écho qui lui répondait. Les chênes répétaient aux chênes, les hêtres renvoyaient aux hêtres le suprême chef-d'œuvre de l'art du cor de chasse.

Il souffle de nouveau dans son cor. On eût dit que dans ce cor il y avait cent cors différents. On entendait les cris confus du combat, la colère ou l'effroi des chasseurs, des chiens et des animaux; lorsqu'enfin, le sénéchal, levant son cor, entonna l'hymne de victoire.

Il s'arrêta, mais il tenait son cor; tous croyaient que le sénéchal en sonnait toujours : c'était l'écho qui lui répondait. Autant d'arbres, autant de cors dans la forêt. L'un renvoyait l'air à l'autre, un chœur le redisait à l'autre.

Et la musique allait toujours s'étendant, s'éloignant, s'affaiblissant, mais toujours plus pure, plus parfaite, jusqu'à ce qu'elle se perdît dans le lointain, aux portes mêmes des cieux.

Le sénéchal lâcha le cor qu'il tenait à deux mains ; il étendit les bras : le cor tomba et se balança sur sa ceinture de cuir. Le sénéchal, la face gonflée, rayonnante, les yeux levés au ciel, était là comme un inspiré, tâchant de ressaisir les derniers sons, qui fuyaient à travers la forêt, tandis qu'un tonnerre d'applaudissements, mêlé de mille félicitations, célébrait son triomphe.

Peu à peu on se tut, et les yeux de toute la troupe se reportèrent sur le cadavre de l'ours immense, qui gisait fumant à leurs pieds. Il était souillé de sang; percé de balles ; sa poitrine était enfoncée dans l'herbe, qui s'enlaçait à ses poils. Les pattes de devant en croix, étendues ; il respirait encore. Le sang coulait de ses naseaux, il ouvrait encore les yeux, mais il ne remuait plus la tête. Les bouledogues du président s'étaient attachés à lui; ils l'avaient saisi au-dessous des oreilles, Strapczyna à gauche, Sprawnik à droite, avalant le sang noir de sa gorge qu'ils étouffaient. Le sénéchal ordonna de leur passer une barre de fer entre les dents, afin de leur séparer les mâchoires et de leur faire lâcher prise. On tourna sur le dos l'animal mort avec les crosses des fusils, et un triple vivat retentit vers les nuages.

« Eh bien ! s'écria l'assesseur en faisant tourner son fusil, eh bien ! mon fusil tire trop haut, n'est-ce pas? Il n'est pas grand, mais comme il a travaillé ! Ce n'est pas nouveau pour lui ; jamais il ne jette une cartouche en l'air. C'est le prince Sanguszko qui m'en a fait présent. » Et il montrait un fusil d'un admirable travail, quoique petit; puis il se mit à en énumérer les qualités.

« Moi, je courais, interrompit le notaire en essuyant la sueur de son front, je courais derrière l'ours, à courte distance. Le sénéchal me crie : « Restez à votre poste! » Moi, rester à mon poste, quand l'ours se dirige vers la campagne d'une course de plus en plus rapide, comme un lièvre ! Toujours à sa poursuite, je cours à perdre haleine ; j'avais à peine l'espoir de l'atteindre, mais je regarde à droite, je le vois de plus près, le taillis étant moins épais, je le vise : « Attends, mon vieux, » me dis-je en moi-même ; et le voilà tué, devant vous. Excellent fusil ! un vrai Ségalas ! Lisez l'inscription : *Ségalas, London, à Balabanowka.* (Un célèbre arquebusier polonais y demeurait; il faisait des fusils polonais, mais il les ornait d'inscriptions anglaises.)

— Comment ! s'écria l'assesseur, mille ours ! c'est donc vous qui l'avez tué? Que nous chantez-vous là?

— Écoutez, reprit le notaire, il ne s'agit pas ici d'une enquête ; là, vous avez toujours raison. C'est une chasse. Prenons pour juges tous ces messieurs ! »

Une terrible dispute s'éleva dans toute la troupe des chasseurs, les uns prenant parti pour l'assesseur, les autres pour le notaire. Personne ne parlait de Gervais, parce que tous étant arrivés de part et d'autre, on n'avait pas vu ce qui s'était passé en face. Le sénéchal prit la parole :

« A présent, du moins, il y a sujet de discuter; car messieurs, il ne s'agit plus d'un lièvre, il est question d'un ours : et cela vaut bien la peine de prouver son bon droit, le sabre ou le pistolet au poing. Il n'est pas facile de décider l'affaire ; nous consentons donc au duel, d'après les anciennes coutumes. De mon temps, je m'en souviens, vivaient deux voisins, braves gens et nobles de vieille souche ; ils habitaient les deux rives de la Vileyka : l'un s'appelait Domeyko, l'autre Doweyko. Ils avaient tiré à la fois une ourse. Qui l'avait tuée ? C'était difficile à savoir ; ils eurent ensemble une grave dispute, et convinrent de se battre à la distance d'une peau d'ourse. Voilà qui est noble, c'est presque à bout portant. Ce duel fit beaucoup de bruit ; on composa même des chansons là-dessus dans le temps. Je servais de second, et je vais vous raconter dès le commencement comment l'affaire se passa... »

Avant que le sénéchal eût achevé son récit, Gervais avait mis fin à la querelle. Après avoir fait plusieurs fois le tour de l'ours en l'examinant avec attention, il avait tiré son couteau de chasse, lui avait partagé la tête en deux, et, ayant ouvert le cervelet, il en avait retiré une balle. Il l'essuya sur son habit, l'adapta à la cartouche, l'ajusta au canon du fusil; puis, l'élevant sur sa main :

« Messieurs, dit-il, cette balle n'est pas sortie de vos fusils, mais de cette carabine des Horeszko. » Il fit voir un vieux fusil affermi avec des ficelles.

« Mais ce n'est pas moi qui ai tiré. Il fallait pour cela un grand courage ; c'est à frémir, rien que d'y penser ! J'ai eu un éblouissement, car droit vers moi couraient les deux jeunes seigneurs, et l'ours derrière eux. Déjà il levait la patte sur la tête du comte, du dernier des Horeszko, bien que par les femmes. Jésus Maria! m'écriai-je; et les anges du ciel envoyèrent à mon secours le frère bernardin. Il nous a fait honte à tous. O le digne prêtre! tandis que je tremble, que je n'ose toucher la détente, lui, il m'arrache le fusil des mains, vise, tire. Tirer entre deux têtes! à cent pas! Ne pas manquer! Et dans la gueule même! lui casser ainsi les dents! Messieurs, il y a longtemps que je vis, mais je n'ai jamais vu qu'un seul homme dans ce monde qui pût se vanter d'en faire autant. Je parle de celui qui fut célèbre jadis parmi nous par tant de duels, de celui qui coupait avec sa balle les talons des souliers des dames, de ce scélérat des scélérats fameux dans tous les siècles à venir, de ce Jacques, *vulgò* le Barbu... je ne prononcerai pas son nom. Mais il n'est plus temps pour lui de chasser les ours; certes, à l'heure qu'il est, il doit être plongé jusqu'aux moustaches dans les feux de l'enfer. Gloire au frère bernardin! il a sauvé la vie à deux hommes, peut-être à trois. Gervais ne veut pas se vanter; mais si, dans la gueule de l'ours était tombé le dernier enfant du sang des Horeszko, bien que par les femmes, il ne serait plus de ce monde, et ses vieux os auraient aussi servi de pâture au monstre. Venez, bon frère, nous allons boire à votre santé. »

En vain on chercha le prêtre. On apprit seulement qu'après avoir abattu l'ours, il avait un instant paru sur la scène du combat, qu'il s'était élancé vers le comte et Thadée, et que, les voyant sains et saufs, il avait levé les yeux au ciel, fait une prière à voix basse, et s'était enfui dans les champs comme si quelqu'un l'eût poursuivi.

Cependant, par ordre du sénéchal, on avait amassé de l'herbe sèche, des branches mortes et des morceaux de bois. Le feu s'allume, la fumée monte comme un noir sapin et s'élargit par le haut en forme de dais. Au-dessus de la flamme on forme un faisceau de piques auxquelles on suspend des chaudrons au large ventre, et l'on va prendre dans les voitures des légumes, du rôti, du pain.

Le juge ouvre une cassette fermée à clef dans laquelle sont rangées des bouteilles blanches. Il en tire la plus grosse en cristal; reçue en présent du père Robak, et contenant de l'eau-de-vie de Dantzik, boisson chère aux Polonais. « Vive Dantzik, s'écria-t-il, en élevant la bouteille, vive cette ville jadis à nous et qui doit nous appartenir un jour! » Et il verse à la ronde la liqueur argentée jusqu'à ce que l'or commençât à tomber et à briller dans les verres.

Dans les chaudrons cuisaient les choux gras. Il est difficile de faire connaître par des paroles la saveur du *bigos*, sa couleur, son délicieux parfum. On entendrait le bruit des mots, l'harmonie des rimes, mais un estomac citadin n'en comprendrait jamais le sens. Pour sentir la beauté des chants et la bonté des mets de la Lithuanie, il faut la santé, l'air de la campagne et l'exercice de la chasse.

Mais même sans ces condiments, le bigos n'est pas un plat ordinaire; car il se compose d'excellents légumes mélangés avec art. Pour le faire, il faut prendre de la choucroute, coupée très-menu, qui, selon le proverbe, coule d'elle-même entre les lèvres. On la met dans un chaudron bien fermé, avec des viandes fines et choisies; on laisse le tout cuire à petit feu jusqu'à ce que la chaleur en ait fait sortir tous les sucs nutritifs, que la vapeur bouillante s'échappe des bords du chaudron et que l'air soit parfumé de son arome.

Le bigos est à point. Les chasseurs, armés de cuillers, poussent un triple vivat, courent au chaudron et l'attaquent. L'airain résonne, la fumée s'élance, le savoureux bigos disparaît comme du camphre. Déjà il n'en reste plus; seulement, du chaudron vide comme du cratère d'un volcan éteint, jaillit encore l'odorante vapeur.

Après avoir mangé et bu à volonté, les chasseurs portent l'animal sur un chariot, remontent à cheval et reprennent le chemin de la maison en échangeant de joyeux propos. L'assesseur et le notaire seuls étaient plus moroses que la veille; ils se disputaient sur le mérite de leurs fusils. Le comte et Thadée n'étaient pas contents non plus; ils se sentaient honteux de leur peu d'adresse et de leur fuite, car en Lithuanie, celui qui laisse le gibier sortir hors de l'enceinte des traqueurs, a longtemps à travailler avant que de rétablir sa réputation.

Le comte prétendait avoir été le premier à saisir la pique, c'était Thadée qui l'avait empêché de combattre l'animal furieux. Thadée, de son côté, soutenait qu'étant le plus robuste et le plus habile à manier la lance, il avait voulu épargner cette peine au comte. C'est ainsi que de temps à autre ils se lançaient quelque mot piquant, au milieu des cris et des clameurs du cortége.

Le sénéchal était à cheval au centre de la troupe. Ce respectable vieillard était singulièrement joyeux et loquace. Pour amuser les disputeurs et leur faire oublier leur querelle, il se mit à raconter la suite de l'histoire de Domeyko et de Doweyko :

« Assesseur, si je t'ai engagé à te battre en duel avec le notaire, il ne faut pas croire pour cela que j'aime à voir couler le sang humain. Dieu m'en garde! Je voulais vous divertir, je voulais vous faire jouer une comédie, pour ainsi dire, et renouveler une plaisanterie que j'ai imaginée il y a quelque quarante ans. Une excellente plaisanterie! Vous êtes jeunes, vous ne vous la rappelez pas, quoique de mon temps elle ait fait grand bruit depuis ces forêts jusqu'aux bois de Polésie.

« Chose étrange! l'animosité de Domeyko et de Doweyko, provenait de la conformité de leurs noms, conformité fort incommode. Ainsi dans les diétines, quand les amis de Doweyko lui gagnaient des partisans, quand, par exemple, un d'entre eux disait à l'oreille d'un gentilhomme : « Donne ta voix à Doweyko », celui-ci entendait mal et votait pour Domeyko. Dans un banquet, quand le maréchal de la diète Kolysko portait la santé de Doweyko, il y en avait qui criaient : Vive Domeyko ! et ceux qui étaient assis au centre ne savaient à quoi s'en tenir ; surtout au milieu de l'inintelligible tumulte d'un dîner.

« Il arriva bien pis encore. Un jour à Vilno, je ne sais quel gentilhomme se battit avec Domeyko et en reçut deux coups de sabre. Quelque temps après, ce même gentilhomme, retournant chez lui, rencontra par un singulier hasard Doweyko sur le bac. Tout en traversant la Vileyka, il demanda à son voisin comment il s'appelait. « Je me nomme Doweyko, » répondit-il. A l'instant le gentilhomme tire sa rapière de dessous sa pelisse, et clic ! clac ! il coupe une moustache à Doweyko, qu'il prend pour un Domeyko. Enfin un autre jour, dans une chasse, les deux homonymes qui étaient postés l'un près de l'autre, tirèrent à la fois la même ourse. Elle tomba sans vie sur le coup, il est vrai, mais elle avait déjà une dizaine de balles dans le corps. Beaucoup de chasseurs avaient des fusils du même calibre, trouvez donc qui a tué l'ourse ! « C'est trop fort ! s'écrièrent-ils, il faut en finir une fois pour toutes ! Que ce soit Dieu ou le diable qui nous ait rapprochés, il faut nous séparer. L'un de nous deux est de trop dans ce monde ; nous ne pouvons pas plus exister que deux soleils à la fois. » Ils tirèrent donc leurs sabres et se mirent en garde. C'étaient des gens d'honneur ; plus les gentilshommes mettaient de zèle à les séparer, plus ils se battaient avec acharnement. Ils changèrent d'armes, prirent des pistolets au lieu de sabres, et se placèrent. En vain leur crions-nous que la distance était trop courte ; en dépit de tout ils jurèrent de se tirer dessus à la distance d'une peau d'ourse. Mort certaine ! presque à bout portant ! Tous deux tiraient parfaitement. « Sois notre témoin, Hrczecha ! — Je le veux bien, répondis-je, qu'on creuse de suite une fosse, car un pareil duel ne peut pas aboutir à bien. Mais battez-vous comme des nobles et non comme des bouchers. Prenez vos distances. Voulez-vous donc, parce que vous êtes braves, vous poser les pistolets sur la poitrine? Je ne le souffrirai pas. Vous vous battrez au pistolet, soit; mais vous resterez à la distance d'une peau d'ourse, ni plus, ni moins. Comme témoin, j'étendrai la peau sur la terre, et ce sera moi qui vous indiquerai vos places. Toi, tu te mettras à l'un des bouts, sur la tête; toi, à l'autre, sur la queue. — D'accord, s'écrièrent-ils. A quand le duel? — A demain. — Où? — Près du cabaret de l'Usza, à cent pas de ma demeure. » Ils s'en allèrent, moi je courus à mon Virgile... »

Le sénéchal fut interrompu par le cri : hare! Un lièvre venait de partir sous les pieds des chasseurs. Déjà Écourté, déjà Faucon sont à sa poursuite. On avait mené les lévriers à la chasse; parce qu'on savait qu'il pourrait facilement arriver qu'on rencontrât un lièvre dans les champs au retour. Ils couraient à côté des chevaux sans laisse. Dès qu'ils eurent aperçu le lièvre et avant même que les chasseurs les eussent excités, ils étaient partis. Le notaire et l'assesseur voulaient suivre à cheval; mais le sénéchal les arrêta : « Halte-là! s'écria-t-il. Restez en place et regardez. Je ne permets à personne de bouger d'un pas; de l'endroit où nous sommes, nous pouvons tout voir. Le lièvre prend à travers champs. » Effectivement le lièvre, qui sentait les chasseurs et la meute derrière lui, courait à travers la plaine, dressait les oreilles comme deux petites cornes de chevreuil, et s'allongeait de tout son corps pour franchir les sillons. Ses pattes ressemblaient à quatre baguettes immobiles; on aurait cru qu'il ne faisait qu'effleurer la terre, comme l'hirondelle qui de ses ailes étendues rase la surface des eaux. La poussière qu'il soulevait derrière lui, les chiens qui couraient derrière cette poussière, tout cela semblait ne former qu'un seul corps, une énorme vipère, dont le lièvre était la tête, la poussière le cou bleuâtre, et les chiens la queue fourchue, qu'elle agitait en bondissant.

L'assesseur et le notaire contemplaient ce spectacle, bouche béante, retenant leur haleine, quand tout à coup le notaire devint pâle comme un linge. Bientôt l'assesseur pâlit aussi. La chasse prenait une mauvaise tournure. Plus la vipère s'éloigne, plus elle s'allonge. Déjà elle se sépare par le milieu; déjà son cou de poussière s'est évanoui, déjà sa tête touche à la forêt, et sa queue est loin en arrière! La tête disparaît, on l'aperçoit un instant encore, puis elle s'enfonce dans le bois, la queue reste dans les champs.

Pauvres chiens! Tout déroutés, ils courent çà et là sur la lisière de la forêt; ils ont l'air de se consulter, de se rejeter la faute l'un sur l'autre : enfin ils reviennent, sautant lentement les sillons, baissant tristement les oreilles, cachant les queues entre les jambes. Ils arrivent, mais ils n'osent lever les yeux de honte; et au lieu d'aller vers leurs maîtres, ils restent à l'écart.

Le notaire penchait son front chagrin sur sa poitrine; l'assesseur jetait autour de lui des regards qui ne respiraient pas la joie. Ils se mirent bientôt en devoir de prouver à leurs auditeurs que leurs lévriers n'étaient pas accoutumés à chasser sans laisse, que le lièvre était parti à l'improviste, que les chiens avaient trop de désavantage, obligés qu'ils étaient de courir sur une terre labourée où ils auraient eu besoin de bottes pour pouvoir avancer, tant il y avait de boue et de cailloux tranchants!

Ils exposèrent tout cela très-savamment; comme ils étaient d'habiles chasseurs, les autres auraient pu beaucoup profiter de cette dissertation, s'ils les avaient écoutés : mais les uns sifflaient, des autres riaient à gorge déployée, d'autres pensaient à l'ours, ne s'occupaient que de lui et ne parlaient que de la chasse qu'ils avaient faite.

Le sénéchal avait à peine jeté un coup d'œil sur le lièvre.

Lorsqu'il vit qu'il avait échappé, il se retourna avec indifférence, et reprit son récit :

« Où en étais-je donc ? Ah ! je disais qu'ils m'avaient donné leur parole de se battre à la distance d'une peau d'ourse. Les gentilshommes se récrièrent : « Mais c'est presque une mort certaine ! C'est presque à bout portant ! » Moi, je riais dans ma barbe, car mon ami Maro m'avait appris que la peau d'un animal n'est déjà pas si exiguë. Vous savez, n'est-ce pas, messieurs, comment la reine Didon arriva chez les Libyens, comment avec beaucoup de peine elle parvint à se faire vendre le morceau de terre que pourrait couvrir la peau d'un bœuf. Ce fut là-dessus que s'éleva Carthage ! Je méditai donc sur tout cela pendant la nuit.

« Au point du jour, je vis arriver d'un côté Doweyko en briska, et de l'autre Domeyko à cheval. Ils aperçoivent sur la rivière Usza un pont tout velu, un pont de lanières de peau d'ourse, cousues par leurs bouts !

« Je place Doweyko sur la queue de l'animal, Domeyko sur la tête, chacun sur une rive : « Tirez à présent, leur dis-je, quand vous devriez vous tirer dessus toute votre vie ; mais sachez que je ne permettrai pas que vous vous sépariez avant de vous être embrassés ! » Eux de se fâcher, et les gentilshommes de se rouler à terre à force de rire, tandis que moi et le curé du village nous les amenions à une réconciliation, en leur citant tantôt les graves paroles de l'Évangile, tantôt les statuts. Ne pouvant faire autrement, ils se mirent à rire et se donnèrent la main.

« Leur haine se changea en amitié, rien ne les désunit jusqu'au tombeau. Doweyko épousa la sœur de Domeyko, Domeyko prit pour femme la sœur de son beau-frère, une Doweyko. Ils partagèrent leurs biens en deux parts égales, et sur les lieux où se passa cette curieuse aventure, ils bâtirent à frais communs une auberge qui porte encore aujourd'hui le nom de *l'auberge de l'Ourse.* »

V.

LA QUERELLE.

SOMMAIRE. — Plans de conquête de Télimène. — La belle jardinière se prépare à faire son entrée dans le monde, et reçoit les derniers conseils de sa tutrice. — Retour des chasseurs. — Grande surprise de Thadée. — Seconde rencontre au temple de la Mélancolie, et réconciliation facilitée par les fourmis. — Conversation sur la chasse à table. — Histoire du sénéchal sur Reytan et le prince de Nassau interrompue. — Préliminaires de paix entre les parties, également interrompus. — Le revenant à la clef. — Querelle. — Le comte et Gervais tiennent conseil de guerre.

Tandis que le sénéchal revenait de la chasse qu'il avait conduite avec honneur, Télimène, restée seule à la maison, commençait sa chasse à elle. Il est vrai qu'elle se tenait immobile, les bras croisés sur sa poitrine ; mais sa pensée n'en était que plus active. Elle suit à la piste deux têtes de gibier ; elle cherche les moyens de les faire tomber dans ses filets et de les y prendre toutes deux : c'est le comte et Thadée. Le comte, jeune seigneur, héritier d'une puissante famille, d'un extérieur agréable, et déjà quelque peu épris. Mais ne pourrait-il pas changer? Aime-t-il d'ailleurs vraiment? Voudra-t-il épouser une femme de quelques années plus âgée que lui, sans grande fortune? Ses parents y consentiront-ils? Que dira le monde?

Tout en faisant ces réflexions, Télimène se lève du sofas, se dresse sur la pointe des pieds; on eût dit qu'elle avait grandi; elle se découvre un peu la gorge, se penche, s'examine d'un œil attentif, consulte sa glace, puis un instant après elle baisse les yeux, soupire et se rassied.

Le comte est un millionaire ; les gens riches sont inconstants dans leurs goûts. Le comte est blond ; les blonds sont d'un tempérament peu amoureux. Et Thadée, un vilageois, bon garçon, presque enfant, c'est la première fois qu'il aime ; bien gardé, il ne romprait pas facilement ses chaînes. En outre, il a déjà des obligations à Télimène. Tant que les hommes sont jeunes, quelle que soit la mobilité de leur imagination, ils sont plus constants que les vieillards, parce qu'ils sont plus sincères. Le cœur vierge d'un jeune homme probe garde longtemps une vive reconnaissance à celle qui lui a accordé les premières faveurs de l'amour ! La jeunesse dit adieu au plaisir avec autant de joie qu'elle sort du modeste repas qu'elle a partagé avec un ami ; il n'y a que les vieux buveurs, dont les intestins ont été brûlés par les liqueurs, qui soient dégoûtés des boissons dont ils ont abusé. Télimène savait tout cela parfaitement ; car elle était femme d'esprit et d'une grande expérience.

Mais que dira le monde ? On peut se soustraire à ses regards ; on peut aller dans d'autres contrées ; on peut se retirer dans la solitude, ou mieux encore quitter tout à fait le pays. On peut faire, par exemple, un voyage dans la capitale, introduire le jeune homme dans le grand monde, diriger ses pas, être son guide, son conseil, former son cœur, avoir en lui un ami, un frère ! enfin, jouir de la vie pendant qu'il en est temps.

Occupée de ces pensées, elle se promène gaiement dans sa chambre, et baisse de nouveau les yeux.

Certes, le comte mérite bien aussi qu'elle songe à son avenir. Ne réussirait-elle pas à lui faire épouser Sophie ? Elle n'est pas riche, mais en revanche elle est son égale par la naissance ; elle est d'une famille sénatoriale, elle est issue de grands dignitaires. Si ce mariage réussissait, Télimène aurait dans leur maison un asile. Parente de Sophie, elle aurait fait le bonheur du comte ; elle serait donc une mère pour le jeune couple.

Après ce conseil de guerre tenu avec elle-même, elle appelle par la fenêtre Sophie, qui jouait dans le jardin.

Sophie, en déshabillé du matin, la tête nue, tenait en main un crible. A ses pieds trottinaient les volatiles. D'un côté la suivaient des poules huppées en roulant comme des pelottes ; de l'autre, des poulets panachés, agitant leurs casques de corail, couraient à travers les raies et les herbages, battant des ailes et allongeant leurs pattes éperonnées. Derrière eux s'avançait gravement un dindon boursouflé qui murmurait contre l'étourderie de sa criarde femelle. Plus loin des paons traversaient la prairie comme des radeaux une rivière, et de temps en temps un pigeon au plumage argenté s'abattait au milieu d'eux comme un flocon de neige.

Tous ces oiseaux se rassemblent à grands cris sur le cercle de verdure, où ils se tiennent immobiles, entourés d'un cordon de pigeons comme d'un ruban blanc. Le centre de l'orbite est diapré de taches, de points, de panaches ; ici, des becs couleur d'ambre ; là, des huppes de corail au-dessus des touffes de plumes : on dirait des poissons d'or dans une onde agitée. Leurs cous mollement balancés se meuvent continuellement comme des nénuphars, et leurs mille yeux, comme des étoiles, se dirigent tous vers Sophie.

Elle est debout au milieu d'eux ; toute blanche, elle ressemble à un jet d'eau jaillissant entre des fleurs. Elle puise dans le crible et leur jette sur la tête, sur les ailes, une grêle de perles moins blanches que sa main. Cette orge, digne de la table seigneuriale, sert à apprêter les soupes lithuaniennes. Sophie l'avait dérobée dans le garde-manger pour sa volaille, au grand détriment du ménage.

Elle entend appeler : Sophie ! Elle reconnaît la voix de sa tante. Elle jette aux oiseaux le reste de la graine friande, tourne le crible comme une danseuse son tambour de basque, le frappe en cadence, et saute, espiègle enfant, par-dessus les paons, les pigeons et les poules. La volaille, effarouchée, s'envole. Sophie touche à peine la terre de ses pieds ; elle semble voler plus haut que les oiseaux qui fuient devant elle : de blancs pigeons qu'elle effraie dans sa course la devancent comme la déesse des amours.

Elle entre à grand bruit par le support de la fenêtre, et, haletante, court s'asseoir sur les genoux de sa tante. Télimène l'embrasse, lui caresse le menton et contemple avec plaisir la vivacité et les attraits de la jeune fille ; car elle aimait véritablement sa pupille. Mais, reprenant un air sérieux, elle se lève, se promène le doigt sur les lèvres, et dit enfin :

« Chère Sophie, tu oublies tout à fait et ton rang et ton âge. C'est aujourd'hui que tu commences ta quatorzième année. Il est temps de quitter les dindons et les poules. Fi ! sont-ce là des amusements dignes de la fille d'un grand dignitaire? Tu n'as que trop caressé les salés marmots du village. Sophie, tu me fais de la peine. Tu as le teint hâlé comme une vraie bohémienne, et ta démarche, tous tes mouvements sont ceux d'une paysanne. A l'avenir, je mettrai bon ordre à tout cela ; je commencerai dès aujourd'hui. Je veux te présenter dans le monde, au salon, aux hôtes ; nous avons beaucoup d'hôtes. Tâche donc de ne pas me faire rougir. »

Sophie était déjà debout ; elle frappait dans ses mains, se suspendait au cou de sa tante, pleurait, riait de joie : « Ah, ma tante ! il y a longtemps que je n'ai pas vu d'hôtes ; depuis que je vis ici parmi les poules et les dindons, je n'en ai aperçu qu'un seul, un ramier. Je commençais à m'ennuyer de rester toujours seule dans cette chambre. M. le juge lui-même dit que cela ne vaut rien pour la santé.

— Le juge ! interrompit la tante, il ne cesse de me tourmenter au sujet de ta présentation dans le monde. Il est toujours à murmurer dans sa barbe que tu es grande ; il ne sait ce qu'il dit, il radote. Pauvre homme ! jamais il n'a vu le grand monde ; je sais assurément mieux que lui le temps qu'il faut à une jeune fille pour se préparer à faire de l'effet au moment venu. Sais-tu, Sophie, que la demoiselle qui grandit sous les yeux des hommes, bien que jolie, bien que spirituelle, éveille rarement de tendres sentiments? car tous sont accoutumés à la voir depuis son enfance. Mais quand une jeune personne tombe, déjà formée, au milieu du monde, on ne sait d'où ni comment, tous se pressent autour d'elle; on admire le moindre de ses mouvements, le moindre de ses regards; on saisit au vol et avec avidité toutes ses paroles; on se les répète : et si une demoiselle devient une fois à la mode, chacun est obligé de lui apporter son tribut d'éloges, ne fût-elle même pas de son goût. Je crois que tu sauras te tirer d'affaire, car tu as été élevée dans la capitale; et quoique, depuis deux ans, tu sois dans ces contrées, tu ne peux pas avoir entièrement oublié Saint-Pétersbourg. Allons, Sophie, fais ta toilette, tu trouveras tout préparé. Dépêche-toi, car à chaque instant ils peuvent revenir de la chasse. »

On appela la femme de chambre et la servante; on versa un seau d'eau dans une cuvette d'argent : Sophie, comme un moineau qui se baigne dans le sable, se lava les mains, le visage et le cou avec le secours de ces deux femmes. Télimène ouvrit la toilette où étaient renfermées toutes ses provisions de Saint-Pétersbourg; elle en tira des flacons d'essences, des pots de pommade; elle versa sur Sophie des parfums exquis : l'odeur en remplissait la chambre; elle lui oignit les cheveux d'huiles précieuses, tandis que Sophie, de son côté, mettait des bas de soie blancs à jour, et des souliers de Varsovie en satin blanc. La femme de chambre lui laça le corset; puis, jetant sur ses épaules un peignoir, elle commença à lui ôter ses papillotes, après les avoir passées au fer auparavant : et, comme ses cheveux étaient trop courts, elle en fit deux nattes sur les côtés, les laissant lisses sur le front et les tempes. Enfin elle tressa une couronne de bluets fraîchement cueillis, et la présenta à Télimène, qui l'attacha artistement sur la tête de sa nièce, en la plaçant un peu sur le côté gauche. Ces fleurs ressortaient sur sa blonde chevelure comme sur des épis de blé. On lui ôta le peignoir, la toilette était achevée. Sophie passa une robe blanche, prit un mouchoir de batiste dans sa main : elle ressemblait à un blanc lis.

Après avoir mis la dernière main à sa coiffure et à sa toilette, sa tante lui ordonna de se promener en long et en large dans la chambre; elle l'observait avec des yeux de connaisseur tout en lui faisant faire cet exercice; souvent elle se fâchait, grondait, et enfin, lui ayant fait faire une révérence, elle s'écria avec désespoir :

« Malheureuse que je suis! tu vois, Sophie, ce que c'est que d'avoir vécu avec les oies et les pâtres. Tu poses les pieds comme un garçon! tu regardes à droite et à gauche comme une divorcée! Salue. Vois comme tu es gauche!

— Ah, ma tante! s'écria tristement la jeune fille, est-ce ma faute si vous m'avez tenue ainsi enfermée? Je n'avais personne avec qui danser; par ennui, je m'amusais à nourrir la volaille et à soigner les enfants du village. Mais prenez patience, ma tante, laissez-moi seulement vivre un peu avec les hommes, et vous verrez comme je me corrigerai.

— De deux maux il faut choisir le moindre, reprit la tante. J'aime encore mieux que tu aies passé ton temps avec la volaille qu'avec les rustres qui jusqu'à présent ont fréquenté cette maison. Mais rappelle-toi donc qui venait ici. Le curé du village, qui marmottait des prières ou jouait aux dames, et des gens de robe qui fumaient! Tels étaient nos chevaliers! Avec eux tu aurais vraiment pris de jolies manières! Aujourd'hui on peut au moins se donner la peine de se montrer. Nous avons enfin une société comme il faut. Écoute bien, Sophie. Tu verras un jeune comte, un seigneur bien élevé, un parent du palatin : souviens-toi d'être aimable avec lui. »

On entend les hennissements des chevaux, les voix des chasseurs; ils entrent dans la cour, les voilà! Télimène prend Sophie par le bras et court au salon. Les chasseurs n'y étaient pas encore; ils s'étaient retirés dans leurs chambres pour changer de vêtements, ne voulant pas paraître en kourtka. Les premiers qui entrèrent furent Thadée et le comte; ils s'étaient habillés à la hâte.

Télimène fait les honneurs; elle salue les nouveaux venus, les fait asseoir, cherche à les distraire par sa conversation, et tour à tour leur présente sa nièce. Elle la présente d'abord à Thadée, en qualité de proche parente. Sophie lui fait une révérence polie; il la salue profondément. Voulant lui adresser quelques mots, il avait déjà ouvert la bouche; mais, ayant levé les yeux sur elle, il fut tellement ébahi qu'il resta muet, pâlissant et rougissant alternativement. Ce qui se passait dans son cœur, lui-même ne s'en rendait pas compte. Il se sentait bien malheureux. Il avait reconnu Sophie à sa taille, à sa blonde chevelure, à sa voix! Cette taille, cette tête, il les avait vues perchées sur le mur du verger; cette voix, c'était celle qui l'avait éveillé pour la chasse!

Le sénéchal vint tirer Thadée de sa confusion. Le voyant pâlir et chanceler sur ses jambes, il lui conseilla d'aller se reposer dans sa chambre. Thadée se retira dans un coin, s'appuya contre la cheminée, et garda le silence. Mais il promenait de grands yeux effarés tantôt sur la nièce, tantôt sur la tante. Télimène avait remarqué la profonde impression qu'avait faite sur lui le premier regard de Sophie. Elle n'avait pas tout deviné; et cependant, inquiète, tout en amusant ses hôtes, elle ne détournait pas ses regards de dessus le jeune homme. Enfin elle trouve un moment favorable, et, s'approchant de lui:

« Qu'avez-vous donc? lui demande-t-elle. Pourquoi êtes-vous si triste? » Elle le presse de questions, laisse tomber un mot sur Sophie, et commence à le plaisanter. Thadée, immobile, appuyé sur le coude, ne lui répond pas ; il fronce les sourcils et contracte ses lèvres. Cette conduite étonne et trouble Télimène. Elle change aussitôt de ton et de visage ; elle se lève irritée, et l'accable d'amers reproches et de mordantes paroles. Thadée se redresse comme piqué d'un dard, lui jette un regard de travers, ne répond mot, et, poussant du pied sa chaise, se précipite hors de la chambre, fermant la porte avec fracas. Heureusement personne que Télimène ne fit attention à cette sortie.

Il franchit la cour, s'élance dans la campagne. Tel qu'un brochet, traversé du harpon, se débat et plonge, croyant échapper au fer et à la corde qu'il tire partout après lui ; ainsi notre Thadée traîne après lui ses chagrins, tout en franchissant les fossés, en sautant les haies, sans se soucier du chemin, sans savoir où il va. Enfin, après avoir longtemps erré dans les champs, il entre dans la forêt, et monte, soit exprès ou par hasard, sur la colline témoin de son bonheur, sur la colline où il avait reçu le billet, ce doux gage d'amour. Ce tertre, nous le savons déjà, se nommait le Temple de la Mélancolie.

Il jette les yeux autour de lui ; il l'aperçoit, c'est encore elle ! C'est Télimène seule, plongée dans ses rêveries. Sa pose, sa toilette la rendent tout autre que la veille. Elle est en blanc, elle est assise sur la pierre ; immobile comme cette pierre, elle cache sa tête dans ses mains, et quoiqu'on n'entende pas ses sanglots, on voit qu'elle fond en larmes.

En vain le cœur de Thadée se défend d'approcher ; il s'attendrit, il se sent ému, longtemps il la regarde, caché derrière les arbres, enfin il pousse un soupir et se dit plein de colère contre lui-même : « Imbécile ! Est-ce sa faute si je me suis trompé ? » Il sort donc lentement sa tête de derrière les broussailles, mais tout à coup il voit Télimène bondir de dessus son siége, courir à droite et à gauche, sauter le ruisseau, se tordre les bras ; les cheveux épars, toute pâle, elle s'élance vers la forêt, se démène, sautille, se jette à genoux, se couche à terre : et, hors d'état de se relever, se roule sur le gazon. On voit à ses mouvements qu'elle est en proie à d'horribles douleurs ; elle se frappe la poitrine, le cou, les pieds, les genoux. Thadée s'élance auprès d'elle, la croyant folle ou prise d'épilepsie. Mais c'est bien autre chose qui cause ses contorsions.

Au pied d'un bouleau voisin de la pierre, il y avait une grande fourmilière. Les insectes industrieux qui l'habitaient se promenaient çà et là sur le gazon, agiles et noirs. Je ne sais si c'est par besoin ou par goût qu'ils aimaient à visiter particulièrement le Temple de la Mélancolie. De la fourmilière principale au ruisseau ils avaient tracé un chemin par lequel ils passaient en longues files. Malheureusement Télimène s'était assise les pieds au milieu du chemin, et les fourmis, attirées par l'éclat de son bas blanc, étaient entrées sous sa robe en bataillons serrés, et s'étaient mises à la chatouiller et à la piquer. Elle avait été obligée de fuir; elle secouait ses vêtements, et couchée sur le gazon elle les attrapait une à une. Thadée ne pût lui refuser son aide. Il se baissa donc jusqu'à ses pieds, mais par hasard ses lèvres rencontrèrent le front de Télimène. Ce fut dans cette amicale attitude, et sans se parler de leur querelle du matin, qu'ils scellèrent la paix. On ne sait combien de temps eût duré cet entretien, si la cloche de Sopliçow n'était venue y mettre un terme.

C'était le signal du souper. Il faut retourner au logis, d'autant plus que l'on entend au loin le craquement des branches. Peut-être les cherche-t-on déjà ? Retourner ensemble, c'est inconvenant. Télimène prend donc à droite, se glisse vers le jardin, tandis que Thadée tourne à gauche pour rejoindre la grand'route. Ni l'un ni l'autre cependant ne sont exempts de crainte.

Il avait semblé à Télimène voir derrière un buisson la face amaigrie et le capuchon de Robak. Thadée de son côté

avait distinctement aperçu à gauche une grande ombre
blanche; il ne savait ce que c'était : mais il avait un pressentiment que c'était quelque chose comme le comte, dans
son long surtout anglais blanc. On soupait dans les ruines
du château. Malgré la défense expresse du juge, l'opiniâtre
Protais, en l'absence du maître, l'avait de nouveau envahi,
ou plutôt, comme il le disait, il en avait pris légalement
possession, en y faisant servir le souper.

Les hôtes entrèrent en bon ordre, et se placèrent en rond.
Le président alla s'asseoir au haut bout de la table; cet
honneur était dû à son âge et à sa dignité. Il saluait en marchant, les dames, les vieillards et les jeunes gens. Le frère quêteur étant absent, sa place à la droite du président était occupée par madame la présidente. Le juge, après avoir placé
tous ses hôtes, fit le signe de la croix; on présenta les liqueurs
aux hommes: alors tous s'assirent en silence, et se mirent
à manger rapidement le cholodziec lithuanien.

Après le cholodziec vinrent les écrevisses, les poulets, les
asperges, qui furent arrosés de nombreuses coupes de vin de
Hongrie et de Malaga. On mangeait, on buvait; mais personne ne disait mot. Jamais peut-être, depuis sa fondation,
ce château, qui avait hébergé tant de nobles et les avait
raités avec tant de faste, qui avait entendu et répété tant
de joyeux vivat, ne se souvenait d'avoir vu un si triste repas. Le bruit des bouchons qui sautaient, le cliquetis des
assiettes changées, seuls faisaient résonner les murs de l'ample
vestibule. On eût dit qu'un mauvais génie avait cousu les
lèvres de tous les convives. Il y avait de nombreux motifs pour qu'ils gardassent le silence. Les chasseurs, il
est vrai, parlaient avec feu en revenant de la chasse; mais
une fois l'enthousiasme refroidi, en réfléchissant sur ce qui
s'était passé, ils avaient senti qu'ils s'en étaient tirés avec
fort peu de gloire. Il fallait qu'un froc de bernardin, arrivé
Dieu sait d'où, tombé de la lune, fit la leçon à tous les chas-

seurs du district! O honte! que dira-t-on à Oszmiana et à Lida, qui depuis des siècles disputent à ce district la supériorité qu'il s'attribue dans l'art de la chasse? Tous étaient occupés de cette désolante pensée.

Quant à l'assesseur et au notaire, outre le souci commun, ils avaient encore sur le cœur la défaite récente de leurs chiens. Ce maudit lièvre est continuellement devant leurs yeux. Il étend les pattes; il entre dans le bois; il remue la queue pour les narguer : et de cette queue, comme d'un fouet, leur flagelle le cœur. Ils restaient donc la tête penchée sur leurs assiettes. L'assesseur avait au surplus d'autres causes de chagrin en voyant Télimène et ses rivaux.

Télimène tournait à demi le dos à Thadée. Confuse, elle osait à peine lever les yeux sur lui. Elle cherchait à dissiper la tristesse du comte et à le mettre de meilleure humeur, en engageant avec lui une conversation suivie; car le comte était revenu singulièrement aigri de sa promenade, ou plutôt de son embuscade, comme le pensait Thadée. Tout en écoutant Télimène, il levait la tête d'un air hautain, fronçait les sourcils et la regardait presque avec mépris. Bientôt il se rapprocha autant que possible de Sophie, lui remplit son verre, changea son assiette, et lui débita mille galants propos, en affectant des manières sémillantes, et le sourire sur les lèvres. Quelquefois cependant il détournait la tête et poussait un profond soupir. Malgré l'habileté de son jeu, il était facile de voir qu'il ne lui faisait la cour que par dépit contre Télimène, car il se retournait à chaque instant vers elle, comme par hasard, et lui jetait des regards courroucés.

Télimène ne pouvait concevoir ce que cela signifiait. Elle haussait les épaules, et s'imaginait que c'était caprice de sa part. Du reste, assez satisfaite de ce que le comte portât ses attentions sur Sophie, elle se tournait vers son autre voisin. Thadée était triste aussi, il ne mangeait ni ne buvait; il avait l'air d'être à la conversation, mais il tenait ses regards attachés sur son assiette. Quand Télimène lui verse à boire, il s'irrite de cette fatigante obsession; quand elle lui demande des nouvelles de sa santé, il bâille. Il trouve mauvais que Télimène soit aussi prévenante pour lui seul; il se scandalise de la voir trop décolletée, il trouve cela indécent. Mais qu'aperçoit-il en levant les yeux? Il en est épouvanté! Son regard est devenu plus perçant: à peine a-t-il jeté un coup d'œil sur les joues de Télimène, qu'il découvre un grand, un terrible mystère! Grand Dieu! elle avait mis du fard!

Le rouge était-il de mauvaise qualité, ou s'était-il par hasard effacé de dessus ses joues? Il a disparu en certains endroits, et laisse apercevoir un teint beaucoup moins délicat. Peut-être est-ce Thadée lui-même qui, causant de trop près dans le Temple de la Mélancolie, aura enlevé le blanc et le carmin, plus légers que la poussière des ailes d'un papillon. Télimène s'est trop hâtée à son retour de la forêt. Elle n'a pas eu le temps de refaire son teint. C'est surtout auprès des lèvres que l'on distingue des taches de rousseur. Les yeux de Thadée, comme d'habiles espions, ayant une fois surpris quelque chose de postiche, soumettent à l'examen le plus scrupuleux tous ses autres appas, et partout ils découvrent des beautés artificielles. Deux dents manquent à son ratelier; sur son front, sur ses tempes, se dessinent quelques rides: des centaines se cachent sous son menton.

Hélas! Thadée sent alors combien il est dangereux d'examiner trop attentivement une belle chose, combien il est honteux de se faire l'espion de sa maîtresse, combien même il est odieux de changer subitement de goût et d'affection! Mais qui peut maîtriser son cœur? C'est en vain que l'on veut, écoutant sa conscience, rappeler l'amour qui s'enfuit, en vain veut-on réchauffer son âme aux rayons d'un regard; ce regard, comme la lune, serein mais sans chaleur, ne brille plus que sur la surface d'un cœur intérieurement glacé... Tout en se faisant à lui-même ces plaintes et ces reproches, il penchait la tête sur son assiette, se taisait et se mordait les lèvres.

Cependant son mauvais génie vint lui inspirer une nouvelle tentation. Il fut curieux de savoir ce que le comte disait à Sophie. La jeune fille, cédant à l'amabilité du comte, avait rougi d'abord en baissant les yeux, puis ils avaient commencé à rire ensemble; enfin ils s'étaient mis à causer sur je ne sais quelle rencontre imprévue dans le jardin, sur des concombres, sur des plates-bandes foulées aux pieds. Thadée, prêtant l'oreille de toutes ses forces, avalait toutes ces paroles si amères, et les digérait dans son âme. C'était un terrible repas! Telle une vipère, qui, dans un jardin, boit de sa langue fourchue le suc des plantes vénéneuses, puis se roule en pelote et se couche sur le chemin, menaçant le pied qui se poserait imprudemment sur elle; tel Thadée, plein du venin de la jalousie, paraissait indifférent et pourtant étouffait de colère. Dans la société la plus bruyante, il suffit que quelques-uns soient de mauvaise humeur, pour que la tristesse se propage à tous les autres. Depuis longtemps déjà les chasseurs gardaient le silence. A l'autre extrémité de la table, les convives étaient non moins taciturnes, subissant la contagion de la colère de Thadée.

Il n'y avait pas jusqu'au président qui ne fût singulièrement attristé. Il ne se sentait aucun désir de parler; car il voyait ses filles, des demoiselles riches et belles, à la fleur de l'âge, les premiers partis du district au dire de chacun, silencieuses et négligées par les jeunes gens sombres et rêveurs. Le juge hospitalier n'en était pas moins mécontent. Le sénéchal, voyant que tous se taisaient, déclara hautement que ce repas n'était pas un repas de Polonais, mais de loups.

Le sénéchal Hreczecha ne pouvait souffrir le silence ; son oreille en était blessée. Grand bavard lui-même, il aimait passionnément les bavards ; il n'y avait là rien d'étonnant : il avait passé sa vie dans les repas, les chasses, les expéditions, les diétines. Il s'était accoutumé à entendre toujours résonner quelque chose à ses oreilles, même quand il se taisait, quand il faisait la chasse aux mouches ou quand il était assis les yeux fermés à rêver. Le jour, il cherchait de préférence les endroits où l'on parlait ; la nuit, il se faisait marmotter les prières du rosaire ou raconter des légendes. Voilà pourquoi aussi il était ennemi juré de la pipe, inventée par les Allemands pour nous dénationaliser. « Rendre la Pologne muette, c'est la germaniser, » disait-il [9²]. Ce vieillard, qui avait passé sa vie entière au milieu du bruit, voulait dormir au milieu du bruit. C'est pourquoi le silence interrompit son sommeil. Ainsi les meuniers assoupis par le tonnerre des roues, à peine l'arbre de couche s'est-il arrêté, se réveillent en sursaut, en criant effrayés : « Jésus Maria ! »

Le sénéchal fit un salut au président et un léger signe de main au juge, pour leur demander la parole. Ils répondirent par une inclination de tête qui signifiait : « Vous l'avez. » Il commença donc :

« J'oserai demander à ces jeunes messieurs de bien vouloir s'amuser au souper, suivant les anciennes coutumes, et non de se taire et de ruminer. Sommes-nous des frères capucins ? Celui qui reste taciturne dans une société de gentilshommes ressemble à un chasseur qui laisse rouiller la cartouche dans son fusil. Voilà pourquoi j'admire l'affabilité de nos ancêtres. Après la chasse, ils se mettaient à table, non pas uniquement pour manger, mais pour s'entretenir agréablement. Ce que chacun avait sur le cœur, blâme, éloge des chasseurs, des traqueurs, chiens, coups tirés, tout était mis sur le tapis. Il s'élevait un bruit aussi doux à l'oreille du chasseur que celui de la chasse même. Je sais bien, je sais bien ce que vous avez tous. Ce nuage de noirs soucis est sorti, je le vois, du capuchon de Robak. Vous êtes confus d'avoir manqué l'ours ; mais arrière cette fausse honte : j'ai connu de plus grands chasseurs que vous qui ne touchaient pas à chaque coup. Manquer, tirer juste, ce sont les chances de la chasse. Moi-même, bien que depuis mon enfance je porte un fusil sur le dos, j'ai manqué quelquefois. Le célèbre chasseur Tuloszczyk perdait aussi sa poudre, et même feu Reytan ne touchait pas à chaque coup. Je vous conterai plus tard une anecdote à ce sujet. Quant à l'ours que ces deux jeunes seigneurs ont laissé sortir de l'enceinte des traqueurs, s'ils n'ont pas combattu l'animal bien qu'armés d'une pique, personne ne peut ni les en louer ni les en blâmer ; car, si fuir avec son fusil chargé était anciennement d'un poltron, de même tirer sans viser, comme beaucoup le font, sans laisser approcher la bête, c'est une ignominie. Or chacun, après avoir visé, après avoir laissé l'animal s'avancer sur lui, peut, s'il l'a manqué, ou se retirer sans honte, ou combattre avec la pique ; ce qui est certes fort louable, mais nullement un devoir, la pique étant donnée au chasseur, non pour attaquer, mais pour se défendre. C'était ainsi de mon temps. Croyez-moi donc, ne prenez pas tant à cœur votre retraite, vous, mon cher Thadée, et vous, illustre comte. Et toutes les fois que vous vous rappellerez l'aventure d'aujourd'hui, souvenez-vous aussi du conseil du vieux sénéchal. Ne vous mettez jamais sur le chemin d'un autre, et ne courez jamais à la fois le même gibier ! »

Au moment où le sénéchal prononça le mot de gibier, l'assesseur murmura à demi-voix : « Fille.

— Bravo ! » s'écrièrent tous les jeunes gens avec de grands éclats de rire. Le conseil du sénéchal, surtout le dernier mot, furent répétés à la ronde ; les uns disaient gibier, les autres, en riant, y substituaient : fille. Le notaire disait femme ; l'assesseur disait coquette, en lançant à Télimène des regards perçants comme deux poignards *.

Le sénéchal ne songeait à piquer personne, aussi n'entendait-il rien de ce qu'on chuchotait tout bas. Enchanté d'avoir fait rire les dames et les jeunes gens, il se tourna vers les chasseurs avec l'intention de les égayer aussi ; il reprit en se versant un verre de vin :

« C'est en vain que je cherche le bernardin. Je voudrais lui raconter une aventure curieuse, semblable à celle d'aujourd'hui. Le porte-clefs nous a dit qu'il n'a jamais connu qu'un seul homme capable de tirer de loin aussi juste que Robak ; moi, j'en ai connu un autre. Il sauva également deux seigneurs d'un seul coup, j'en ai été témoin, lorsque le nonce Thadée Reytan et le prince de Nassau vinrent chasser dans les forêts de Naliboki. Ces magnats ne furent point jaloux de la gloire du gentilhomme ; au contraire, ils portèrent à table sa santé la première, lui firent force présents, et lui donnèrent la peau du sanglier. Je vous parle en témoin oculaire de ce sanglier et du coup de feu qui le tua. C'était un cas pareil à celui d'aujourd'hui ; l'aventure arriva aux premiers chasseurs du siècle, au nonce Reytan et au prince de Nassau... »

Le juge se versant à boire : « A la santé de Robak ! à la vôtre, sénéchal ! s'écria-t-il. Puisqu'il ne nous est pas permis de faire quelque riche présent au frère quêteur, tâchons au moins de l'indemniser de sa poudre. Nous promettons au couvent la chair de l'ours ; il en aura au moins pour deux années. Quant à la fourrure, je ne la donnerai pas au prêtre, je me la réserve. Le moine me la cédera par humilité, ou je la lui achète dix peaux de zibelines. Nous en disposerons comme nous l'entendrons. Le serviteur de Dieu a

---

* *Kobiety*, femmes, et *kokiety*, coquettes, riment en polonais ; de même que *dziewczyna* et *zwierzyna*, fille et gibier.

conquis la plus belle gloire, la première couronne; l'illustre président adjugera la peau de l'ours à celui qu'il croira avoir mérité la seconde. »

Le président se passa la main sur le front d'un air soucieux. Tous les chasseurs se mirent à murmurer, car chacun avait ses observations à faire. L'un disait qu'il avait lancé la bête ; l'autre, qu'il l'avait blessée : celui-ci avait rassemblé les chiens dispersés, celui-là avait forcé l'animal, qui fuyait dans les champs, à rebrousser chemin. L'assesseur se disputait avec le notaire, exaltant les qualités l'un de son fusil de Sanguszko, l'autre de son ségalas de Balabanowka.

« Cher juge, mon voisin, dit enfin le président, la première récompense a été accordée à juste titre au serviteur de Dieu ; mais il n'est pas facile de décider à qui appartient la seconde, car tous paraissent y avoir des titres égaux. Aucun ne le cède à l'autre en adresse, en courage. Et cependant deux se sont aujourd'hui mis hors de rang par le danger qu'ils ont couru, deux ont été le plus près des griffes de l'ours : je veux parler de Thadée et de M. le comte. C'est à eux qu'appartient la peau. M. Thadée cédera son droit, j'en suis sûr, comme étant le plus jeune et le parent du maître de la maison. Que ce soit donc M. le comte qui emporte les *spolia opima*. Que ce trophée orne votre salle d'armes; qu'il y reste suspendu en mémoire de cette journée : qu'il soit un emblème de votre bonheur à la chasse, un stimulant pour votre gloire à venir. »

Il se tut, ravi du plaisir qu'il croyait avoir causé au comte. Il ne se doutait pas de la profonde blessure qu'il venait de lui faire au cœur; car le comte, ayant involontairement levé les yeux au mot de salle d'armes, ces têtes de cerfs qui décoraient les murs, ces bois si serrés qu'on eût pu les prendre pour une forêt de lauriers plantée par ses aïeux afin d'en tresser des couronnes à leurs descendants, ces piliers ornés de leurs portraits, cette antique demi-chèvre brillant à la voûte, tout cela prit une voix pour lui parler des temps passés et le réveiller de son apathie. Il se rappela où et chez qui il était ; lui, un descendant des Horeszko, dans son propre château, hôte et commensal des Soplica, leurs ennemis depuis des siècles* ! Outre cette pensée poignante, la jalousie que Thadée lui inspirait ne contribua pas peu à l'irriter encore davantage. Il répondit donc avec un amer sourire :

« Ma maison est trop petite ; il n'y a pas de place pour un aussi magnifique présent. Que l'ours attende donc au milieu de ces cerfs que le juge daigne me le restituer avec le château. »

Le président, devinant ce qui allait arriver, fit résonner sa tabatière sous ses doigts ; il demandait la parole :

« Vous êtes digne d'éloges, monsieur le comte, mon voisin, de penser à vos affaires même à table ; bien différent en cela des jeunes gens à la mode d'aujourd'hui, qui vivent au jour le jour. Je vous conseille de prévenir par un accord à l'amiable le jugement que je dois rendre comme président, et je me flatte de vous y amener. Jusqu'à présent il n'y a qu'une seule difficulté, c'est de savoir à qui appartiendra le *fundum*. J'ai en tête un projet d'échange ; on pourrait compenser le corps de bâtiment avec des terres, et cela de la manière suivante. » Il se mit alors à exposer par ordre, comme il en avait l'habitude, le projet d'échange qu'il avait conçu. Déjà il en était au milieu de son discours, quand un bruit soudain se fit entendre à l'autre bout de la table. Quelques-uns des convives venaient d'apercevoir quelque chose dans un coin, et l'indiquaient du doigt aux autres, qui regardaient de tous leurs yeux. Toutes les têtes, comme des épis agités par le vent, furent bientôt tournées du côté opposé, vers un angle du vestibule. Dans un

---

* Hélas ! telle est la destinée de la plupart des familles polonaises : étrangères dans leur propre foyer, dépossédées par la conquête ou les intrigues de ceux qui en ont profité !

pan coupé, où se trouvait suspendu le portrait du dernier des Horeszko, de feu le panetier, on vit s'ouvrir une petite porte cachée entre les piliers, et de cette porte on vit sortir sans bruit une espèce de spectre. C'était Gervais ; on le reconnaissait à sa taille, à sa figure, à ses demi-chèvres d'argent sur sa kourtka fauve. Il s'avança droit comme une colonne, muet, sévère, son bonnet sur la tête, sans saluer personne. Il tenait en main une clef luisante comme un poignard ; il s'approcha d'une armoire, l'ouvrit et se mit à tourner quelque chose.

Aux deux extrémités de la salle, il y avait sur des piliers deux pendules à musique enfermées dans leurs armoires. C'étaient deux vieilles originales depuis longtemps brouillées avec le soleil; souvent elles indiquaient midi que déjà la nuit était proche. Gervais n'avait pas eu soin d'en faire réparer le mécanisme, mais jamais il ne négligeait de les remonter. Chaque soir, il revenait tourmenter ses pendules, et c'était précisément l'heure à laquelle il avait l'habitude de les visiter. Le président tenait l'attention des deux parties concentrée sur l'exposition de son plan : « Mon ami, lui dit-il, remettez à un autre moment cette affaire si pressée. »

Et il recommença à parler. Mais le porte-clefs, pour le braver, tira le cordon de la sonnerie. Les rouages ébréchés grincèrent. A l'instant le rouge-gorge perché sur la pendule battit des ailes et chanta quelques notes. C'était un oiseau fait avec beaucoup d'art, mais malheureusement fort endommagé. Il bredouillait, sifflait; plus il avançait, plus ses cris devenaient discordants. Les hôtes éclatèrent de rire. Le président, forcé de s'interrompre de nouveau :

« Monsieur le porte-clefs, ou plutôt vieux hibou, s'écriat-il, si vous en faites cas, tenez votre bec fermé ! »

Mais Gervais ne se laissa nullement déconcerter par ces menaces. La main droite posée avec dignité sur la pendule, la gauche appuyée sur sa hanche, il répondit :

« Mon petit président, libre à tout seigneur de plaisanter. Un moineau est plus petit qu'un hibou ; et cependant dans son trou il a le droit d'être plus audacieux qu'un hibou dans des palais qui ne lui appartiennent pas. Un porte-clefs n'est pas un hibou. Celui qui de nuit entre furtivement sous un toit étranger, voilà plutôt le hibou. Mais je saurai l'en faire sortir...

— Jetez-le à la porte ! s'écria le président.

— Monsieur le comte, dit le porte-clefs, vous voyez ce qui se passe ici. N'est-ce pas assez d'avoir prostitué votre honneur à manger et à boire avec les Sopliça ? Faut-il encore que moi, officier du château, moi, Gervais Rembaïlo, porte-clefs des Horeszko, je sois insulté dans la demeure de mes maîtres ? Le souffrirez-vous, monseigneur ? » Alors Protais cria par trois fois :

« Silence ! évacuez la salle ! Nous, Protais Balthasar Brzechalski, jadis général du tribunal, *vulgò* huissier, faisons sommation, nous réservant de faire le *visum repertum* dans les formes, et vous prenant à témoins, vous tous ici présents, pour inviter monsieur l'assesseur à procéder à l'enquête au nom du demandeur, le juge Sopliça, de l'incursion, c'est-à-dire de l'envahissement par force du château ; lequel ledit juge à jusqu'ici, légalement possédé, à preuve qu'il y fait ses repas.

— Ventru ! hurla le porte-clefs, je vais t'apprendre à verbaliser... » Et saisissant à sa ceinture son trousseau de clefs il le fit tourner rapidement au-dessus de sa tête, le lança de toute sa force ; le faisceau de fer vola comme une pierre partie d'une fronde. Il aurait certainement fendu en quatre la tête de Protais s'il ne s'était baissé et n'avait ainsi échappé à la mort.

Tous s'élancèrent de leurs places. Quelques moments régna un morne silence, bientôt interrompu par le juge :

« Holà ! mes gens, les menottes à ce crâne ! » s'écria-t-il. Déjà les valets se précipitaient dans l'étroit passage entre les murs et les bancs; mais le comte le ferma avec sa chaise, et, posant le pied sur cette frêle défense :

« Arrière! cria-t-il au juge. Personne n'a le droit de mettre la main sur mon domestique dans ma propre maison. Qu'il m'expose ses griefs, celui qui croit avoir à se plaindre de ce vieillard. »

Le président, jetant un regard de travers sur le comte :

« Sans votre assistance, je saurai punir cet insolent gentillâtre. Et vous, monsieur le comte, vous vous appropriez ce château prématurément, avant l'arrêt. Ce n'est pas vous qui êtes le maître céans, ce n'est pas vous qui nous y faites les honneurs. Restez en paix à votre place, si ce n'est par égard pour mes cheveux blancs, que ce soit par respect pour la dignité dont je suis revêtu.

— Que m'importe? répondit le comte; assez de radotage! A d'autres avec vos dignités et vos égards; j'ai déjà fait trop de sottises en prenant part à vos orgies, qui devaient se terminer par des grossièretés. Vous me rendrez raison; à revoir quand vous serez à jeun. Suis-moi, Gervais! »

Jamais le président ne se serait attendu à pareille réponse. Il remplissait précisément son verre, quand, blessé par l'insolence du comte comme par un coup de foudre, il demeura la main sur le verre, immobile, le cou tendu, prêtant l'oreille, ouvrant de grands yeux, la bouche béante. Il ne dit rien, mais il serra la coupe avec tant de violence, que le verre éclata dans sa main, et que la liqueur lui sauta aux yeux. On eût dit qu'avec le vin il avait avalé de la lave brûlante, tant il était rouge, tant ses yeux étincelaient. Il se leva, mais ses premiers mots furent inintelligibles; enfin on entendit sortir d'entre ses dents serrées :

« Freluquet! misérable petit comte! Je t'apprendrai! Thomas, mon sabre! Je t'apprendrai à vivre, insolent! Voyez un peu! les égards, les dignités, c'est du radotage!

Quelles oreilles délicates! Va, je te les couperai, avec leurs boucles d'or! Sors à l'instant, ou défends-toi! Thomas, mon sabre! »

Ses amis se précipitèrent vers lui. Le juge lui prit la main :

« Modérez-vous, monsieur; cette affaire me regarde, c'est moi que l'on a provoqué le premier! Protais, mon sabre! Je le ferai danser comme un bohémien son ours. » Mais Thadée le retint :

« Monsieur mon oncle, illustre président! vous convient-il de vous battre avec ce petit-maître? Ne sommes-nous pas là, nous autres jeunes gens? Laissez-moi le soin de le châtier comme il le mérite. Et vous, monsieur, qui provoquez des vieillards, nous allons voir si vous êtes un chevalier si redoutable. Nous nous dirons deux mots demain. Nous choisirons le lieu et les armes. Aujourd'hui, fuyez pendant que vous avez tous vos membres. »

Le conseil était bon, car le porte-clefs et le comte se trouvaient dans une position fort embarrassante. Du haut bout de la table ne partaient que des menaces, mais de l'autre on leur lançait des bouteilles qui sifflaient autour de leurs têtes. Les femmes, effrayées, suppliaient, pleuraient. Télimène avait levé les yeux au ciel en criant : « Hélas! » et puis elle était tombée évanouie entre les bras du comte, sur la poitrine duquel se pencha son col de cygne. Quoique très-irrité, il se modéra, et se mit à lui prodiguer ses soins pour la rappeler à la vie.

En attendant, Gervais était resté seul exposé aux coups de chaises et de bouteilles; déjà il chancelait, déjà les domestiques, les bras retroussés, se précipitaient sur lui tous à la fois. Heureusement Sophie s'aperçut de l'attaque; inspirée par la pitié, elle s'élança vers le vieillard et le couvrit de son corps en étendant en croix ses petites mains. Tous s'arrêtèrent; Gervais se retira lentement. Tout à coup on ne le vit plus. Pendant qu'on cherchait sous quel angle de la table il s'était réfugié, il reparut de l'autre côté comme sortant de terre. Il enlève un banc, le fait tournoyer comme l'aile d'un moulin à vent, balaie la moitié de la salle, saisit le comte, et, protégés par le banc, tous deux battent en retraite vers la petite porte.

Près du seuil, il s'arrête. Une fois encore il regarde ses ennemis ; il réfléchit un moment, incertain s'il se retirera avec son arme nouvelle, ou s'il s'en servira pour tenter les chances d'un nouveau combat. Il se décide pour le dernier parti. Déjà il a levé le banc comme une baliste ; déjà, pour le mieux lancer, il a penché la tête et cambré la poitrine, déjà il a le pied levé pour l'attaque... Il aperçoit le sénéchal. Il sent l'épouvante lui traverser le cœur.

Le sénéchal, tranquillement assis, les yeux à demi fermés, avait paru d'abord plongé dans une profonde méditation. Il n'avait levé la tête qu'en entendant le comte insulter le président et menacer le juge. Il avait pris deux prises, s'était frotté les yeux. Quoiqu'il ne fût qu'un parent éloigné du juge, il était extrêmement attaché au maître de la maison hospitalière où il demeurait. Il regarda donc le combat avec curiosité, il étendit la main sur la table, prit un large couteau, le posa sur ses doigts le manche tourné vers l'ongle de l'index et le fer vers le coude ; puis il retira le bras un peu en arrière ; il le balançait comme pour jouer, tout en fixant le comte.

L'art de lancer le couteau, art terrible dans les combats corps à corps, était déjà négligé en Lithuanie. Les vieillards seuls le connaissaient encore. Le porte-clefs s'y était quelquefois exercé dans ses querelles de cabaret, le sénéchal y excellait. On voit, au mouvement de son bras, que le coup sera terrible ; on devine, à la direction de ses yeux, qu'il vise le comte, le dernier des Horeszko, bien que par les femmes ! Les jeunes jens, moins attentifs, ne comprennent rien à la pantomime du vieillard; mais Gervais pâlit, couvre le comte de son banc et se retire vers la porte : « Saisissez-le ! » crièrent tous les convives.

Tel qu'un loup surpris près d'un corps mort, se jette à travers les chiens qui viennent interrompre son repas ; déjà il les disperse, il va les dévorer, quand, au milieu des aboiements, il entend crier le ressort d'un fusil. Il connaît ce bruit; il cherche des yeux, il découvre derrière les lévriers le chasseur à demi penché, un genou en terre, dirigeant le canon vers lui et pressant la détente. Il baisse les oreilles, cache sa queue, se sauve ; les chiens, avec des cris de triomphe, s'élancent à sa poursuite et lui arrachent des touffes de poils. Parfois le loup se retourne, les regarde, donne un coup de dents; au grincement de ces dents blanches qui les menacent, les chiens s'enfuient en hurlant. Tel Gervais se retire l'attitude menaçante; il arrête les assaillants du banc et des regards : enfin ils disparaissent, lui et le comte, dans l'angle obscur qui s'ouvre devant eux.

« Arrêtez-les ! » criait-on encore. Le triomphe ne fut pas de longue durée ; car au-dessus des têtes de la foule, apparut le porte-clefs sur la galerie, près des vieilles orgues dont il arrachait avec fracas les tuyaux de plomb. Il aurait fait un terrible ravage dans les rangs de ses ennemis en les foudroyant de si haut, si les intrus ne s'étaient hâtés de quitter la salle. Les valets n'osèrent y rester un instant de plus, tant ils étaient épouvantés; chargés des plats, ils suivaient leurs maîtres, non sans abandonner une grande partie de la vaisselle.

Qui se retira le dernier du champ de bataille, méprisant les menaces et les coups? Ce fut l'huissier Protais Brzechalski. Immobile derrière la chaise du juge, il avait imperturbablement continué à glapir jusqu'au bout la protestation de son fausset d'huissier. Et seulement alors il avait quitté le champ de bataille, abandonné de tous, couvert de morts, de blessés et de débris.

En fait d'hommes il n'y avait pas de perte ; mais tous les bancs avaient les pieds disloqués. La table boitait aussi : veuve de sa nappe, elle s'était renversée sur des assiettes pleines de vin, telle qu'un chevalier sur des boucliers ensanglantés, au milieu des cadavres de poulardes et de dindons, dont les poitrines étaient encore percées de fourchettes.

Un instant après, tout était rentré dans le silence accoutumé au manoir désert des Horeszko. Le crépuscule est devenu plus sombre ; les restes du splendide repas jonchent la terre, comme lorsque les morts évoqués de leurs tombes vont se réunir au banquet des *Aïeux*. Déjà sous le toit les hibous ont crié trois fois ; comme des magiciens, ils semblent saluer le lever de la lune, dont l'image tombe par la fenêtre sur la table, tremblante comme une âme du purgatoire : tandis que des rats sortent de dessous terre comme les réprouvés. Ils rongent, ils boivent ; de temps à autre part dans un coin le bouchon d'une bouteille de champagne oubliée, comme un toast porté à des esprits *.

A l'étage supérieur, dans la salle qu'on appelait le salon des glaces, quoiqu'il n'y eût plus de glaces, le comte était au balcon donnant sur la cour. Il prenait l'air pour se rafraîchir. Il avait un bras passé dans l'une des manches de son surtout, tandis que l'autre manche et les pans étaient ramenés sur son cou ; il s'était drapé de sa redingote comme d'un manteau. Gervais marchait à grands pas dans la salle. Pensifs tous les deux, ils se parlaient à eux-mêmes.

« Au pistolet ! disait le comte, ou au sabre, s'ils aiment mieux !

— Le château, disait Gervais, et le village avec lui ; tous les deux nous appartiennent.

— L'oncle, le neveu, toute la famille, provoquez-les !

—Le château, le village, toutes les terres, reprenez-les, mon-

---

* Voyez la première partie des *Aïeux* (tome I, page 173).

seigneur. » A ces mots le porte-clefs se tourna vers le comte. « Si vous voulez avoir la paix, monseigneur, commencez par vous emparer du tout. A quoi bon le procès, mon petit maître? L'affaire est claire comme le jour. Le château appartient aux Horeszko depuis quatre cents ans ; du temps de la confédération de Targowiça on en détacha une partie des terres : et, comme vous le savez, monseigneur, on en donna la gestion aux Soplica. Il faut leur reprendre non-seulement la partie, mais le tout ; oui, le tout, pour frais de procès et châtiment de leur usurpation. Je vous ai toujours dit, monseigneur, pas de procès, pas de procès! mais une bonne expédition à main armée *. C'était ainsi anciennement. Celui qui avait une fois pris possession d'une terre, en devenait le propriétaire. Soyez le plus fort et vous gagnerez le procès. Quant à nos anciens différends avec les Soplica, il y a pour les vider mon canif, qui vaut mieux qu'un procès ; et si Mathias me prête le secours de sa petite *verge*, à nous deux nous les hacherons comme chair à pâté.

— Bravo! s'écria le comte, ton plan gothico-sarmate me va mieux que la plaidoirie d'un avocat. Mais sais-tu que nous ferons du bruit dans toute la Lithuanie, par une expédition telle qu'on n'en a pas vu depuis bien longtemps! Quant à nous, cela nous divertira. Voilà deux ans que je végète ici ; et quels combats ai-je vus, si ce n'est entre des paysans pour un sillon de blé? Notre expédition au moins promet du sang à répandre. J'en ai fait une pareille dans mes voyages. J'étais en Sicile, chez un certain prince dont le gendre avait été enlevé et transporté dans les montagnes par des bandits qui exigeaient audacieusement une rançon. Ayant rassemblé à la hâte les domestiques et les vassaux, nous tombâmes sur eux. De ma propre main j'en tuai deux, et j'entrai le premier dans la caverne, où je délivrai le captif. Ah! mon

---

* *Zaïazd*, expédition judiciaire à main armée, est le titre même du poëme polonais. Voyez la note 72.

cher Gervais! quel triomphe! Qu'il fut beau, mon retour chevaleresque et féodal! Le peuple vint à notre rencontre avec des guirlandes de fleurs. La fille du prince, entraînée par la reconnaissance, se jeta tout en larmes dans mes bras. Lorsque je revins à Palerme, les journaux avaient déjà publié mes exploits, et les femmes me montraient du doigt. On fit même à ce sujet un roman dans lequel je suis désigné par mon propre nom. Il est intitulé : *Le Comte, ou les mystères du château de Birbante-Rocca.* Y a-t-il aussi des mystères dans ce château?

— Oui, certes, il y en a, répondit Gervais! il y a d'immenses caves, malheureusement vides, les Soplica ayant bu tout le vin.

— Il faut armer les jockeys, ajouta le comte, et rassembler tous mes vassaux [93].

— Des laquais? Dieu nous en préserve! interrompit Gervais. Est-ce qu'une expédition judiciaire est une vile esclandre? Qui donc a jamais vu faire une expédition avec des paysans et des laquais? Monseigneur ne comprend rien aux expéditions. Il nous faut des moustaches, de vieills moustaches, c'est bien différent ; mais ce n'est pas dans les villages qu'il faut les aller chercher : c'est dans les bourgades de Dobrzyn, de Rzezikow, Cientycze, Rombanki. C'est là que vivent des gentilshommes nobles depuis des siècles, dans les veines desquels coule un sang guerrier ; tous sont attachés à la famille des Horeszko, tous sont ennemis mortels des Soplica. Je puis y rassembler jusqu'à trois cents nobles ; c'est mon affaire. Vous, monseigneur, retournez chez vous ; reposez-vous, car demain nous aurons de la besogne. Monseigneur aime à dormir : il est tard, déjà le coq a chanté pour la seconde fois. Quant à moi, je veillerai au château jusqu'au jour ; et avec le soleil levant j'arriverai à Dobrzyn. » Le comte quitta le balcon ; mais, avant de s'éloigner, il jeta un regard par une meurtrière, et, voyant un grand nombre de lumières dans la demeure des Sopliça :

« Illuminez, s'écria-t-il ; demain, à pareille heure, il y aura des feux de joie dans ce château et des ténèbres dans votre maison ! » Gervais s'assit par terre, le dos appuyé contre le mur et le front penché sur sa poitrine. La clarté de la lune donnait en plein sur sa tête chauve. Il traçait dessus, avec son doigt, diverses figures. On voyait qu'il rappelait les souvenirs de ses anciennes expéditions, et qu'il méditait son plan de campagne. Ses paupières s'appesantissent de plus en plus, son cou vacille sans vigueur, il sent que le sommeil va le vaincre ; et, selon sa coutume, il récite la prière du soir. Mais entre le *Pater noster* et l'*Ave Maria*, son esprit est assailli de singulières hallucinations. Le porte-clefs des Horeszko revoit ses anciens maîtres ; les uns portent des glaives, d'autres des bâtons de commandement : mais tous ont les regards menaçants et se tordent la moustache. Ils menacent de leurs armes, ils agitent leurs bâtons. A leur suite paraît une ombre triste, une plaie sanglante à la poitrine. Gervais tressaille, il a reconnu le panetier ! Il se signe trois fois pour s'assurer si c'est un rêve ou la réalité ; il récite la litanie pour les âmes du purgatoire. Ses paupières se ferment. Un bruit retentit à ses oreilles ; il voit une foule de nobles à cheval. Leurs sabres luisent ; c'est une expédition, c'est celle de Korelicze ! Rymsza est à leur tête, et il se voit lui-même sur un grand cheval blanc, sa terrible rapière levée au-dessus de son front ; il court, les basques de sa czamara déboutonnée flottent dans les airs, son bonnet est tombé sur l'oreille gauche ; il court encore, renverse sur sa route fantassins et cavaliers : il met enfin le feu à la grange où Sopliça s'est retranché. Sa tête appesantie tombe alors sur sa poitrine. Ainsi s'endormit le dernier porte-clefs des Horeszko.

VI.

LA BOURGADE 94.

SOMMAIRE. — Préparatifs guerriers de l'expédition. — Exploits de l'audiencier Protais. — Le prêtre et le juge tiennent conseil sur les affaires publiques. — Suite de l'incursion malencontreuse de Protais. — Épisode sur le chanvre. — La noble bourgade de Dobrzyn. — Description de la personne et de l'habitation de Mathias Dobrzynski.

De l'humide crépuscule sortait lentement l'aurore au teint pâle, amenant à sa suite un jour sans éclat. Depuis longtemps le jour avait commencé, et à peine voyait-on clair. Le brouillard restait suspendu au-dessus de la terre, comme le chaume au-dessus d'une pauvre cabane lithuanienne. Du côté de l'Orient, un cercle blanchâtre annonçait que le soleil s'était levé ; c'était par là qu'il devait venir pour éclairer la terre : mais il s'avançait tristement et s'endormait en chemin.

A l'exemple des cieux, tout était en retard sur la terre. Les bestiaux n'avaient quitté qu'après l'heure ordinaire l'étable pour les pâturages, et ils avaient rencontré dans les champs les lièvres encore occupés à déjeuner. Les lièvres ont coutume de retourner dans les bois aussitôt que le jour paraît ; mais alors, cachés dans les brouillards, les uns mangeaient l'herbe couverte de rosée, d'autres creusaient dans la terre des gîtes pour leurs femelles : tous pensaient à jouir de l'air frais du matin, lorsque l'arrivée des bestiaux les chassa dans la forêt.

Même silence dans les bois. L'oiseau réveillé se tait encore. Il secoue ses ailes pour en faire tomber la rosée, se serre contre son arbre, cache sa tête sous son aile, referme les yeux et attend le soleil. Parfois, sur les bords de quelque marais lointain, on entend craqueter la cigogne ; sur les bornes des champs perchent des corneilles toutes mouillées.

Le bec ouvert, elles glapissent des commérages qui font la désolation du laboureur, auquel ils pronostiquent le mauvais temps. Depuis longtemps les travailleurs sont dans les blés.

Déjà les moissonneuses chantaient leur chanson accoutumée; mais d'un ton triste, comme un jour pluvieux : d'autant plus monotone et désolée que les sons se perdaient sans écho dans les froides vapeurs. Les faucilles résonnaient dans les gerbes, la prairie avait parlé; une troupe de faucheurs, en coupant le regain, sifflait un air plaintif : après chaque couplet, ils s'arrêtaient pour aiguiser leurs faux en cadence. On ne les apercevait pas dans le brouillard; seulement on entendait les faucilles, les faux et les chansons retentir comme les sons d'une musique invisible.

L'économe, assis au milieu d'eux, sur une gerbe de blé, détournait la tête et ne donnait aucune attention aux travailleurs. Il regardait la grand'route, là où les chemins se séparent; car il s'y passait des choses extraordinaires.

Là, depuis l'aurore, régnait un mouvement inaccoutumé. Ici roule, rapide comme la poste, une charrette de paysans; plus loin, une briska de gentilhomme se croise avec une seconde, une troisième, toutes au trot. Sur le chemin à gauche, un messager vole comme un courrier; sur le chemin à droite, une dizaine de chevaux passent au grand galop. Tous se hâtent, tous se dirigent de différents côtés. Qu'est-ce donc que tout cela? L'économe se lève; il veut savoir de quoi il s'agit : il veut questionner, il s'arrête longtemps sur le bord de la route. Il crie en vain, personne ne s'arrête, il ne peut reconnaître personne dans le brouillard. Ces hommes à cheval passent comme des ombres. Seulement de temps à autre on entend le bruit des fers des chevaux; et, chose plus extraordinaire, le cliquetis des sabres. Tout cela préoccupe l'économe, lui fait plaisir et l'effraie. Car, bien que tout fût alors tranquille en Lithuanie, depuis longtemps de sourdes rumeurs annonçaient la guerre, les Français, Dombrowski, Napoléon, que sais-je! Serait-ce un signe de guerre que ces cavaliers, ces armes? L'économe court rapporter au juge tout ce qu'il a vu, espérant en même temps en apprendre quelque chose.

A Soplicow, après la querelle de la veille, les habitants de la maison et les hôtes s'étaient levés tristes et mécontents d'eux-mêmes. En vain mademoiselle la sénéchale veut-elle rassembler autour d'elle les dames pour leur tirer les cartes, en vain offre-t-on aux hommes des tables pour jouer au mariage; personne ne veut rire, personne ne veut jouer. Chacun reste taciturne dans son coin. Les hommes fument, les dames tricotent, les mouches même sont assoupies.

Le sénéchal, fatigué du silence, jette son chasse-mouches et s'en va rejoindre les valets. Il préfère entendre dans la cuisine les cris de la femme de charge, les menaces, les coups des chefs, le bruit des marmitons. Mais peu à peu, bercé par le mouvement monotone des rôtis qui tournent à la broche, il se plonge dans une agréable somnolence.

Dès le matin, le juge écrivait enfermé dans sa chambre. L'huissier attendait près de la fenêtre, assis sur un banc de gazon. Après avoir terminé la citation, le juge appelle Protais. D'une voix forte il lui lit sa plainte contre le comte, qu'il accuse d'avoir blessé son honneur par des paroles outrageantes; contre Gervais, qu'il accuse de voies de fait et de coups : contre tous deux, qu'il accuse de l'avoir insulté. Il les cite en restitution des frais du procès, et demande que la cause soit jugée sans délai. Cette citation devait être remise le jour même, avant le coucher du soleil, être faite de vive voix, parlant aux accusés. Dès que l'huissier l'aperçoit, il tend l'oreille et la main d'un air solennel. Debout, le maintien grave, il se sentait cependant une grande envie de sauter de joie au plafond. A l'idée seule d'un procès, il rajeunit; il se rappelle ses jeunes années, ces années où il allait remettre des citations qui lui valaient des coups et un bon salaire. Ainsi un soldat qui a passé sa vie dans les camps, et qui, devenu invalide, se repose dans un hôpital, dès qu'il entend de loin le son du cor ou du tambour, saute de son lit et crie comme en rêve : « Mort aux Russes! » Avec sa jambe de bois, il s'élance de son hôpital si vite qu'un jeune homme peut à peine le suivre.

Protais se hâta d'endosser son costume d'huissier. Cependant il ne mit ni justaucorps ni surtout, ces habits ne servant qu'au jour solennel du jugement; il en avait d'autres pour la route. C'étaient de larges pantalons et une kourtka dont les basques boutonnées peuvent se relever ou s'abaisser sur les genoux; un bonnet avec des oreillettes attachées sur la calotte au moyen d'un ruban; ces oreillettes se relèvent quand il fait beau, et s'abaissent pour la pluie. Ainsi vêtu, il prit un gros bâton et se mit en route à pied; car les huissiers avant le procès, comme les espions avant la guerre, sont obligés de se déguiser de différentes manières.

Protais avait eu raison de se hâter, car il ne se serait pas longtemps réjoui d'avoir une citation à faire. On avait changé de plan de campagne à Sopliçow. Chez le juge était entré tout à coup Robak pensif :

« Juge, dit-il, cette tante nous donne bien du fil à retordre, cette madame Télimène est par trop étourdie. Lorsque la petite Sophie perdit ses parents, comme elle était sans fortune, Jacques lui confia son éducation, parce qu'il avait entendu dire que c'était une excellente personne et connaissant bien le monde; mais aujourd'hui je m'aperçois qu'elle cherche à pêcher dans l'eau trouble, qu'elle intrigue et qu'elle a l'air de vouloir attirer Thadée dans ses filets : je la surveille. Peut-être en veut-elle au comte, peut-être à tous les deux. Cherchons donc les moyens de nous débarrasser d'elle; car de sa présence ici peuvent naître des commérages de toute espèce, de fort mauvais exemples, et finalement la discorde entre ces jeunes gens, ce qui contrarierait sans doute vos plans d'accommodement.

— D'accommodement? s'écria le juge avec une énergie extraordinaire ; il n'est plus question d'accommodement, je n'en veux plus entendre parler : tout est rompu.

— Qu'est-ce à dire? interrompit Robak, êtes-vous dans votre bon sens? avez-vous bien la tête à vous? que me contez-vous là? qu'est-ce que cette nouvelle lubie?

— Ce n'est pas ma faute, reprit le juge, le procès le prouvera. Le comte est un fanfaron, un imbécile ; c'est lui qui a donné lieu à la querelle. Gervais aussi est un bandit ; mais ce sera l'affaire d'un jugement. C'est dommage, abbé, que vous ne vous soyez pas trouvé au souper dans le château ; vous m'auriez rendu témoignage de la grave offense qui m'a été faite par le comte.

— Pourquoi vous aller fourrer dans ces ruines? s'écria Robak ; vous savez que je déteste cela. Jamais je n'y remettrai le pied ! Une nouvelle querelle? C'est une calamité du bon Dieu ! Comment cela s'est-il passé? Parlez. Il faut apaiser cette affaire. Je suis las enfin de tant de sottises. J'ai d'autres soins plus importants que de mettre d'accord des plaideurs. Cependant j'emploierai encore une fois mes bons offices.

— Vos bons offices ? Qu'entendez-vous par là? Allez-vous-en au diable avec vos bons offices, s'écria le juge en frappant du pied. Voyez-vous ce moine! parce que je l'ai accueilli avec bonté, il veut me mener par le nez ! Sachez que les Sopliça n'ont pas l'habitude d'accepter les bons offices d'étrangers. Une fois un procès entamé, il faut qu'ils le gagnent ; il y a eu plus d'une fois, dans notre famille, des procès qui n'ont été gagnés qu'à la sixième génération. Je n'ai déjà fait que trop de bévues par vos conseils ; c'est vous qui m'avez engagé à convoquer pour la troisième fois la cour de délimitation. Dès aujourd'hui plus d'accord, non, plus d'accord! » En parlant ainsi, il marchait à grands pas, et frappait des deux pieds le parquet.

« De plus, ajouta-t-il, pour son impertinence d'hier, il faut qu'il me demande pardon ou qu'il se batte.

— Mais, juge, qu'en dira Jacques lorsqu'il l'apprendra? Mais il mourra de désespoir! Les Sopliça n'ont-ils donc pas commis assez de fautes dans ce château? Mon frère, je ne veux pas rappeler un terrible forfait; mais vous savez que la confédération de Targowiça a pris, en outre, une grande partie des terres qui appartenaient aux Horeszko, pour les donner aux Sopliça. Jacques, pour racheter ses péchés, a fait vœu de les restituer; c'est à cette condition que l'absolution lui a été accordée : il a donc adopté Sophie, la pauvre héritière des Horeszko, l'a fait élever à ses frais dans l'intention de la marier à son fils Thadée, de réconcilier ainsi les deux familles ennemies, et de rendre sans honte son bien à l'héritière légitime.

— Comment? s'écria le juge, en quoi cela me regarde-t-il? Je n'ai jamais connu, je n'ai même jamais vu ce Jacques. A peine ai-je entendu parler de la vie de mauvais sujet qu'il a menée; car j'étais alors en rhétorique au collége des jésuites, et plus tard je suis entré à la cour du palatin pour achever mon éducation. On m'a donné ces terres, je les ai acceptées; Jacques m'a commandé de prendre Sophie, je l'ai fait, je l'ai élevée, et je songe maintenant à assurer son sort. Toute cette histoire de vieille femme ne m'a déjà causé que trop d'ennuis; et d'ailleurs qu'a donc à faire le comte dans tout cela? quel droit a-t-il sur le château? Vous savez bien, mon ami, que, s'il est parent des Horeszko, par les femmes ou autrement, c'est de la côte d'Adam. Est-ce à lui de m'insulter? Est-ce à moi de faire des démarches d'accommodement?

— Mon frère, il y a de pressants motifs pour agir ainsi. Vous vous rappelez que Jacques a d'abord eu l'intention d'envoyer son fils à l'armée, et qu'il s'est décidé ensuite à le laisser en Lithuanie. Voyons, quelle raison avait-il pour cela ? C'est parce qu'en restant à la maison il sera plus utile à sa patrie*. Vous avez certainement entendu déjà ce qui se répète partout, ce dont je vous ai souvent apporté des nouvelles. Le temps est venu de tout dire. Ce sont des choses graves, mon frère ; la guerre est près de nous, une guerre pour la Pologne : oui, mon frère, une guerre imminente; nous serons Polonais!... Lorsque je suis arrivé ici, chargé d'un mystérieux message, déjà les avant-postes étaient sur le Niémen, déjà Napoléon rassemblait une immense armée, une armée telle que jamais on n'en vit de mémoire d'homme, telle que l'histoire n'en cite pas d'aussi nombreuse ! Avec les Français arrive toute l'armée polonaise, notre Poniatowski, notre Dombrowski, nos aigles blanches! Ils sont déjà en route. Au premier signal de Napoléon, ils franchiront le Niémen, mon frère, et notre sainte patrie ressuscitera ! ».

Le juge l'écoutait en fermant lentement ses lunettes. Il regardait fixement le prêtre, ne disait pas un mot; mais de profonds soupirs s'échappaient de sa poitrine, des larmes roulaient dans ses yeux... Enfin, jetant ses bras autour du cou du moine, il l'étreignit de toutes ses forces :

« Mon bon Robak, est-ce vrai ? s'écria-t-il ; mon cher Robak, est-ce bien vrai? On nous a trompés si souvent. Te rappelles-tu cela ? On nous disait : « Napoléon arrive ! » Nous l'attendions tous. On nous disait : « Il est déjà dans la Couronne ! il a déjà battu les Prussiens ! Il entre en Lithuanie ! » Et lui, que fait-il ? La paix de Tilsitt ! Est-ce bien vrai cette fois? est-ce que tu ne te trompes pas toi-même ?

— Oui, c'est vrai, aussi vrai qu'il existe un Dieu !

— Bénies soient donc tes lèvres, qui nous annoncent une si bonne nouvelle ! s'écria le juge en levant les mains au

---

* Tout le passage suivant jusqu'au mot : « Je cours chez lui » (page 278), a été malheureusement supprimé dans l'édition de Varsovie de 1858.

ciel. Tu ne te repentiras pas de nous avoir apporté ce message. Ton couvent ne s'en repentira pas non plus. Je donnerai deux cents moutons à ton couvent. Mon frère, hier tu regardais d'un œil d'envie mon cheval bai, tu louais mon alezan; dès aujourd'hui ils seront attelés à ta carriole de quêteur. Aujourd'hui demande-moi tout ce que tu voudras, je ne te refuserai rien ; mais, de toute cette affaire avec le comte, qu'il n'en soit plus question ! Il m'a offensé, je l'ai déjà fait citer; serait-il convenable de me désister? »

Le prêtre se tordit les bras, attacha ses regards sur le juge, haussa les épaules :

« C'est donc quand Napoléon apporte la liberté à la Lithuanie, s'écria-t-il, quand le monde entier frémit de joie, que vous songez à des procès? Et, après tout ce que je viens de vous dire, vous resterez les bras croisés quand il faut agir ?

— Agir? qu'y a-t-il à faire ? demanda le juge.

— Tu ne l'as donc pas encore lu dans mes yeux ? répondit Robak, ton cœur ne t'a pas encore parlé? Ah ! mon frère, si tu as une goutte du sang des Soplica dans les veines, réfléchis ! Les Français attaqueront de front, qu'en dis-tu ? Si l'on faisait une insurrection par derrière, qu'en penses-tu ? Si notre cavale hennissait [95], si l'ours samogitien mugissait ! Ah! si seulement mille hommes, ne fût-ce même que cinq cents, attaquaient l'arrière-garde des Russes, l'insurrection s'étendrait à la ronde comme un incendie ! Qu'en dis-tu ? Si, après avoir conquis sur eux des canons, des drapeaux, vainqueurs, nous allions à la rencontre de nos compatriotes qui viennent nous délivrer ! Nous avançons; Napoléon aperçoit nos lances : « Quelle est cette armée ? demande-t-il. — Ce sont des insurgés, illustre empereur ! des Lithuaniens, des volontaires ! — Qui est leur chef ? — Le juge Soplica ! » Ah ! mon frère, qui oserait alors dire un seul mot de la faute de Targowiça ? Ah ! mon frère, tant que les montagnes de Ponary resteraient debout, tant que le Niémen coulerait, le nom des Soplipa serait célèbre en Lithuanie ! Leurs petits-fils, leurs arrière-petits-fils seraient encore montrés du doigt dans la capitale des Jaghellons ! On dirait : « Voilà un Soplipa, un de ces Soplipa qui, les premiers, ont levé l'étendard de l'insurrection polonaise ! »

— Le dire des hommes m'importe peu, répondit le juge ; je ne me suis jamais soucié beaucoup des louanges de ce monde. Dieu m'est témoin que je ne suis pas coupable du péché de mon frère ! Je ne me suis jamais trop inquiété de la politique, occupé que j'étais à cultiver mon morceau de terre. Mais je suis noble ; j'aimerais à effacer la tache de ma famille ! Je suis Polonais ; j'aimerais à faire quelque chose pour mon pays, fût-ce au prix de ma vie ! Je n'ai jamais été très-habile dans le maniement du sabre ; cependant plusieurs ont reçu de moi des horions. On sait que dans les dernières diétines polonaises, j'ai provoqué et blessé les deux frères Buzwik, qui... Mais n'importe. Quel est ton avis ? Crois-tu que que nous devions entrer de suite en campagne, que nous devions rassembler nos chasseurs ? C'est chose aisée ! J'ai assez de poudre, il y a quelques petits canons à la cure ; je me rappelle que Yankiel m'a dit avoir chez lui des fers de lance : quand j'en aurai besoin, je pourrai les faire prendre. Il les a rapportés secrètement de Kœnigsberg. Nous irons les chercher ; à l'instant nous ferons faire les bois : nous ne manquerons pas de sabres. Les gentilshommes monteront à cheval, moi et mon neveu à leur tête, et... n'est-ce pas ? tout ira bien !

— O sang polonais ! s'écria Robak ému et en s'élançant vers le juge les bras ouverts ; ô digne fils des Soplipa ! Tu es prédestiné à laver les péchés de ton frère le vagabond. Je t'ai toujours honoré, mais dès cet instant je t'aime comme un frère. Préparons tout, mais il n'est pas encore temps de se mettre en campagne ; c'est moi qui vous indiquerai le moment et le lieu. Je sais que le tzar a envoyé demander la paix à Napoléon ; la guerre n'est pas déclarée, mais le prince Joseph Poniatowski a entendu dire à M. Bignon, Français attaché au conseil de l'Empereur, que tous ces pourparlers n'aboutiraient à rien et que nous aurions la guerre. Le prince m'a envoyé vous porter cette nouvelle, ainsi que l'ordre aux Lithuaniens de se tenir prêts à prouver à l'empereur qu'ils veulent se réunir à leurs frères de Pologne, et qu'ils désirent que la Pologne soit rétablie. En attendant, mon frère, il faut vous réconcilier avec le comte. C'est une tête un peu fantasque, mais il est jeune, loyal, bon Polonais. Nous avons besoin de gentilshommes, et je sais par expérience que dans les révolutions les originaux sont fort nécessaires. Les sots même rendent des services s'ils sont honnêtes et conduits par des gens d'esprit. Le comte est un grand seigneur, il a beaucoup d'influence dans le district ; tous les nobles se soulèveront à son exemple. Chacun d'eux, connaissant ses richesses, dira qu'il faut bien que ce soit une chose sérieuses, puisque les grands seigneurs s'en mêlent. Je cours chez lui.

— Qu'il vienne d'abord ici, répondit le juge, qu'il vienne me demander pardon. Ne suis-je pas le plus âgé ? Ne suis-je pas dignitaire ? Quant au procès, les arbitres en décideront... »

Le bernardin tire la porte après lui et s'élance dans la voiture qui l'attendait devant la porte. Il frappe les chevaux du fouet, leur caresse les flancs avec les rênes ; la briska vole et disparaît au milieu des brouillards ; seulement de temps en temps on aperçoit le capuchon brun du moine qui plane au-dessus des vapeurs comme un aigle parmi les nuages.

L'huissier était arrivé déjà près de la maison du comte. Tel qu'un renard expérimenté qui, alléché par l'odeur du lard, court pour s'en emparer ; connaissant toutes les ruses des chasseurs, il s'approche, s'arrête, s'accroupit, lève sa queue, et l'agitant comme un éventail, chasse l'air dans ses narines, pour demander au vent si le friand morceau n'a point été empoisonné ; tel Protais avait quitté le chemin en longeant la prairie, tournant autour de la maison, brandissant son bâton comme s'il avait voulu chasser le bétail du pré défendu : tout en manœuvrant ainsi, il s'arrêta prudemment près du jardin, se baissa, courut comme s'il eût suivi la trace d'une bécasse, et puis tout à coup sauta par-dessus la haie, et se glissa dans le chanvre. Ces tiges vertes, odoriférantes, touffues, offrent, tout près de la maison, un sûr asile aux animaux et aux hommes. Souvent un lièvre surpris au milieu des choux court se cacher dans le chanvre ; il y est plus en sécurité que dans les broussailles, car le lévrier ne saurait le prendre à cause de l'épaisseur des tiges, ni le chien courant le flairer à cause de leur forte odeur. C'est dans le chanvre que se sauve le domestique qui fuit les coups de fouet ou de poing ; il y reste tranquillement jusqu'à ce que son maître se soit apaisé. Souvent même des conscrits réfractaires demeurent cachés dans le chanvre, tandis que le gouvernement fait fouiller les forêts pour les découvrir. Voilà pourquoi dans les combats ou les expéditions, l'un et l'autre parti ne négligent rien pour prendre position dans le chanvre, qui, s'étendant ordinairement par devant jusqu'aux murs du logis, et par derrière jusqu'aux champs de houblon, dérobe l'attaqué et la retraite aux yeux de l'ennemi.

L'huissier Protais, quoique homme de cœur, éprouva un peu d'émotion ; car l'odeur de cette plante lui remit en mémoire ses anciens exploits, dont le chanvre avait été témoin. Il se rappela comment un jour certain gentilhomme de Telsze, auquel il avait porté une assignation, lui avait appuyé un pistolet sur la poitrine en lui ordonnant de se mettre sous la table comme un chien, et de révoquer ainsi sa citation ; en sorte qu'il avait été obligé de se réfugier dans le chanvre. Il se rappela comment un autre jour Wolodkowicz, seigneur arrogant et fier, qui dispersait les diétines, violait le sanctuaire de la justice, ayant reçu l'exploit, l'avait déchiré en mille morceaux; comment il avait placé sur la porte des heïduques avec des bâtons, avait levé sa rapière au-dessus de sa tête en lui criant : « Tu mangeras ce papier ou je te coupe le cou. » En homme prudent, il avait fait semblant d'obéir, jusqu'à ce qu'il fût parvenu près de la fenêtre, par laquelle il avait sauté pour se sauver dans le chanvre. Il est vrai que ce n'était plus alors l'usage en Lithuanie de se défendre contre les citations par le sabre et le fouet; à peine à cette époque un huissier entendait-il quelques injures. Mais Protais ne pouvait connaître ce changement dans les mœurs; car depuis longtemps il n'avait plus porté d'assignation. Bien que toujours prêt, bien que demandant sans cesse au juge de l'employer, il avait vu celui-ci se refuser à ses prières, par égard pour son grand âge. S'il avait cette fois accepté ses offres, c'est que la nécessité l'y avait forcé, vu l'urgence du cas.

L'huissier regarde, écoute : partout le silence! Il glisse sa main dans le chanvre; écartant les tiges touffues, il nage au milieu de ces plantes comme un pêcheur qui plonge entre deux eaux; il lève la tête : partout le silence! Il s'approche avec précaution des fenêtres, le silence partout! Il interroge par les fenêtres les profondeurs du château, tout est désert! Il entre dans l'allée, non sans crainte, tourne le bouton d'une porte. Vide comme un château enchanté! Il tire la citation, se met à la lire à haute voix, quand soudain il entend une voiture; son cœur bat, il veut fuir : mais quelqu'un lui barre le chemin de la porte. Par bonheur, il le reconnaît, c'est le frère Robak. Tous deux restent ébahis. Il était évident que le comte s'était éloigné avec ses gens, et à la hâte, puisque la porte avait été laissée toute grande ouverte. On voyait qu'ils s'étaient armés; par terre étaient couchés des fusils à deux coups, des mousquetons : plus loin des baguettes, des chiens de fusil et des outils d'arquebusier avec lesquels on avait réparé les armes. De la poudre, du papier! on avait donc fait des cartouches? Le comte serait-il allé à la chasse avec toute sa maison? Mais alors, à quoi bon ces armes blanches? Ici des sabres rouillés sans garde, là une épée sans ceinturon! Certainement on avait fait un choix parmi ces armes de rebut; il paraissait même qu'on était allé fouiller dans les vieux dépôts d'armes de la cave. Robak examina avec attention les fusils et les épées; puis, il se rendit à la ferme, espérant y apprendre quelque chose, ou demander à quelque valet ce qu'était devenu le comte. Dans toute la ferme, après bien des recherches, il ne trouva que deux vieilles femmes qui lui dirent que le comte avait pris le chemin de Dobrzyn avec tous ses domestiques armés jusqu'aux dents.

La bourgade de Dobrzyn est célèbre dans toute la Lithuanie par la valeur de ses gentilshommes et la beauté de ses femmes. Elle était jadis puissante et peuplée; car, lorsque le roi Jean III avait convoqué la pospolité [96], le porte-enseigne du palatinat lui avait amené de Dobrzyn seul six cents gentilshommes en armes. Aujourd'hui, la famille est moins nombreuse, plus pauvre. Jadis à la cour des seigneurs, à l'armée, aux expéditions, aux diétines, les Dobrzynski menaient une vie facile; aujourd'hui, ils sont forcés de travailler pour vivre comme des paysans en corvée : seulement ils ne portent pas l'habit des paysans, mais des capotes blanches à raies noires, et des surtouts le dimanche. Le costume de leurs femmes, des plus pauvres même, diffère des jaquettes des paysannes. Ordinairement elles sont vêtues de toile de lin ou de percale; elles gardent le bétail non pas avec des chaussures faites d'écorce de tilleul, mais avec des souliers : elles coupent le blé et filent même avec des gants.

Les Dobrzynski se distinguent de tous les autres nobles

de la Lithuanie par leur langage, leur taille et leurs mœurs. Ils sont du pur sang de Lech ; ils ont tous les cheveux noirs, le front haut, les yeux noirs, des nez aquilins ; ils tirent leur origine, qui remonte à des siècles, de la terre de Dobrzyn : et, bien qu'établis en Lithuanie depuis quatre cents ans, ils ont conservé la prononciation et les usages de la Mazovie. Lorsqu'un d'entre eux fait baptiser son enfant, il a l'habitude de lui donner pour patron un saint de la Couronne, saint Barthélemy ou saint Mathias. Ainsi le fils d'un Mathias s'appelle toujours Barthélemy, et le fils d'un Barthélemy toujours Mathias. Toutes les filles reçoivent au baptême les noms de Catherine ou de Marie. Pour se reconnaître au milieu d'un tel mélange, ils prennent, hommes et femmes, divers surnoms tirés d'une qualité ou d'un défaut. Les hommes en ont ordinairement plusieurs, marques de respect ou de mépris de la part de leurs concitoyens. Souvent un gentilhomme est connu sous un nom à Dobrzyn, et sous un autre dans le voisinage. Les autres nobles de la contrée imitent en cela les Dobrzynski ; et aujourd'hui cette coutume est à peu près généralement répandue, quoique peu sachent qu'elle vient du bourg de Dobrzyn. Les surnoms y sont nécessaires, tandis que dans le reste du pays ce n'est qu'une sotte imitation. Mathias Dobrzynski, le chef de la famille, s'appelait donc le *Coq-du-Clocher*. Plus tard, en 1794, il changea de sobriquet, et prit celui de *Poing-sur-la-Hanche*. Les Dobrzynski le surnommaient le *Lapin*; mais les Lithuaniens ne l'appelaient que le *Mathias-des-Mathias*. De même qu'il dominait sur les Dobrzynski, sa maison, située entre l'église et le cabaret, s'élevait au-dessus de toutes les autres. On voyait qu'elle était peu fréquentée, qu'elle était habitée par de pauvres diables ; car la grande porte était sans battants, le jardin sans haie, inculte : de petits bouleaux croissaient déjà sur les planches. Et cependant cette ferme était le château du village, car elle était plus apparente que toutes les autres cabanes ; elle était plus vaste, et sa façade était en briques. A l'entour s'élevaient un vieux lamus vide, un grenier, une grange, des étables et des écuries ; tous ces bâtiments étaient à côté l'un de l'autre, comme c'est d'ordinaire chez les petits nobles : tous étaient extrêmement vieux et pourris. Le toit de la maison brillait comme s'il eût été de fer-blanc moisi ; et cela à cause de la mousse et des herbes qui y croissaient en aussi grande abondance que sur une prairie. Sur le chaume des granges, comme dans des jardins suspendus, s'étendait une couverture de diverses plantes, telles que le rouge coquelicot, la mauve jaune, l'amaranthe panachée, les baies de différentes couleurs, entre-mêlées de nids d'oiseaux. Les faces latérales étaient percées de pigeonniers ; aux fenêtres étaient suspendus des nids d'hirondelles : il y avait sur la porte des lapins blancs, qui couraient sur le gazon ou bien y creusaient des terriers. En un mot, cette maison ressemblait à un clapier, sinon à une volière avec ses habitants.

Jadis elle avait été fortifiée ; on y apercevait partout les traces nombreuses des grandes et fréquentes attaques qu'elle avait soutenues. Aujourd'hui encore, sous la porte, dans l'herbe, on voit un boulet de fer aussi gros que la tête d'un enfant, qui date du temps des Suédois. On l'employait autrefois en guise de pierre d'appui pour empêcher la porte de se fermer. Dans la cour, au milieu des absinthes et des orties, sont encore debout les débris de plusieurs vieilles croix sur une terre non bénite. Elles indiquent la place où furent enterrés des guerriers frappés d'une mort inattendue et subite. Si l'on examinait avec attention le lamus, le grenier et la maison, en en verrait les murs tachetés du haut en bas comme par un essaim de noirs insectes. Au milieu de chacune de ces taches est une balle, comme un taon dans un trou de la terre.

Les boutons, les clous, les crochets de la porte de la maison, ou bien étaient coupés, ou portaient des marques de coups de sabre ; probablement on avait essayé sur eux la bonté de la trempe des lames appelées lames du roi Sigismond, avec lesquelles on peut, sans y laisser de traces, couper des clous ou des crochets. Au-dessus de la porte on voyait les armes des Dobrzynski ; mais l'écusson était à moitié caché par des rayons chargés de fromage, et par des nids d'hirondelles.

Dans l'intérieur de la maison, dans l'écurie, dans la remise, se trouvait une quantité d'armes comme dans un arsenal. Au toit étaient suspendus quatre casques énormes. Ces ornements des enfants de Mars servaient alors de demeure aux oiseaux de Vénus : des pigeons y roucoulaient en donnant la becquée à leurs petits. Dans l'écurie, au-dessus du râtelier, était étendue une grande cotte de mailles ; une cuirasse à anneaux servait de marche-pied au valet chargé de distribuer le fourrage aux poulains. Dans l'office, la cuisinière impie avait ôté la trempe à quelques rapières, en les mettant au feu en guise de broches. D'un bountchouk musulman, trophée rapporté de Vienne, elle égrenait les meules ; en un mot, Cérès, la ménagère, avait détrôné Mars et dominait dans la maison et la grange, de concert avec Pomone, Flore et Vertumne : mais alors la déesse allait être forcée de céder la place à Mars qui revenait dans son empire.

Grand événement à Dobrzyn. Un messager à cheval y arrive, courant d'une cabane à l'autre, réveillant les habitants comme pour une corvée. Les gentilshommes se lèvent, la foule remplit les rues de la bourgade, on entend des cris dans le cabaret, on voit de la lumière dans la cure ; chacun court, questionne s'agite. Les vieillards se forment en conseil, les jeunes gens sellent leurs chevaux, les femmes tiennent la bride ; les garçons se chamaillent, se préparent au combat : mais aucun ne sait ni avec qui, ni pourquoi. Ceux-ci resteront, bon gré, mal gré. A la cure se tient un conseil long, pressé, tumultueux; ne pouvant tomber d'accord, tous se décident à aller exposer l'affaire au père Mathias.

Mathias avait soixante-douze ans; c'était un vieillard vigoureux, de petite taille; un ancien confédéré de Bar [97]. Ses amis et ses ennemis se souvenaient encore de son damas recourbé, avec lequel il coupait les piques et les épées comme de la paille, et que par plaisanterie il avait baptisé du modeste nom de *petite verge!* De confédéré, il était devenu partisan du roi et avait fait cause commune avec Tyzenhaus le trésorier de la Lithuanie. Mais quand le roi eut trempé dans la confédération de Targowiça, il l'avait de nouveau abandonné. Cette inconstance dans ses principes l'avait fait surnommer le Coq-du-Clocher, parce que, comme une girouette, il semblait tourner à tout vent. En vain chercherait-on à découvrir la cause de ces fréquents changements de drapeau. Peut-être Mathias aimait-il trop la guerre? Peut-être, vaincu dans un parti, cherchait-il de nouveaux combats dans un autre? Peut-être, politique habile, devinait-il l'esprit du temps et embrassait-il le parti qui lui semblait vouloir le bien de la patrie? Qui peut le savoir? Ce qu'il y a de certain, c'est que ce ne fut jamais le désir d'une gloire personnelle et moins encore un sordide intérêt qui dirigèrent sa conduite. Jamais il n'aurait fait cause commune avec les adhérents de la Russie; au seul aspect d'un Russe, il écumait de rage et son visage était en feu. Pour ne pas en rencontrer, depuis le partage de la Pologne il ne sortait pas plus de chez lui qu'un ours suçant sa patte au fond de sa tanière.

La dernière fois qu'il guerroya, ce fut dans un voyage qu'il fit à Vilno avec Oginski. Il servait sous Iasinski, et fit des prodiges de valeur avec sa verge. On sait que seul il s'élança hors des tranchées de Praga pour courir au secours de monsieur Pociey, qui était resté abandonné sur le champ de bataille couvert de vingt-trois blessures. Longtemps on crut en Lithuanie qu'ils avaient tous les deux succombé;

mais ils reparurent l'un et l'autre percés à jour comme un crible. Monsieur Pociey, un digne homme, voulut de suite après la guerre récompenser généreusement Dobrzynski. Il lui offrit une ferme de cinq feux à vie, avec une rente annuelle de mille florins d'or. Mais Dobrzynski lui répondit : « Que Pociey soit l'obligé de Mathias et non Mathias de Pociey. » Il refusa donc la ferme et l'argent. De retour chez lui, il vivait du travail de ses mains, tressant des ruches pour les abeilles, préparant des remèdes pour les bestiaux, faisant vendre au marché les perdrix qu'il prenait au filet et chassant le gibier dans les forêts.

Il y avait à Dobrzyn maints hommes sages qui savaient le latin et qui dans leur jeunesse s'étaient exercés au barreau. Il y en avait d'autres plus riches ; et pourtant de toute la famille, Mathias, quoique pauvre et sans instruction, était le plus honoré : non-seulement à cause de la célébrité que lui avait acquise sa verge, mais encore à cause de la solidité et de la sagesse de ses conseils. Il connaissait l'histoire de son pays, les traditions des familles ; il était aussi versé dans la jurisprudence que dans l'économie domestique. Il savait tous les secrets des chasseurs ; il n'ignorait aucun médicament : on lui reconnaissait même, en dépit des dénégations du curé, une grande habileté dans la magie. Il est certain que personne mieux que lui ne prévoyait les changements de temps et qu'il les prédisait plus sûrement qu'aucun almanach. Il n'est donc pas étonnant qu'on allât le consulter sur le moment opportun de faire les semailles, de mettre les radeaux à l'eau, de récolter la moisson, d'entamer un procès, de conclure un accord ; aussi rien ne se passait à Dobrzyn sans qu'on lui demandât son avis. Mais cette influence, le vieillard ne la recherchait nullement ; il faisait au contraire tous ses efforts pour s'en affranchir : il brusquait ceux qui venaient lui parler de leurs affaires, et les mettait à la porte sans vouloir leur répondre, plus souvent qu'il ne leur disait son opinion. Et encore ne consentait-il pas à prêter conseil à chacun ; à peine dans les cas les plus graves se décidait-il à laisser tomber quelques mots. On crut qu'il se chargerait de l'expédition projetée et qu'il se mettrait à la tête : il aimait tant les combats depuis son jeune âge ; il détestait avec tant d'acharnement la race moskovite !

Le vieillard se promenait précisément dans sa cour solitaire en fredonnant l'air : « *Quand l'aurore se lève, la terre et les mers te saluent*, » content qu'il était de voir le ciel s'éclaircir et le brouillard tomber au lieu de monter, ce qui aurait annoncé la pluie. Le vent caressait les vapeurs de ses mains étendues, les lissait, les couchait sur la prairie ; et le soleil dardant ses rayons d'en haut, les brodait, les argentait, les dorait et les empourprait. Tels deux artistes de Slück tissant une ceinture précieuse : la jeune fille assise au métier étend la soie sur les cadres, lisse la trame avec la main, tandis que le tisserand lui jette d'en haut des fils d'or, de pourpre et d'argent, destinés à former sur la chaîne les nuances et les fleurs : c'est ainsi que le matin avait enveloppé toute la terre de blanches vapeurs, et le jour les animait de mille dessins brillants.

Mathias, tout en se chauffant au soleil, avait achevé sa prière matinale, et déjà il se disposait à se rendre où l'appelaient les soins de son ménage. Il alla chercher des fougères et des feuilles, s'assit devant la maison et siffla. A ce bruit, une troupe de lapins surgit du gazon ; on eût dit des narcisses subitement éclos dans la verdure. Leurs blanches oreilles se dressent, leurs yeux scintillent comme des rubis enflammés sur le velours de la verte pelouse. Ils se lèvent sur leurs pattes de derrière, prêtent l'oreille, regardent ; puis la troupe à la blanche fourrure s'élance vers le vieillard, attirée par les feuilles de choux. Les uns grimpent sur ses pieds, d'autres sur ses genoux, d'autres sur ses épaules ;

lui-même blanc comme un lapin, il se plaît à les rassembler autour de lui : il aime à caresser d'une main leur chaud duvet, tandis que de l'autre il puise dans son bonnet des poignées de millet qu'il jette aux moineaux, dont la troupe criarde s'abat des toits sur le gazon.

Pendant que le vieillard s'amuse à contempler ce joyeux festin, tout à coup les lapins disparaissent sous terre et les moineaux se sauvent sur les toits, effrayés qu'ils sont de l'aspect des hôtes nouveaux qui s'avancent à pas pressés du côté de la ferme. Ce sont les députés envoyés à Mathias par le conseil de nobles qui s'était tenu à la cure. De loin ils font déjà de profondes salutations au vieillard :

« Que Jésus-Christ soit glorifié !

—Aux siècles des siècles, Amen , » répond Mathias. Après avoir appris l'importance du message, il les engage à entrer dans sa cabane. Ils entrent et s'asseyent sur les bancs. Le premier d'entre eux reste au milieu de la chambre et se met en devoir d'expliquer ce dont il s'agit.

En attendant, le nombre des gentilshommes augmente sans cesse. On voit arriver successivement presque tous les Dobrzynski avec la plupart des nobles des bourgades voisines, les uns armés, les autres sans armes, ceux-ci sur des charettes, ceux-là dans des briskas, quelques uns à pied beaucoup à cheval. Ils descendent de voiture, attachent leurs chevaux aux petits bouleaux du jardin, et curieux de l'issue de cette délibération, ils se pressent autour de la maison, s'entassent dans la chambre, remplissent le vestibule, tandis que d'autres écoutent, les têtes encadrées aux fenêtres.

VII.

LE CONSEIL.

SOMMAIRE. — Salutaires conseils de Barthélemy dit le Prussien. — Discours martial de Mathias-Goupillon. — Opinion politique de M. Buchman. — Accommodement conseillé par le juif Yankiel et tranché par le canif de Gervais. — Merveilleux effets de l'éloquence parlementaire. — Protestation du vétéran Mathias. — L'arrivée subite de secours interrompt le conseil. — En avant, contre Soplica!

A son tour le député Barthélemy prit la parole. Souvent il se rendait par eau à Kœnigsberg; ses concitoyens, par plaisanterie, le surnommaient le *Prussien;* car quoiqu'il détestât cordialement les Prussiens, il aimait à parler d'eux. C'était un homme avancé en âge : il avait vu beaucoup de monde dans ses pérégrinations. Zélé lecteur de gazettes, politique habile, ses lumières pouvaient donc être d'un grand secours au conseil. Il terminait ainsi son discours :

« Monsieur Mathias, mon frère et notre père à tous, ce n'est pas un appui de peu de valeur. Moi, je me fierais aux Français en temps de guerre comme à quatre as. C'est une nation guerrière; et, depuis Thadée Kosciuszko, le monde n'a pas vu un génie militaire pareil au grand empereur Bonaparte. Je me souviens du jour où les Français passèrent la Varta; j'étais alors en pays étranger : c'était l'an de grâce 1806. Je faisais précisément le commerce à Dantzick, et j'ai beaucoup de parents en Posnanie. J'étais allé les voir. Nous chassions le menu gibier avec M. Joseph Grabowski, qui est actuellement colonel d'un régiment, mais qui alors vivait à la campagne près d'Obiezierz. La paix régnait dans la Grande-Pologne comme aujourd'hui en Lithuanie. Tout à coup se répand la nouvelle d'une grande bataille, et nous recevons un message de la part de M. Todwen. Grabowski lit la lettre : « Iéna ! Iéna ! s'écrie-t-il, les Prussiens battus à plates coutures ; une éclatante victoire ! » Je descends à l'instant de cheval et je me jette à genoux pour rendre grâce à Dieu.. Nous allons en ville sous prétexte d'une affaire ; nous faisons semblant de ne rien savoir, quand nous apercevons tous les commissaires, les *landraths*, les *hofraths*, et tous ces autres *raths* qui nous saluent profondément ; tous pâles et tremblants comme des charançons prussiens quand on les arrose d'eau chaude. Nous nous frottons les mains en riant sous cape et leur demandons poliment des nouvelles de Iéna. Ici la peur les gagne ; ils s'étonnent que leur défaite nous soit déjà connue. Les Allemands de crier : *Ach! Herr Gott! o Weh!* Le nez baissé, ils rentrent chez eux, et de là s'enfuient dans les champs. Oh ! c'est un tintamarre ! Toutes les routes de la grande Pologne couvertes de fuyards. Les Allemands courent çà et là comme des fourmis ; ils s'attèlent à ces voitures que le peuple là-bas appelle Wagen ; hommes, femmes, avec leurs pipes et leurs cafetières, traînent leurs boîtes, leurs matelas ; tous se sauvent comme ils peuvent. Nous, en silence, nous nous assemblons en conseil. En avant ! à cheval ! troublons la retraite aux Allemands ! Nous nous mettons à tordre le cou des landraths, à écorcher tout vifs les hofraths, à attraper les *herr offizier* par le bout de leurs queues. Et voici que le général Dombrowski entre à Posen et apporte l'ordre impérial de s'insurger. Au bout de huit jours, notre peuple avait fait une telle déconfiture des Prussiens qu'on n'aurait pu trouver un seul Allemand pour de la graine. Qu'en dites-vous ? si nous préparions un bain chaud aux Russes en Lithuanie, aussi vite et aussi bien ? Qu'en pensez-vous, Mathias ? Si Bonaparte fait la guerre à la Russie, c'est qu'il ne plaisante pas, lui le premier héros du monde, ayant des armées innombrables !

Voyons, qu'en pensez-vous, Mathias, notre père! notre vieux lapin?* »

Il dit, tous attendent la décision de Mathias. Le vieillard ne hoche pas la tête, ne lève pas les yeux; seulement de temps à autre il se frappe sur la hanche comme s'il cherchait son sabre à son côté. Depuis le partage de la Pologne il n'en porte plus; et cependant par habitude, quand il entend prononcer le mot de Russe, il met la main à son côté gauche, comme pour y chercher sa verge : ce qui l'a fait nommer Poing-sur-la-Hanche. Enfin il se redresse; tous écoutent dans un profond silence. Mathias trompe pourtant l'attente générale; il fronce les sourcils et laisse retomber sa tête sur sa poitrine. Mais bientôt on entend sortir de ses lèvres quelques mots qu'il prononce d'une voix lente et fortement accentuée, en les accompagnant d'un mouvement cadencé de la tête :

« Silence! D'où viennent ces nouvelles? Où sont les Français? Qui les commande? Ont-ils déjà commencé la guerre contre les Russes? où? pourquoi? Quelle route suivent-ils? Quelles sont leurs forces? Combien ont-ils de cavalerie? Combien d'infanterie? Que celui qui le sait le dise. »

Tous se turent en se regardant les uns les autres.

« Je conseille répondit le Prussien, d'attendre le bernardin Robak, car c'est lui qui a apporté la nouvelle. On peut toujours envoyer vers la frontière des espions sûrs, et armer secrètement toute la contrée. Il faut mettre la plus grande circonspection dans tous nos préparatifs, afin de ne pas donner l'éveil aux Russes.

— Eh! attendre! aboyer en l'air! hésiter toujours! » interrompit l'autre Mathias, surnommé *Goupillon*, d'une grande massue qu'il portait, et qu'il appelait ainsi. Il l'avait alors

---

* *Krolik* a la double signification de lapin et de petit roi. Nous avons préféré la première.

avec lui; il se plaça derrière, appuya ses deux mains sur le pommeau, et le menton sur ses mains. « Attendre! cria-t-il, hésiter, faire des diétines! hem! trem! bavarder et puis s'enfuir! Moi, je n'ai jamais été en Prusse; l'esprit de Kœnigsberg est bon pour des Prussiens : moi, j'ai celui d'un noble polonais. Je sais, moi, que celui qui veut les baptiser doit prendre son goupillon; que celui qui veut mourir appelle un prêtre, et voilà! Moi je veux vivre et me battre. A quoi bon le bernardin? Sommes-nous des écoliers? Que m'importe Robak! soyons tous des *robak*, des vers de terre, et mangeons la Russie! Bavardage que tous vos espions, tous vos pourparlers! Savez-vous ce que tout cela veut dire? C'est que vous êtes de vieilles femmes. Eh! mes frères, c'est l'affaire d'un chien couchant que d'épier, c'est celle d'un bernardin que de quêter; la mienne, c'est d'asperger avec mon goupillon! Oui, asperger, asperger! voilà mon opinion. »

A ces mots, il caressa sa massue; et puis toute la troupe de hurler après lui : « Asperger! asperger! asperger! »

Barthélemy, surnommé *Rasoir*, de son sabre effilé, et Mathias, surnommé *Cruchon*, du tromblon qu'il portait, et de la bouche évasée duquel, comme d'un cruchon, s'échappait à la fois une douzaine de balles, prirent parti pour Goupillon :

« Vive Mathias avec son goupillon! » crièrent-ils. Le Prussien voulut parler, mais les cris et les éclats de rire lui coupèrent la parole.

« A bas les Prussiens! à bas les poltrons! Que les poltrons se cachent dans le capuchon du bernardin! »

Le vieux Mathias releva lentement la tête, le tumulte s'apaisa :

« Ne vous moquez pas de Robak, dit-il : je le connais; c'est un fin matois de prêtre. Il a plus d'une fois croqué des noix plus dures que vous autres; je n'ai fait que l'entrevoir : à peine ai-je jeté les yeux sur lui, que j'ai reconnu l'oiseau. Le prêtre détourna la tête de crainte de me faire sa confession ; mais ce n'est pas mon affaire, il y aurait beaucoup à dire là-dessus : il ne viendra pas ici. Ce serait en vain que vous appelleriez le bernardin. Si c'est lui qui a répandu la nouvelle, qui sait dans quel but il l'a fait ? car je vous dis qu'il est fin, ce diable de prêtre. Si vous ne savez rien de plus, pourquoi êtes-vous venus me trouver, et que me voulez-vous ?

— La guerre !

— Contre qui ?

—Contre les Russes ! Guerre aux Russes ! En avant, contre les Russes ! »

Le Prussien ne cessait de vociférer ; il élevait la voix de plus en plus, jusqu'à ce qu'enfin il réussit à obtenir un moment d'attention, qu'il devait autant à ses saluts qu'à sa voix criarde et perçante.

« Et moi aussi, je veux me battre, cria-t-il en se frappant du poing la poitrine, quoique je ne porte pas de goupillon. Armé d'une simple rame, je fis un jour un terrible parti à quatre Prussiens qui voulaient profiter de mon ivresse pour me noyer dans le Pregel.

— Tu es un crâne, Barthélemy, interrompit Goupillon ; oui, il faut asperger, asperger.

— Mais, mon doux Jésus, reprit le Prussien, il faut savoir auparavant à qui nous voulons faire la guerre, pourquoi ; il faut le dire au monde : autrement, le peuple ne nous suivra pas. Où irait-il, quand nous ne le savons pas encore nous-mêmes ? Mes nobles frères, messieurs, il faut de la raison, de l'ordre. Vous voulez la guerre ? soit ; faites donc une confédération. Décidons où nous la ferons ; qui nous présidera. C'est ainsi que les choses se passaient dans la Grande-Pologne. Nous voyons les Allemands battre en retraite ; que faisons-nous ? Nous tenons de secrets conseils, nous rassemblons les gentilshommes, nous attroupons les paysans. Une fois prêts, nous attendons les ordres de Dombrowski ; et enfin : à cheval ! nous nous soulevons tous ensemble.

— Je demande la parole, » s'écria M. l'intendant de Kleck, jeune homme bien fait, vêtu à la mode allemande ; il s'appelait Buchman, mais il était Polonais de naissance. On ne savait pas bien précisément s'il descendait de parents nobles, mais on ne s'en inquiétait pas ; et tout le monde le respectait, parce qu'il était de la maison d'un grand seigneur, et de plus bon patriote et plein de savoir. Il avait appris l'agronomie dans des livres étrangers, et régissait parfaitement les terres de son patron ; il raisonnait fort bien aussi sur la politique, il avait une belle main et s'énonçait avec élégance. Tous se turent dès qu'il commença à parler. « Je demande la parole, » répéta-t-il ; puis il toussa deux fois, salua, et ses lèvres harmonieuses firent entendre ces mots :

« Mes préopinants, dans leurs sages discours, ont appuyé sur tous les points essentiels et capitaux. Ils ont envisagé la question sous un point de vue élevé ; il ne me reste plus qu'à rassembler dans un foyer commun les pensées et les opinions analogues. J'ai l'espoir de rapprocher de cette manière les avis opposés. J'ai reconnu deux points dans cette discussion ; la division est toute faite : je suivrai cette division. D'abord, pourquoi voulons-nous nous insurger ? Dans quel esprit ? Voilà la première question vitale. La seconde concerne le gouvernement révolutionnaire. Cette division est bonne ; seulement je désire en retourner les membres. Commençons d'abord par établir un gouvernement. Dès que nous aurons compris le gouvernement, j'en déduirai la nature, l'esprit, le but de l'insurrection. Arrivons donc au gouvernement. Quand je promène mes regards sur l'histoire de l'humanité entière, qu'aperçois-je ? Le genre humain sauvage, dispersé dans les forêts, qui se rassemble, se groupe, s'unit pour la défense mutuelle ; il y pourvoit, et voilà la première société. Puis, chacun dépose une parcelle de sa liberté pour le bien général, voilà la première loi, de laquelle jaillissent, comme d'une source, les autres lois. Nous voyons donc que le gouvernement se constitue d'un consentement mutuel, et qu'il ne provient pas, comme on l'affirme faussement, de la volonté divine. Donc, le gouvernement étant appuyé sur un contrat social, la division des pouvoirs n'en est que la suite nécessaire... -

— Tiens, nous en voilà déjà aux contrats, interrompit le vieux Mathias; est-ce de ceux de Kïow ou de ceux de Minsk qu'il s'agit? est-ce du gouvernement de Babin[*] que vous nous parlez, monsieur Buchman? Que ce soit Dieu ou le diable qui nous ait donné un tzar, je ne plaiderai pas avec vous pour cela, monsieur Buchman; si vous avez envie de discourir, dites-nous plutôt ce qu'il faut faire pour renverser le tzar.

— Voilà l'affaire, s'écria Goupillon. Si je pouvais sauter jusqu'à son trône, et une fois seulement asperger le tzar avec mon goupillon, je vous réponds que ni les contrats de M. Buchman, ni ses popes barbus ne pourraient le ressusciter par la grâce de Dieu ou par celle de Belzébuth. Il n'y a de brave que celui qui asperge, monsieur Buchman; votre discours peut être très-éloquent, mais l'éloquence c'est du vent. Asperger, voilà l'essentiel.

— C'est cela, c'est cela! criait de sa voix aigre Barthélemy Rasoir en se frottant les mains et en courant de Goupillon à Mathias comme une navette d'un bout à l'autre du métier. Toi, Mathias, avec ta verge, toi, Mathias, avec ta massue, tâchez seulement de vous mettre d'accord; et Dieu m'est témoin que nous hacherons les Russes en petits morceaux. Rasoir se met sous les ordres de la Verge!

---

[*] La république de *Babin* était une association instituée au seizième siècle, pour railler les ridicules et les vices de l'époque.

— Sous les ordres? interrompit Goupillon. Les ordres sont bons dans une parade ; il n'y avait qu'un seul ordre dans notre brigade de Kowno : Effrayez, sans vous laisser effrayer. Battez, sans vous laisser battre. Avancez toujours, faites aller votre sabre en moulinet, comme cela !

— Oui, oui, s'écria Rasoir, voilà une excellente tactique. A quoi bon faire des protocoles? Gâter de l'encre et du papier? Une confédération est nécessaire, c'est là toute la question; mais n'avons-nous pas un maréchal dans Mathias et un bâton de commandement dans sa verge?

— Vive le Coq-du-Clocher ! s'écria Goupillon.

— Vivent nos frères les aspergeurs ! répondirent tous les gentilshommes.

Un murmure s'éleva dans les coins de la salle en se propageant jusqu'au centre. On voyait que le conseil se divisait.

« Moi, je proteste contre tout accord, criait Buchman, tel est mon système ; je suis pour l'opposition.

— *Veto*, » répétait un autre, et dans les coins on redisait : « Veto ! » Enfin une grosse voix se fit entendre, c'était celle du gentilhomme Skolouba, qui venait d'arriver.

« Eh bien ! qu'y a-t-il donc, messieurs de Dobrzyn? Que veut dire tout ceci? Et nous autres, serons-nous mis hors la loi? Quand on a invité notre bourgade à venir ici, et c'était de la part du porte-clefs Rembaïlo, on nous a dit qu'il y avait d'importantes affaires à traiter ; qu'il s'agissait non-seulement des Dobrzynski, mais de tout le district, de toute la noblesse. Robak nous a répété la même chose à demi-voix, quoiqu'il ne se soit expliqué que d'une manière confuse et en bégayant. Finalement nous voilà arrivés ; nous avons convoqué nos voisins par des messages. Vous n'êtes pas seuls ici, messieurs de Dobrzyn ; nous sommes deux cents de différentes bourgades : délibérons donc tous ensemble. S'il faut un maréchal, votons tous, chacun avec un droit égal au scrutin. Vive l'égalité ! »

Deux Teraïewicz, trois Stypulkowski et quatre Miçkiewicz répétèrent : « Vive l'égalité ! »

De son côté, Buchman criait : « L'accord nous perdra. »

Goupillon : « Nous nous passerons de vous. Vive notre maréchal, le Mathias-des-Mathias ; qu'il accepte le bâton de président. »

Les Dobrzynski : « Oui, oui ! »

Les gentilshommes étrangers : « Veto, veto ! »

La foule se forma en deux camps ; les deux partis, en agitant la tête en sens contraire, ne cessaient de vociférer, l'un : « Non, non ! » l'autre : « Oui, oui ! »

Seul assis au milieu de sa chambre, le vieux Mathias gardait le silence, et sa tête était la seule immobile. En face de lui se tenait Goupillon, les mains appuyées sur sa massue, balançant sa tête au pommeau comme une citrouille au bout d'une longue perche, tantôt en avant, tantôt en arrière, et criant de toutes ses forces : « Aspergeons ! aspergeons ! » Le mobile Rasoir arpentait la chambre, courant sans cesse du banc de Goupillon à celui de Mathias. Mathias-Cruchon se promenait à pas lents du haut en bas de la chambre, allant des Dobrzynski aux gentilshommes étrangers, comme pour essayer de les mettre d'accord :

« Il faut leur faire la barbe ! » criait Barthélemy-Rasoir ; « Il faut les faire boire ! » hurlait Mathias-Cruchon. Le vieux Mathias se taisait, mais on voyait qu'il allait se fâcher.

Depuis un quart d'heure bouillonnait le débat, quand au-dessus de toutes les têtes s'éleva comme un pilier étincelant. C'était une rapière longue d'une toise, large d'une main, à deux tranchants, évidemment un glaive teutonique d'acier de Nuremberg. On disait que l'aïeul des Dobrzynski l'avait arraché des mains du grand-maître de ungingen, à la bataille de Grunwald. Tous firent silence, les yeux attachés sur cette arme. Qui l'avait levée ? On ne pouvait le voir ; mais à l'instant on le devina.

« C'est Canif ; vive M. Canif ! s'écria-t-on. Canif, le joyau de la bourgade des Rembaïlo ! Vive Rembaïlo-l'Ébréché ! Vive Demi-chevreau ! Mon-petit maître ! »

Aussitôt Gervais, car c'était lui, traversa la foule, s'avança au milieu de la chambre, brandit son sabre étincelant; puis, en abaissant la pointe pour saluer le vieux Mathias :

« Canif salue la Verge, dit-il. Mes nobles frères de Dobrzyn, je ne vous donnerai aucun conseil, aucun ; je vous dirai seulement pourquoi je vous ai fait assembler. Mais ce qu'il faut faire, comment il faut agir, c'est ce que vous déciderez vous-mêmes. Vous le savez, la nouvelle depuis longtemps en court par les villages ; dans le monde se préparent de grands événements. Le frère Robak vous en a parlé, vous le savez tous.

— Nous le savons, crièrent-ils.

— C'est bon, reprit Gervais ; tête sage entend à demi-mot, n'est-ce pas ?

— Oui, c'est vrai !

— Puisque l'empereur des Français, continua le porte-clefs, vient d'un côté et le tzar des Russes de l'autre, il y aura guerre. Un tzar prendra aux cheveux un tzar, un roi un roi, comme c'est l'habitude entre souverains. Et nous, devons-nous rester tranquilles ? Quand un grand cherchera à étouffer un grand, nous autres, nous chercherons à châtier les petits ; à chacun son affaire. En haut comme en bas, les grands avec les grands, les petits avec les petits, une fois que nous commencerons à tailler, toute la canaille disparaîtra; et alors refleurira le vrai bonheur avec la République. N'est-ce pas vrai ?

— C'est vrai, crièrent-ils, il parle comme un livre !

— C'est vrai, répéta Goupillon ; aspergeons, aspergeons, je ne connais que ça !

— Moi aussi, ajouta Barthélemy-Rasoir, je suis toujours

prêt à leur faire la barbe. » Quant à Mathias-Cruchon, il ne cessait de prêcher la concorde et de recommander de choisir un chef. Mais Buchman l'interrompit :

« Que les niais s'accordent, la discussion ne nuit pas aux affaires politiques. Je réclame le silence. Écoutez l'orateur, la cause y gagnera. Monsieur le porte-clefs a envisagé la question sous un nouveau point de vue...

— Au contraire ! s'écria Gervais ; moi, j'imite l'exemple de nos pères. S'occuper des affaires générales de l'État, c'est le partage des grands ; il y a un empereur pour cela, il y aura un roi, un sénat, des nonces. Ces choses-là, mon petit maître, se traitent à Krakovie ou à Varsovie, et non pas chez nous dans la bourgade de Dobrzyn. Les articles d'une confédération ne s'écrivent pas sur une cheminée avec de la craie, mais sur des parchemins. Ce n'est pas notre affaire que d'écrire ; la Pologne a les grands-greffiers de la Couronne et de la Lithuanie. Ainsi faisaient nos ancêtres. Mon affaire, à moi, c'est de tailler avec le canif.

— D'asperger avec le goupillon, ajouta Mathias.

— De piquer avec l'alène, » s'écria Barthélemy-l'*Alène*, en montrant sa petite épée.

Le porte-clefs continua : « Je vous prends tous ici à témoin que Robak a dit qu'avant de recevoir Napoléon dans notre maison, il fallait en balayer les souillures. Vous l'avez tous entendu. Mais comprenez-vous qui est la souillure du district ? Qui a assassiné en traître le meilleur des Polonais ? Qui l'a volé ? Qui l'a pillé ? Qui ? Dois-je vous le nommer ?

— Mais ce n'est personne d'autre que cet infâme Sopliça, interrompit Mathias-Cruchon.

— Oui ! c'est un oppresseur, cria Rasoir.

— Il faut donc l'asperger, vociféra Goupillon.

— Si c'est un traître, il faut le pendre, observa Buchman.

— Marchons, marchons contre Soplica! s'écrièrent-ils tous. »

Le Prussien osa élever la voix pour défendre le juge. Les mains tendues vers les gentilshommes, il s'écriait :

Ah, ah! messieurs mes frères, au nom des plaies de Notre Seigneur, que veut dire ceci? Monsieur le porte-clefs, êtes-vous possédé du diable? Cela s'est-il jamais vu? Parce qu'un homme avait pour frère un fou, un bandit, est-ce sa faute? Punir un frère pour l'autre, est-ce d'un chrétien? Il y a là-dessous quelque intrigue du comte. Le juge, un oppresseur! Cela n'est pas vrai, Dieu m'en est témoin. C'est vous qui lui intentez des procès; lui, il cherche à s'accorder, il cède de son bien, il veut payer les frais. Il a un procès avec le comte; eh bien! qu'est-ce à dire? Ils sont riches tous les deux. Qu'un seigneur en écorche un autre, cela nous regarde-t-il, mes frères? Monsieur le juge, un oppresseur! Lui qui le premier a défendu à ses paysans de se prosterner à ses pieds pour le saluer, en disant que c'était un péché! Je l'ai vu moi-même admettre maintes fois à sa table les paysans de ses villages. Il a souvent payé les impôts de ses paysans, non pas comme à Kleck, quoique monsieur Buchman y administre les terres à l'allemande. Le juge, un traître! Nous le connaissons depuis les bancs de l'école; c'était un bon enfant, et aujourd'hui il n'a pas changé : il aime la Pologne par-dessus tout, il conserve les mœurs polonaises, il ne veut pas entendre parler des modes russes. Toutes les fois que je reviens de Prusse, pour me laver de mon germanisme, j'entre à Soplicow comme dans le véritable foyer des mœurs polonaises. On s'y abreuve de l'air de la patrie, on le respire par tous les pores. Par Dieu! les Dobrzyński, je suis votre frère, mais je ne souffrirai pas que vous fassiez du tort au juge. Il n'en sera rien. Ce n'est pas ainsi, mes frères, que les choses se passaient dans la Grande-Pologne. Quel esprit! quelle union! Il y a plaisir à s'en souvenir. Personne, là-bas, n'osait venir interrompre un conseil par de semblables futilités.

— Ce n'est pas une futilité que de pendre les infâmes! » s'écria Gervais. Le tumulte allait croissant, quand le juif Yankiel pria qu'on lui accordât un instant d'audience. Debout sur un banc, il s'élevait par-dessus toutes les têtes, que dominait comme un bouchon de cabaret sa barbe qui lui descendait jusqu'à la ceinture. De la main droite il leva lentement son kolpak de renard, de la gauche il rajusta sa calotte; puis, l'ayant passée dans sa ceinture, il se mit à parler, en saluant profondément à la ronde de son bonnet:

« Eh, eh! messieurs de Dobrzyn, je ne suis qu'un pauvre juif; le juge n'est ni mon frère ni mon compère. J'honore les Soplica comme de très-bons seigneurs et comme mes maîtres; j'honore aussi les Barthélemy et les Mathias de Dobrzyn comme de bons voisins: mais je dis, messieurs, que si vous voulez faire violence au juge, c'est très-mal à vous. Le sang peut couler; il peut y avoir meurtre. Et que diront les assesseurs, les sprawnik et le cachot? car dans le village de Soplicow il y a une foule de soldats, tous chasseurs; l'assesseur est à la maison, il n'aura qu'à siffler, tous accourront: ils sont là comme exprès. Et qu'en résultera-t-il? Vous dites que vous attendez les Français? Mais ils sont loin encore, le chemin est long. Je suis juif; je ne me connais pas en affaires de guerre : mais je viens de Bielica, où j'ai vu des juifs de l'extrême frontière. On dit que les Français sont sur la rivière de Lososna, et que si la guerre éclate, ce ne sera qu'au printemps. Eh bien! croyez-moi, attendez jusque-là. La maison des Soplica n'est pas un étalage de juif qui se démonte, se charge sur un chariot et s'emporte. Elle restera jusqu'au printemps telle qu'elle est aujourd'hui. M. le juge non plus n'est pas un cabaretier juif; il ne se sauvera pas : au printemps vous le retrouverez. Quant à présent, séparez-vous; et ne parlez pas trop haut de ce qui s'est

26

passé : car parler est chose vaine. Que ceux d'entre vous, messieurs les gentilshommes, qui voudront me faire cet honneur me suivent chez moi. Ma Sarah a mis au monde un petit Yankiel ; c'est moi qui traite aujourd'hui : il y aura grande musique. Je ferai venir la cornemuse, la basse et deux violons. N'est-ce pas, monsieur Mathias, vous aimez le vieux hydromel et les nouvelles mazurki ? J'en ai quelques-unes que j'ai appris à chanter gentiment à mes petits marmots. »

Yankiel était généralement aimé. Son éloquence trouva le chemin de tous les cœurs. Un cri s'éleva, de bruyants applaudissements éclatèrent de tous côtés et furent répétés même par ceux qui n'avaient pu pénétrer dans la maison. Mais Gervais leva son canif sur Yankiel, qui s'élança du banc au milieu de la foule, poursuivi par les cris du porte-clefs :

« A bas le juif ! Ne mets pas ton doigt entre l'arbre et l'écorce ; tout cela ne te regarde pas. Et vous, monsieur le Prussien, continua-t-il, parce que vous trafiquez avec le juge sur quelques misérables radeaux, vous vous égosillez à parler en sa faveur ! Vous avez donc oublié, mon petit maître, que votre père a été le patron de vingt bateaux des Horeszko ? C'est à cela que lui et sa famille doivent leur fortune. Que dis-je ? vous tous tant que vous êtes à Dobrzyn ! Qui envoyait-il administrer ses terres de Pinsk, si ce n'est un Dobrzynski ? qui avait-il pour intendant, pour majordome, pour homme de confiance ? les Dobrzynski. Sa maison était pleine des Dobrzynski. C'est lui qui poussait vos procès devant les tribunaux. C'est lui qui vous faisait obtenir des retraites du roi. C'est lui qui donnait par douzaines à vos enfants les bourses de piaristes. C'est lui qui les habillait, qui les nourrissait à ses frais. Devenus grands, il les lançait dans le monde, à ses frais aussi. Et pourquoi tout cela ? Uniquement parce qu'il était votre voisin. Aujourd'hui, les champs de Soplica touchent aux vôtres ; mais quel bien vous a-t-il jamais fait ?

—Aucun, aucun ! interrompit Cruchon, car ça vous a poussé de graine de gentillâtre. Et comme il est bouffi d'orgueil ! Pouah, pouah ! comme il vous porte haut le nez ! Vous vous rappelez que je l'avais invité à la noce de ma fille. Je voulais le griser ; il refusa de boire, en disant qu'il ne buvait pas autant que nous autres gentilshommes : « Vous buvez comme des cruchons. » Voyez donc le magnat ! quelle délicatesse ! Ne dirait-on pas qu'il est fait de farine de Marimont[98] ? Il ne voulait pas boire ; nous lui versions de vive force le vin dans le gosier ; et lui de crier à la violence ! Attends un peu ! je vais t'en verser d'une autre espèce avec mon cruchon !

—C'est un coquin, s'écria Goupillon. Oh ! je lui en donnerai pour ma part ! Mon fils était un enfant plein d'esprit ; à présent il est devenu bête au point qu'on ne l'appelle plus que le *Sac*, et cela par la faute du juge. Je lui disais bien : Que vas-tu faire à Soplicow ? Dieu ait pitié de toi si je t'y attrape encore une fois ! Mais il retourne voir Sophie. Je me couche dans le chanvre pour l'épier ; je le surprends, et le prenant par les oreilles, je lui donne de mon goupillon à le faire beugler comme un enfant au berceau. « Mon père ! criait-il, tu peux me tuer, mais je ne puis résister au désir d'y aller ! « Et il se remettait à beugler. Qu'y faire ! Il m'avoue qu'il est amoureux de Sophie. Il n'a souhait que de la voir un peu. Le pauvre garçon me fait de la peine ; j'en parle au juge : « Juge, donnez Sophie à mon Sac. » Le juge me répond : « Elle est encore trop petite ; attendez trois années, elle fera alors un choix elle-même. » Le coquin ! Il mentait. Voilà qu'il la destine à un autre ; je l'ai entendu dire : mais je saurai me glisser à la noce, et j'aspergerai le lit nuptial avec mon goupillon.

— Et un gredin pareil serait le maître ! dit Gervais ; il ruinerait impunément des seigneurs qui valent mieux que lui ? Le souvenir des Horeszko serait effacé ! Où trouver de la reconnaissance dans ce monde, puisqu'il n'y en a plus dans le cœur des Dobrzynski! Vous voulez commencer une guerre contre le tzar de Russie, et vous craignez de vous mesurer avec un Soplriça! Vous craignez la prison! Mais est-ce donc à un assassinat que je vous invite? Dieu m'en garde, gentilshommes, mes frères, je suis dans la loi! Le comte n'a-t-il pas gagné son procès? N'a-t-il pas obtenu maints arrêts favorables? Il ne s'agit que de les faire exécuter. Ainsi se passaient jadis les choses. Le tribunal rendait l'arrêt, et la noblesse l'exécutait, surtout celle de Dobrzyn. C'est de là que notre gloire en Lithuanie a pris naissance. Ne sont-ce pas les Dobrzynski seuls qui ont combattu les Russes à l'expédition de Mysz? Qui avait appelé le général russe? Woynilowicz et son coquin d'ami M. Wolk. Vous souvenez-vous encore d'avoir fait Wolk prisonnier? puis, nous l'avons voulu pendre à une poutre de sa grange, parce qu'il tyrannisait ses paysans et qu'il était le partisan des Russes! Ces imbéciles de paysans ont eu pitié de lui. Mais, je vous en réponds, je le rôtirai un jour à ce canif. Je ne vous rappellerai pas d'autres expéditions sans nombre dont vous vous êtes tirés avec profit et gloire, aux applaudissements de tout le monde, comme il convient à des nobles. Mais pourquoi vous en parlerais-je? C'est en vain aujourd'hui que M. le comte, votre voisin, plaide, obtient des arrêts en sa faveur; personne de vous ne veut prêter un bras secourable à ce pauvre orphelin. Le dernier successeur de ce panetier, qui faisait vivre des milliers d'hommes, n'a plus aujourd'hui d'autre ami que moi, son porte-clefs, et mon sabre fidèle!

— Et mon goupillon! s'écria Mathias. Où tu seras, Gervais, j'y serai aussi! tant que j'aurai ce bras, tant qu'il pourra porter ce goupillon. Deux valent toujours mieux qu'un. Par Dieu! mon cher Gervais, si tu as ton canif, moi j'ai mon goupillon. Vive Dieu! allons nous battre; laissons bavarder ces autres.

— Vous n'exclurez pas Barthélemy, mes frères, dit Rasoir. Celui que vous aurez savonné, je le raserai.

— Et moi aussi, j'aime mieux vous suivre, ajouta Cruchon, puisqu'on ne peut pas les faire tomber d'accord sur le choix d'un maréchal. Que m'importe à moi les votes, les boules? J'en ai ici d'autres. En voilà, des boules ! s'écria-t-il en tirant de sa poche une poignée de balles ; c'est pour le juge qu'elles serviront !

— Nous nous joignons à vous ! cria Skolouba.

— Partout où vous irez, nous vous suivrons, ajouta la noblesse. Vivent les Horeszko ! vive la demi-chèvre ! vive Rembaïlo le porte-clefs ! En avant, contre les Sopliça ! »

C'est ainsi que l'éloquence de Gervais les entraîna tous ; car chacun d'eux avait quelque grief contre le juge, comme c'est l'ordinaire entre voisins, tantôt pour des dommages causés par les bestiaux, tantôt pour du bois, tantôt pour les limites de leurs possessions. Les uns étaient mus par la colère, d'autres étaient jaloux des richesses du juge. La haine les réunit tous ; ils se pressent autour du porte-clefs en brandissant leurs sabres et leurs massues.

Le vieux Mathias, qui jusqu'alors était resté silencieux et immobile, se leva de son banc, et s'avança à pas lents au milieu de la chambre. Les poings sur les hanches, jetant les yeux autour de lui, secouant la tête, il se mit à parler. Chaque mot sortait lentement d'entre ses lèvres, coupé, accentué avec force :

« Insensés, fous, stupides que vous êtes ! Voyons, qui payera les pots cassés ? Ainsi, tant qu'il a été question de la résurrection de la Pologne, du bien public, insensés et bavards, vous vous êtes disputés. Vous avez tant crié que jamais vous n'avez pu ni vous entendre, ni discuter avec ordre, ni choisir un chef. Et dès qu'on a réveillé des haines particulières vous êtes à l'instant tombés d'accord. Sortez ! car, aussi vrai que je m'appelle Mathias., mille millions de fourgons de diables!... »

Tous se turent comme frappés de la foudre ; mais un cri immense retentit au dehors : « Vive le comte! » C'était lui qui entrait dans la ferme suivi de dix jockeys armés ainsi que lui. Il montait un cheval vigoureux ; il était vêtu de noir, et portait par-dessus ses habits un large manteau brun à l'espagnole sans manches, attaché au cou par une agrafe et retombant par derrière en plis nombreux. Il avait un chapeau rond surmonté d'une plume, et en main une épée qu'il baissait à droite et à gauche pour saluer.

« Vive le comte! vivre et mourir avec lui ! » criait-on. Les gentilshommes se précipitèrent aux fenêtres et se pressèrent à la porte sur les pas de Gervais. Il sortit, et avec lui toute la foule. Le vieux Mathias chassa les autres, ferma sa porte, poussa le loquet ; et, se mettant à la croisée, il leur cria une fois encore : « Insensés, insensés que vous êtes ! »

Cependant les gentilshommes s'étaient groupés autour du comte. Ils se rendent au cabaret; Gervais fait revivre les anciennes coutumes : il se fait donner trois ceintures de gentilshommes, avec lesquelles il tire de la cave trois tonneaux, l'un d'hydromel, l'autre d'eau-de-vie, le troisième de bière. Il enlève les bondes; trois ruisseaux comme trois arcs-en-ciel jaillissent en murmurant, l'un blanc comme l'argent, l'autre rouge comme la cornaline, le troisième jaune comme l'or : ils tombent avec bruit dans cent coupes, dans cents verres. Tous les gentilshommes s'agitent, se démènent ; les uns boivent, les autres souhaitent au comte cent années de prospérité; tous crient : « En avant, contre les Sopliça ! »

Yankiel s'était esquivé en silence sur un cheval qu'il montait à poil. Le Prussien parlait encore avec beaucoup d'ardeur, quoiqu'on ne l'écoutât plus ; il voulut également s'en aller : mais les gentilshommes se mirent à sa poursuite, criant qu'il était un traître. Mickiewicz se tenait à l'écart ; il ne criait ni ne donnait de conseils : mais son air indiquait qu'il tramait quelque noir projet. Les sabres se tirent et le menacent; il recule, il pare les coups ; déjà blessé, il est acculé contre une haie : mais Zan et trois Czeczot volent à son secours. Avant qu'on fût parvenu à séparer les combattants, deux avaient été blessés au bras, et un troisième avait eu l'oreille endommagée ; les autres montent à cheval.

Le comte et Gervais marchent à leur tête, distribuant des armes et des ordres. Enfin tous s'élancent à travers la longue rue de la bourgade en criant : « En avant contre les Sopliça ! »

VIII.

L'EXPÉDITION (ZAIAZD).

Sommaire. — Astronomie du sénéchal. — Réflexions du président sur les comètes. — Scène mystérieuse dans la chambre du juge. — Thadée en voulant s'esquiver adroitement tombe dans de plus grands embarras. — La nouvelle Didon. — L'expédition. — Dernière protestation par huissier. — Le comte conquiert Soplicow. — Assaut et carnage. — Gervais nommé sommelier. — Repas de l'expédition.

Un calme profond précède toujours les tempêtes. C'est alors que le nuage, après avoir franchi la moitié des cieux, s'arrête en nous menaçant de ses regards; enchaînant le souffle des vents, silencieux, immobile, il mesure le monde avec ses yeux d'éclairs, en marquant les endroits où bientôt il va lancer foudre sur foudre. Un pareil moment de silence régnait à Soplicow. On eût dit que le pressentiment de quelque événement extraordinaire tenait toutes les lèvres closes, qu'il avait transporté tous les esprits dans le domaine des rêves. Après souper, le juge et ses hôtes étaient allés s'asseoir, dans la cour, sur les bancs de gazon qui entouraient la maison, afin de jouir de la beauté de la soirée. Toute la société, un peu triste et morne, regardait le ciel, qui semblait s'affaisser, se resserrer et s'approcher de plus en plus de la terre, jusqu'à ce que tous deux, s'étant enveloppés d'un voile sombre, aient commencé, comme des amants, leur mystérieux entretien, exprimant leurs pensées par ces soupirs étouffés, par ces mots à demi voix, à peine articulés, dont se compose l'admirable musique du soir.

La chouette a donné le signal en poussant sous le toit son cri lugubre; les chauves-souris l'accompagnent du bruit de leurs ailes légères : elles volent vers la maison où les vitraux et les faces humaines resplendissent aux rayons du crépuscule. Les phalènes, leurs sœurs, attirées sans doute par la blancheur des robes des femmes, s'approchent en dansant; leurs essaims audacieux tourmentent surtout Sophie en frappant de leurs ailes ses joues roses et ses yeux bleus, qu'elles prennent pour des lumières. Dans les airs se rassemble un nuage d'insectes qui résonnent en tournoyant comme la sphère en verre d'un harmonica. Parmi ces mille bruits, l'oreille de Sophie distingue les accords des moucherons et le faux demi-ton des cousins.

Dans les champs, le concert du soir commence à peine; les musiciens finissent d'accorder leurs instruments; déjà la bécassine, premier violon des prairies, a crié par trois fois : au loin, dans les marais, la basse du butor lui répond, et la bécasse, s'élevant dans les airs, appelle et bat la mesure, comme un timbalier sur son tambourin

Comme final de tous ces murmures d'insectes et de toute cette musique des oiseaux, se fait entendre un double chœur dans deux étangs voisins, semblables à des lacs enchantés du mont Kaukase qui se taisent le jour et qui chantent le soir; l'un, aux eaux limpides, aux rivages sablonneux, laisse échapper de son sein azuré un soupir calme et solennel : l'autre, au fond marécageux et à la gorge bourbeuse, lui répond par un cri tristement passionné. Dans tous deux coassent d'innombrables hordes de grenouilles; les deux chœurs chantent le même accord, mais l'un en majeur, l'autre en mineur; l'un fortissimo, l'autre à demi voix : l'un paraît se lamenter, l'autre seulement se plaindre. Ces étangs se parlent à travers les champs comme deux harpes éoliennes placées en face l'une de l'autre.

Le crépuscule s'épaissit; seulement, dans le bois, au bord du ruisseau, on voit luire, au milieu des roseaux, les yeux du loup comme deux chandelles : et, plus loin, au point où l'horizon s'abaisse, quelques feux de pâtre clairsemés. Enfin la lune allume son flambeau d'argent; sortic de la forêt, elle éclaire le ciel et la terre, qui maintenant, à demi voilés, sommeillent l'un près de l'autre comme d'heureux époux. Le ciel presse de ses bras sans souillure le sein de la terre, argentée par les rayons de la lune.

Déjà, du côté opposé, on voit apparaître une étoile, puis une autre, bientôt un millier; déjà des millions scintillent à la voûte azurée; à leur tête brillent Castor et Pollux, appelés Lel et Polel par les anciens Slaves[*]; aujourd'hui, dans le zodiaque populaire, ils sont autrement baptisés : l'un s'appelle la Couronne, l'autre la Lithuanie.

Plus loin, étincellent les deux plateaux de la Balance céleste, sur lesquels, le jour de la création, disent les anciens, Dieu pesa les planètes et la terre avant que de les suspendre dans les abîmes de l'espace. Puis il attacha dans les cieux la céleste balance qui a servi de type à nos balances et à nos plateaux. Au nord, brille le disque étoilé du Crible par lequel, dit-on, Dieu fit passer les semences du blé quand il les jeta du ciel au père Adam, chassé pour ses péchés du paradis terrestre.

Un peu plus haut est le Chariot de David prêt à rouler; son grand timon est dirigé vers l'étoile polaire. Les vieux Lithuaniens savent que ce chariot est improprement appelé par le peuple le char de David, car c'est le char des Anges. C'est sur lui que jadis était monté Lucifer lorsqu'il provoqua Dieu au combat et qu'il voulut pénétrer dans les cieux par la voie lactée. Mais Michel l'en précipita, et jeta le chariot lui-même hors de la voie : aujourd'hui, vide et brisé, il se traîne parmi les étoiles : l'archange Michel ne permet pas de le réparer.

Les anciens Lithuaniens savent aussi fort bien, et je crois qu'ils l'ont appris des rabbins, que le Dragon du zodiaque, ce monstre énorme qui roule sur les cieux ses anneaux d'é-

---

[*] Voyez tome I, page 32.

toiles, n'est pas un serpent, comme les astronomes le prétendent ; mais un poisson : c'est le Léviathan. Jadis habitant des mers, après le déluge, l'eau s'étant retirée, il creva ; et les anges ont suspendu sa carcasse à la voûte céleste, autant comme objet de curiosité que comme monument. C'est ainsi que le curé de Mir a suspendu dans son église les côtes et les tibias d'un géant fossile.

Voilà les histoires que racontait sur les astres le sénéchal, qui les avait lues dans des livres ou les avait apprises par tradition. Quoique sa vue fût affaiblie par l'âge et qu'il ne pût rien distinguer le soir dans les cieux, même à travers ses lunettes, comme il savait par cœur le nom et la forme de chaque constellation, il en indiquait du doigt la position et la route.

On l'écoutait peu en ce moment ; on ne se souciait ni du Crible, ni du Dragon, ni de la Balance. Les yeux et la pensée de tous étaient attirés par un nouvel hôte depuis peu découvert dans les cieux ; c'était une comète de première grandeur 99. Elle était apparue à l'occident, et courait vers le nord, regardant de travers et d'un œil sanglant le Chariot, comme si elle eût voulu y prendre la place vide de Lucifer. Sa longue queue était rejetée en arrière et embrassait la troisième partie du ciel ; elle rassemblait comme dans un filet des milliers d'étoiles et les entraînait après elle : tandis qu'elle-même visait au nord, droit à l'étoile polaire.

En proie à d'inexplicables appréhensions, le peuple de la Lithuanie regardait, chaque nuit, ce phénomène céleste, qui lui semblait de mauvais présage, ainsi que plusieurs autres signes ; car on n'entendait que trop souvent le cri des oiseaux funèbres qui s'attroupaient sur les champs déserts en aiguisant leurs becs, comme s'ils s'attendaient à un festin de cadavres. Souvent on voyait les chiens enfoncer leurs museaux dans la terre, fouiller en flairant la mort ; on les entendait pousser d'affreux hurlements : ce qui annonçait la famine ou la guerre. Les gardes-forestiers avaient aussi aperçu la vierge fatale traversant le cimetière ; son front dépasse les arbres de Bialowiez, et sa main gauche agite un voile sanglant*.

Appuyé contre la haie, le gardien des granges, qui était venu rendre compte des travaux, tirait de tout cela différentes conjectures ; ainsi que l'écrivain chuchotant à part avec l'économe.

Le président était assis sur un banc de gazon, le dos appuyé contre le mur de l'habitation. Soudain, les conversations s'interrompent ; on voit qu'il va prendre la parole, car sa grande tabatière brille aux rayons de la lune ; c'était une tabatière toute d'or pur et garnie de diamants : au milieu, sous un cristal, était le portrait du roi Stanislas. Il la fait résonner sous ses doigts, prend une prise, et dit :

« Monsieur Thadée, ce que vous nous racontez sur les étoiles n'est que la répétition de ce que vous avez entendu à l'école ; mais touchant ce phénomène, j'aime mieux consulter les villageois. Moi aussi, pendant deux ans, j'ai étudié l'astronomie à Vilno, où Mme Puzyna, cette dame sage autant que riche, avait donné les revenus d'un village de deux cents paysans pour l'achat de lunettes et des télescopes. Le célèbre abbé Poczobut [100] était alors chargé de faire les observations ; il était en même temps recteur de l'université : et pourtant il a planté là ses télescopes et sa chaire, est retourné dans son couvent, et rentré dans sa paisible cellule, y est mort d'une manière exemplaire. Je connais aussi Sniadecki [101], homme très-savant, bien que laïque. Voilà pourtant les astronomes ! ils en savent autant sur une planète, une comète, qu'un rustre sur un carrosse qu'il a vu arriver devant le palais du roi ; il sait par quelle barrière il est sorti de la ville : mais qui était dedans ? que ve-

---

*. Voyez *Konrad Wallenrod*, chant du Valdelote, page. 27

naît-il faire? qu'a-t-il dit au roi? était-ce un messager de paix ou de guerre? n'allez pas le lui demander, il n'en sait rien. Je me rappelle que, de mon temps, Branecki * partit en carrosse pour Iassy; derrière lui courait une queue des confédérés de Targowiça, comme derrière une comète. Quoique le peuple ne se mêlât pas des affaires du gouvernement, il devina de suite que cette queue pronostiquait quelque grande trahison. On dit que le peuple a donné le nom de *Balai* à cette comète et qu'il soutient qu'elle balayera un million d'hommes. » Le sénéchal, en saluant, répondit :

« C'est vrai, très-illustre président; cela me rappelle précisément ce que l'on me disait quand j'étais enfant, quoique j'eusse dix ans à peine lorsque je vis chez nous feu Sapicha, alors lieutenant des cuirassiers, depuis grand-maréchal de la cour, et qui mourut enfin chancelier de la Lithuanie, à l'âge de cent dix ans. Du temps de Jean III, il servait sous les murs de Vienne dans le régiment du grand-hetman Jablonowski. Il racontait donc qu'à l'instant même où Jean III monta à cheval, à l'instant où le nonce du pape lui donna la bénédiction et où l'ambassadeur d'Autriche lui baisa le pied en lui tenant l'étrier (l'ambassadeur s'appelait le comte Wilczek), le prince s'écria : « Regardez ce qui se passe dans les cieux! » Ils lèvent la tête, et aperçoivent une comète qui suivait la même route que les armées de Mohammed, d'orient en occident. Plus tard, lorsque l'abbé Bartochowski prononça le panégyrique du roi sous le titre de *Orientis fulmen*, il parla beaucoup de cette comète. J'en ai aussi lu quelque chose dans un ouvrage intitulé *Ianina*, où est décrite toute l'expédition du feu roi Jean, et où le grand étendard de Mohammed est gravé, ainsi qu'une comète semblable à celle que nous voyons aujourd'hui.

* Un des trois traîtres du complot de Targowiça, qui a livré la Pologne à Catherine II; et n'ayant rien de commun avec la patriotique famille des Branicki, aujourd'hui totalement éteinte.

— *Amen!* dit le juge; j'en accepte l'augure. Dieu nous envoie avec cet astre un autre Jean Sobieski! Aujourd'hui aussi il y a dans l'occident un héros célèbre; peut-être la comète doit-elle nous l'amener : Dieu le veuille! »

Le sénéchal répondit en hochant tristement la tête :

« La comète annonce quelquefois la guerre; mais quelquefois aussi elle présage des querelles. Il est malheureux qu'elle soit apparue précisément au-dessus de Sopliçow. Peut-être nous menace-t-elle de quelque calamité domestique. Nous n'avons eu hier que trop de rixes et de disputes, et pendant la chasse, et pendant le souper. Le matin, le notaire se prend de querelle avec l'assesseur; le soir, Thadée provoque en duel le comte. Si je ne me trompe, ces disputes provenaient de la peau de l'ours; et si monsieur le juge avait bien voulu ne pas m'interrompre, j'aurais, sans quitter la table, mis d'accord les deux adversaires : car je me disposais à raconter un fait curieux semblable à celui d'hier, lequel est arrivé aux premiers chasseurs de mon temps, au nonce Reytan et au prince de Nassau. Le voici. Le prince général de Podolie Czartoryski traversait la Volhynie pour se rendre dans ses terres de la Couronne, ou, si je ne me trompe, à la diète de Varsovie. Chemin faisant, il s'arrêtait chez les gentilshommes, tant pour se distraire que pour se rendre populaire. Il arrive donc chez M. Thadée Reytan, aujourd'hui de sainte mémoire, qui fut plutard notre nonce de Nowogrodek et dans la maison duquel je passai mon enfance. Reytan, pour la réception du prince général, avait invité beaucoup de gentilshommes. Il y avait spectacle; le prince aimait beaucoup le théâtre. M. Kaszyc, qui demeure à Iatra, tirait un feu d'artifice; M. Tyzenhaus avait envoyé ses danseurs, M. Oginski sa musique, ainsi que M. Soltan, qui demeure à Zdzienciol. En un mot, on donnait dans la maison une fête brillante et inattendue; tandis que dans la forêt on préparait de grandes chasses.

Vous savez, messeigneurs, que tous les Czartoryski, autant qu'on en compte, sont peu amateurs de la chasse ; ce n'est certainement pas par paresse, mais par goût pour les usages étrangers : le prince général aussi visitait plus souvent les bibliothèques que les chenils, les boudoirs des dames que les forêts.

« Dans la suite du prince, se trouvait un prince allemand de Nassau, qui, pendant son séjour en Libye, avait chassé, disait-on, avec des rois nègres et tué de sa propre main un tigre à coups de pique, ce dont il ne cessait de se vanter. Chez nous, on chassait le sanglier. Reytan tua d'un coup de mousqueton une laie énorme ; non sans courir de grands dangers, car il l'avait tirée de très-près. Chacun d'admirer et de louer la justesse du coup ; le seul Allemand de Nassau écoutait ces éloges avec indifférence et en se promenant d'un air de dédain. « La justesse d'un coup, disait-il, prouve uniquement la justesse de l'œil ; tandis que pour manier l'arme blanche il faut un bras courageux. » Puis, il se mit à raconter de nouveau tout au long son exploit en Libye, sa chasse avec les rois nègres et la mort de son tigre. Reytan fut ému de colère ; comme c'était un homme irascible, il frappa de sa main la garde de son sabre et dit : « Mon prince, celui qui vise avec courage combat avec courage ; un sanglier vaut un tigre, mon sabre votre pique. » L'Allemand répondit avec vivacité ; et la dispute allait s'échauffer, quand heureusement le prince général interrompit cette discussion et les réconcilia. Comme il parlait en français, je ne sais pas ce qu'il leur dit ; mais ses paroles de paix ne furent que de la cendre jetée sur de la braise : car Reytan avait pris la chose à cœur, et il n'attendait que l'occasion de jouer quelque bon tour à l'Allemand. Ce tour faillit lui coûter la vie. Dès le lendemain il dressa ses batteries, comme je vais vous le raconter... »

Le sénéchal se tut en étendant sa main droite vers le président pour lui demander une prise ; il la savoura longtemps sans daigner achever son récit, comme pour aiguiser l'attention de ses auditeurs. Il se disposait enfin à continuer, quand il se vit interrompu derechef, quelque curieuse que fût son histoire, avec quelque attention qu'on l'écoutât. En effet, quelqu'un avait fait mander le juge pour une affaire urgente. Celui-ci souhaita donc le bonsoir à la compagnie, et aussitôt chacun s'éloigna, les uns entrant dans la maison pour se coucher, les autres dans la grange pour y passer la nuit sur le foin. Le juge alla trouver celui qui l'attendait.

Les autres dormaient déjà. Thadée parcourt les corridors, se promène devant la porte de son oncle comme une sentinelle, car il veut le consulter sur une affaire de la plus haute importance, ce jour même, avant que de se coucher. Il n'ose frapper ; le juge avait fermé sa porte à clef : il a un entretien secret avec quelqu'un. Thadée attend la fin de cette entrevue et prête l'oreille à ce qui se dit dans la chambre.

Il entend des sanglots ; il regarde par le trou de la serrure avec précaution, de crainte de toucher le bouton de la porte : il voit, chose étrange ! le juge et Robak, à genoux, s'embrassant et versant des larmes d'attendrissement. Robak baise la main du juge ; le juge, en pleurant, serre le prêtre dans ses bras. Enfin, après un silence d'un quart d'heure, Robak reprend en ces mots :

« Mon frère, Dieu m'est témoin que jusqu'à ce moment j'ai gardé religieusement le secret qui m'a été imposé à la sainte confession en rémission de mes péchés. Dévoué de corps et d'âme à Dieu et à ma patrie, je n'ai point travaillé pour une vaine gloire, pour une gloire terrestre. J'ai vécu jusqu'à présent et j'ai voulu mourir bernardin, sans révéler mon nom, non-seulement au public, mais même à toi et à mon fils, quoique le père provincial m'ait permis de le faire à l'article de la mort. Qui sait si je reviendrai vivant ? Qui sait ce qui se passera à Dobrzyn ? Mon frère, tout est en émoi. Les Français sont loin encore; il faut attendre que l'hiver soit passé, mais je ne crois pas qu'on puisse contenir jusque-là les gentilshommes. Peut-être ai-je travaillé avec trop de zèle à l'insurrection ! Je crains qu'on ne m'ait mal compris. Le porte-clefs a tout embrouillé. Ce fou de comte, à ce que j'ai appris, a couru à Dobrzyn, je n'ai pas pu l'y précéder. Il y a quelque grave motif à cette résolution. Le vieux Mathias m'a reconnu ; et, s'il me dénonce, il me faudra tendre le cou au canif, rien ne pourra fléchir le porte-clefs. Ma tête est la moindre des choses ; mais si l'on me reconnaît, le fil du complot est rompu. Et pourtant il faut que j'aille encore aujourd'hui voir ce qui s'y passe, dussé-je y périr ; sans moi, les gentilshommes deviendraient frénétiques. Adieu, mon frère, adieu, il faut que je me hâte. Si je succombe, toi seul tu prieras pour mon âme ; et, en cas de guerre, tu seras maître du secret tout entier. Achève ce que j'ai commencé, souviens-toi que tu es un Sopliça. »

A ces mots le moine essuya ses larmes, boutonna son froc, mit son capuchon, ouvrit avec précaution le volet, et sauta par la fenêtre pour traverser le jardin. Le juge, resté seul, s'assit dans son fauteuil et pleura. Thadée attendit un instant avant que de frapper à la porte. On lui ouvrit ; il entra à pas lents et en saluant profondément :

« Mon oncle, mon bienfaiteur, dit-il, j'ai passé quelques jours ici ; ces jours ont fui comme un éclair. Je n'ai pas eu le temps de jouir de votre présence, des agréments de votre maison, et déjà il faut que je parte. Il faut que je m'en aille à l'instant ; aujourd'hui, mon oncle, demain au plus tard. Vous vous rappelez que nous avons provoqué le comte. Me battre avec lui, c'est mon affaire ; je lui ai envoyé un cartel. En Lithuanie les duels sont défendus, je pars pour la frontière du duché de Varsovie. Le comte est un fanfaron, c'est vrai ; mais il ne manque pas de courage, il se trouvera certainement au rendez-vous indiqué. Nous viderons la querelle ; si Dieu est pour moi, je le punirai et je passerai à la nage la Lososna, sur l'autre bord de laquelle les rangs de mes frères m'attendent. J'ai appris que mon père, par son testament, m'a ordonné de servir, et je ne sais pas qui aurait osé faire disparaître sa dernière volonté.

— Mon petit Thadée, répondit l'oncle, as-tu été baigné dans de l'eau chaude à ta naissance, ou bien agis-tu de ruse comme le renard poursuivi par les chiens, quand il tourne sa queue d'un côté et fuit de l'autre ? Nous avons provoqué le comte, c'est un fait certain, il faut se battre ; mais partir aujourd'hui ! D'où te vient cette idée ? Il est d'usage, avant le duel, d'envoyer un ami pour tâcher d'accorder le différend. Le comte ne peut-il pas demander pardon, faire amende honorable ? Attendez, monsieur, il y a du temps encore pour cela. N'est-ce pas un autre démon qui vous chasse d'ici ? Voyons, parlez-moi franchement. Pourquoi ces tergiversations ? Je suis votre oncle ; et, quoique vieux, je comprends le cœur des jeunes gens. J'ai été votre père, ajouta-t-il en lui caressant le menton ; mon petit doigt m'a déjà dit à l'oreille que vous avez, monsieur, des intrigues avec les dames. Par Dieu ! la jeunesse, aujourd'hui, commence de bonne heure à se faire aux femmes. Eh bien ! mon petit Thadée, avoue-moi tout cela franchement.

— Mais, c'est vrai, balbutia Thadée, c'est vrai, il y a d'autres motifs à mon départ, mon bon oncle. Peut-être suis-je coupable... une erreur... une faute ; mais il est trop tard pour la réparer. Non, mon oncle, je ne puis pas rester plus longtemps ici. Une faute de jeunesse, mon oncle... n'en demandez pas davantage. Il faut que je quitte Sopliçow le plus tôt possible.

— Oh ! fit l'oncle, ce sont certainement des bouderies d'amants. J'ai remarqué que tu te mordais hier les lèvres en regardant en dessous certaine petite fille ; je me suis aperçu aussi qu'elle faisait la moue. Je connais tous ces enfantillages. Lorsque deux enfants s'aiment, ce sont des malheurs pour eux à chaque instant. Tantôt ils sont gais, tantôt ils se tourmentent et s'affligent; un jour, ils se disputent, Dieu sait pourquoi, le lendemain, ils restent chacun dans un coin sans dire un mot, immobiles comme des statues : quelquefois même ils se sauvent dans les champs. Si tu es dans un de ces paroxismes, prends seulement patience, il y a du remède ; je me charge de vous remettre bientôt d'accord. Je connais toutes ces sottises; n'ai-je pas été jeune aussi ? Dites-moi tout, monsieur ; et à mon tour je vous découvrirai peut-être quelque chose : ainsi nous resterons bons amis.

— Mon oncle, répondit Thadée en rougissant et en lui baisant la main, je vous dirai la vérité. Cette jeune personne, Sophie, votre pupille, mon oncle, me plaît infiniment, quoique je ne l'aie vue que deux ou trois fois ; et l'on dit, mon oncle, que vous me destinez pour femme la belle et riche fille du président. Depuis que j'ai vu Sophie, je ne pourrais plus épouser mademoiselle Rose. Il est difficile de changer son cœur, et il n'est pas loyal d'aimer une demoiselle et d'en épouser une autre. Le temps me guérira peut-être, je partirai pour longtemps !

— Mon bon Thadée, interrompit l'oncle, c'est une singulière manière d'aimer, que de fuir les personnes que l'on aime. Il est heureux que tu aies été franc ; car, vois-tu bien tu ferais une sottise en partant. Eh ! que dirais-tu, si moi-même je te donnais Sophie ? Eh bien ! tu ne sautes pas de joie ! »

Après un instant de silence : « Votre bonté me confond répondit Thadée, mais votre bonté, mon oncle, ne me servira de rien. Ah ! vain espoir ! madame Télimène ne me donnera jamais Sophie.

— Nous l'en prierons, dit le juge.

— Personne ne saurait la fléchir, interrompit Thadée avec vivacité ; non, mon oncle, je ne puis pas attendre : il faut que je parte demain. Donnez-moi seulement votre bénédiction, mon oncle ; tout est prêt : je pars à l'instant pour le duché. »

Le juge tortillant sa moustache, fixa des yeux pleins de colère sur le jeune homme :

« C'est ainsi que vous êtes franc, c'est ainsi que vous m'ouvrez votre cœur ! Vous me parlez d'abord de duel, puis d'amour, et vous persistez à partir ! Il y a là-dessous quelque chose qui n'est pas clair. On me l'avait bien dit. J'ai épié vos démarches, vous êtes un vert galant, un séducteur. Vous m'avez fait des mensonges. Où êtes-vous allé avant-hier soir ? Pourquoi vous glissiez-vous comme un limier le long de la maison ? O Thadée ! si vous aviez séduit Sophie, et que vous voulussiez la fuir ! Jeune homme, cela ne vous réussirait pas. Que vous l'aimiez ou que vous ne l'aimiez pas, je vous le dis, monsieur, vous l'épouserez ; ou sinon, le fouet. Oui, demain on vous couchera sur le tapis. Il me parle de sentiment ! il me parle de constance ! Vous êtes un menteur. Fi ! je ferai examiner votre conduite, monsieur Thadée ; je vous donnerai sur les oreilles. J'ai eu assez de tracasseries aujourd'hui, la tête m'en fend, et il vient encore m'empêcher de dormir tranquille. Allez vous coucher, monsieur. » A ces mots, il ouvrit la porte et appela l'huissier pour qu'il le déshabillât.

Thadée sortit lentement, la tête baissée, repassant dans sa mémoire sa conversation avec son oncle. C'était la première fois qu'il en avait été grondé aussi sévèrement. Il sentait que ses reproches étaient justes, il rougissait de lui-même. Si Sophie apprenait tout cela ! Demander sa main ? Que dirait Télimène ! Non. Il comprit qu'il ne pouvait plus rester à Soplicow.

Absorbé dans ces pensées, il avait à peine fait quelques pas qu'il se vit barrer le chemin. Il lève les yeux et aperçoit un spectre blanc, long, élancé, qui s'avance vers lui en étendant un bras argenté aux rayons tremblants de la lune. Arrivé près de lui, un soupir étouffé s'échappe de sa poitrine :

« Ingrat lui dit-on, tu as cherché mes regards, et aujourd'hui tu les fuis ; tu aimais ma voix, et aujourd'hui tu te bouches les oreilles, comme si mes regards et ma voix étaient envenimés ! Je l'ai bien mérité ; car je savais qui vous étiez : un homme ! Étrangère à la coquetterie, je n'ai pas voulu te laisser languir, je t'ai rendu heureux. Quelle reconnaissance m'as-tu témoignée ? Ton triomphe sur un cœur sensible a endurci ton âme. Parce que tu as fait trop facilement sa conquête, tu l'as méprisé. Je l'ai bien mérité ! Mais rendue sage par cette terrible expérience, crois-moi, je me méprise plus que tu ne me méprises toi-même.

— Télimène, répondit Thadée, par Dieu ! mon cœur n'est point ingrat. Ce n'est pas par mépris que je vous fuis ; mais daignez réfléchir, on nous voit, on nous épie. Peut-on s'aimer si ouvertement ! qu'en dira le monde ! N'est-ce pas inconvenant ? Par Dieu ! c'est un crime.

— Un crime ! répondit-elle avec un amer sourire, pauvre innocent ! Quoique femme, je n'ai pas peur qu'on découvre mon amour ; et vous, un homme, qu'auriez-vous à craindre, même en avouant des liaisons avec dix femmes à la fois ? Dites vrai, vous voulez me quitter ? » Elle était inondée de larmes.

« Télimène, reprit Thadée, que dirait le monde d'un homme qui, aujourd'hui, à mon âge, bien portant, passerait sa vie à la campagne à faire l'amour, tandis que tant de jeunes gens, tant d'hommes mariés quittent leurs femmes et leurs enfants pour courir sous le drapeau national ! Lors même que je voudrais rester, en serais-je le maître ? Mon père, par son testament, m'ordonne de servir dans les rangs polonais : mon oncle, aujourd'hui, m'a réitéré cet ordre : je pars demain, j'en ai pris la résolution, et vrai Dieu ! Télimène, je n'en changerai pas.

— Je ne veux pas vous empêcher de suivre le chemin de la gloire, ni mettre obstacle à votre bonheur, reprit Télimène Vous êtes homme; vous trouverez une amie plus digne que moi de votre cœur. Vous en trouverez une plus riche, plus belle. Seulement, pour me consoler, que je sache avant de nous séparer que votre amour pour moi était un amour vrai, et non pas un passe-temps, un simple caprice! Que je sache que mon Thadée m'aime! Que j'entende une fois encore le mot amour sortir de ses lèvres, que je le grave dans mon cœur, que je le garde dans ma mémoire! Je te pardonnerai plus facilement, si tu cesses de m'aimer, en me souvenant combien je t'ai été chère! » Elle sanglotait.

En la voyant prier, pleurer ainsi, en l'entendant demander si peu de chose, Thadée se sentit ému. La douleur et la pitié le saisirent au cœur; et si, dans ce moment, il avait voulu s'interroger, peut-être n'aurait-il pu savoir s'il l'aimait ou non. Il répondit donc avec vivacité:

« Que Dieu me frappe de sa foudre, Télimène, s'il n'est pas vrai que je t'ai beaucoup aimée. Nous avons passé de courts moments ensemble; mais ils ont été pour moi si doux, si délicieux, qu'ils seront longtemps gravés dans ma mémoire, et par le ciel, je te jure que je ne t'oublierai jamais. »

Télimène s'élança sur lui en l'entourant de ses bras:

« J'en étais sûre, s'écria-t-elle; tu m'aimes! Je vivrai donc, car aujourd'hui même de ma propre main j'allais me donner la mort. Mais si tu m'aimes, mon adoré, comment peux-tu me quitter? Je t'ai donné mon cœur, je te donnerai ma fortune, je te suivrai partout. Un abri quelconque sur la terre me sera bien doux avec toi. Ah! crois-moi, le désert le plus aride est un paradis pour deux cœurs qui s'aiment! »

Thadée se dégagea violemment de ses étreintes.

« Comment, s'écria-t-il, êtes-vous en délire? Vous voulez me suivre? où donc? à quoi bon? vous traîner derrière moi simple soldat? Serez-vous vivandière?

— Nous pouvons nous marier, répliqua Télimène.

— Non, jamais, répondit Thadée; moi, me marier? Je n'en ai nulle envie à présent, je ne songe plus même aux amours. Tout cela n'est qu'un jeu. Cessons de nous tourmenter. Je t'en prie, ma chère, calme-toi, réfléchis. J'éprouve pour toi de la reconnaissance, mais t'épouser, non, c'est impossible; aimons-nous, mais restons séparés : je ne peux pas demeurer ici. Non, non, il faut que je parte. Adieu, ma Télimène, je pars demain. »

Il dit, enfonce son chapeau sur ses yeux ; et, détournant la tête, il cherche à fuir : mais Télimène le fixe à sa place pétrifié par son regard comme par la tête de Méduse. Bien malgré lui, il est contraint à rester; il la regarde avec anxiété. Elle est pâle, sans mouvement, sans respiration, sans vie. Étendant le bras comme un glaive vengeur, elle dirige son doigt vers ses yeux:

« Ah! c'est ce que je voulais, s'écrie-t-elle. Ah! langue de serpent, cœur de crocodile! c'est donc en vain que, brûlant d'amour pour toi, j'ai méprisé l'assesseur, le comte, le notaire! C'est donc un jeu pour toi que de m'avoir séduite et de m'abandonner, pauvre orpheline! Je m'en doutais ; homme, je connaissais d'avance ta perfidie ; je savais que tout comme un autre tu pouvais te parjurer : mais je ne te soupçonnais pas capable d'un aussi lâche mensonge. J'ai écouté à la porte de ton oncle ; c'est donc cette enfant, cette Sophie qui a fixé tes regards : c'est elle qu'à présent tu convoites, perfide! A peine as-tu trompé une malheureuse, que tes yeux cherchent de nouvelles victimes! Fuis; ma malédiction partout saura t'atteindre. Ou plutôt reste ; je publierai ta noirceur, tes artifices. Tu n'en tromperas plus d'autres comme tu m'as trompée. Fuis, je te méprise ; tu n'es qu'un vil menteur, un homme sans honneur. »

A cette offense mortelle à l'oreille d'un gentilhomme, et que jamais un Soplica n'avait entendue, Thadée frémit; il devient pâle comme un cadavre, il frappe du pied, se mord les lèvres :

« Folle! » s'écrie-t-il en fuyant; mais le mot d'homme vil se répète en mille échos dans son cœur. Le jeune homme se fait horreur à lui-même. Il sent qu'il l'a mérité ; il comprend qu'il a mortellement offensé Télimène, qu'elle a raison de se plaindre, que ses reproches sont justes! Mais il sent aussi que depuis ces reproches il la déteste encore davantage; il pense à Sophie; hélas! il ne l'ose plus. Et pourtant cette Sophie, si belle, si douce, son oncle la lui destinait! Peut-être serait-elle devenue sa femme sans le démon qui l'avait poussé d'un péché dans un crime, d'un mensonge dans une trahison. Enfin il s'éloigne, grondé, méprisé de tous. Dans l'espace de quelques jours il a gâté tout son avenir, il a reçu la juste punition de sa légèreté.

Au milieu de cet orage de pensées et de sentiments, tout à coup le souvenir du duel lui revient en mémoire; il s'y attache comme à une ancre de salut. « Tuer le comte, l'infâme, s'écrie-t-il en colère, mourir ou me venger !... Eh! de quoi? » Il n'en sait rien. Cette fureur, qui s'était allumée en un instant, en un instant aussi s'éteint et fait place à une douleur profonde. Il se prend à penser que ce n'est peut-être pas sans raison qu'il a cru le comte d'accord avec Sophie. « Mais, se dit-il, peut-être l'aime-t-il vraiment, peut-être l'aime-t-elle aussi, peut-être le choisira-t-elle pour époux. Et de quel droit irais-je empêcher ce mariage? Malheureux moi-même, ai-je le droit de faire le malheur des autres?» Il se désespère, il ne voit de salut que dans la fuite; mais où fuir? peut-être au tombeau.

Le poing pressé contre le front, il court dans la prairie, au bout de laquelle se déroulent les deux étangs; il s'arrête sur le bord de l'étang marécageux. Il plonge ses regards inquiets dans les gouffres verdâtres, il aspire avec une joie féroce les émanations qui s'en échappent. Il ouvre la bouche, les hume avec volupté, car le suicide est fantasque comme tous les crimes. Dans son vertige il se sent une envie irrésistible de se noyer dans la fange.

Mais Télimène a reconnu le désespoir du jeune homme à ses allures. En le voyant courir vers les étangs, quoique animée contre lui d'une juste colère, elle s'effraie, car elle a vraiment bon cœur. Elle se sent irritée que Thadée osât en aimer une autre; elle voudrait le punir, mais elle ne veut pas la mort du pécheur. Elle s'élance donc après lui, les bras levés, en criant :

« Arrête ! Pas de folie ! Aime-moi, ou ne m'aime pas ; épouse qui tu voudras, ou pars demain : mais arrête ! » cependant il avait couru si vite qu'il était déjà sur le bord.

Par un singulier hasard, le long du même étang allait à cheval le comte, à la tête d'une troupe de jockeys. Ravi des attraits d'une si belle nuit, de la prodigieuse harmonie de l'orchestre aquatique, de ces chœurs qui se répondaient comme des harpes éoliennes, car nulle part les grenouilles ne chantent aussi bien qu'en Pologne, il s'était arrêté, et avait oublié son expédition. L'oreille tendue vers l'étang, il écoutait avec extase. Il promenait ses regards sur les champs, sur la voûte céleste ; il esquissait sans doute dans sa tête quelque paysage au clair de lune.

C'est qu'en effet la contrée était pittoresque. Les deux étangs, comme deux amants, penchaient leurs faces l'une vers l'autre ; celui de droite avait des eaux unies et pures comme les joues d'une jeune fille : celui de gauche était plus sombre, comme la pâle figure d'un jeune homme déjà ombragée du duvet viril. Les bords du premier étaient couverts d'un sable doré qui resplendissait comme une blonde chevelure ; le front du second était hérissé de roseaux, de saules touffus : tous deux étaient ceints d'une verte draperie.

De ces étangs sortent deux ruisseaux qui se serrent l'un contre l'autre, comme des mains entrelacées. Une fois réunis, ils descendent dans la prairie et tombent dans un ravin ; mais ils ne s'y perdent pas : car on peut y suivre de l'œil leurs ondes argentées par la lune. L'eau tombe en nappes, et sur chacune de ces nappes s'épanouissent des gerbes de lumière ; les fluides rayons s'y brisent en mille fragments, que le flot fugitif saisit et entraîne dans le fond du ravin : tandis que de nouvelles gerbes lumineuses tombent du front silencieux de la lune. On dirait à les voir qu'une Willi s'est assise en jouant sur le bord de l'étang, versant d'une main le flot d'une amphore intarissable, et de l'autre semant sur l'onde des poignées d'or enchanté puisées dans son tablier [*].

Plus loin, le ruisseau ayant quitté le ravin se déploie sur la plaine ; il se tait, mais on devine son mouvement au tremblement de sa surface liquide, où l'on voit se jouer le reflet de l'astre argenté.

Comme un beau serpent samogitien appelé *givoïtos* [**], bien qu'il semble endormi, couché sur les bruyères, s'avance en rampant, reflète tour à tour l'or et l'argent, puis enfin disparaît dans la mousse et les fougères ; ainsi le capricieux ruisseau se glisse au milieu des bouleaux qui étendent leur ligne sombre aux bords de l'horizon, en dressant leurs formes indécises et légères comme des fantômes, le front à demi plongé dans les nuages.

Entre les deux étangs, sur le bord du fossé, est un moulin qui se cache comme un vieux tuteur lorsqu'il épie des amants. Il a entendu leurs paroles ; il se fâche, murmure entre ses dents, secoue la tête, agite les bras et balbutie des menaces. A peine a-t-il secoué son front couvert de mousse et fait voler ses poings ; à peine a-t-il fait claquer ses mâchoires

---

[*] Voyez tome Ier, page 9, et la note n° 3.

[**] Voyez tome Ier, page 396, et la note n° 228.

dentelées, qu'il interrompt l'amoureuse conversation des étangs et réveille le comte.

A l'aspect de Thadée, qui s'était avancé si près de sa position, il s'écrie : « Aux armes, arrêtez-le ! » Les jockeys se jettent sur lui. N'ayant pas eu le temps de se reconnaître, il se trouve déjà pris. Tous se précipitent vers la maison, envahissent la cour. Les domestiques s'éveillent, les chiens aboient, les gardes de nuit répondent ; le juge, à demi vêtu, s'élance hors de la maison. Il voit toute cette troupe armée, il croit que ce sont des bandits ; mais il reconnaît le comte :

« Qu'est-ce donc ? » demande-t-il. Le comte lève son épée sur la tête du juge ; mais, le voyant sans arme, il réprime son ardeur.

« Sopliça, lui dit-il, toi qui depuis des siècles es l'ennemi de ma race, je viens aujourd'hui te punir de tous tes méfaits passés et présents. Tu vas me rendre compte de la fortune que tu m'as enlevée, avant que je puisse venger l'outrage fait à mon honneur. » Mais le juge, faisant un signe de croix :

« Au nom du Père et du Fils !... Fi donc, monsieur le comte !... Êtes-vous un bandit ? Au nom de Dieu, votre conduite est-elle d'accord avec votre naissance, avec l'éducation que vous avez reçue, avec votre position dans le monde ? Je ne souffrirai pas qu'on m'insulte ! »

Les serviteurs du juge accourent, les uns armés de bâtons, les autres de fusils. Le sénéchal se tient à l'écart ; mais il fixe attentivement les yeux du comte : il balance un couteau dans sa manche.

Le combat va s'engager, le juge s'interpose. En vain voudrait-on se défendre, de nouveaux ennemis arrivent ; on entend un coup de fusil dans le bosquet de bouleaux, le pont sur la rivière résonne sous les pieds des chevaux, et mille voix répètent :

« En avant, contre les Soplica! » Le juge fait un mouvement d'horreur; il a reconnu le mot d'ordre de Gervais.

« Ce n'est rien encore, s'écrie le comte, nous sommes bien plus nombreux. Capitulez, monsieur le juge, ce sont mes alliés qui arrivent. » L'assesseur accourt en criant :

« Je vous arrête au nom de Sa Majesté le tzar. Rendez-moi votre épée, monsieur le comte, ou j'appellerai la force publique à mon aide; et vous savez que quiconque ose de nuit envahir à main armée une propriété, l'oukaze 1240 le déclare un vol... »

Le comte lui donne un soufflet du plat de son épée. L'assesseur, étourdi, tombe à terre et se cache parmi les orties Tous le croient blessé ou tué.

« Je vois, dit le juge, que l'affaire prend une tournure bien meurtrière. » Tous répondent par un sourd gémissement, bientôt couvert par les cris de Sophie. Elle entoure de ses bras le juge et pousse des cris aussi perçants que ceux d'un enfant déchiré à coups d'épingle par les juifs qui ont besoin du sang chrétien pour leurs gâteaux de Pâques*.

Cependant Télimène s'était jetée parmi les chevaux; elle étendait les bras et les mains jointes vers le comte :

« Sur votre honneur, lui criait-t-elle d'une voix terrible, rejetant la tête en arrière, les cheveux épars, sur tout ce qui vous est cher, nous vous supplions à genoux; comte, oserez-vous refuser : ce sont des femmes qui vous implorent! Cruel, c'est nous qu'il faut immoler les premières! »

Elle tombe évanouie. Le comte s'élance pour la secourir, étonné et quelque peu troublé de cette scène :

« Mademoiselle Sophie, madame Télimène, dit-il, jamais mon épée n'a été tachée d'un sang innocent. Quant à vous, les Soplica, vous êtes mes prisonniers. C'est ainsi que j'ai

---

* Qu'elle soit vraie ou non, cette opinion est généralement accréditée en Orient.

agi en Italie, lorsque près d'un rocher appelé par les Siciliens Birbante-Rocca, j'ai enlevé tout un camp de bandits. Je donnai la mort à ceux qui étaient armés; je fis prisonniers ceux qui ne l'étaient pas, et je les fis lier. Ils suivirent les chevaux et relevèrent l'éclat de mon triomphe. Puis on les fit pendre au pied de l'Etna. »

Ce fut un bonheur pour Sopliçow que le comte, mieux monté que ses gentilshommes et avide de combattre le premier, les eût laissés en arrière et les eût devancés d'un mille au moins avec ses jockeys. Obéissants et disciplinés, ceux-ci formaient, pour ainsi dire, une troupe régulière, tandis que les gentilshommes n'étaient que des miliciens turbulents et très-enclins à pendre.

L'ardeur et la colère du comte eurent le temps de se refroidir. Il se mit à réfléchir aux moyens de terminer la lutte sans effusion de sang. Il ordonna donc d'enfermer dans la maison la tribu des Sopliça comme sa prisonnière, et plaça des sentinelles à la porte.

« En avant, contre les Sopliça! » Voici les gentilshommes qui se ruent dans la cour, entourent la maison et l'emportent d'assaut avec d'autant plus de facilité que le chef des ennemis est prisonnier de guerre et que la garnison a fui. Mais les assaillants veulent se battre; ils cherchent l'ennemi. Comme on leur interdit l'entrée de la maison, ils courent à la ferme, à la cuisine. Dès qu'ils y pénètrent, la vue des casseroles, le feu à peine éteint, l'odeur des mets, le bruit des dents des chiens qui rongent les restes du souper, tout cela émeut les cœurs et donne aux pensées une autre direction. La colère s'éteint, la faim s'allume. Fatigués de la marche et du conseil qui avaient duré toute la journée, ils s'écrient comme d'une seule voix à trois reprises différentes : « A manger! à manger! » D'autres répondent : « A boire! à boire! » Toute la troupe se forme en deux chœurs criant, l'un : « A manger! » l'autre : « A boire ! » L'écho répète les cris, les gosiers se dessèchent, les estomacs sont creusés par la faim ; et c'est ainsi qu'après avoir pris le mot d'ordre à la cuisine, l'armée se disperse pour fourrager.

Repoussé des appartements du juge, Gervais avait dû se retirer par égard pour les sentinelles posées par le comte. Ne pouvant encore tirer vengeance de son ennemi, il se livre tout entier au second but de l'expédition. Expert en jurisprudence, il veut établir le comte légalement et formellement dans sa nouvelle possession. Il cherche donc l'huissier et le découvre enfin derrière le poêle. Il le saisit au collet, l'entraîne dans la cour ; et, lui appuyant sur la poitrine la pointe de son canif :

« Monsieur l'huissier, dit-il, le comte vous prie de bien vouloir proclamer à l'instant, en présence de tous les gentilshommes nos frères ici présents, sa prise de possession du château, de la maison de Sopliçow, du village, des terres tant ensemencées qu'en friche, *cum forestis, flumminibus, kmethonibus ac scultetis*, en un mot *cum omnibus rebus et quibusdam aliis*. Aboie tout cela comme tu l'as appris et garde-toi bien d'omettre une seule formule.

— Monsieur le porte-clefs, répond Protais avec courage, les mains passées dans sa ceinture, attendez, je suis prêt à obéir aux ordres de toutes les parties ; mais je vous préviens que cet acte n'aura nulle valeur s'il est proclamé nuitamment et par violence.

— Quelle violence ? dit le porte-clefs ; il n'y a pas ici de violence. Est-ce que je ne vous en prie pas bien poliment ? Si vous ne voyez pas clair, je vais vous battre le briquet avec mon canif, que vous en verrez mille étoiles.

— Mon petit Gervais, ajoute l'huissier, pourquoi vous fâcher ? Je suis un simple huissier, il ne m'appartient pas de décider l'affaire. Ne savez-vous pas que la partie invite l'huissier à répéter ce qu'elle lui dicte, et que l'huissier ne fait que le proclamer? Un huissier n'est que le représentant de la loi, et personne n'a jamais puni un représentant. Je ne vois donc pas pourquoi on me garde ainsi à vue ; je vais écrire l'acte à l'instant : qu'on m'apporte une lanterne. En attendant, je vais faire la proclamation. Frères gentilshommes, silence! »

Et, pour se faire mieux entendre, il monta sur un grand tas de poutres qu'on avait déposées près de la haie du verger pour les faire sécher, et tout à coup, comme s'il eût été emporté par le vent, il disparut. On l'entendit tomber au milieu des choux, on le vit entrer dans les chanvres, au milieu de la sombre verdure desquels on aperçut son bonnet blanc qui les traversait comme un pigeon au blanc plumage. Cruchon tira sur le bonnet, mais il le manqua. Alors on entendit écarter les échalas. Protais était déjà dans le houblon.

« Je proteste! » s'écria-t-il. Il était sûr de se sauver, car derrière lui étaient les roseaux et les marécages de la rivière.

Avec cette protestation, qui retentit comme un dernier coup de canon sur les remparts d'une forteresse déjà conquise, toute résistance cessa à Sopliçow. Les gentilshommes se mirent à fureter partout, et s'emparèrent de ce qu'ils purent. Goupillon avait pris position dans la ferme ; il assomma de sa massue un bœuf et deux veaux, dans le cou desquels Rasoir plongea son arme. Alène n'employait pas avec moins d'activité sa petite épée ; il l'enfonçait sous l'épaule des porcs et des cochons de lait. Déjà le carnage menaçait la volaille. En vain les oies vigilantes, qui jadis sauvèrent Rome de l'attaque nocturne des Gaulois, appellent au secours par leurs cris. Au lieu d'un Manlius, c'est Cruchon qui entre dans l'étable. Il tue les unes, il attache les autres toutes vivantes à la ceinture de son surtout. En vain elles agitent leurs cous, en vain elles crient, en vain les jars sifflent et pincent l'agresseur ; il vole couvert d'un duvet resplendissant et comme porté sur des roues par le mouvement de toutes ces ailes. On dirait un mauvais génie qui s'élève dans les airs.

Mais le carnage est plus sanglant, quoique moins bruyant, parmi les poules. Le jeune Sac était entré dans le poulailler, et attirait à lui, avec un crochet, la volaille perchée sur les échelles. Il étouffe l'un après l'autre coqs pattus et poules huppées, puis il en fait un tas. C'était de la volaille superbe ; elle avait été nourrie d'orge perlé. O Sac insensé ! quelle fatale ardeur t'anime ! Jamais, à compter de ce jour, tu ne sauras fléchir le cœur irrité de Sophie !

Gervais se rappelle les anciens temps. Il se fait donner trois ceintures de gentilshommes, avec lesquelles il tire de la cave des Soplica trois tonneaux de vieille eau-de-vie, d'hydromel et de bière. Il les débonde aussitôt. Les gentilshommes, aussi nombreux que des fourmis, s'emparent joyeusement des autres et les roulent au château. C'est là que toute la troupe se rassemble pour passer la nuit ; c'est là que le comte établit son quartier général.

On allume une centaine de feux ; on cuit, on rôtit, on grille. Les tables ploient sous le poids des viandes ; les boissons coulent à flots ; les gentilshommes veulent passer la nuit à manger, à boire, à chanter. Mais peu à peu ils commencent à bâiller et à s'endormir. Un œil s'éteint après l'autre, et bientôt toutes les têtes vacillent. Chacun tombe à l'endroit où il est assis, l'un tenant un plat en main, l'autre une cruche, un troisième à côté d'un quartier de bœuf. C'est ainsi que le sommeil, frère de la mort, vainquit les vainqueurs [102].

IX.

LE COMBAT.

SOMMAIRE. — Dangers d'un mauvais campement. — Secours inattendu. — Triste position des gentilshommes. — Arrivée du quêteur, présage de salut. — Le major Plout, par son excès de galanterie, attire un orage sur sa tête. — Coup de pistolet, signal du combat. — Hauts faits de Goupillon. — Exploits et dangers de Mathias. — L'embuscade de Cruchon sauve Soplicow. — Une charge de cavalerie sur les carrés. — Actions de Thadée. — Duel des chefs interrompu par une trahison. — Le sénéchal par une manœuvre habile, décide le sort du combat. — Exploits sanglants de Gervais. — Le président vainqueur magnanime.

Ils dormaient d'un sommeil si profond, que ni la clarté des lanternes, ni l'entrée de quelques dizaines d'hommes ne purent les réveiller. Ces intrus tombèrent sur les gentilshommes comme des faucheux sur les mouches assoupies. A peine l'une d'elles a-t-elle bourdonné, que le cruel tisserand l'enveloppe de ses longues pattes et l'étouffe. Le sommeil de tous ces nobles était plus profond encore que celui des mouches, car aucun ne bougea. Ils restaient étendus et comme morts, quoique saisis par des mains vigoureuses et retournés comme des gerbes qu'on lie.

Cruchon seul, dont la tête dans les banquets était la plus forte du district, Cruchon, qui pouvait boire à lui seul deux larges brocs d'hydromel avant qu'on ne vît s'appesantir sa langue et flageoler ses jambes, donne signe de vie, bien qu'il fût resté longtemps à table et qu'il fût profondément endormi. Il entr'ouvre un œil et voit de véritables spectres, deux terribles visages penchés sur lui. Chacun porte une grande paire de moustaches; il entend leur haleine, leurs moustaches touchent ses lèvres : il sent quatre mains s'agiter autour de lui comme quatre ailes. Il a peur, il veut faire le signe de la croix; mais c'est en vain qu'il essaie de lever la main droite, elle est comme clouée à ses côtés. Il veut remuer la gauche; hélas; les spectres l'ont emmaillotté plus étroitement qu'un enfant dans ses langes. Sa frayeur redouble; il referme l'œil et reste couché sans souffler. L'effroi le glace, il est près de mourir. Goupillon veut se défendre; mais il n'en est plus temps, il est garrotté avec sa propre ceinture. Cependant il se replie sur lui-même et bondit avec tant de force, qu'il va retomber sur les dormeurs. Il se roule sur leurs têtes; il s'agite comme un brochet jeté sur le sable : il hurle comme un ours, car il a de forts poumons. Trahison! s'écrie-t-il. Et toute la troupe éveillée répond en chœur : « Trahison! meurtre! trahison! »

L'écho arrive jusqu'à la salle des glaces, où le comte et Gervais dormaient avec les jockeys. Gervais s'éveille. En vain il se démène, il est attaché à sa rapière. Il jette les yeux vers la fenêtre, il y voit des hommes armés, avec des shakos bas, noirs, des uniformes verts; l'un d'eux est ceint d'une écharpe, il tient une épée dont il dirige la pointe vers sa troupe, à laquelle il dit tout bas : « Liez-les! liez-les bien! »

Tout autour de lui sont étendus les jockeys, liés comme des moutons. Le comte est assis; il n'est pas garrotté, mais il est désarmé. A ses côtés se tiennent deux soldats, les baïonnettes dirigées contre lui. Gervais les reconnaît. Hélas, ce sont les Russes!!!

Plus d'une fois le porte-clefs s'était trouvé dans une position tout aussi périlleuse; plus d'une fois il avait eu les jambes et les mains garrottées, mais toujours il avait su se tirer d'affaire, il savait comment on rompt les entraves. Il était très-fort, et se fiait à ses forces. Il médite de se sauver par ruse; il ferme les yeux comme s'il dormait, étend lentement les bras et les mains, retient sa respiration, fait rentrer son ventre et sa poitrine le plus possible : puis tout à coup il se replie sur lui-même, se gonfle, se roidit comme un serpent qui cache sa tête et sa queue entre ses anneaux. C'est ainsi que Gervais, de long qu'il était, se fait petit et gros. Les liens s'étendent, crient même, mais ne se rompent pas. De honte et de colère, le porte-clefs se retourne, cache sa figure irritée contre terre, referme les yeux et reste étendu immobile comme un soliveau.

Alors des tambours se font entendre. Leur roulement, lent d'abord, devient de plus en plus vif et retentissant. A cet appel, l'officier russe ordonne d'enfermer le comte et les jockeys dans le château, de leur donner des sentinelles et de conduire les gentilshommes dans la maison, qui était occupée par la seconde compagnie. En vain Goupillon se démène, s'agite.

L'état-major était dans la maison. Il y avait aussi beaucoup de gentilshommes en armes, les Podhaïski, les Birbarz, les Hreczecha, les Biergel, tous parents ou amis du juge. Ils avaient appris l'envahissement de ses domaines et tous étaient accourus à son secours, car ils étaient de vieux ennemis des Dobrzynski.

Qui donc était allé chercher dans les villages voisins le bataillon des Russes? Qui donc avait rassemblé avec tant de promptitude les gentilshommes des bourgades d'alentour? Était-ce l'assesseur? Était-ce Yankiel? Les opinions sont partagées, mais on n'a jamais pu le savoir avec certitude.

Déjà le soleil se levait. Son disque, d'un rouge de sang, était aplati, dépouillé de ses rayons. On n'en voyait qu'une moitié, l'autre était cachée derrière de sombres nuages; on eût dit un fer à cheval rougi dans la forge d'un maréchal-ferrant. Le vent augmentait de violence et chassait les nuages vers l'orient; ces nuages étaient épais, déchirés comme des glaçons : parfois un d'entre eux jetait en passant une pluie fine et froide. Le vent qui lui succédait séchait bientôt la terre; mais à sa suite arrivait un nouveau nuage chargé de pluie : et la journée se passait ainsi, alternativement froide et pluvieuse.

Cependant le major fait apporter les poutres qui séchaient sous la haie. Dans chacune d'elles il fait creuser, à l'aide de la hache, des échancrures demi-rondes, où il fait mettre les pieds de ses prisonniers, puis on les ferme avec une autre poutre. Les extrémités de ces deux solives, assujetties avec des clous, comme les mâchoires d'un mâtin se resserrent sur les jambes des gentilshommes. Quant à leurs bras, on les leur attache solidement derrière le dos. Pour mieux les molester, le major leur fait ôter leurs bonnets, leurs manteaux, leurs vestes, leurs czamaras, leurs surtouts. C'est ainsi que ces nobles, cloués dans les poutres, sont assis en ligne, claquant des dents, exposés au froid, à la pluie, car la bourrasque augmente sans cesse. En vain Goupillon se démène, s'agite.

Le juge fait de vaines instances en faveur des gentilshommes. Télimène aussi joint ses prières aux larmes de Sophie, pour chercher à adoucir le sort des prisonniers. Le capitaine Nicolas Rykoff, brave homme, quoique Russe, se laisse enfin fléchir; mais que peut-il faire ? Il faut qu'il obéisse au major Plout.

Ce major était d'origine polonaise. Il était né dans la petite ville de Dzierznowicze [103], et s'appelait Ploutowicz; mais il avait changé de nom. C'était un sacripant comme tous les Polonais qui se russifient au service du tzar. La pipe à la bouche, il se tenait devant les rangs de ses soldats, les poings appuyés sur les hanches; quand on le saluait, il relevait la tête d'un air de mépris : et, pour toute réponse, il vous envoyait, en signe de mauvaise humeur, une bouffée de fumée au visage. Il rentra dans la maison. En attendant, le juge était parvenu à apaiser Rykoff. Il avait pris aussi à l'écart l'assesseur; et tous trois se concertaient sur les moyens de terminer cette affaire sans jugement et, qui plus est, sans que le gouvernement s'en mêlât. Rykoff disait donc au major :

« Monsieur le major, qu'avons-nous à faire de tous ces prisonniers ? Si nous les livrons au tribunal, grande sera la détresse de tous les gentilshommes; mais à vous, monsieur le major, il ne vous en reviendra rien. Savez-vous, major? il vaut mieux étouffer cette affaire, monsieur le juge vous payera de vos peines. Nous dirons que nous sommes venus ici en visite; ainsi la chèvre restera entière, et le loup sera rassasié. Un proverbe russe dit qu'on peut tout se permettre quand on sait s'y prendre ; et un autre : Il faut rôtir pour soi à la broche du tzar; et un autre encore : L'accord vaut mieux que la dispute. Faites le nœud et jetez les bouts à l'eau. Nous ne ferons pas de rapport, personne n'en saura rien. Dieu fit les mains pour prendre, voilà un vrai proverbe russe. »

A ces mots le major entra dans une grande colère :

« Es-tu fou, Rykoff? s'écria-t-il en se levant. Est-ce ainsi que tu entends le service du tzar ? Vieil imbécile de Rykoff, es-tu vraiment fou? Moi, je donnerais la liberté à ces rebelles, et cela en temps de guerre! Ah! messieurs les Polonais, je vous apprendrai à vous insurger. Ah! scélérats de Dobrzynski, je vous donnerai une fière leçon! Qu'ils se mouillent, les brigands! ajouta-t-il en riant à gorge déployée et en jetant un coup d'œil par la fenêtre. Mais n'est-ce pas encore un Dobrzynski qui a gardé sa capote? Vite, qu'on la lui enlève! L'année passée, à la redoute, il m'a cherché querelle. Qui a été l'agresseur? Ce n'est pas moi, mais lui. Pendant que je dansais, il s'est écrié : A la porte, le voleur! parce que j'étais alors sous le coup d'une enquête au sujet de la caisse du régiment qu'on avait volée! Je me trouvais, il est vrai, dans de grands embarras; mais cela le regardait-il? Je danse le mazourek, il crie derrière moi : Voleur! et tous les gentilshommes font chorus.

Ils m'ont tous offensé. Je les tiens à présent dans mes griffes, ces gentillâtres ! Je leur avais bien dit : Eh ! les Dobrzynski, un jour viendra... il est venu. Ils auront tous le knout. »

A ces mots il se baissa vers l'oreille du juge :

« Si vous voulez, juge, dit-il, que tout se passe sans bruit, donnez-moi mille roubles comptants par tête. Oui, mille roubles, juge, c'est mon prix ! »

Le juge voulut en rabattre, mais le major ne l'écoutait plus. Il s'était remis à arpenter la chambre en lançant des bouffées de fumée; on eût dit un serpenteau ou une fusée. Les dames le suivaient en le suppliant les larmes aux yeux :

« Major, dit le juge, que gagnerez-vous à envoyer ces gentilshommes devant un tribunal? Il n'y a pas eu ici de combat sanglant, il n'y a pas eu de blessés. S'ils ont mangé les poules et les salaisons, eh bien ! ils payeront l'amende fixée par le statut pour un pareil délit. Quant à moi, je ne porterai pas plainte contre le comte, je regarde tout cela comme une altercation entre voisins.

— Avez-vous lu le *livre-jaune*, dit le major [104].

— Qu'est-ce que le livre-jaune? demanda le juge.

— C'est un livre qui vaut tous vos statuts. A chaque ligne figurent la corde, la Sibérie, le knout. C'est le code militaire aujourd'hui en vigueur dans toute la Lithuanie. Vos tribunaux n'ont plus rien à dire. D'après les lois militaires, une telle escapade envoie au moins creuser les mines de la Sibérie.

— J'en appellerai au gouverneur.

— Appelez-en à l'empereur lui-même, si cela vous plaît; vous savez bien que quand il daigne faire grâce, il double souvent la peine. Appelez-en; quant à moi, si je cherchais bien, je trouverais aussi quelque peccadille chez vous, monsieur le juge. Yankiel n'est-il pas un émissaire? Depuis longtemps le gouvernement a les yeux sur lui. Il demeure sur vos terres ; il y a affermé une auberge : le moment est venu de vous arrêter tous d'un seul coup.

— Moi ! moi, m'arrêter ? s'écria le juge. Comment l'oseriez-vous sans un ordre formel ? »

La querelle se serait de plus en plus envenimée, sans l'arrivée d'un nouvel hôte, arrivée bruyante, extraordinaire. En tête marchait comme un courreur un bélier énorme, la tête hérissée de quatre cornes, dont deux se tordaient autour de ses oreilles, comme deux arcs ornés de clochettes, tandis que deux autres se dressaient de chaque côté en agitant de petites boules de cuivre rondes et sonores. Il était suivi de bœufs, d'un troupeau de moutons, de chèvres, derrière lesquels on apercevait des chariots lourdement chargés.

Tous devinèrent que Robak le frère quêteur entrait dans la cour. Le juge, qui connaissait les devoirs d'un hôte, s'avança sur le seuil de la porte pour saluer le nouvel arrivé. Le prêtre était sur la première briska, le visage à demi couvert de son capuchon. On le reconnut néanmoins ; car, après avoir dépassé les prisonniers, il se retourna vers eux en les menaçant du doigt. Le conducteur de l'autre voiture fut également reconnu ; c'était le vieux Mathias-la-Verge, habillé en paysan. Dès qu'ils l'aperçurent, les gentilshommes poussèrent un cri ; mais lui : « Imbéciles ! » leur dit-il, en leur imposant silence d'un signe. Sur le troisième chariot était le Prussien, couvert d'une bure râpée. Zan et deux Mickiewicz étaient dans la quatrième voiture.

Cependant les Podhaïski, les Birbarz, les Biergel, les Kotwicz, en voyant les gentilshommes de Dobrzyn si durement traités, avaient senti leurs anciennes haines se refroidir peu à peu ; car la noblesse polonaise, bien qu'excessivement querelleuse et prompte à se battre, n'est pourtant pas vindicative. Ils courent donc vers le vieux Mathias pour lui demander conseil. Il les range autour des chariots, et leur ordonne d'attendre.

Le bernardin entra dans la chambre. A peine le reconnut-on ; car, quoiqu'il n'eût pas changé de costume, son air était tout autre. Ordinairement triste, pensif, il portait alors la tête haute, son visage était radieux ; avant que de parler, il se mit à rire aux éclats comme un jovial frère quêteur :

« Ah, ah ! ah, ah ! Je vous salue, s'écria-t-il enfin. Ah, ah ! ah, ah ! C'est vraiment charmant, messieurs les officiers. D'autres chassent le jour ; mais vous, c'est la nuit. La chasse a été bonne, j'ai vu le gibier. Oh ! il faut plumer ces gentilshommes, oui, il faut les plumer ; il faut leur mettre un frein, car aussi bien ils sont par trop fringants. Je vous félicite, major, d'avoir attrapé le comte ; il est gras celui-là ; c'est un Crésus, un seigneur de vieille roche : ne le laissez pas sortir de cage à moins de trois cents ducats. Et quand vous les aurez, donnez quelques gros sous au couvent et à moi aussi, qui ne cesserai de prier pour votre âme. Aussi vrai que je suis un bernardin, je m'occupe beaucoup de votre âme ; la mort saisit quelquefois même les officiers supérieurs. Baka a eu raison de dire : « La Mort
« happe également le bourreau et le satrape. Elle frappe
« sur le drap aussi bien que sur le torchon, sur le casque
« aussi fort que sur le capuchon. Elle reluque ceux qui
« portent perruque aussi bien que ceux qui portent l'uni-
« forme. La Mort, vieille commère, vous fait pleurer
« comme l'oignon, quand elle vous embrasse ; elle presse
« également sur son sein l'enfant braillard et le soldat
« paillard [104]. » Oui, major, vivants aujourd'hui, nous sommes morts demain. Rien ne nous appartient que ce que nous venons de manger ou de boire. Monsieur le juge, n'est-il pas temps de déjeuner ? Je me mets à table et je vous engage à suivre mon exemple. Monsieur le major, que diriez-vous d'un peu de zrazy ?... Monsieur le lieutenant, que pensez-vous d'un bol de punch ?

— Vous avez raison, mon père, répondent les officiers, il est grandement temps de boire à la santé du juge. »

Tous regardaient Robak avec étonnement, et se demandaient d'où lui venait un air si satisfait et une telle gaieté. Le juge donna aussitôt ses ordres au cuisinier; on apporta un bol, du sucre, des bouteilles et des zrazy. Plout et Rykoff se mirent à manger avec tant de voracité, à boire avec si peu de mesure, qu'en une demi-heure ils avaient dévoré vingt-trois côtelettes hachées et bu la moitié d'un énorme bol de punch.

Rassasié enfin, le major s'étendit joyeusement dans son fauteuil, tira sa pipe, l'alluma avec un billet du trésor; et, après avoir essuyé ses moustaches, il dit en tournant des yeux souriants vers les dames :

« Mesdames, vous êtes pour moi le dessert le plus doux. Je jure par mes épaulettes de major qu'après avoir déjeuné, je ne trouve rien de meilleur à mon goût que la conversation des dames, quand elles sont belles comme vous l'êtes. Une idée ! Jouons aux cartes, au whist, au vingt-et-un ; ou bien dansons le mazourek. Mille tonnerres ! Ne suis-je pas le premier danseur de mazourek du régiment des chasseurs ? » Et, s'inclinant avec grâce, il s'approcha des dames, lâchant alternativement des bouffées de fumée et des compliments.

« Oui, dansez, s'écria Robak. Dès que j'ai fini ma bouteille, je relève mon froc et quoique prêtre je danse aussi parfois un mazourek. Mais, major, pendant que nous nous amusons ici, ces pauvres chasseurs grelottent là-bas dans la cour. Puisque nous nous amusons, il faut que tout le monde s'amuse. Juge, faites-leur donner un tonneau d'eau-de-vie ; le major ne s'oppose pas à ce qu'on fasse boire ses braves chasseurs.

— Je vous en prie, même, répondit Plout; mais il n'y a pas d'obligation à cela. »

Robak se pencha vers l'oreille du juge :

« Faites-leur donner un tonneau d'esprit-de-vin, » lui

dit-il. C'est ainsi que, pendant que l'état-major buvait dans la maison, au dehors commença l'orgie de la soldatesque.

La capitaine Rykoff vidait en silence son verre; mais le major buvait et faisait la cour à la fois. Son envie de danser devenait de plus en plus irrésistible. Il jette sa pipe, saisit la main de Télimène, et veut s'élancer avec elle; mais elle lui échappe. Il se tourne donc vers Sophie, et, par un salut, l'invite à danser avec lui le mazourek :

« Eh ! Rykoff, cesse donc de souffler dans ta pipe. A bas la pipe! s'écria-t-il. N'est-ce pas, tu sais jouer de la balabaïka? J'ai vu par là une guitare ; prends-la et joue-nous un mazourek. Je vais ouvrir la danse. »

Le capitaine décroche la guitare, l'accorde ; et Plout engage de nouveau Télimène à danser :

« Parole de major, mademoiselle, lui dit-il, je ne suis pas un Russe. Je veux qu'on m'appelle fils de chienne si je mens. Demandez à tous les officiers, à toute l'armée; ils vous certifieront que dans la seconde armée, dans le neuvième corps, dans la seconde division d'infanterie, dans le cinquième régiment de chasseurs à pied, il n'y a pas de meilleur danseur de mazourek que le major Plout. Venez, mademoiselle ; ne soyez pas si récalcitrante, autrement je vous punirai, mademoiselle, à la manière des officiers. »

A ces mots, il s'approche de Télimène, lui prend la main, et un sonore baiser retentit sur sa blanche épaule. Au même instant Thadée s'élance et lui donne un soufflet. Le baiser et le soufflet résonnent l'un après l'autre comme deux paroles qui se suivent.

Le major reste un moment stupéfait. Il se frotte les yeux; furieux de colère, il s'écrie :

« Rébellion ! révolte ! » Et, tirant son sabre, il court pour en percer Thadée. Aussitôt Robak sort de sa manche un pistolet de poche :

« Tire, Thadée, s'écrie-t-il, tire comme sur une poupée ! »

Thadée saisit le pistolet, ajuste, tire et manque ; mais il assourdit et brûle le major. Rykoff se lève, la guitare à la main :

« Révolte ! crie-t-il, rébellion ! » Il s'élance sur Thadée, mais derrière la table le sénéchal avance le bras, un couteau siffle dans l'air entre les têtes et frappe avant que d'être aperçu. Il s'enfonce dans la caisse de la guitare, la perce ; Rykoff se penche de côté et évite ainsi la mort. Mais plein d'effroi, il s'écrie :

« A moi, chasseurs ! une révolte ! » Il tire son épée ; et, tout en se défendant, recule vers le seuil de la porte.

En même temps, à l'autre extrémité de la chambre, entrent par la fenêtre une foule de gentilshommes, leurs rapières à la main ; Mathias-la-Verge est à leur tête. Plout s'est retiré dans le vestibule, Rykoff le suit ; ils appellent les soldats. Déjà trois d'entre eux qui se trouvaient le plus près de la maison, accourent ; déjà par la porte s'avancent trois baïonnettes luisantes, et derrière elles trois shakos noirs inclinés. Mathias était près de là, sa verge levée, appuyé contre le mur, aux aguets comme un chat guettant des souris. Enfin il porte un coup terrible qui aurait dû abattre les trois têtes ; mais peut-être la vue du vieillard était-elle affaiblie, peut-être la colère l'avait-elle aveuglé, car ils n'avaient pas encore montré leurs collets : la verge frappe sur les shakos, les enlève et retombe avec bruit sur les baïonnettes. Les Russes se sauvent, Mathias les poursuit dans la cour.

Là, le tumulte est plus grand encore. Les partisans des Sopliça y travaillent à qui mieux mieux à mettre en liberté les Dobrzynski. Ils séparent les poutres ; les chasseurs s'en aperçoivent, saisissent leurs armes et courent sur eux. Le sergent s'élance sur Podhaïski, le perce de sa baïonnette, blesse deux autres gentilshommes, et tire sur un troisième.

C'était auprès des poutres où Goupillon était attaché. Déjà il avait les mains libres toutes prêtes au combat; il se dresse, lève la main, ferme son poing énorme, et du haut des poutres en porte un coup si violent dans le dos du Moskovite que son front va frapper sur le chien de sa carabine. Le coup part, mais la poudre humide de sang ne prend pas feu; le sergent tombe mort sur son fusil, aux pieds de Goupillon. Celui-ci se baisse, saisit le fusil par le canon et le faisant voltiger autour de lui comme une massue, il renverse à l'instant deux soldats en leur rompant les bras; il casse la tête du caporal, les autres effrayés battent en retraite. C'est ainsi que Goupillon protége ses frères comme par un dais mobile.

Les poutres sont séparées, les cordes sont coupées, les gentilshommes, devenus libres, se jettent sur les voitures amenées par le quêteur; ils en tirent des rapières, des sabres, des faux, des fusils. Cruchon y trouve deux gros tromblons à bouche évasée avec une carnassière de balles. Il en remplit son arme et donne l'autre chargée au jeune Sac.

Les chasseurs arrivent en foule, les rangs se mêlent, se frappent au hasard; pressés contre leurs ennemis les Polonais ne peuvent combattre à coups de sabre, les Russes ne peuvent tirer : ils luttent corps à corps. L'acier frappe l'acier et se brise; la baïonnette sur l'épée, la faux sur la garde : poing contre poing, bras contre bras.

Mais Rykoff avec une partie des chasseurs se retire vers l'endroit où les granges touchent à l'enclos. Il s'y poste et crie aux soldats de cesser un combat sans ordre, dans lequel ils ne peuvent faire usage de leurs armes et succombent sous les coups pressés de leurs ennemis. Irrité de n'oser faire feu, car dans la mêlée il ne peut distinguer les Polonais des Russes, il commande : « Formez vos rangs! » mais le tumulte couvre sa voix.

Le vieux Mathias, incapable de lutter de vive force, se retire du combat en s'ouvrant un chemin à droite et à gauche avec son épée. Ici, il coupe une baïonnette comme il moucherait une chandelle ; là, il blesse ou perce un ennemi. C'est ainsi que le prudent Mathias gagne le large.

Mais c'est surtout un vieux caporal, instructeur dans le régiment, qui s'attache à lui avec le plus d'obstination. C'était un maître d'escrime à la baïonnette. Il se ramasse, se baisse, saisit son fusil des deux mains, la droite à la batterie, la gauche au milieu du canon ; il tourne, s'élance, quelquefois s'accroupit ; il lâche son fusil de la main gauche et de la droite le pousse en avant comme le dard d'un serpent : puis il le retire, l'appuie sur son genou, tourne autour de Mathias, avance, recule et l'assaille de tous côtés.

Le vieux confédéré reconnut à l'instant à quel habile adversaire il avait affaire. De la main gauche il pose ses lunettes sur son nez, de la droite il se couvre la poitrine avec la garde de sa rapière. Il bat en retraite, surveille tous les mouvements du caporal ; il chancelle sur ses pieds comme s'il était ivre, le caporal le presse : et, déjà certain de vaincre, pour atteindre plus sûrement le fuyard, il se cambre, jette le bras droit en avant avec tant de force que tout son corps suit le même mouvement. Mathias présente la garde de sa verge à l'endroit où la baïonnette est fixée au canon, relève le fusil et, abaissant aussitôt sa rapière, il en porte un coup sur la main du Russe ; au même instant d'un revers il lui fend la mâchoire. Ainsi tomba le premier maître d'armes des Moskovites, décoré de trois croix et de quatre médailles.

Cependant près des poutres l'aile gauche des gentilshommes est déjà victorieuse. Là combat Goupillon, de loin visible à ses coups ; là s'agite Rasoir tout au milieu des Russes : celui-ci les frappant par le milieu du corps, celui-là leur fracassant la tête. Telle cette machine inventée par les Allemands et qu'on appelle machine à battre le blé. Elle est composée de fléaux et de couteaux qui battent le blé et coupent la paille tout à la fois. Ainsi travaillent de concert Goupillon et Rasoir, l'un taillant les ennemis par en haut, l'autre par en bas.

Mais Goupillon abandonne une victoire certaine et court à l'aile droite où un nouveau danger menaçait le vieux Mathias. Le sous-lieutenant voulait venger sur lui la mort du caporal, et l'attaquait avec son esponton (l'esponton est à la fois pique et hache ; on ne s'en sert plus aujourd'hui que dans la marine, mais alors l'infanterie en faisait aussi usage). Le jeune homme combattait avec adresse. Toutes les fois que son adversaire écartait son arme, il reculait ; Mathias, ne pouvant l'atteindre ni le blesser, était obligé de se tenir sur la défensive. Déjà le sous-lieutenant lui avait fait une blessure légère ; déjà, levant son esponton, il menaçait sa tête. Goupillon ne pouvait arriver à temps ; il s'arrête donc à mi-chemin, et jette son fusil entre les jambes de l'officier. Ses os se brisent, il lâche sa pique, s'affaisse ; Goupillon s'élance sur lui suivi d'une troupe de gentilshommes. Derrière eux accourent en désordre les Russes de l'aile gauche, et le combat se rétablit autour de Goupillon.

Celui-ci, qui avait perdu son arme en défendant Mathias, manqua payer de sa vie le service qu'il lui avait rendu. Deux Russes robustes tombent sur lui par derrière et de leurs quatre mains le saisissent aux cheveux. Pleins de vigueur, campés sur leurs talons, ils les tirent comme des câbles attachés aux mâts d'un radeau ; en vain Goupillon se débat, jette des coups perdus en arrière : déjà chancelant, il aperçoit Gervais qui combat près de lui :

« Jésus Maria ! lui crie-t-il, Canif, à mon secours ! »

Le porte-clefs voit le danger de Goupillon ; il se retourne, son fer tranchant s'abat entre la tête et les mains des Russes. Ils fuient en jetant des cris aigus ; mais une de leurs mains, plus fortement attachée aux cheveux, y reste suspendue en vomissant le sang. Tel un aiglon saisit un lièvre dans une de ses serres, et s'attache de l'autre à un arbre pour ne pas lâcher sa proie; le lièvre bondit, l'aiglon se déchire en deux. Sa serre droite reste clouée à l'arbre dans la forêt; le lièvre fugitif emporte l'autre toute sanglante dans les champs.

Hors de danger, Goupillon regarde de tous côtés, cherchant et demandant des armes. Avant d'en trouver, il fait rage avec ses poings, mais sans s'éloigner de Gervais, jusqu'à ce qu'il aperçoive son fils Sac dans la mêlée. Sac fait feu de la main droite, tandis que de la gauche il tire après lui un épieu long de cinq pieds, noueux et tout incrusté de pierres à fusil. Personne que son père ne pourrait seulement le soulever. Dès qu'il réconnait son arme chérie, son goupillon [105], il le saisit, l'embrasse, saute de joie, le brandit au-dessus des têtes, et à l'instant même le teint de sang.

Ce qu'il fit ensuite, par quels exploits il se distingua, il serait inutile de le chanter; personne n'y ajouterait foi. On me croirait aussi peu que cette pauvre femme de Vilno, qui, du haut de la porte Ostra, vit un bourgeois appelé Czarnobaçki [106] tuer le général russe Deïoff, lorsqu'à la tête de ses kosaks il forçait déjà les portes de la ville, et vaincre à lui seul tout un régiment.

Il suffira de savoir que les choses se passèrent comme Rykoff l'avait prévu. Les chasseurs dispersés dans la mêlée durent céder à la supériorité individuelle de leurs ennemis; vingt-trois restèrent sur le champ de bataille, une trentaine furent blessés, beaucoup se sauvèrent et se cachèrent dans le verger, dans le houblon, dans les marécages de la rivière : quelques-uns se réfugièrent dans la maison et se mirent sous la protection des dames.

Les gentilshommes, vainqueurs, poussent des cris d'allégresse; les uns courent aux tonneaux, les autres aux ennemis, qu'ils dépouillent. Robak seul ne partage pas leur joie triomphale. Il n'avait pas combattu, les canons défendant à un prêtre l'effusion du sang ; mais en homme expert il avait donné des conseils, il avait parcouru en tous sens le champ de bataille, avait encouragé les combattants du regard et du geste : dans ce moment il les rassemble autour de lui, leur recommande de tomber sur Rykoff et d'achever ainsi la victoire. En attendant, il envoie un parlementaire au capitaine pour lui dire que s'il dépose les armes, il aura la vie sauve; que sinon, il le fera entourer et exterminer.

Rykoff était loin de songer à se rendre; il avait autour de lui la moitié du bataillon. « Portez armes ! » Les soldats saisissent leurs fusils, qui retentissent contre leurs épaules ; ils étaient tout chargés. « En joue ! » crie Rykoff. Une longue ligne de canons luisants s'abaisse. « Feu de file ! » commande le capitaine. Les coups partent l'un après l'autre. L'un tire, l'autre charge, l'autre amorce son fusil. On entend le sifflement des balles, le craquement des chiens, le son des baguettes; tout ce rang de soldats ressemble à un reptile monstre qui agiterait à la fois des milliers de jambes flamboyantes.

Il est vrai que les chasseurs, étourdis par la force de la liqueur, visaient mal et manquaient souvent. Rarement ils blessaient, à peine tuaient-ils quelqu'un. Cependant deux Mathias sont déjà hors de combat, un Barthélemy est mort. Les gentilshommes ayant peu d'armes à feu, ripostent à de longs intervalles; ils veulent se précipiter le sabre à la main sur l'ennemi : mais les plus âgés les retiennent. Les balles sifflent à chaque instant, elles blessent, forcent à battre en retraite; bientôt la cour sera balayée. Déjà par les fenêtres elles commencent à pénétrer dans la maison. Thadée qui, par ordre du juge, était resté jusque-là près des dames pour veiller à leur défense, entend le combat de plus en plus animé ; ne pouvant plus y tenir, il s'élance dehors, suivi du président, auquel on avait enfin apporté son sabre. Il court rejoindre la noblesse, et se met à sa tête. L'arme haute, ils avance ; les gentilshommes marchent sur ses pas : les chasseurs les laissent approcher et leur envoient une grêle de balles. Isaïewicz tombe ; Wilbik, Rasoir sont blessés. Les gentilshommes, retenus par Robak d'un côté et pas Mathias de l'autre, sentent se refroidir leur ardeur ; ils reculent. Les Russes les voient reculer ; Rykoff veut porter un coup décisif, balayer la cour et cerner la maison.

« Formez vos rangs ! à la baïonnette, marche ! » A ce commandement, le rang s'ébranle, les baïonnettes en avant comme des perches ; et, la tête baissée, s'élance au pas de charge. En vain les gentilshommes veulent les arrêter par-devant, en vain ils tirent sur leurs flancs ; déjà les Russes ont parcouru la moitié de la cour. Le capitaine, l'épée dirigée vers la porte de la maison, s'écrie :

« Juge, rends-toi, ou je fais incendier ta maison.

— Incendie, répond le juge ; et moi je te ferai rôtir à ce feu. »

O maison de Sopliçow ! Si aujourd'hui encore tes blanches murailles brillent au soleil a travers les tilleuls, si aujourd'hui encore la noblesse du voisinage s'assied à la table hospitalière du juge, certes, on doit y porter de fréquents toasts à la santé de Cruchon ! Sans lui, c'en serait fait de la maison de Sopliçow et de ses habitants !

Cruchon jusqu'alors avait donné peu de preuves de sa valeur, bien qu'il fût sorti le premier des poutres, bien qu'il eût trouvé de suite dans la voiture son cruchon chéri, son tromblon à bouche évasée, et avec lui un sac de balles. Il voulait bien se battre, « mais, disait-il, il n'était pas sûr de lui à jeun. » Aussi, s'était-il hâté de courir au tonneau d'esprit-de-vin, dont il puisait la liqueur avec sa main comme avec une cuiller. Ce ne fut qu'après s'être ainsi réchauffé et avoir réparé ses forces, qu'il plaça son bonnet sur l'oreille, prit sur ses genoux son mousqueton, sonda la charge avec la baguette, mit de la poudre fraiche dans le bassinet, jeta un coup d'œil sur le champ de bataille, aperçut une nuée de baïonnettes massacrer et disperser les gentilshommes. Il court au-devant du carnage, se baisse, rampe entre les hautes herbes qui couvraient la cour, et se met en embuscade au lieu où croissaient les orties. Il fait signe à Sac de venir le joindre.

Sac s'était posté avec sa carabine sur la porte de la maison pour la défendre, car c'était là qu'habitait sa chère Sophie. Elle avait dédaigné son amour, mais il l'adorait toujours et serait volontiers mort pour elle.

Déjà les chasseurs, poursuivant leur route, entrent dans les orties. Cruchon presse la détente, et la large gueule de son mousqueton vomit sur les Russes une douzaine de balles hachées. Sac leur en envoie une autre douzaine. Le désordre se met dans leurs rangs. Effrayés de cette embuscade, ils se serrent en peloton et battent en retraite, abandonnant leurs blessés. Armé de sa massue, Goupillon les achève.

La grange est déjà loin. Redoutant les dangers d'une longue retraite, Rykoff s'élance vers la haie du jardin. Il arrête ses soldats fugitifs, leur fait reprendre leurs rangs, mais change leur ordre de bataille. Il forme un triangle dont la pointe s'avance dans la cour, tandis que la base s'appuie sur la haie du jardin. Ce parti était sage, car une troupe de cavaliers accourant du château allait l'attaquer.

Le comte était resté au château sous la garde des Russes. Ses sentinelles ayant fui d'épouvante, il avait fait monter ses gens à cheval; et lui-même, le fer haut, il les menait au feu.

« Feu de peloton! » crie Rykoff. Un cordon de flamme parcourt les bassinets, et des canons noircis s'échappent trois cents balles. Trois cavaliers sont blessés, un est tué. Le cheval du comte s'abat, il tombe lui-même. Le porte-clefs pousse un cri et vole à son secours, car il voit les chasseurs diriger leurs coups sur le dernier des Horeszko, bien que par les femmes. Robak était plus rapproché. Il couvre de son corps le comte, reçoit un coup de feu qui lui était destiné, le tire de dessous son cheval, l'entraîne, ordonne aux gentilshommes de développer leur ligne d'attaque, de mieux viser, de ne pas perdre une cartouche, de se cacher derrière les haies, derrière la citerne, derrière la grange, et engage le comte à attendre un moment plus propice avec sa cavalerie.

Le plan de Robak fut admirablement compris et suivi par Thadée. Il s'embusqua derrière le puits en bois; et, comme il était de sang-froid et très-habile au tir, car il touchait au vol une pièce d'un florin, il faisait un terrible ravage parmi les Russes. Il choisit de préférence les officiers. Du premier coup il abat le fourrier; puis, lâchant presqu'à la fois les deux détentes, il tue deux sergents. Tantôt il vise les galons de laine, tantôt l'état-major posté au milieu du triangle. Rykoff, furieux, tempête, frappe du pied; mord la garde de son épée :

« Major Plout, s'écrie-t-il, qu'arrivera-t-il de tout cela? Bientôt il ne restera plus personne pour commander.

— Monsieur le Polonais! crie le major hors de lui; ayez honte, monsieur, de vous cacher ainsi! Si vous n'êtes pas un lâche, avancez, combattez comme un homme d'honneur, comme un soldat!

— Si vous êtes un si valeureux paladin, répond Thadée, pourquoi vous tenez-vous derrière vos chasseurs? Ce n'est pas vous qui me ferez peur. Passez la haie; vous avez reçu tantôt un soufflet, mais je n'en suis pas moins prêt à me battre avec vous. Pourquoi verser le sang des autres? La querelle est entre nous deux; vidons-la au pistolet ou au sabre : je vous laisse le choix des armes, depuis le canon jusqu'à l'épingle. Si vous refusez, je vous exterminerai comme des loups dans leurs tanières. » A ces mots il tire, et si juste, que sa balle va frapper le lieutenant aux côtés de Rykoff.

« Major, lui dit Rykoff à l'oreille, acceptez le défi; vengez l'affront qu'il vous a fait ce matin. Voyez-vous, major, si ce gentilhomme périt de la main d'un autre, jamais vous ne laverez la tache qu'il a imprimée sur votre honneur. Il faut l'attirer en plein champ, puisque le fusil ne peut l'atteindre, et s'en débarrasser par l'épée. « Ce qui fait du bruit n'est pas ce qui nuit; en fait de bataille, mieux vaut ce qui taille, » disait le vieux Souwaroff. Allez-y, major, autrement il nous tuera tous. Regardez, le voilà qui nous vise.

— Mon cher Rykoff, répond le major, mon cher ami, tu es très-fort à l'épée; va donc, frère Rykoff. Ou bien, qu'en dis-tu, si nous envoyions un de nos officiers? Comme major, je ne puis quitter la troupe; c'est à moi qu'appartient le commandement du bataillon. » A ces mots Rykoff lève son épée et s'avance plein de rage. Il fait cesser le feu, agite un mouchoir blanc et demande à Thadée quelles sont ses armes. Après quelques pourparlers, ils s'accordent à choisir l'épée. Thadée n'en avait point. Pendant qu'on va lui en chercher une, le comte paraît en armes et trouble la négociation :

« Monsieur Sopliça, s'écrie-t-il, avec votre permission, vous avez provoqué le major; moi, j'ai une offense plus ancienne à venger sur le capitaine. C'est lui qui, dans mon château...

— Dites notre château, monsieur, interrompit Protais.

— S'est introduit à la tête de ces barrons, continua-t-il; oui, je l'ai reconnu, c'était Rykoff, c'est lui qui faisait garrotter mes jockeys! Je le punirai, ainsi que j'ai puni les bandits près du rocher que les Siciliens appellent Birbante-Rocca! »

Tous se turent soudain. Le feu cesse des deux parts. La troupe regarde avec curiosité la lutte des chefs. Le comte et Rykoff s'approchent en se présentant le flanc; ils se mesurent des yeux, se menacent du geste. Arrivés l'un près de l'autre, ils se découvrent de la main gauche et se saluent poliment. C'est l'usage entre gens d'honneur de se saluer avant que de se couper la gorge. Déjà leurs épées se sont croisées, elle se choquent. Les deux champions, étendant le pied gauche, mettent le genou droit en terre, attaquent, ripostent, sautent tantôt en avant, tantôt en arrière.

Mais Plout, apercevant Thadée vis-à-vis du front de sa troupe, parle bas au sergent Gont, qui passait pour le meilleur tireur de la compagnie :

« Gont, lui dit-il, tu vois là-bas cet échappé du gibet ? Si tu lui mets une balle sous la cinquième côte, tu recevras de moi quatre roubles d'argent. » Gont arme son fusil, se penche sur la batterie ; ses camarades le masquent, il vise, non la cinquième côte, mais la tête de Thadée : tire, et lui loge une balle au milieu du chapeau. Thadée fait une pirouette. Goupillon, à la tête des gentilshommes, se précipite sur Rykoff en criant : « Trahison ! » Thadée le couvre de son corps ; c'est à peine s'il peut se retirer et rentrer au milieu des rangs.

Les Dobrzynski, secondés par les gentilshommes des autres bourgades, recommencent le combat avec une nouvelle ardeur. Malgré leur vieille haine, ils combattent ensemble comme des frères ; l'un encourage l'autre. Les Dobrzynski, voyant devant les chasseurs un Podhaïski terrassant avec sa faux les Russes comme des épis, répondent avec joie : « Vivent les Podhaïski ! En avant, les frères lithuaniens ! Vive la Lithuanie ! » Les Skolouba, voyant Rasoir s'élancer le sabre haut, quoique blessé, s'écrient : « Vive les Mathias, vivent la Mazovie ! » C'est ainsi qu'en s'animant les uns les autres, ils tombent sur les Russes. En vain Robak et le vieux Mathias veulent les retenir.

Pendant cette attaque contre le front des chasseurs, le sénéchal quitte le champ de bataille ; il se rend dans le jardin. A ses côtés marche le prudent Protais, auquel il donne ses ordres.

Il y avait dans le jardin, presque attenante à la haie où Rykoff avait appuyé son triangle, une vaste et vénérable fromagerie faite de solives et de lattes croisées, et ressemblant à une cage. On y voyait briller de nombreuses rangées de fromages; tout autour se balançaient de nombreux bouquets de sauge, de menthe, de carde, de marjolaine, mis à sécher, toute la pharmacie domestique de mademoiselle Hreczecha. Par le sommet, le bâtiment était large de quinze pieds environ; par la bas, il reposait sur un unique pilier: on eût dit un nid de cigogne. Le vieux pilier en chêne menaçait ruine, car il était déjà à demi vermoulu. Plus d'une fois on avait conseillé au juge d'abattre tout l'édifice, qui tombait de vétusté; mais il répondait constamment qu'il aimait mieux réparer que détruire. Il remettait à un temps plus propice la construction d'une autre fromagerie; et, en attendant, il avait fait étayer le pilier avec deux poutrelles. Ce bâtiment ainsi restauré, mais peu solide, s'élevait au-dessus du triangle appuyé contre la haie.

C'est vers cette fromagerie que le sénéchal et l'huissier se glissent avec précaution. Chacun est armé d'une longue perche comme d'une pique. Derrière eux se hâtent la femme de charge et le marmiton, petit jeune homme extrêmement robuste. Arrivés près du monument, ils appuient leurs perches contre le sommet du pilier à moitié pourri, et poussent par l'autre bout de toutes leurs forces, comme des bateliers qui veulent remettre à flot un radeau engravé dans les sables du rivage.

Le pilier craque, la fromagerie s'écroule et tombe sur le triangle russe, de toute la pesanteur de ses poutres et de ses fromages. Elle écrase, blesse, tue. Là même où les soldats étaient en ordre de bataille, sont étendus des bois, des cadavres, des fromages blancs comme la neige, souillés de cervelle et de sang. Le triangle est disloqué; déjà tout au milieu tonne le goupillon, étincelle le rasoir, frappe la verge. Une foule de gentilshommes accourt du côté de la maison ; et le comte, de la porte de l'enceinte, lance sa cavalerie sur les fuyards.

Seuls survivants, huit chasseurs et un sergent se défendent. Gervais marche sur eux. Ils restent inébranlables; neuf canons de fusil se dirigent contre sa tête : mais lui s'élance au-devant des balles en brandissant sa rapière. Le moine l'aperçoit. Il se jette sur le chemin du porte-clefs, tombe et l'entraîne dans sa chute. Au même instant le peloton fait feu. A peine le plomb a-t-il sifflé que Gervais se relève; debout déjà au milieu de la fumée, il abat la tête à deux chasseurs, les autres se dispersent frappés de terreur. Le porte-clefs les poursuit, les atteint. Ils fuient à travers la cour, Gervais est sur leurs pas. Ils se jettent dans la grange dont la porte était ouverte ; Gervais y entre sur leurs talons. Il disparaît dans l'obscurité, mais il ne cesse de combattre ; car on entend sortir de la grange des cris, des gémissements, des coups répétés. Bientôt le bruit cesse; Gervais en sort seul, le canif tout sanglant.

Les gentilshommes sont maîtres du champ de bataille; ils poursuivent à coups de sabre les chasseurs dispersés. Rykoff, abandonné, s'écrie qu'il ne déposera pas les armes. Il combat ; mais le président s'avance vers lui, et, levant son épée, il lui dit d'une voix solennelle :

« Capitaine, vous ne vous déshonorez pas en demandant quartier. Vous avez donné maintes preuves de valeur, mais la fortune vous a trahi. Cessez une résistance inutile, déposez les armes avant que nous vous désarmions. Ainsi vous conservez la vie avec l'honneur. Vous êtes mon prisonnier. »

Vaincu par la dignité du président, Rykoff le salue et lui remet son épée, rouge jusqu'à la garde :

« Léckites, dit le soldat, malheur à moi de n'avoir pas eu

du canon! Souwaroff disait bien : « Souvins-toi, camarade, qu'avec les Polonais il faut la canonnade! » Oh! les chasseurs étaient ivres, le major leur avait permis de boire. Oh! ce major Plout, il a fait de bonne besogne aujourd'hui! Mais il en répondra devant le tzar, car il était le chef. Moi, monsieur le président, je resterai votre ami. Un proverbe russe dit : « Ceux qui s'aiment bien se battent bien. » Vous autres, vous êtes braves au combat comme à table; mais, croyez-moi, faites cesser le massacre des chasseurs. »

A ces mots, le président lève son sabre et fait proclamer par l'huissier une amnistie générale; il donne ordre de panser les blessés, d'enlever les cadavres de la cour, et fait prisonniers le reste des chasseurs désarmés. Longtemps on chercha Plout. Il s'était enfoncé dans les touffes d'orties, et faisait le mort. Il reparut enfin lorsqu'il vit que le combat cessa faute de combattants.

Ainsi se termina la dernière expédition judiciaire en Lithuanie.

IX.

L'ÉMIGRATION. (JACQUES SOPLIÇA).

SOMMAIRE. — Conseil tenu sur les moyens d'assurer l'avenir des vainqueurs. — Négociations avec le capitaine Rykoff. — Les adieux. — Découverte importante. — Espoir.

Les nuages dispersés ce matin, à présent, comme de noirs oiseaux qui planent aux régions supérieures des cieux, s'amoncèlent de plus en plus. A peine le soleil a-t-il dépassé le méridien, que déjà leur troupeau couvre la moitié du ciel d'un immense suaire. Poussé par le vent avec une rapidité toujours croissante, il se condense, s'abaisse à demi vers la terre ; et, déployé comme une grande voile, tous les vents rassemblés sous son aile, il vole à travers le ciel du midi vers le couchant. Il se fait un moment de silence ; l'air est morne, silencieux, comme si la frayeur l'avait rendu muet. Les moissons de blé qui tout à l'heure se couchaient à terre, et l'instant d'après, relevant leurs épis dorés, s'agitaient comme une mer houleuse, demeurent immobiles, en dressant vers le ciel leurs tiges hérissées. Les peupliers et les saules verts sur le bord des chemins, qui peu de temps auparavant comme des pleureuses sur le bord d'une fosse, frappaient du front le sol et laissaient flotter dans les airs leurs tresses d'argent, semblent inanimés, exprimant le deuil et la tristesse, comme des statues de la Niobé sipyléenne. Le tremble seul agite ses feuilles grisâtres.

Le bétail qui d'ordinaire retourne nonchalamment à l'étable, s'attroupe avec précipitation ; sans attendre les pâtres, il quitte les pâturages et s'enfuit au logis. Le taureau creuse la terre du pied, la laboure de ses cornes, effraye le troupeau de ses fatidiques mugissements. La vache lève vers le ciel ses yeux arrondis, entr'ouvre ses lèvres étonnées et pousse de profonds soupirs. Le cochon maraudeur grogne à l'arrière-garde, il court çà et là en grinçant des dents et volant des gerbes pour ses provisions.

Les oiseaux se cachent dans les forêts, sous le chaume des toits, dans la profondeur de la verdure. Les corneilles seules se rassemblent en troupes sur le bord des étangs, s'y promènent gravement, dirigent leurs yeux noirs vers les noirs nuages, laissent pendre les langues de leurs larges gosiers altérés; et, battant des ailes, attendent la pluie qui va les baigner. Mais bientôt, prévoyant une averse trop grande, elles se retirent dans les bois, semblables à un nuage qui monte. L'hirondelle, fière de son agilité sans égale, est la dernière à percer le sombre nuage comme une flèche; elle s'abat enfin comme une balle.

Dans ce moment même les gentilshommes terminaient leur terrible combat contre les Russes. Ils se réfugient en foule dans la maison et les granges, abandonnant le champ de bataille aux éléments qui vont y commencer leur lutte.

A l'occident, la terre encore dorée par le soleil, brille d'une lugubre teinte rougeâtre; déjà le nuage, déroulant ses ombres comme un filet, pêche les dernières clartés et court après le soleil comme pour l'atteindre avant qu'il ne se couche. Plusieurs vents rapides ont sifflé terre à terre; ils se poursuivent l'un l'autre en se jetant des gouttes rondes, larges et brillantes comme des grêlons sphériques.

Soudain les vents opposés se heurtent, se prennent corps à corps, s'enlacent, roulent, combattent, tournoient sur les étangs en colonnes bruyantes, bouleversent les ondes jusque dans leurs profondeurs, s'abattent sur les prairies, sifflent dans les herbes et les roseaux. Les tiges se cassent, les brins d'herbe courent dans les airs comme des cheveux arrachés à pleine main, mêlés aux épis des gerbes ; les vents tourbillonnent, mugissent, tombent sur les champs labourés, se terrassent, creusent la terre, déchirent les sillons : ils ouvrent le passage à un troisième lutteur qui s'élève du sol noir, géant furieux, comme une pyramide mobile. De sa tête il perce la terre, de ses pieds il lance le sable jusqu'aux étoiles. A chaque tour il s'étend davantage ; il s'ouvre à son sommet et de sa trombe immense il annonce l'approche de l'orage. Enfin entraînant avec eux tout ce déluge d'eau, de poussière, de paille, de feuilles, de branches, de gazon, les vents se jettent dans la forêt et rugissent comme des ours du fond de leurs tanières.

Déjà la pluie sonore ne cesse de tomber à larges gouttes, comme à travers un crible. Tout à coup le tonnerre gronde ; les gouttes se confondent et semblent lier le ciel à la terre comme par de longues écharpes : ou bien elles descendent par nappes comme une cataracte. Déjà ciel et terre sont enveloppés par la nuit, et l'orage plus sombre que la nuit. Parfois l'horizon éclate du levant au couchant, et l'ange de la tempête dévoile sa face pareille à un soleil immense ; puis, couvert d'un linceul, il s'enfuit dans les cieux, en fermant d'un coup de foudre le portail des nuages. La tempête redouble, l'averse gronde, l'ombre s'épaissit, profonde, opaque, presque palpable. Puis la pluie tombe moins abondante, la foudre s'endort un instant, se réveille, tonne : l'eau jaillit à torrents, et enfin tout s'apaise. On n'entend plus que le bruissement des arbres près de la maison et le murmure de la pluie sur les toits.

En un pareil jour, un aussi violent orage venait à souhait ; car il avait couvert de ses ombres le champ de bataille, rendu les chemins impraticables, emporté les ponts sur la rivière et fait de Soplicow une forteresse inaccessible. La nouvelle de ce qui s'y était passé ne put donc se répandre dans le voisinage, et c'était surtout du secret que dépendait le sort des gentilshommes.

Dans la chambre du juge s'agitent d'importants conseils. Le bernardin est couché sur un lit, harassé, pâle, ensanglanté; mais son esprit conserve toute sa force : il donne des ordres que le juge exécute à la lettre. Il engage le président à se rendre auprès de lui, appelle le porte-clefs, fait amener Rykoff, et ordonne de fermer la porte. Cette conférence secrète dure depuis une heure; lorsqu'enfin le capitaine, en rejetant sur la table une bourse lourde de ducats, l'interrompt par ces mots :

« Messieurs les Polonais, c'est parmi vous chose reçue de regarder tout Russe comme un voleur. Vous pourrez dire à présent, à qui vous le demandera, que vous avez connu un vrai Russe, appelé Nicolas-Nicolaïewicz Rykoff, capitaine, décoré de huit médailles et de trois croix ; celle-ci, je vous prie de vous en souvenir, gagnée à Oczakoff, celle-là à Ismaïloff, cette autre à la bataille de Novi, cette quatrième à la fameuse retraite de Zurich, opérée par Korsakoff : lequel eut en outre un sabre d'honneur, trois témoignages de satisfaction du feld-maréchal, deux louanges du tzar et quatre mentions honorables, le tout sur preuves écrites...

— Mais, capitaine, dit Robak, que deviendrons-nous? De quoi cela nous sert-il, si vous ne voulez pas traiter avec nous? N'avez-vous pas donné votre parole d'étouffer cette affaire?

— C'est vrai, reprit Rykoff; je vous réitère mes promesses, foi de Russe. Pourquoi vous perdrais-je? Je suis un honnête homme, je vous aime, messieurs les Polonais, car vous êtes de bons vivants, intrépides à table comme sur le champ de bataille ; et nous autres Russes, nous avons pour proverbe, que «celui qui est sur la voiture peut tomber sous la roue. Celui qui est en avant aujourd'hui, demain peut être en arrière. Aujourd'hui vous battez, demain vous serez battu. » Pourquoi se mettre en colère? Un homme serait-il assez méchant pour garder rancune après le combat? La journée d'Oczakoff a été sanglante; à Zurich, notre infanterie a été taillée en pièces; à Austerlitz, j'ai perdu toute ma compagnie, et auparavant déjà, j'étais alors sergent, votre Kosciuszko a détruit avec des faux, à Raclawicé, tout mon peloton. Eh bien! qu'importe, après tout? En revanche, n'ai-je pas tué de ma propre baïonnette deux braves gentilshommes à Maciéïowicé; entre autres Mokronowski, qui marchait à la tête de sa troupe une faux à la main, et qui avait coupé à un canonnier le bras avec le boute-feu qu'il tenait? Oh! à vous autres, Polonais, voilà votre premier mot, la patrie! Je comprends bien tout cela. Mais moi, Rykoff, je fais ce que le tzar ordonne; je ne vous en plains pas moins : car, après tout, qu'avons-nous à faire en Pologne? La Russie est pour les Russes, la Pologne pour les Polonais; mais, que voulez-vous? il paraît que le tzar ne l'entend pas ainsi. » Le juge lui répond :

« Monsieur le capitaine, que vous êtes un honnête homme, personne ne l'ignore dans ce pays, où vous êtes cantonné depuis plusieurs années. Que ce présent ne vous offense pas, mon ami, nous n'avons pas voulu vous blesser. Nous avons pris la liberté de vous offrir cette bourse, parce que nous savons que vous n'êtes pas riche.

— Oh! ces chasseurs! s'écria Rykoff; toute une compagnie hachée, et c'était ma compagnie! Et tout cela par la faute de Plout; il était le chef, il en répondra devant le tzar. Quant à vous, messieurs, gardez cet argent[10]; il est vrai que ma paye de capitaine est modique, mais elle suffit pour mon punch et mon tabac: car, puisque je vous aime, je mange, je bois, je cause avec vous, et c'est ainsi que se passe ma vie. Voilà pourquoi je veux venir à votre secours; et, quand l'enquête se fera, je vous donne ma parole de déposer en votre faveur. Nous dirons que nous sommes venus chez vous en visite, que nous nous sommes mis à boire, à danser, que nous nous sommes donné une pointe de vin, et que Plout, par hasard, a commandé de faire feu. De là toute la bagarre, et le bataillon a péri on ne sait où ni comment. Quant à vous, messieurs, graissez seulement avec de l'or les roues de l'enquête, et je vous réponds qu'elle roulera ; mais à présent, je répéterai ce que je viens de dire à ce gentilhomme à la longue rapière. Le major Plout est le commandant en chef, je ne suis que le second. Il est encore en vie, et il peut vous faire un mauvais parti, au point que vous ne sachiez comment vous en tirer. C'est un rusé compère, il faut lui fermer la bouche avec des billets de banque. Eh bien ! monsieur le gentilhomme à la longue rapière, avez-vous vu le major ? Vous êtes-vous arrangé avec lui ? ».

Gervais jeta un coup d'œil autour de lui, caressa son crâne chauve, fit un geste d'indifférence comme pour dire que tout était conclu. Rykoff insista ; il voulait être sûr du silence de Plout, il voulait savoir s'il avait promis de se taire. Le porte-clefs, fatigué de ses questions, baissa gravement l'index vers la terre ; et, après avoir fait un signe de la main comme pour couper court à ses demandes, il dit :

« Je jure par mon canif que Plout ne parlera pas ; je vous réponds qu'il ne trahira plus personne. » Cela dit, il laissa retomber ses mains et fit claquer ses doigts comme s'il venait de lâcher tout le mystère.

Les assistants comprirent ce geste mystérieux ; ils restèrent à se regarder les uns les autres pleins d'étonnement. Chacun cherchait à pénétrer les pensées de son voisin. Un morne silence régna quelques instants. Rykoff le rompit le premier :

« Le loup croquait les brebis, dit-il, et les chiens ont croqué le loup.

— *Requiescat in pace!* ajouta le président.

— Il n'est plus, dit le juge, il faut bien que telle ait

été la volonté du ciel; mais je suis pur de ce sang; je n'en veux rien savoir. »

Le moine se dressa sur son lit, son air était sévère; il regardait fixement dans les yeux du porte-clefs :

« C'est un crime, dit-il, que de tuer un prisonnier désarmé. Le Christ défend de se venger, même de ses ennemis. Gervais, vous aurez un compte terrible à rendre à Dieu. Vous n'êtes excusable que si le meurtre a été commis, non par une vengeance brutale, mais *pro publico bono*.. »

Le porte-clefs secoua la tête; et, la main étendue, il répéta les yeux à demi fermés : « *pro publico bono!* »

Il ne fut plus question du major Plout. Le lendemain, on le chercha vainement dans le village. On promit une récompense honnête à qui retrouverait son cadavre; le major avait disparu sans laisser de traces, tout comme s'il fût tombé dans l'eau. Ce qu'il était devenu, on le rapportait différemment; le fait est que personne n'a jamais pu le savoir. En vain l'accablait-on de questions, le porte-clefs ne répondait que : *pro publico bono!* Le sénéchal était dans le secret; mais il avait donné sa parole d'honneur de se taire : il était donc muet, comme enchaîné par un sortilége.

Le traité conclu, Rykoff sortit; Robak fit appeler les belliqueux gentilshommes, auxquels le président dit avec dignité :

« Mes frères, ce matin Dieu a béni nos armes, mais je dois vous avouer sans détour que ce combat intempestif aura des suites funestes. Nous avons failli tous tant que nous sommes; personne aussi n'éludera sa peine! Le frère Robak est coupable d'avoir avec trop d'empressement répandu les nouvelles, le porte-clefs et les gentilshommes de l'avoir mal compris. La guerre contre la Russie n'éclatera pas de sitôt. En attendant, ceux qui ont pris la part la plus active à la lutte ne peuvent rester en Lithuanie; il faut, messieurs, vous réfugier dans le grand-duché. Mais c'est surtout Mathias, surnommé Goupillon, Thadée, Cruchon, Rasoir, qui doivent porter leurs têtes au delà du Niémen, où les attendent les rangs de leurs frères. Nous rejetterons toute la faute sur les absents et sur Plout, et de cette manière nous sauverons les autres. Adieu, mais ce ne sera pas pour longtemps. On a des espérances certaines que l'aurore de la liberté se lèvera sur nous au printemps; et la Lithuanie, qui maintenant vous dit adieu comme à des fugitifs, vous saluera bientôt comme vainqueurs, comme libérateurs. Le juge a préparé tout ce qui vous est nécessaire pour le voyage; et moi, selon mes moyens, je vous donnerai de l'argent. »

Les gentilshommes sentirent que le conseil du président était sage. On savait que quiconque se brouille une fois avec le tzar ne se réconcilie sincèrement avec lui de sa vie. Il faut ou se battre jusqu'à la dernière extrémité, ou bien aller pourrir en Sibérie. Ils se regardèrent donc en silence, en soupirant, et d'un signe de tête consentirent au départ.

Quoique le Polonais soit renommé parmi les nations pour aimer son sol natal plus que la vie, il est toujours prêt à le quitter, à passer dans les pays lointains de longues années de misère et d'outrage, en combattant les hommes et la fortune, tant qu'à travers la lutte une lueur d'espoir lui dit qu'il sert encore sa patrie [108].

Tous déclarèrent qu'ils étaient disposés à partir; mais cette résolution n'eut pas le bonheur de plaire à M. Buchman. En homme trop prudent il n'avait pris aucune part au combat; mais dès qu'il eut appris qu'on délibérait, il s'était hâté d'apporter son vote. Ce n'était pas que le projet lui semblât mauvais en lui-même; mais il voulait l'amender, le développer avec plus de précision, l'expliquer plus clairement et surtout nommer légalement une commission qui discutât le but, les motifs, tous les moyens de l'émigration et beaucoup d'autres choses encore. Malheureusement la brièveté du temps ne permit pas de suivre le conseil de M. Buchman. Les gentilshommes se dirent adieu en toute hâte et se mirent en route à l'instant. Mais le juge retint Thadée et dit au moine :

« Il est temps de vous annoncer ce que j'ai appris hier avec certitude. Notre Thadée éprouve un sincère attachement pour Sophie. Qu'il demande sa main avant que de partir ; j'en ai parlé à Télimène : elle ne s'oppose plus à ce mariage, et Sophie aussi consent à suivre la volonté de ses tuteurs. Si nous ne pouvons célébrer aujourd'hui leur union, ne serait-il pas bien, mon frère, de les fiancer au moins avant le départ? Car, vous le savez, un jeune cœur est soumis en voyage à bien des tentations ; mais quand il jette les yeux sur l'anneau des fiançailles, il se rappelle qu'il est déjà époux, et soudain la fièvre des désirs diminue. Croyez-moi, une alliance au doigt a un pouvoir miraculeux. Moi aussi, il y a de cela trente ans, moi aussi j'éprouvai de bien tendres sentiments pour mademoiselle Marthe ; dont j'avais su conquérir le cœur. Nous étions fiancés ; mais Dieu ne bénit pas ces liens et rappela à lui la belle enfant du sénéchal, de mon ami Hreczecha : je restai donc veuf. Je ne gardai que le souvenir de ses vertus, de ses charmes et l'anneau d'or que voici. Toutes les fois que je le contemple, la pauvre infortunée apparaît à mes yeux. C'est ainsi que, grâce de Dieu, je restai fidèle à ma fiancée, et que j'ai vieilli veuf avant même d'être époux, bien que le sénéchal ait une autre fille aussi belle et très-ressemblante à ma Marthe chérie. » A ces mots il jeta un regard attendri sur son anneau, en essuyant ses yeux du revers de sa main.

« Mon frère, continua-t-il, qu'en pensez-vous? Célébrons-nous les fiançailles? Le jeune homme aime, j'ai la parole de la tante et celle de Sophie. » Mais Thadée, s'avançant, répondit avec vivacité :

« Comment pourrai-je vous prouver ma reconnaissance,

mon bon oncle, à vous qui ne cessez de vous occuper de mon bonheur? Ah! mon oncle, je serais le plus heureux des hommes si Sophie devenait aujourd'hui ma fiancée, si j'étais assuré qu'elle sera mon épouse; mais, je vous le dis avec franchise, ces fiançailles ne peuvent se faire encore : plusieurs raisons s'y opposent.... N'en demandez pas davantage. Si Sophie daigne attendre, peut-être me reverra-t-elle meilleur, plus digne d'elle; peut-être, par ma constance, mériterai-je son amour! Peut-être couvrirai-je mon nom de quelque gloire! Peut-être bientôt reviendrai-je dans mon pays natal! Alors, mon oncle, je vous rappellerai votre promesse; alors, saluant Sophie à genoux, si elle est encore libre, je demanderai sa main. A présent, je quitte la Lithuanie sans doute pour longtemps. Dans l'intervalle, un autre peut lui plaire; je ne veux pas enchaîner sa volonté : lui demander un amour que j'ai si peu mérité, ce serait une bassesse. » Pendant que le jeune homme parlait ainsi avec chaleur, deux grosses larmes s'échappèrent comme deux perles de ses grands yeux bleus et roulèrent rapidement sur ses joues colorées.

Mais la curieuse Sophie, cachée dans le fond de l'alcôve, écoutait avidement cet entretien secret. Elle entendait Thadée parler avec franchise de son amour pour elle, et son cœur battait avec force; elle voyait ces deux grosses larmes suspendues à ses yeux, mais elle ne pouvait débrouiller tous ces mystères : pourquoi l'aimait-il? pourquoi la fuyait-il? où allait-il? Ce départ l'affligeait; c'était la première fois qu'elle avait entendu de la bouche d'un jeune homme cette grande, cette admirable nouvelle, qu'elle était aimée! Elle courut donc à son prié-Dieu, et se mit à prier l'image et les reliques; l'image représentait sainte Geneviève, les reliques étaient de l'habit de saint Joseph, le fiancé de Marie et le patron des jeunes gens promis. Elle prit avec dévotion ces choses saintes, et entra dans la chambre.

« Vous partez, monsieur ; vous partez, déjà ! je veux vous faire un petit cadeau pour votre voyage et vous donner un conseil : portez toujours ces reliques sur vous, monsieur, ainsi que cette image, en mémoire de Sophie. Que Dieu vous donne bonheur et santé, monsieur, et que bientôt il vous ramène heureusement parmi nous ! » Elle se tut et baissa la tête. A peine a-t-elle fermé ses yeux d'azur que des pleurs involontaires s'en échappent ; elle restait là, les paupières fermées, sans dire mot et versant des larmes semblables à des diamants. Thadée prit son cadeau, lui baisa la main, et dit :

« Il faut que je vous quitte ; adieu, mademoiselle, pensez à moi : daignez quelquefois me donner une prière... Sophie !... »
Il n'en put dire davantage. Le comte et Télimène étaient entrés soudain ; à ces tendres adieux des deux jeunes gens, le comte, ému, dit à sa compagne :

« Que de charmes dans une scène si simple, à cet instant suprême où le cœur d'une bergère doit se séparer de celui d'un guerrier, comme un canot d'un navire emporté par l'orage ! Certes, rien n'est touchant comme de voir deux cœurs aimants se séparer avec des larmes. Le temps est comme le vent : il n'éteint que les flammes légères, mais il attise un incendie ; mon cœur aussi saurait mieux aimer de loin que de près. Monsieur Sopliça, vous avez été mon rival ; cette rivalité a été une des causes de notre querelle, et m'a contraint à tirer le sabre contre vous. Je reconnais mon erreur ; car vous soupiriez pour cette bergère, tandis que je donnais mon cœur à cette belle nymphe. Noyons nos différends dans le sang ennemi ; nous ne les viderons plus le fer à la main : décidons-les d'une moins rude manière. Luttons autrement ; voyons qui de nous deux l'emportera sur l'autre en constance. Laissant ici les objets chers à nos cœurs, courons tous deux au-devant des glaives et des dards : combattons-nous l'un l'autre par la fidélité, par nos douleurs, nos tourments, mais terrassons l'ennemi par notre seule valeur! » Il dit, jeta sur Télimène un regard triomphant; mais elle ne répondit rien, toute plongée dans un extrême étonnement.

« Monsieur le comte, dit le juge, pourquoi vous obstiner à partir? Croyez-moi, vous êtes plus en sûreté dans vos terres. Le gouvernement punira et plumera ces pauvres gentilshommes; mais vous, monsieur le comte, vous pouvez être certain qu'il ne vous arrivera aucun mal. Vous savez sous quel gouvernement nous vivons; vous êtes riche, et vous pourrez vous racheter au prix de la moitié de vos revenus d'une année.

— Cela ne s'accorde pas avec mon caractère, répondit le comte. Ne pouvant être amant, je deviendrai héros. En proie aux tourments de l'amour, j'appellerai la gloire pour me consoler; opprimé par le cœur, je me relèverai par le bras!

— Qui vous défend, monsieur, d'aimer et d'être heureux? lui demanda Télimène.

— La puissance du sort, répondit-il, de sombres pressentiments qui me poussent par une force mystérieuse vers les contrées lointaines, vers les actions extraordinaires. J'avoue que dès aujourd'hui j'ai voulu allumer le flambeau de l'hyménée en l'honneur de Télimène; mais ce jeune homme m'a donné un trop sublime exemple en arrachant de son front la couronne nuptiale, en courant vers un avenir incertain pour éprouver son cœur dans de sanglants combats. Une nouvelle carrière s'ouvre aujourd'hui pour moi. La Sicile a retenti des louanges de ma valeur; puisse un jour la Pologne en retentir de même! » Il dit, et frappa fièrement sur la garde de son épée.

« On aurait tort, dit Robak, de blâmer ce désir. Allez, comte Horeszko; munissez-vous d'argent; équipez un régiment comme Vladimir Potocki, qui étonna les Français en versant un million au trésor : ou comme le prince Dominique Radzivill, qui engagea ses terres pour lever deux régiments de cavalerie. Partez donc, partez ; mais n'oubliez pas l'argent ! Nous avons assez de bras; c'est l'argent qui nous manque dans le grand-duché ! Partez, monsieur, partez; nous vous disons adieu ! » Télimène, le regardant avec tristesse :

« Hélas ! je vois, dit-elle, que rien ne saurait vous retenir, ô mon beau chevalier. Quand vous serez parmi les cohortes guerrières jettez un regard de tendresse sur les couleurs de votre bien-aimée ! » En achevant, elle détacha un ruban de sa robe, en fit un nœud, et le lui attacha sur la poitrine

« Que ces couleurs te protégent, ajouta-t-elle, sous l'éclair des canons, sous les dards d'acier, sous la pluie de feu ! et, quand tu auras mérité la gloire par tes actions héroïques et couronné ton front de lauriers immortels, alors, l'armure en sang, le casque enorgueilli d'éclatantes victoires, jette un tendre regard sur ces couleurs, et rappelle-toi la main qui te les a données. » A ces mots, elle lui tendit la main. Le comte mit un genou en terre, posa ses lèvres sur la main de Télimène, qui, se couvrant un œil de son mouchoir, de l'autre regardant le comte à genoux et lui faisant d'héroïques adieux, soupirait tour à tour et levait les épaules.

« Monsieur le comte, dit le juge, hâtons-nous; il se fait tard.

— En voilà assez, s'écria Robak d'un air courroucé; dépêchez-vous, monsieur ! » Ce fut ainsi que l'ordre du juge et du moine força le tendre couple à se séparer et à quitter la chambre.

Restait Thadée. Il embrassa son oncle en pleurant, et baisa les mains de Robak; celui-ci, pressant le front du jeune homme sur sa poitrine et posant ses mains croisées sur sa tête, leva ses regards vers le ciel :

« Mon fils, dit-il, que Dieu te conduise ! » Il pleura... Thadée était déjà sorti.

« Comment, s'écria le juge, vous ne lui dites rien, mon frère, même dans ce moment ? ce pauvre garçon ne saura rien, maintenant qu'il nous quitte ?

— Non, répondit le moine, il ne saura rien ! » Il cacha son visage dans ses mains et pleura longtemps ; puis, reprenant :

« Pourquoi donc apprendrait-il, le malheureux, qu'il a un père contraint de se cacher aux yeux du monde comme un misérable, comme un assassin ? Dieu sait combien je désirais me faire connaître à lui ! Mais cette consolation, je l'offre à Dieu en sacrifice pour mes anciens péchés.

— A présent, il est temps de songer à vous, reprit le juge ; réfléchissez qu'un homme de votre âge, avec une blessure pareille, ne serait pas en état d'émigrer avec les autres. Vous m'avez dit que vous connaissiez une obscure retraite où vous pourriez rester en paix ; dites-moi le lieu, mais hâtez-vous, une briska attelée vous attend. Ne vaudrait-il pas mieux vous cacher, dans la forêt, dans la cabane du garde ? » Robak secoua la tête :

« J'ai du temps jusqu'à demain, dit-il ; à présent, mon frère, envoyez chercher le curé : qu'il se hâte d'apporter le saint viatique. Éloignez tout le monde, restez seul avec le porte-clefs, faites fermer la porte. »

Le juge obéit, s'assit sur le lit ; Gervais resta debout, le coude appuyé sur le pommeau de sa rapière, le front penché sur sa main.

Robak, avant que de parler, demeura longtemps les yeux attachés sur le visage du porte-clefs ; gardant un mystérieux silence et, comme un chirurgien qui d'une main légère palpe d'abord le corps du malade avant de l'entamer de son acier tranchant, il adoucit la vivacité de son regard, le promène longtemps sur le visage de Gervais, puis, comme s'il eût voulu porter le coup à l'improviste, il se couvre les yeux de la main et dit à haute voix :

« Je suis Jacques Soplica!... »

A ce nom, le porte-clefs pâlit, chancelle; comme une pierre arrêtée au milieu de sa chute, une moitié du corps inclinée en avant, sur une seule jambe il demeure immobile. Il ouvre de grands yeux, montre des dents menaçantes, ses moustaches se hérissent, sa rapière lui échappe; il la retient de ses genoux, en saisit la garde de la main droite, la presse convulsivement : l'arme terrible, rejetée en arrière, agite en tous sens sa lame sinistre. Le porte-clefs ressemble à un léopard blessé prêt à s'élancer du haut d'un arbre aux yeux du chasseur; il se ramasse en boule, rugit, ouvre des yeux ensanglantés, remue ses moustaches et se bat les flancs avec la queue.

« Monsieur Rembaïlo, dit le moine, la colère des hommes ne saurait plus m'émouvoir; je suis déjà sous la main de Dieu. Je vous en supplie, au nom de celui qui a sauvé le monde, de celui qui, attaché à la croix, a béni ses meurtriers et exaucé la prière du larron, calmez-vous, et veuillez écouter avec patience ce que j'ai à vous dire. J'ai fait l'aveu moi-même ; il faut, pour le soulagement de ma conscience, que j'obtienne ou du moins que je tâche d'obtenir mon pardon. Écoutez donc ma confession, vous ferez ensuite de moi tout ce que vous voudrez. » A ces mots, il joignit les mains comme pour prier; le porte-clefs, étonné, recule en se frappant le front et en agitant les épaules.

Alors le moine se mit à raconter son ancienne liaison avec Horeszko, son amour pour sa fille, ses démêlés avec le panetier à ce sujet, mais il parlait sans ordre; souvent sa confession était interrompue par des reproches ou des cris de douleur; souvent il s'arrêtait, comme s'il eût tout dit, et recommençait à parler.

Le porte-clefs, parfaitement au fait de l'histoire des Horeszko, suppléait aisément à ce qu'il omettait et coordonnait ces aveux sans suite. Mais beaucoup de choses échappaient au juge. Tous deux écoutaient avec attention, la tête penchée. La voix de Jacques s'affaiblissait de plus en plus; il reprenait souvent haleine.

. . . .

« Vous savez, mon Gervais, vous savez, n'est-ce pas, combien de fois le panetier m'invita à ses fêtes, combien de fois il porta ma santé! Souvent, le verre en main, il jurait qu'il n'avait pas de meilleur ami que Jacques Soplica. Comme il m'embrassait! Tous ceux qui en étaient témoins croyaient qu'il aurait avec moi partagé jusqu'à son âme... Lui, de l'amitié? Il savait bien pourtant ce qui se passait dans la mienne!

. . . .

« Cependant toute la contrée se le répétait à l'oreille, et souvent on me disait à moi-même : « Monsieur Soplica, c'est en vain que vous vous mettez sur les rangs ; le seuil de la porte d'un magnat est trop élevé pour le pied de Jacques, fils de l'échanson. » J'en riais, moi, feignant de ne faire aucun cas des magnats ni de leurs filles, de ne pas me soucier des aristocrates. Si je le fréquente, répondais-je, c'est par pure amitié, je n'épouserai jamais qu'une personne de mon rang. » Et pourtant ces railleries me perçaient le cœur! J'étais jeune, j'étais brave; le monde entier me semblait ouvert dans un pays où, comme vous le savez, tout gentilhomme, aussi bien qu'un prince, est né candidat à la couronne. Tenczynski n'a-t-il pas demandé jadis en mariage une fille de maison royale, et le roi s'est-il cru déshonoré en la lui accordant? Les Soplica ne sont-ils pas les égaux des Tenczynski par l'ancienneté de leur nom, par leur sang, par leurs armes, par les fidèles services rendus à la République?

. . . .

« Voyez comme un homme peut sans peine, en un seul instant détruire le bonheur des autres ! Sa vie entière ne suffit pas pour réparer le mal qu'il a fait ! Un seul mot du panetier, combien nous aurions été heureux ! Qui sait ? Peut-être vivrions-nous tous encore ! Lui aussi aurait vieilli en paix près de son enfant chérie, près de sa belle Ève, près d'un gendre reconnaissant ! Peut-être bercerait-il aujourd'hui ses petits-fils ! Et maintenant ! Il nous a tous perdus, et lui-même avec nous. Et ce meurtre aussi ! Et tous les crimes qui en ont été la suite ! Ma misère ! Mes erreurs ! Mon exil ! Je n'ai pas le droit de me plaindre, moi son assassin, je n'ai pas le droit de l'accuser, je lui pardonne de bon cœur. Cependant lui aussi... »

. . . .

« Ah ! s'il m'avait ouvertement refusé, car il connaissait nos sentiments ; s'il n'avait pas agréé mes visites, qui sait ! Peut-être serais-je parti. J'aurais été piqué, j'aurais fait un éclat ; j'aurais fini par abandonner mes projets. Mais lui, astucieux et vain, il s'y prit autrement. Il fit semblant de n'avoir jamais soupçonné que j'eusse osé prétendre à une telle alliance. Je lui étais nécessaire ; j'étais aimé du voisinage. Tous les gentilshommes m'étaient dévoués ; et lui, comme s'il ne s'apercevait pas de mon amour, continuait à me recevoir chez lui comme auparavant. Il insistait même pour que j'y allasse plus souvent. Mais toutes les fois que nous étions seuls, voyant mes yeux obscurcis de larmes, ma poitrine oppressée prête à éclater, l'hypocrite vieillard entamait aussitôt une conversation indifférente, me parlait de mes anciennes amours... Car il n'est que trop vrai qu'autrefois les femmes m'ont fait faire bien des folies... jeune sot que j'étais !... il en parlait devant sa fille, et me perçait le cœur de mille dards. Après de tels souvenirs, désespéré, furieux, je sentais bien que je n'oserais plus lui demander sa main. Ah ! s'il l'avait voulu, je me serais rangé, re-

penti ; j'aurais pu vivre heureux auprès de mon épouse !
Et pourtant, c'est ma faute !... Voilà bien l'orgueil, ô
mon Dieu ! Ce qui est fait est fait.... que Dieu reçoive son
âme !....

. . . .

« Ah ! plus d'une fois, lorsqu'à table en buvant il se livrait à de tels épanchements, lorsqu'il m'embrassait et m'assurait ainsi de son amitié à cause du besoin qu'il avait de mon sabre ou de mon vote aux diétines, lorsqu'à mon tour j'étais obligé de lui rendre ses amicales étreintes, plus d'une fois la colère bouillonna dans ma poitrine, la salive remplit ma bouche, je serrai de ma main la garde de mon épée, prêt à la tirer, à cracher sur ses protestations !... Mais Ève observait mes regards, mon maintien ; elle devinait, je ne sais comment, ce qui se passait en moi. Suppliante, elle me regardait ; ses joues pâlissaient, et c'était une colombe si belle, si douce, son regard était si calme, si suave, si angélique, que j'oubliais tout. Je n'avais pas le courage de la fâcher, de l'alarmer. Je me taisais. Et moi, le ferrailleur le plus redouté de la Lithuanie, moi devant qui tremblaient souvent les plus grands seigneurs, moi qui ne passais pas un jour sans me battre, moi qui ne me serais pas laissé offenser, non pas par le panetier, mais par le roi lui-même, moi que la moindre dispute transportait de fureur, moi bouleversé par ses propos et par son vin, je gardais le silence, comme si le saint ostensoir se fût ouvert devant moi !

. . . .

« Combien de fois n'ai-je pas voulu lui dévoiler mon cœur m'humilier devant lui jusqu'à la prière ; mais en voyant ses traits impassibles, en rencontrant ce regard froid comme la glace, j'avais honte de ma faiblesse et je me remettais à discuter froidement avec lui sur les affaires du jour, sur les diétines ; j'avais même la force de plaisanter ! Tout cela, il est vrai, par orgueil; pour ne pas déroger au nom des Sopliça, pour ne pas m'abaisser devant un seigneur par une vaine supplication, pour ne pas éprouver un refus : car qu'aurait dit la noblesse, si l'on avait su que moi... que Jacques Sopliça n'avait pu obtenir la fille des Horeszko, qu'on m'avait servi la soupe noire, à moi!

. . . .

« Enfin, ne sachant quel parti prendre, je me résolus à lever un escadron de gentilshommes, à quitter pour jamais avec eux le district et la patrie, à courir quelque part au fond de la Russie ou du pays tatar, pour y faire la guerre. J'allai faire mes adieux au panetier, espérant qu'en voyant fuir pour des contrées lointaines son partisan fidèle, son ancien ami, presque un de ses proches, avec lequel il avait combattu et bu tant d'années, que peut-être ce vieillard se sentirait ému, qu'il me montrerait enfin un peu d'âme humaine, comme un limaçon le bout de ses cornes. Ah! quiconque a dans le fond du cœur, ne fût-ce qu'une étincelle d'affection pour un ami, sent bien cette étincelle se ranimer au moment de la séparation, comme la dernière flamme de la vie s'épanche au moment de la mort! Lorsqu'on touche pour la dernière fois un front glacé, l'œil le plus sec laisse souvent échapper une larme...

. . . .

« La pauvre Ève, en apprenant mon départ, devint pâle, tomba évanouie, presque morte. En reprenant les sens, elle ne put dire un mot, mais un torrent de larmes inonda ses joues... Je compris alors combien j'étais aimé.

. . . .

« Je m'en souviens; ce fut la première fois que je pleurai de rage et de bonheur. Je n'avais plus la tête à moi, j'étais fou! Je voulais de nouveau me jeter aux pieds de son père, enlacer ses genoux comme un serpent, lui dire : Mon père chéri, prends-moi pour ton fils, ou donne-moi la mort! Le panetier, impassible, froid comme un bloc de sel, indifférent, poli, se mit à me parler de quoi? Horreur quand j'y pense!... Des fiançailles de sa fille! En ce moment! ô Gervais, mon ami! figurez-vous, si vous avez un cœur d'homme...

. . . .

« Monsieur Sopliça, me dit-il, je viens à l'instant de recevoir un ami du fils du castellan, chargé de me faire des propositions de mariage pour ma fille. Vous qui êtes le mien, que me conseillez-vous? Vous savez, monsieur, que ma fille est belle et riche; et la castellanie de Vitepsk, vous ne l'ignorez pas, ne donne au sénat qu'un fauteuil subalterne, et honoraire encore. Que me conseillez-vous, mon frère? » Je ne sais ce que je répondis; rien, je crois. Je sautai à cheval et je m'enfuis.

. . . .

— Jacques, s'écria le porte-clefs, vous êtes habile à trouver des excuses; mais tout cela change-t-il rien à votre faute? N'est-il pas souvent arrivé dans le monde qu'un noble soit devenu amoureux de la fille d'un seigneur ou d'un roi, qu'il ait fait tous ses efforts pour l'obtenir, qu'il ait résolu de l'enlever ou de se venger ouvertement? Mais donner lâchement la mort à un seigneur polonais, en Pologne, de concert avec les Russes!

— Je n'ai pas été de concert avec les Russes, reprit Jacques avec douleur. L'enlever? Je l'aurais pu. Je l'aurais enlevée malgré grilles et verrous, j'aurais pu brûler ce château; j'avais pour moi Dobrzyn et quatre autres bourgades. Ah! si elle avait été comme les filles de nos gentilshommes, forte et bien portante! si l'évasion, les poursuites ne l'avaient pas effrayée! si elle avait pu entendre le bruit des armes! Mais, la pauvre enfant! ses parents l'avaient élevée avec tant de soins et de caresses, elle était si frêle, si craintive! Comme une chrysalide de papillon au printemps, l'enlever du rameau natal, c'était la tuer! Ève, je le sentais, ne pourrait survivre à ma victoire, à la malédiction paternelle ! Me venger ouvertement ? Prendre d'assaut le manoir ? Le réduire en poudre ? C'eût été honteux, car on aurait dit que je m'étais vengé d'un refus. « Soplica s'est vengé de n'avoir pu obtenir la fille des Horeszko, vengé parce qu'on lui avait servi la soupe noire ! » Porte-clefs, votre cœur probe ne saurait comprendre quel enfer c'est que l'orgueil offensé !... Le démon de l'orgueil me suggéra de meilleurs plans. Il me conseilla de me venger par le sang, mais de cacher le motif de ma rancune ; de cesser de fréquenter le château, de déraciner l'amour de mon cœur, d'oublier Ève, d'épouser une autre femme et de trouver ensuite un prétexte pour la vengeance !... Je crus d'abord que mon cœur était changé. Le projet me sourit ; j'épousai la première venue, une pauvre fille que je connaissais à peine. J'en ai été cruellement puni. Je ne l'ai jamais aimée. Pauvre mère de Thadée ! la femme la plus aimante, l'âme la plus pure... Mais le cœur suffoqué de rage et plein d'un ancien amour, j'étais comme insensé. Vainement je voulus me forcer à m'occuper d'agriculture et d'affaires. Tout fut inutile. Possédé du démon de la haine, inquiet, furieux, je ne prenais plaisir à plus rien au monde. Et c'est ainsi que, tombant d'un péché dans un autre, je me livrai à la boisson. Peu de temps après, ma femme mourut de chagrin en me laissant cet enfant et le désespoir dans l'âme.

. . . .

« Combien ne devais-je pas aimer cette infortunée ! Tant d'années se sont écoulées ! où n'ai-je pas été ! et cependant je ne peux l'oublier. Toujours son image chérie vient se présenter à mes yeux comme vivante ! Je buvais, et je n'ai pu parvenir à noyer pour un seul moment mes souvenirs ; je voyageais, et je n'ai pu dissiper mes chagrins. A présent, me voici serviteur de Dieu, couvert d'un froc, sur mon lit de mort, nageant dans mon sang... et pourtant je n'ai parlé que d'elle. Je n'en ai pas fini... pour la première et la dernière fois de ma vie, je vous dévoile ce qui se trouvait caché dans le fond de ma conscience... Que Dieu me le pardonne! Mais il faut que vous sachiez dans quel accès de douleur et de désespoir le crime a été commis...

. . . .

« C'était peu de temps après ses fiançailles. On en parlait partout. On disait qu'Ève, en recevant l'anneau nuptial des mains du palatin, s'était évanouie, qu'elle avait été prise d'une fièvre violente, qu'elle avait un commencement de phthisie, qu'elle ne faisait que sangloter. On devinait quelque amour secret. Mais le panetier, tranquille, joyeux comme toujours, donnait des bals, invitait ses amis, excepté moi dont il n'avait plus besoin. Le désordre de ma maison, ma misère, ma honteuse habitude de boire, m'avaient rendu la risée de tout le monde. Moi qui jadis avais dominé le district, moi que Radzivill avait appelé son cher ami, moi qui ne sortais de ma bourgade qu'entouré d'une suite plus nombreuse que celle d'un prince, moi qui n'avais qu'à tirer mon sabre pour en voir des milliers briller à mon appel et menacer les châteaux des magnats, je m'étais alors tellement dégradé aux yeux des hommes que les enfants dans les villages me poursuivaient de leurs huées; moi, Jacques Sopliça! Ah! l'orgueil... »

. . . .

Le moine épuisé retomba sur son lit. Le porte-clefs dit avec émotion :

« Grande est la justice divine! Est-il vrai, bien vrai? c'est donc vous? c'est toi, Jacques Sopliça, caché sous un froc? Toi, vivre en mendiant, toi que je vois encore, beau, jeune et brillant, flatté par les grands seigneurs, toi dont raffolaient toutes les femmes, toi le Barbu! Il n'y a pas si longtemps de tout cela, et cependant la douleur t'a vieilli à ce point! Comment ne t'ai-je pas reconnu au coup de feu surprenant qui a tué l'ours? car notre Lithuanie n'a jamais eu de chasseur qui t'égale; car après Mathias, tu étais aussi le plus habile au sabre! Oui, c'est toi; c'est bien toi dont les femmes chantaient jadis :

> « Quand le Barbu caresse sa moustache
> Devant sa barbe et ce nœud qu'il attache
> A ses cheveux, chacun tremble d'effroi,
> Fût-il un prince, un Radzivill, un roi! »

Malheureux! tu y as fait un nœud pour monseigneur; et te voilà prêtre, dans un pareil état! Jacques-le-Barbu, aujourd'hui pauvre moine! grande est la justice divine! Mais à présent même, tu ne saurais m'échapper. J'ai juré que quiconque verserait une goutte du sang des Horeszko... »
Le moine se rassit sur son lit et continua :

« Je rôdais autour du château. Combien de démons possédaient ma tête et mon cœur? qui pourrait les compter? qui pourrait les nommer? Le panetier donnait la mort à sa propre fille; il m'avait déjà abattu, ruiné. Un jour, je pénétrai jusqu'à la porte de la cour; ce fut Satan qui m'y conduisit. Comme ils s'amusent! Tous les jours fête au château! Que de lumières aux fenêtres! Comme la musique résonne dans les salles! Et ce château ne s'écroule pas sur son crâne chauve! Dès que l'idée de la vengeance s'empare de vous, aussitôt le démon vous fournit des armes. A peine y avais-je songé, que le diable envoya les Russes. Je ne faisais que les regarder. Vous savez comment ils attaquèrent le château.

. . . .

« Mais il est faux que j'aie été d'accord avec eux.

. . . .

« Je les regardais faire. Diverses pensées se croisaient dans ma tête; c'était d'abord le sourire stupide d'un enfant regardant un incendie : puis une joie d'assassin en pensant que le château allait bientôt être la proie des flammes et s'écrouler. Parfois l'idée me venait de me jeter dans le brasier pour sauver Ève, pour sauver même son père.

. . . .

« Il se défendait, vous le savez, avec assurance et courage. J'en étais moi-même étonné. Les Russes tombaient à mes côtés ; ces animaux ne savent pas viser. A la vue de leur défaite, la rage me prit de nouveau. Le panetier vainqueur ! Tout lui réussira donc en ce monde ? Lui, sortir triomphant de ce terrible assaut? Honteux, j'allais m'éloigner. Le jour venait de se lever ; je regarde, je le reconnais : c'est lui, sur le balcon, son agrafe en diamants reluit au soleil. Il redresse sa moustache avec orgueil. Il jette des regards pleins de mépris ; je pensai qu'ils m'étaient adressés, qu'il m'avait reconnu, qu'il étendait ainsi vers moi son bras menaçant, en se moquant de moi. Je saisis le fusil d'un Russe. A peine l'ai-je mis en joue, presque sans viser, le coup part... vous savez le reste... Oh ! maudite arme à feu ! Celui qui frappe avec le glaive attaque, pare les coups de son adversaire, peut le désarmer, retenir à moitié chemin le fer qui va tuer mais cette arme, cette arme à feu ! il suffit de la prendre en main, de la toucher : un instant! une seule étincelle!...

. . . .

« Ai-je tenté de fuir lorsque vous avez tiré sur moi du haut de ce balcon ? Je regardais résolûment de mes deux yeux dans les deux canons de votre fusil. Je ne sais quel désespoir, quelle atroce douleur me clouait à ma place. Ah ! pourquoi, mon cher Gervais, avez-vous cette fois manqué? Quel bienfait c'eût été pour moi de mourir ! Mais peut-être, pour châtiment de mes péchés, fallait-il... »

. . . .

La respiration lui manqua de nouveau.

« Dieu m'est témoin, dit Gervais, que j'ai voulu toucher. Combien de sang ce coup n'a-t-il pas fait couler ! Combien de malheurs n'a-t-il pas attirés sur nos deux familles ! Et tout cela par votre faute, monsieur Jacques. Mais quand aujourd'hui les chasseurs ont ajusté le comte, le dernier des Horeszko, bien que par les femmes, vous l'avez couvert de votre corps ; et quand le bataillon russe a fait feu sur moi, vous m'avez jeté à terre, en nous sauvant ainsi la vie à tous les deux. S'il est vrai que vous soyez un prêtre, votre robe vous garantit de mon canif. Adieu donc. Jamais je ne repasserai le seuil de votre porte, nous sommes quittes. Laissons Dieu disposer du reste. » Jacques lui tendit la main, Gervais recula :

« Je ne peux, dit-il, sans souiller mon nom de noble, toucher une main ensanglantée par un meurtre pareil, commis par vengeance particulière, et non *pro publico bono.* »

Tombé de son lit sur la terre, Jacques se tourna vers le juge. Sa pâleur devenait plus livide ; il demandait avec anxiété le curé, et, rappelant le porte-clefs :

« Je vous supplie de rester, lui dit-il, je vais finir à l'instant. A peine ai-je encore assez de force pour terminer mon récit. Monsieur le porte-clefs, je mourrai cette nuit.

— Que dites-vous, mon frère? s'écria le juge. J'ai examiné votre blessure, elle est sans gravité. Que parlez-vous d'aller chercher le curé ?... mais peut-être est-elle mal pansée ; je vais faire, ici près, chercher le chirurgien...

— Il n'est plus temps, interrompit le moine ; la blessure est à l'endroit même où j'ai reçu jadis un coup de feu à Iéna. La cicatrice, mal fermée, s'est rouverte aujourd'hui ; la gangrène y est déjà. Je me connais en blessures. Voyez, le sang est aussi noir que de l'encre. Pas de médecin. Nous ne mourons qu'une fois, il m'est indifférent de rendre l'âme aujourd'hui ou demain. Monsieur le porte-clefs, pardonnez-moi, je finis.

. . . .

« Il y a du mérite à ne pas vouloir rester criminel envers sa patrie, quand même elle vous a proclamé traître, surtout quand on a une âme aussi orgueilleuse que la mienne.

. . . .

« Le nom de traître s'attachait à moi comme la peste. Les citoyens me fuyaient; tous mes anciens amis se détournaient de moi : les plus timides me saluaient de loin et s'écartaient de ma route. Le moindre paysan, le juif le plus abject, tout en me saluant, me regardaient avec ironie. Le nom de traître bourdonnait sans cesse à mes oreilles; les échos me le répétaient dans ma maison, dans les champs. Du matin au soir il volait autour de moi, comme des points noirs devant un œil malade; et cependant jamais je ne fus traître à ma patrie. La Russie a fait tout au monde pour me gagner. On donna une grande partie de la fortune du défunt aux Soplica. Les conjurés de Targowiça m'offrirent des dignités. Si j'avais voulu me faire Russe !... Le démon me le conseillait. Si j'étais devenu Russe, j'étais riche et puissant; les premiers magnats briguaient ma faveur, et même les frères gentilshommes, et même le peuple, qui méprise tant ceux qui servent le tazr, m'auraient pardonné si j'avais réussi ! Je le savais, et cependant je ne l'ai pas pu.

. . . .

« Je quittai le pays. Où n'ai-je pas été! que n'ai-je pas souffert !

. . . .

« Enfin Dieu daigna m'indiquer un remède. Ce remède était de me corriger, de réparer autant que possible...

. . . .

« La fille du panetier, jetée au fond de la Sibérie avec son époux le palatin, y mourut jeune. Elle laissait dans le pays une fille, cette petite Sophie; je l'ai fait élever.

. . . .

« C'était peut-être moins par amour que par un fol orgueil

que j'avais commis le meurtre. Il fallait donc m'humilier. Je me suis fait moine; moi jadis si fier de ma naissance, moi renommé ferrailleur, je courbai la tête, je devins quêteur, je pris le nom de *Robak*, parce que comme un vermisseau dans la poussière...

« Le mauvais exemple que j'avais donné à mes concitoyens, celui de la trahison, il fallait le racheter par un bon exemple, par le sang, en me sacrifiant!..

« J'ai donc combattu pour ma patrie. Où? comment? Je le tairai; ce n'était pas pour acquérir une gloire terrestre que je m'élançais sur les glaives, les canons. Et qui donc, sous un nom supposé, voudrait se rendre célèbre, lorsqu'il ne peut faire ses enfants, ses proches, héritiers de sa gloire? Il m'est permis seulement de dire que je vivais pour mon pays; que j'aimais surtout à remplir les ordres de mes supérieurs qui m'offraient peu de gloire et beaucoup de dangers. Je tairai toutes les expéditions entreprises pour la cause nationale; je me rappelle avec plus de satisfaction que des faits éclatants, des actions cachées et utiles, et des souffrances que personne...

« Souvent j'ai réussi à pénétrer dans mon pays, pour y apporter les ordres des chefs, pour y recueillir des renseignements, et m'y concerter avec les patriotes. Les Galliciens, les habitants de la Grande-Pologne, connaissent ce capuchon. J'ai travaillé, enchaîné à une brouette, une année entière, dans une forteresse prussienne. Trois fois les verges russes ont déchiré mes épaules. Une fois j'étais déjà en route pour la Sibérie. Plus tard les Autrichiens m'ont enseveli dans les cachots du Spielberg, le *carcere duro*. Et pourtant Dieu m'a sauvé par un miracle, et m'a permis de mourir parmi les miens, sanctifié par les sacrements...

« Aujourd'hui même, qui sait? peut-être ai-je commis un nouveau péché? Peut-être ai-je été au delà des ordres des chefs, en précipitant l'insurrection? La pensée que la famille des Soplica se soulèverait la première, que la première elle relèverait la bannière nationale en Lithuanie, cette pensée parait pure... Mais n'est-ce pas encore de l'orgueil ?...

« Vous avez voulu vous venger, vous avez réussi; car vous avez été l'instrument de la vengeance divine. C'est par votre glaive que Dieu a tranché tous mes plans; vous avez embrouillé les fils du complot que j'avais mis tant d'années à ourdir: vous avez fait manquer le but de toute ma vie. La dernière pensée qui m'attachait à ce monde, que j'ai nourrie, caressée comme un enfant chéri, vous l'avez anéantie sous les yeux de son père, et moi, je vous pardonne ! A vous !...

— Que Dieu daigne vous pardonner comme je vous pardonne, dit le porte-clefs. Vous allez recevoir les saints sacrements, père Jacques; je ne suis ni luthérien ni schismatique, je sais que quiconque afflige un mourant commet un péché. Je vous dirai donc quelque chose qui vous consolera. Lorsque mon maître tomba mortellement blessé, je me jetai à genoux près de lui; penché sur son corps, je teignis mon glaive du sang qui coulait de sa blessure, en lui jurant vengeance : mais monseigneur secoua la tête, étendit la main vers la porte de la cour où vous étiez, et fit une croix dans l'air. Il ne pouvait parler, mais il me donnait à entendre qu'il pardonnait à son meurtrier. Je le compris; mais j'étais enflammé d'une telle fureur que jamais de ce signe de croix je n'ai dit un mot à personne. »

Les souffrances du malade le forçant à se taire, il s'ensuivit un long silence. On attendait le curé. Des fers de chevaux retentissent sur le pavé. On frappe à la porte. Le cabaretier juif entre essoufflé porteur d'une missive importante qu'il ne veut remettre qu'à Jacques. Le moine la passe à son frère, et lui ordonne de la lire à haute voix. C'était une lettre du général Fisher, alors chef d'état-major dans l'armée polonaise commandée par le prince Joseph

Poniatowski. Il annonçait que la guerre avait été décidée dans le cabinet de l'empereur, qu'il la proclamait hautement devant le monde, qu'il convoquait une grande diète à Varsovie, et que les États confédérés de Mazovie allaient décréter solennellement la réunion de la Lithuanie.

A cette nouvelle, Jacques récite une prière à voix basse, presse sur sa poitrine un cierge bénit, lève vers le ciel des regards animés du feu de l'espérance; son visage s'inonde des dernières larmes de joie :

« A présent, Seigneur, recevez l'âme de votre serviteur en paix! »

Tous tombent à genoux, et derrière la porte retentit la sonnette annonçant l'arrivée du curé avec le saint sacrement.

Déjà la nuit fuyait, et par le ciel étoilé, rose, couraient les premiers rayons du soleil. Comme des flèches de diamant ils pénètrent dans la chambre à travers le vitrage, illuminent la tête du moribond, et dorent sa figure et son front; en le faisant resplendir comme un saint dans une auréole.

XI.

L'ANNÉE 1812.

SOMMAIRE. — Pronostics du printemps. — Entrée des troupes. — Service divin. — Réhabilitation publique de feu Jacques Soplica. — Conversation de Gervais et de Protais annonçant la fin prochaine du procès. — Un lancier aux petits soins auprès d'une jeune fille. — Dispute au sujet d'Écourté et de Faucon décidée. — Avant, pendant et après le banquet. — Présentation des fiancés aux généraux.

O grande année! heureux celui qui t'a saluée dans notre pays! Le peuple t'appelle encore aujourd'hui l'année d'abondance ; le guerrier, l'année des combats. Les vieillards aiment toujours à parler de toi ; les poëtes rêvent de ton souvenir. Depuis longtemps tu nous étais annoncée par un phénomène céleste, par de sourdes rumeurs qui couraient parmi le peuple. A l'approche du soleil printanier, le cœur des Lithuaniens se remplissait de pressentiments étranges, de je ne sais quelle attente joyeuse et triste comme avant la fin du monde.

Lorsque pour la première fois on chassait le bétail hors de l'étable, quoique maigre et affamé, on ne le voyait point se jeter sur la toison précoce verdissant déjà la terre dure et glacée ; il se couchait en travers des sillons : et, la tête penchée, il mugissait en ruminant sa nourriture d'hiver.

Les paysans aussi, conduisant leurs charrues au labour, ne se réjouissaient pas, comme de coutume, de la fin d'un hiver prolongé. Ils ne fredonnaient point leurs chansons ; ils travaillaient avec indolence comme si semence et récolte, tout leur eût été indifférent. Souvent ils arrêtaient les chevaux et les bœufs attelés à la herse, et jetaient vers l'occident des regards inquiets, comme si quelque miracle devait s'accomplir de ce côté ; ou bien ils regardaient avec anxiété le retour des oiseaux. Car déjà la cigogne était revenue à son pin natal ; déjà elle avait étendu ses blanches ailes, étendards du printemps : à sa suite s'avançaient en escadrons bruyants les hirondelles amantes des eaux, qui déjà prenaient la boue glacée des étangs pour en pétrir leurs maisonnettes. Le soir, les broussailles retentissaient du cri des bécasses qui revenaient ; au-dessus des forêts volaient des troupes d'oies sauvages, qui, fatiguées du voyage, tombaient à terre avec bruit pour y reprendre haleine ; et, dans les profondeurs des cieux obscurs, on entendait les gémissements continuels des grues. A ce tumulte inaccoutumé, les gardes de nuit s'informaient avec effroi d'où venait tout ce trouble dans le royaume ailé des oiseaux, et quel orage les chassait de si bonne heure vers nos contrées.

D'autres bandes arrivaient ; comme des troupes de rouges-gorges, de pluviers, de sansonnets, autant de panaches, de bannières éclatantes descendaient les coteaux. C'est la cavalerie ! Partout de singuliers costumes, des armes inconnues ; un escadron suit l'autre, et au centre, comme un ruisseau grossi par la fonte des neiges, courent sur les chemins des chars de fer et de bronze. A travers les forêts on voit de noirs shakos, des rangs entiers de baïonnettes étincelantes ; c'est l'infanterie qui s'approche innombrable ainsi qu'une fourmilière !

Tous se dirigent vers le nord. On dirait qu'avec le printemps non-seulement les oiseaux, quittant d'autres climats mais toutes les nations envahissent notre pays, poussées par la force d'un mystérieux instinct. Des chevaux, des hommes, des canons, des aigles, jour et nuit se succèdent. Çà et là le ciel se rougit à la lueur des flammes, la terre tremble, au loin la foudre gronde.

« Guerre ! guerre ! » Il n'y a pas un coin de terre en Lithuanie qui ne retentisse de son fracas. Au fond de ses sombres forêts, le paysan, dont les parents, les aïeux, étaient morts sans en franchir les limites, et qui lui-même n'avait jamais entendu d'autre son que le bruit du vent dans les airs, le mugissement des bêtes fauves sur la terre, ni vu d'autres hôtes que les habitants des bois ses pareils, aperçoit aujourd'hui dans les cieux la clarté des flammes, entend dans ses forêts des bruits nouveaux pour lui. C'est un boulet dévié du champ de bataille qui cherche à se frayer un chemin en brisant sur son passage les troncs et les branches. Le vieux bison frémit sur son lit de mousse. Il hérisse sa longue crinière, se lève à demi, s'appuie sur les pieds de devant; et, secouant sa barbe, il regarde consterné l'éclair soudain qui luit entre les arbres. C'est un obus égaré; il ricoche, il tournoie dans les airs, il siffle, il éclate avec fracas comme un tonnerre. Pour la première fois, le bison effrayé court se cacher dans des taillis plus épais.

« Bataille! bataille! » Où? de quel côté? demande le jeune homme. Il saisit ses armes, les femmes lèvent leurs mains au ciel. Tous sont certains de vaincre; tous s'écrient, les larmes aux yeux : « Dieu est avec Napoléon! Napoléon avec nous! »

Printemps de 1812! heureux celui qui t'a vu naître dans notre pays! Mémorable printemps de guerre, printemps d'abondance; ô printemps, riche en blé et en verdure, brillant de soldats! Que d'événements, que d'espérances germaient dans ton sein fécond! Je te vois encore aujourd'hui comme un songe splendide. Né dans l'esclavage, enchaîné dès le berceau, je n'ai vu qu'un seul printemps comme toi dans ma vie.

Sopliçow se trouvait tout près de la grand'route par laquelle arrivaient des bords du Niémen notre prince Joseph et le roi de Westphalie Jérôme. Déjà ils avaient occupé une partie de la Lithuanie depuis Grodno jusqu'à Slonim, quand le roi fit donner aux troupes trois jours de repos. Mais les soldats polonais, malgré leurs fatigues, étaient mécontents que Jérôme les empêchât d'aller en avant, tant ils brûlaient du désir d'atteindre les Russes au plus tôt!

Le quartier-général du prince s'établit dans la ville voisine. Quarante mille hommes étaient campés autour de Sopliçow avec l'état-major et les généraux Dombrowski, Kniaziewicz, Malachowski, Ghiédroiç et Grabowski.

Il était tard quand ils arrivèrent; aussi chacun s'arrangea comme il put dans le vieux château et dans la maison du juge. Les ordres donnés, les sentinelles placées, tous rendus de fatigue se retirent dans leurs chambres pour se reposer. Avec la nuit tout devient silence, dans le camp, la maison et les champs. On ne voit plus que les patrouilles errantes comme des ombres, et çà et là les feux de bivouacs. On entend par intervalles le qui-vive que se renvoient les sentinelles.

Tout dort, habitants, généraux et soldats. Le seul sénéchal ne peut s'abandonner aux douceurs du sommeil, car il prépare pour le lendemain un banquet qui doit illustrer à jamais la maison de Sopliçow. Ce banquet sera digne d'hôtes si chers à tout cœur polonais, et doit répondre à la grande solennité du jour, à la fois fête de l'église et fête de famille; car le lendemain doivent se célébrer les fiançailles de trois couples : et le général Dombrowski a témoigné le soir même le désir de manger un dîner polonais

Bien que le temps soit court, le sénéchal rassemble à la hâte tous les cuisiniers du voisinage, au nombre de cinq. Tous obéissent, seul il dirige. Comme chef, il a mis un tablier blanc, un bonnet de coton, et retroussé ses manches jusqu'au coude. D'une main il tient son chasse-mouches et poursuit les insectes qui se précipitent avec avidité sur les sucreries; de l'autre il essuie ses lunettes et les pose sur son nez : puis il tire un livre de son sein, et l'ouvre.

Ce livre a pour titre : *Le Parfait Cuisinier.* Là se trouvent indiqués tous les mets recherchés de la cuisine polonaise. C'était d'après lui que le comte Tenczynski avait ordonné le banquet qu'il donna sur la terre d'Italie, et dont le saint-père Urbain VIII fut émerveillé ; c'était d'après lui que plus tard le prince Charles Radzivill, surnommé *Moncher-ami*, avait donné ce fameux repas dont parlent encore les traditions populaires en Lithuanie, le jour où il reçut à Nieswieje le roi Stanislas.

Tout ce que le sénéchal décide et commande après l'avoir lu, les habiles cuisiniers l'exécutent à l'instant. L'œuvre bout ; cinquante couteaux frappent les tables, des marmitons noirs comme des lutins courent de tous côtés, les uns portant du bois, les autres des brocs pleins de lait et de vin, qu'ils versent dans les chaudières, dans les marmites, dans les casseroles. La fumée jaillit ; deux marmitons sont assis près du four avec des soufflets. Pour donner plus d'activité à la flamme, le sénéchal ordonne de répandre sur les bûches du beurre fondu, luxe permis dans une maison fort riche. Ceux-ci jettent dans le feu des fagots de branches sèches, ceux-là fixent sur les broches d'immenses quartiers de bœuf et de chevreuil, des filets de sanglier et de cerf ; d'autres plument des monceaux de volaille dont le duvet s'élève comme un nuage, des coqs de bois, des coqs de bruyère, des poules. Mais il restait peu de poules, depuis l'assaut du sanguinaire Sac Dobrzynski contre le poulailler, le soir de l'expédition. Il avait tout détruit dans la basse-cour de Sophie ; il n'en avait pas laissé une seule en vie pour la couvée. Dès lors, jamais Soplicow ne put recouvrer son ancienne réputation de nourrir la meilleure volaille. Du reste, il y avait profusion d'autres viandes. Tout ce qu'il avait été possible de se procurer dans la maison, à la boucherie, dans les forêts, dans le voisinage, de près et de loin, tout était amoncelé dans la cuisine ; il n'y manquait que du lait d'oiseau, comme dit le proverbe. Ainsi les deux choses qu'un hôte généreux recherche surtout dans un repas; l'abondance et le talent culinaire, se trouvaient alors réunies à Soplicow.

Déjà le soleil levant annonçait le jour solennel consacré à notre sainte Vierge des fleurs. Le temps était superbe ; un ciel sans tache se voûtait au-dessus de la terre, comme une mer calme et transparente. Quelques étoiles scintillaient encore dans ses profondeurs, comme des perles brillant sous les eaux. Au bord de l'horizon un seul petit nuage blanc voltigeait dans les airs, plongeant ses ailes dans l'azur ; tel qu'un ange gardien au plumage léger, qui, retenu trop longtemps sur la terre par les prières des mortels, se hâte d'aller rejoindre ses frères dans les cieux.

Déjà les dernières étoiles perlées ayant jeté leurs feux s'étaient vanouies. Le front du ciel pâlissait, un côté de la face encore posé sur l'oreiller des ombres, tandis que l'autre devenait de plus en plus éclatant. Plus loin apparaît comme un grand œil ouvert, au milieu duquel on aperçoit le blanc, l'iris et la prunelle. Un rayon en jaillit ; et, comme une flèche d'or, traversant la courbe du ciel, il va s'enfoncer dans le petit nuage. A ce signal du jour, une gerbe de feu s'élance, des milliers de fusées se croisent en tout sens dans les airs, et l'œil du soleil apparaît tout entier ; mais encore clignotant, incertain, fermant à demi ses cils de rayons enflammés, comme à peine éveillé. Il brille tout à la fois de sept couleurs ; bleu comme le saphir, sanglant comme le rubis, jaune comme la topaze. Enfin, il devient clair et lumineux comme un cristal diaphane, resplendissant comme un diamant de flamme, radieux comme l'éclair, grand comme la lune, scintillant comme une étoile. C'est ainsi qu'il s'avance solitaire à travers l'immensité des cieux.

Ce jour-là le peuple lithuanien était accouru de tous les environs autour de la chapelle, avant le lever du soleil. On dirait qu'il attend l'annonce de quelque nouveau miracle. Ce rassemblement avait pour cause en partie la dévotion, en partie la curiosité; car à l'office divin de Soplicow devaient assister les chefs célèbres de nos légions, les généraux dont le peuple savait les noms glorieux, et qu'il révérait comme de saints patrons. Leurs courses à travers le monde, leurs campagnes, leurs combats, tout cela était un Évangile national pour les Lithuaniens.

Déjà quelques officiers étaient arrivés avec une foule de soldats. Le peuple les entoure, les regarde; à peine en croit-il ses yeux en voyant des compatriotes en uniforme, en armes, libres, et parlant la langue polonaise !

La messe commence. La petite chapelle ne peut contenir toute l'assemblée. La plupart s'agenouillent sur le gazon, les yeux fixés sur la porte et la tête découverte. La chevelure des Lithuaniens est d'un blond de lin pâle et brillant au soleil comme un champ de blé mûr. Çà et là rougissent de jolies petites têtes de jeunes filles, couronnées de fleurs matinales ou de plumes de paon; et, sous leurs tresses enlacées de rubans, toutes pareilles, au milieu de ces têtes viriles, à des bluets et des coquelicots sur un sillon de seigle. Autour de la chapelle se presse sur la plaine une foule bariolée. Au son de la clochette les têtes s'inclinent, comme des épis devant la brise. Ce jour-là, les jeunes villageoises portent à l'autel de la mère du Sauveur les prémices du printemps, des gerbes de fleurs nouvelles. Tout est décoré de guirlandes et de bouquets: l'autel, la sainte image, le clocher même et les avenues de la chapelle. Parfois une bouffée du vent matinal venue de l'orient dérange les couronnes et les jette sur les fronts des soldat agenouillés, ou disperse parfums et fleurs comme un saint encensoir [109].

Après la messe et le sermon, le président sort du millieu de l'assemblée. Il venait d'être élu à l'unanimité maréchal de la confédération par les États du district. Il était revêtu de l'uniforme du palatinat; du justaucorps à broderies d'or, du surtout en gros de Tours, orné de franges, d'une ceinture de brocart, à laquelle pendait un sabre à poignée de chagrin. A son cou brillait une agrafe en diamants. Son bonnet carré blanc était surmonté d'un panache précieux, composé d'aigrettes de héron. Ce n'est que dans les grandes fêtes qu'on met un si riche bouquet, dont chaque plume coûte un ducat. Ainsi vêtu, il se place sur la colline devant l'église; les villageois et les soldats se rangent en cercle autour de lui. Alors, prenant la parole :

« Mes frères, dit-il, le prêtre, du haut de la chaire, vient de vous annoncer que l'empereur et roi a rendu la liberté à la Couronne et qu'il la rend aujourd'hui même au duché de Lithuanie. Dès ce jour, toute la Pologne est libre. Vous avez entendu les ordonnances du gouvernement et la convocation de la grande diète; je n'ai plus qu'à vous dire quelques mots sur une affaire qui concerne la famille des Soplica, les seigneurs de ce pays.

« Toute la contrée se rappelle encore les faits et les gestes de feu Jean-Jacques Soplica. Mais puisque tout le monde connaît ses erreurs, il est temps de proclamer aussi ses mérites. Je tiens tout ce que je vais vous dire des généraux ici présents. Jacques n'est pas mort à Rome, comme on vous l'a dit; mais ayant changé de vie, d'état, de nom, toutes ses fautes envers Dieu et sa patrie, il les a expiées par une vie sainte et par des actions éclatantes. C'est lui qui, devant Hohenlinden.[110], lorsque le général Richepanse, à demi vaincu, commençait à opérer sa retraite, ne voyant pas Kniaziewicz arriver à son secours, c'est lui, Jacques, dit le frère Robak, qui, bravant le fer et le feu, vint l'annoncer à Richepanse que Kniaziewicz prenait l'ennemi à dos. C'est lui qui, plus tard, en Espagne, quand nos lanciers emportaient le sommet fortifié de Somo-Sierra, a été blessé deux fois aux côtés de Kozietulski. C'est lui encore qui, avec des ordres secrets, parcourut en émissaire les diverses parties de la Pologne pour sonder l'esprit public, pour y former des sociétés secrètes et les y propager. C'est lui enfin qui succomba à Sopliçow, son lieu natal, en y préparant l'insurrection. La nouvelle de sa mort arrivait à Varsovie au moment même où S. M. l'empereur daignait lui accorder la croix de la Légion d'honneur, en récompense de ses actions héroïques.

« Ayant pris toutes ces choses en considération, nous, représentant des autorités du palatinat, proclamons devant tous que Jacques, par les services rendus à son pays et par la grâce de l'empereur, a lavé la tache d'infamie dont il avait souillé son nom, qu'il a réhabilité son honneur et repris sa place parmi les vrais patriotes. Quiconque oserait donc reprocher à la famille de feu Jacques ses anciennes fautes, serait passible, en raison d'un délit de ce genre, *gravis notæ maculæ*, selon la teneur du statut qui réprouve tout citoyen, soldat ou noble, lequel jetterait l'infamie sur un autre ; et comme aujourd'hui nous sommes tous égaux, cet article 3 que je viens de citer est obligatoire pour les bourgeois comme pour les paysans. Ce décret du maréchal de la confédération sera inscrit par M. le greffier dans les actes de la Généralité, et promulgué par huissier.

« Quant à la décoration de la Légion d'honneur, qu'elle soit arrivée trop tard, cela ne nuit en rien à la gloire du défunt. Si elle n'a pu orner la poitrine de Jacques, qu'elle serve du moins à glorifier sa mort ; je l'attache à sa tombe. Elle y restera trois jours, après lesquels on la déposera dans la chapelle, en ex-voto à la Mère de Dieu. » A ces mots il tira de son étui la croix, qu'il suspendit à la modeste croix du tombeau, tant le ruban rouge noué en cocarde, que l'étoile blanche surmontée d'une couronne d'or. Tournés vers le soleil, les rayons de l'étoile resplendirent comme un dernier reflet de la gloire terrestre de Jacques. Cependant le peuple agenouillé chantait l'*Angelus*, priant pour le repos éternel du pécheur. Le juge parcourut les rangs et invita tous les assistants au banquet de Sopliçow.

Sur un banc de gazon, près de la demeure, étaient assis deux vieillards, ayant à leurs genoux deux grands pots d'hydromel. Ils regardaient le verger, où, parmi des touffes de pavots aux couleurs variées, se tenait debout un lancier pareil à un tournesol. La plaque dorée de son tchapka resplendissait au soleil, une aigrette de plumes de coq s'agitait sur sa tête. Près de lui était une jeune fille en robe verte comme du romarin ; elle levait vers le jeune homme ses yeux aussi bleus que le myosotis. Plus loin d'autres jeunes filles cueillaient des fleurs dans le jardin, détournant à dessein les yeux afin de ne pas gêner le tête-à-tête des deux amants.

Les vieillards buvaient, aspiraient avec délices le tabac qu'ils puisaient dans une tabatière d'écorce de bouleau qu'ils se présentaient réciproquement, et causaient.

« Voilà! mon cher Protais, disait le porte-clefs Gervais.

— Voilà! mon cher Gervais, répondait l'huissier Protais.

— Oui! voilà, » répétèrent-ils de concert plusieurs fois tout en hochant leurs têtes en cadence. Enfin l'huissier ajouta :

« Que notre procès doive se terminer d'une manière inusitée, je ne le conteste pas ; mais on a vu pourtant de pareils exemples! Je me rappelle des procès où l'on avait commis des abus plus grands que dans le nôtre, et où l'acte de mariage a tout concilié. Tel a été celui de Lopot avec les Borzdobohaty, de Krepsztul avec les Kupsc, de Putrament avec les Pikturna, de Mackiewicz avec les Odyniec, enfin celui de Turno avec les Kwilecki ; que dis-je! les Polonais n'ont-ils pas eu des contestations avec les Lithuaniens, contestations pires que celles de Soplica avec les Horeszko? Et cependant dès que la reine Edvige voulut entendre raison, ce procès finit sans juge [1]. Il est bon que l'une des parties ait des demoiselles ou des veuves à marier ; un compromis ne se fait pas attendre. Les procès qui tirent le plus en longueur sont ordinairement ceux qu'on a soit avec le clergé, soit avec de très-proches parents; parce qu'alors il est impossible de les terminer par un mariage. Voilà pourquoi la lutte entre les Polonais et les Russes dure indéfiniment, car ils descendent de deux frères, Lech et Russ [112]. Voilà pourquoi les nombreux procès que nous eûmes avec les moines de l'Ordre teutonique ne cessèrent que lorsque Jaghellon les eut gagnés le fer en main. Voilà pourquoi aussi le procès de Rymsa contre les dominicains, après bien des disputes, ne se termina que lorsque l'abbé Dymsza, syndic du couvent, eut obtenu gain de cause; d'où vient le proverbe : « Notre Seigneur est plus puissant que monseigneur Rymsza. » Et moi j'ajoute : « L'hydromel vaut mieux que le canif. » A ces mots, il but à la santé du porte-clefs.

« Oui, oui! c'est vrai! c'est vrai, répondit Gervais avec émotion. Les destinées de notre Couronne et de notre duché de Lithuanie ont été bien bizarres. N'ont-ils pas été unis en Dieu comme deux époux, et le diable ne cherche-t-il pas toujours à les désunir? Dieu dit blanc, le diable dit noir. Ah! mon frère Protais, que nous sommes heureux de voir nos frères de la Couronne arriver parmi nous! Jadis j'ai servi de longues années avec eux; je m'en souviens, c'étaient de vaillants confédérés! Si feu mon maître le panetier avait vécu jusqu'à ce moment! ô Jacques, Jacques! Mais pourquoi nous attendrir, puisqu'aujourd'hui la Lithuanie se trouve de nouveau mariée à la Couronne? Par ce fait seul tout est accordé, tout est oublié.

— Ce qu'il y a de plus merveilleux encore, reprit Protais, c'est que nous avons eu un *omen*, un avertissement du ciel au sujet de cette petite Sophie dont Thadée recherche aujourd'hui la main. Il y a juste un an de cela.

— C'est mademoiselle Sophie qu'il faut l'appeler, observa le porte-clefs; c'est une grande demoiselle, ce n'est plus une enfant : et d'ailleurs elle est du sang d'un dignitaire, la petite-fille du panetier.

— C'était donc un présage de son sort, continua Protais ; je l'ai vu, de mes propres yeux vu. Il y a un an à pareil jour, j'étais assis à cette même place. Les gens de la maison étaient rangés autour de moi, buvant de l'hydromel, lorsque tout à coup deux moineaux qui se battaient sur le toit tombent à nos pieds. C'étaient deux vieux mâles ; l'un, un peu plus jeune, avait la gorge grise, l'autre l'avait noire. Leur combat continue dans la cour ; ils tournent comme des balles, se roulent dans la poussière. Nous les regardions. Les domestiques se disent à l'oreille que le noir est un Horeszko, l'autre un Soplica. Toutes les fois que le gris a le dessus, ils s'écrient : « Vive Soplica ! Fi, Horeszko le lâche ! » Quand il a le dessous, ils l'encouragent : « Allons, Soplica, ne le cède pas au magnat ! ce serait honteux pour un gentilhomme ! » Nous attendions ainsi, en riant, lequel vaincrait l'autre ; lorsque Sophie, émue de compassion...

— Mademoiselle Sophie ! s'écria le porte-clefs.

— Soit ; mademoiselle Sophie accourut et couvrit de sa petite main les deux combattants. Dans sa main même ils continuaient leur lutte ; leurs plumes tombaient de tous côtés, tant était grand l'acharnement de ces petits drôles. Les vieilles femmes se disaient à l'oreille, en voyant tout cela, que certainement cette jeune fille était destinée à ramener l'accord et l'union entre les deux familles si longtemps ennemies. Je vois aujourd'hui que leur prédiction s'est accomplie ; il est vrai qu'on pensait alors au comte et non pas à Thadée.

— Les destinées de ce monde sont merveilleuses ! répondit le porte-clefs ; qui pourrait tout prévoir ? Moi, je vous dirai à mon tour, compère, une chose qui n'est pas aussi étonnante que ce présage, mais qui n'en est pas moins très-difficile à comprendre. Vous le savez, jadis j'aurais voulu noyer dans un verre d'eau toute la famille des Soplica ; mais ce petit Thadée, je l'ai toujours beaucoup aimé. J'avais remarqué que quand il se battait avec les enfants du village, il était toujours vainqueur. Toutes les fois qu'il venait au château, je le poussais donc à faire les tours de force les plus difficiles; tout lui réussissait. S'agissait-il d'aller dénicher des pigeons au haut de la tour, s'agissait-il d'aller cueillir le gui au sommet des chênes, s'agissait-il d'aller dévaster le nid d'une corneille sur le pin le plus élevé, il savait tout faire. Je me disais : « Il est né sous une étoile heureuse, ce garçon. Quel dommage que ce soit un Soplica! » Qui aurait alors deviné qu'un jour je le saluerais comme le propriétaire du château, comme l'époux de mademoiselle Sophie, mon illustre maîtresse! »

A ces mots ils se turent, et se remirent à boire tout pensifs. Seulement de temps à autre on les entendait répéter : « Voilà, monsieur Gervais! — Voilà, monsieur Protais! » Le banc de gazon touchait à la cuisine, dont les fenêtres ouvertes laissaient échapper une fumée aussi épaisse que celle d'un incendie. Tout à coup, au milieu de ces tourbillons apparaît, comme une blanche colombe, le casque de coton du général en chef de la cuisine. Le cou tendu par la fenêtre au-dessus des têtes des deux vieillards, le sénéchal écoutait en silence leurs propos; puis il leur présenta une soucoupe pleine de biscuits, en leur disant :

« Arrosez cela de votre hydromel. Et moi aussi, j'ai à vous raconter une histoire curieuse d'une dispute qui devait se terminer par un combat sanglant. C'était lorsque Reytan, en chassant dans les forêts de Naliboki, joua au prince de Nassau un tour qui faillit lui coûter la vie. C'est moi qui ai réconcilié ces messieurs; je vais vous dire comment... » Mais il fut interrompu par les cuisiniers, qui lui demandèrent à qui il ordonnait de couvrir la table.

Le sénéchal s'éloigna. Les vieillards burent un coup d'hydromel, et, toujours pensifs, reportèrent leurs regards sur le jardin. Le beau lancier y causait encore avec la jeune fille; il lui tenait alors les mains dans sa main gauche (la droite, il l'avait en écharpe; sans doute il était blessé), et lui disait :

« Sophie, il faut que vous me fassiez tout connaître avant d'échanger nos alliances, il faut que je le sache! Il est vrai que, l'hiver dernier, vous étiez prête à me donner votre foi ; je n'y ai pas consenti alors, car quel prix pouvais-je attacher à un consentement forcé? J'étais depuis trop peu de temps à Sopliçow, et je n'avais pas assez de vanité pour croire que d'un seul regard je vous eusse inspiré de la tendresse. Je ne suis pas un fat; c'est à mon mérite seul que j'ai voulu devoir ce bonheur, quand même il me faudrait attendre bien longtemps. Aujourd'hui vous êtes assez bonne pour me renouveler votre promesse ; comment ai-je pu mériter tant de faveur? Peut-être consentez-vous à m'épouser moins par attachement pour moi que par soumission envers mon oncle et votre tante? Mais, Sophie, le mariage est une chose grave; consultez votre cœur : en cela n'écoutez l'influence de personne, ni les menaces de l'oncle, ni les suggestions de la tante. Si vous ne vous sentez pour moi que de la bienveillance, nous pourrons remettre à un autre temps les fiançailles; je ne veux pas enchaîner votre volonté : nous attendrons, Sophie. Rien ne nous presse d'ailleurs; puisque, hier soir, j'ai reçu l'ordre de rester en Lithuanie comme instructeur d'un régiment qu'on forme ici, et cela jusqu'à la guérison de mes blessures. Qu'en dites-vous, chère Sophie? »

Sophie releva la tête; et, fixant sur ses yeux des regards pleins de trouble, elle répondit :

« Je ne me rappelle pas bien ce qui s'est passé alors. Je sais seulement que tout le monde me répétait que je devais vous épouser; et moi, je me soumets toujours à la volonté de Dieu et de mes parents. »

Puis, baissant les yeux, elle ajouta :

« Avant votre départ, si vous vous en souvenez, monsieur,

la nuit où mourut le frère Robak, pendant cette nuit d'orage, j'ai vu que vous étiez bien triste de nous quitter ; vous aviez les larmes aux yeux. Ces larmes, je vous l'avouerai monsieur, sont tombées sur mon cœur. Depuis ce temps, je vous crois quand vous dites que vous m'aimez. Toutes les fois que je priais Dieu de veiller sur vous, vous étiez là, devant moi, avec ces grosses larmes brillantes. Plus tard, madame la présidente allant à Vilno, me prit avec elle pour y passer l'hiver ; mais moi, je regrettais Sopliçow, et cette petite chambre où je vous ai rencontré pour la première fois, où je vous ai dit adieu. Je ne sais comment votre souvenir, pareil à une graine de réséda semée en automne, a germé pendant tout l'hiver. C'est comme je vous l'ai dit, monsieur ; je soupirais sans cesse après cette petite chambre : il y avait quelque chose qui me disait que c'était là que je vous retrouverais, et il en a été ainsi. Pleine de votre pensée, j'avais aussi votre nom sur les lèvres... C'était à Vilno, pendant le carnaval. Mes compagnes me disaient que j'étais amoureuse ; mais, ce qu'il y a de certain, c'est que si j'aime, ce ne peut être que vous, monsieur... »
Thadée, ravi de ce premier aveu, lui prit le bras et le serra contre son cœur. Ils sortirent du jardin pour se rendre dans cette petite chambre que Thadée avait occupée dix ans auparavant.

Le notaire s'y trouvait alors en merveilleuse toilette. Il servait une dame, sa fiancée, courait lui présenter des bagues, des chaînes, des pots de pommade, des flacons, des poudres et des mouches. Ivre de joie, il jetait des regards de triomphe sur sa future. Celle-ci terminait sa toilette ; elle était assise devant un miroir et consultait souvent le conseiller des grâces. Les femmes de chambre étaient toutes occupées après elle ; les unes, des fers en main, réparaient le désordre de ses cheveux : les autres, agenouillées, travaillaient aux falbalas de sa robe.

Pendant que le notaire prodiguait ses soins à sa belle, un marmiton vint frapper à la fenêtre en lui faisant un signe; on avait aperçu un lièvre : il était parti des joncs du rivage, avait traversé la prairie et sauté dans le jardin, où il s'était caché parmi les légumes qui commençaient à pousser. Il était facile de l'en déloger et de le prendre, en plaçant les lévriers sur le sentier qu'il devait suivre. Déjà l'assesseur accourt en tirant Faucon par son collier; le notaire le suit de près en appelant Écourté. Le sénéchal leur assigne à tous deux leurs postes près de la haie; et, son chasse-mouches en main, il entre dans le verger, marchant lourdement, sifflant, frappant des mains pour effrayer le lièvre. Les chasseurs, tenant chacun son lévrier en laisse, leur montrent du doigt l'endroit d'où ils supposent qu'il prendra son élan. Les chiens, l'oreille tendue, le nez au vent, tremblent d'impatience, comme deux flèches posées sur la même corde. Le sénéchal s'écrie : « Taïaut ! » Le lièvre s'élance de dessous la haie dans la prairie; les lévriers le poursuivent, et en un instant tous deux tombent aux deux côtés du pauvre animal, pareils à deux ailes aux flancs d'un oiseau, et lui enfoncent leurs dents dans l'échine comme des serres. Le lièvre ne pousse qu'un seul gémissement, mais douloureux comme le cri d'un enfant qui vient au monde. Les chasseurs accourent; déjà il est étendu sans vie, et les lévriers lui arrachent les poils blancs du ventre.

Les chasseurs caressent leurs chiens; le sénéchal cependant prend le couteau de chasse qui pend à sa ceinture, coupe les pattes du lièvre, et dit :

« Aujourd'hui les chiens recevront égale curée; car leur gloire, leur agilité, leurs efforts, tout est égal entre eux. Pac est digne de son palais, le palais est digne de Pac [114]; les chiens sont dignes des chasseurs, les chasseurs sont dignes des chiens. Ainsi devait finir votre longue querelle. Moi, que vous avez choisi pour arbitre, je prononce enfin mon arrêt ; vous avez gagné tous les deux. Je rends à chacun son enjeu, et vous, signez-moi l'accord. » Cédant aux désirs du vieillard, les chasseurs tournent l'un vers l'autre leurs visages radieux et se serrent la main, ce qui ne leur était pas arrivé depuis trop longtemps.

« J'avais mis au jeu, dit le notaire, un cheval enharnaché ; j'ai aussi fait inscrire dans les actes de Soplicow que j'offrirais ma bague au juge du différend, pour prix de ses peines. Une fois l'enjeu déposé, je ne puis le reprendre. Que monsieur le sénéchal accepte la bague en mon souvenir, et qu'il y fasse graver son nom, ou, s'il l'aime mieux, les armes des Hreczecha ; la pierre en est une belle cornaline, l'or en est à onze carats. Quant au cheval, je l'ai donné pour monter un lancier ; le harnais seul m'est resté. Tout connaisseur en admire la commodité, la solidité et la beauté ; c'est un bijou en vérité. La selle est étroite, à la mode turque ; le devant est orné de pierres précieuses, le siége est d'une riche étoffe. Et quand vous enjambez cet édredon, vous vous trouvez entre les pommeaux aussi bien que dans votre lit. Et quand vous mettez votre cheval au galop (à ces mots le notaire Bolesta, qui, comme vous le savez, aimait beaucoup à gesticuler, leva la jambe comme pour sauter à cheval et se mit à courir en se balançant comme s'il galopait), et quand vous mettez votre cheval au galop, la housse scintille comme si l'or ruisselait de votre monture. Car les étrivières sont richement incrustées d'or. Les larges étriers sont de vermeil ; sur les rênes brillent des boutons de nacre : au poitrail pend un croissant d'argent. Ce harnais magnifique a été conquis, dit-on, à la bataille de Podhaïcé, sur un gentilhomme turk très-puissant[*]. Acceptez-le, cher assesseur, comme un gage de mon estime. » L'assesseur, ravi du cadeau, répondit :

---

[*] Bataille gagnée en 1667., par le roi Jean Sobieski.

« Moi, j'avais mis au jeu deux beaux colliers de chien dont le prince Sanguszko m'a fait présent ; ils sont en chagrin noir orné de pointes d'or : la laisse est en soie et d'un travail aussi précieux que l'agrafe qui la ferme. Je voulais les léguer en succession à mes enfants ; j'en aurai probablement, vous savez que je me marie aujourd'hui : mais, monsieur le notaire, je vous prie de les accepter comme une preuve de ma reconnaissance pour votre riche harnais, en souvenir du débat qui a duré pendant de si longues années, et qui vient enfin de se terminer à l'honneur de tous deux. Que désormais la paix fleurisse parmi nous ! » Ils retournent au logis pour annoncer la fin de la querelle entre Écourté et Faucon.

On se disait à l'oreille que le sénéchal avait élevé ce lièvre à la maison, et qu'il l'avait lâché en cachette dans le jardin afin de faciliter l'accord des chasseurs. Ce bon vieillard aurait agi avec tant de mystère qu'il aurait réussi à tromper tout Soplicow. Plusieurs années après, le marmiton en laissa transpirer quelque chose dans le dessein de brouiller de nouveau l'assesseur et le notaire ; mais ce fut en vain qu'il cherchait à diffamer les deux lévriers : le sénéchal nia tout et personne ne crut au dire du marmiton.

Déjà les hôtes étaient rassemblés dans la grande salle du château en attendant le dîner ; rangés autour de la table, ils causaient entre eux : lorsque le juge, en uniforme du palatinat, entra avec Sophie et Thadée. Thadée fit à ses chefs un salut militaire en portant la main gauche à son tchapka ; Sophie, les yeux baissés, rougissant de pudeur, leur fit une révérence. Télimène lui en avait appris plusieurs. Comme fiancée, elle portait une couronne fleurie sur la tête ; du reste, elle avait le même costume que le matin, dans la chapelle, lorsqu'elle offrait à la sainte Vierge la gerbe de fleurs nouvelles. Elle en avait fait une autre en l'honneur des hôtes ; d'une main elle leur en présentait quelques touffes à la ronde, tandis que de l'autre elle tenait au-dessus de son front la faucille brillante qui les avait coupées. Les généraux acceptaient en lui baisant la main ; Sophie faisait à chacun une autre révérence et rougissait.

Tout à coup le général Kniaziewicz, la prenant par les épaules et lui donnant un baiser paternel sur le front, l'enlève dans ses bras, et la pose sur la table aux acclamations de tous les assistants, enchantés de la grâce et de la beauté de la jeune fille autant que de son costume populaire ; car, pour ces braves qui dans leur vie agitée avaient erré si longtemps par les pays étrangers, le costume national avait un charme indicible : il leur rappelait leur jeune âge et leurs premières amours. Attendris jusqu'aux larmes, ils se pressent autour de la table en examinant Sophie avec curiosité. Les uns lui demandent de relever la tête, pour qu'ils puissent voir ses yeux ; d'autres la prient de se retourner. Sophie, toute honteuse, obéit ; mais elle se couvre les yeux de ses mains. Thadée, enchanté, se frotte les mains de joie.

Quelqu'un avait-il donné à Sophie le conseil de paraître ainsi vêtue, ou l'avait-elle deviné par instinct (une jeune fille a un instinct sûr pour fait ce qui lui va bien)? Quoi qu'il en soit, pour la première fois de sa vie, Sophie avait été grondée par Télimène à cause de son obstination à refuser une toilette à la mode. Elle avait enfin obtenu par ses larmes qu'on la laissât paraître dans son costume villageois.

Elle avait une longue jupe blanche ; une petite robe courte, de camelot vert, avec une bordure rose. Son corsage était également vert, lacé sur la poitrine avec des rubans roses ; sa gorge se cachait dessous comme un camélia sous son feuillage. Les manches de sa chemise, d'une vive blancheur, très-amples sur les bras, ressemblaient aux ailes d'un papillon ; elles étaient plissées au poignet et retenues par un ruban. La gorgerette était serrée autour du cou par un ruban rose ; un autre était passé dans le collet. Les boucles d'oreilles, en noyaux de cerise, artistement travaillées, étaient un chef-d'œuvre dont s'enorgueillissait Sac Dobrzynski; elles représentaient deux cœurs avec une flèche et une flamme, et avaient été données à Sophie par le jeune Sac lorsqu'il cherchait à s'en faire aimer. A sa collerette pendaient deux colliers d'ambre. Sur sa tête, était posée une verte couronne de romarin ; ses tresses enrubannées étaient rejetées en arrière sur ses épaules. Enfin, au-dessus de son front elle tenait, à la mode des moissonneuses, une faucille recourbée qui luisait encore de la rosée des herbes qu'elle venait de couper, et qui resplendissait comme le croissant sur le front de Diane.

Tous admirent, tous applaudissent. Un des officiers sort de sa poche un portefeuille avec une quantité de papiers ; il les déploie, taille son crayon, le mouille à ses lèvres, lève ses yeux sur Sophie et dessine. A peine le juge a-t-il aperçu le papier et le crayon qu'il reconnaît le peintre, bien que l'uniforme de colonel l'ait beaucoup changé ; il avait de riches épaulettes, l'air d'un vrai lancier, des moustaches noircies et une barbe taillée à l'espagnole. Néanmoins le juge le reconnut :

« Eh ! comment vous portez-vous, très-illustre comte ? Comment, vous gardez dans votre giberne tout l'appareil d'un peintre en voyage ! » C'était en effet le jeune comte. Il était soldat depuis peu ; mais, comme il était riche et qu'il avait levé à ses frais un régiment de cavalerie, comme il s'était d'ailleurs parfaitement conduit dès la première affaire, l'empereur, le jour même, l'avait nommé colonel. Le juge lui souhaita donc la bienvenue, et le félicita sur son avancement ; mais le comte ne l'écoutait pas, tout absorbé par son dessin.

Cependant le second couple entra. L'assesseur, fidèle serviteur, jadis du tzar, alors de Napoléon, avait sous ses ordres un détachement de gendarmerie; et, quoiqu'il ne fût entré en fonctions que depuis vingt-quatre heures, il avait déjà l'uniforme bleu avec les revers aux couleurs nationales : il traînait après lui un long sabre recourbé et faisait sonner ses éperons. A ses côtés marchait gravement sa fiancée, extraordinairement parée. C'était Tekla Hreczecha; car depuis longtemps l'assesseur avait brisé les fers de Télimène : et, pour mortifier davantage sa coquetterie, il avait reporté ses vœux sur mademoiselle Tekla. Elle n'était plus très-jeune (on la disait même chargée d'un demi-siècle); mais c'était une bonne ménagère, une personne d'une conduite exemplaire, et de plus, munie d'une grosse dot : car, outre le village que lui avaient laissé ses parents, le juge avait d'une forte somme d'argent augmenté son apport.

Mais en vain on attend le troisième couple. Le juge s'impatiente, envoie des domestiques le chercher. Ils reviennent annoncer que le troisième fiancé, M. le notaire, a perdu son anneau de mariage en chassant le lièvre, et qu'il le cherche dans la prairie. Quant à sa future, elle est encore à sa toilette; malgré son empressement à la finir, malgré l'assistance de toutes les femmes de chambre, elle n'a pu parvenir à s'habiller : à peine sera-t-elle prête pour quatre heures.

XII.

EMBRASSONS-NOUS.

SOMMAIRE. — Le dernier repas à la polonaise. — Le service monstre. — Explication des figures. — Les métamorphoses. — Joie de Dombrowski. — Encore le canif. — Joie de Kniaziewicz. — Premier acte public de Thadée, seigneur du château. — Réflexions de Gervais. — Le concert des concerts. — La Polonaise. — Embrassons-nous!

Enfin les deux battants de la porte s'ouvrent avec fracas. Le sénéchal entre gravement, en bonnet, la tête haute; il ne salue personne, ne prend point place à table, car il se présente en qualité de surintendant de la maison. En main il a une canne, signe de sa nouvelle dignité, et il s'en sert, comme maître des cérémonies, pour indiquer à chacun sa place. Premier magistrat du palatinat, le président occupe le haut bout de la table. Il s'assied dans un fauteuil de velours à bras d'ivoire. A sa droite il a Dombrowski; à sa gauche, Kniaziewicz, Pac et Malachowski. Entre eux, madame la présidente; plus loin, les autres dames, les officiers, les demoiselles, les gentilshommes et des voisins. Hommes et femmes se placent l'un à côté de l'autre, dans l'ordre prescrit par le sénéchal.

Le juge s'incline, quitte la salle, et va dans la cour faire les honneurs du repas aux villageois. Tous sont assis autour d'une table longue de cent pas; il se place à l'un des bouts, le curé à l'autre. Thadée et Sophie restent debout pour servir les paysans, et mangent tout en marchant. L'ancienne coutume l'exige ainsi, dans le premier repas qu'un seigneur donne aux habitants de ses villages [114].

Cependant les hôtes de la salle, en attendant les plats, s'amusaient à regarder un magnifique service dont le travail, ainsi que le métal, était d'un prix énorme. Une tradition rapportait que le prince Radzivill, surnommé l'Orphelin [115], l'avait commandé à Venise, et l'avait fait exécuter d'après ses propres dessins. Il représentait des sujets polonais. Il avait disparu pendant les guerres contre les Suédois, et avait passé, on ne sait comment, dans la famille des Sopliça. Tiré ce jour-là du trésor, il ornait le milieu de la table, sur laquelle il formait un cercle aussi grand que la roue d'un carrosse.

Il était entièrement couvert de conserves et de sucreries blanches comme la neige, imitant à la perfection un paysage d'hiver. Au milieu s'élevait une immense forêt de confitures; sur les côtés, des bourgades, des villages couverts de sucreries glacées, en guise de frimas. Les bords étaient garnis de divers personnages en porcelaine, dans le costume polonais; on eût dit des acteurs sur un théâtre. Ils avaient l'air de représenter quelque grave événement; les gestes étaient habilement rendus, les couleurs éclatantes : il ne leur manquait que la parole, du reste ils semblaient vivants.

« Qu'est-ce que cela figure ? » demandèrent les hôtes avec curiosité. Le sénéchal leva sa canne; et, pendant qu'on servait les liqueurs, il se mit à parler ainsi :

« Avec la gracieuse permission de mes illustres seigneurs, les personnages que vous voyez devant vous en si grand nombre représentent l'histoire d'une diétine polonaise, ses conférences, ses votes, le triomphe d'un parti et ses querelles intestines. C'est moi qui ai interprété toute cette scène, et je vais vous l'expliquer.

« A droite, voyez une nombreuse assemblée de nobles, invités probablement au banquet qui précède la diétine. Une table servie les attend, personne ne place les hôtes; ils forment des groupes, chaque groupe délibère. Remarquez qu'au milieu de chacun d'eux est un homme que l'on reconnaît pour un orateur à ses lèvres entr'ouvertes, à ses paupières relevées, à ses gestes fréquents. Il explique avec son doigt en faisant des signes sur la paume de sa main. Chaque orateur recommande ses candidats avec un succès différent, à en juger par l'attitude des frères gentilshommes.

« Or, voyez là-bas cet autre groupe ! Les gentilshommes écoutent avec attention ; celui-ci, les mains à sa ceinture, penche la tête pour mieux entendre ; celui-là porte la main à son oreille en guise de cornet, et tortille en silence ses moustaches. Il a l'air de saisir les mots au vol, pour les graver dans sa mémoire. L'orateur paraît ravi ; il voit qu'il a convaincu son auditoire : il frappe avec joie sur sa poche, dans laquelle il sent déjà les votes favorables.

« Mais, en revanche, les choses se passent autrement dans le troisième groupe. Là, l'orateur est obligé de retenir par leurs ceintures ses auditeurs, qui cherchent à s'en débarrasser de force et détournent la tête. Voyez celui-ci, écumant de colère ; il lève le bras, il menace l'orateur, il lui ferme la bouche : certainement il l'a entendu faire l'éloge de son adversaire. Cet autre, le front baissé comme un taureau, semble vouloir le percer de ses cornes. Les uns tirent leurs sabres, les autres prennent la fuite.

« Au milieu de ces groupes, un gentilhomme reste silencieux et à l'écart. On voit que c'est un homme impartial ; il hésite, il craint de se décider pour l'un ou l'autre candidat, il balance, il lutte avec lui-même : il consulte le sort, lève les mains, étend les pouces, ferme les yeux, approche les ongles l'un de l'autre. On voit qu'il s'en rapportera, pour son vote, à la cabale. Si ses doigts se rencontrent, il votera pour ; s'ils ne se touchent pas, il votera contre.

« A gauche se passe une autre scène ; c'est le réfectoire d'un couvent changé en salle d'élection. Les plus âgés sont assis sur des bancs, les jeunes se tiennent debout ; et, curieux, ils regardent par les têtes ce qu'on fait au milieu.

Le maréchal est placé au centre, il tient une urne, il compte les boules; les gentilshommes les dévorent des yeux; la dernière vient de sortir : les huissiers, élevant la main, proclament les noms des dignitaires élus.

« Un gentilhomme proteste. Voyez, la tête à la fenêtre de la cuisine du réfectoire, il ouvre de grands yeux, il regarde avec audace, la bouche béante; comme s'il voulait manger toute l'assemblée. Il est facile de deviner qu'il a crié : « Veto ! » Voyez comme, à ce brandon de discorde jeté dans la foule, elle se précipite vers la porte; certes, ils veulent entrer dans la cuisine; ils tirent leurs sabres : un combat sanglant va s'engager !

« Mais là-bas, au bout du corridor, remarquez, messieurs, ce vieux prêtre en chasuble; c'est le prieur du couvent. Il a l'ostensoir en main; un enfant de chœur sonne la clochette et demande de faire place. A l'instant, les gentilshommes rengaînent leurs sabres, s'agenouillent, et font le signe de la croix. Le prêtre se tourne du côté où résonne encore le cliquetis des armes. Dès qu'il paraîtra, tout rentrera dans le silence, et la paix se rétablira parmi les combattants.

« Ah ! mes jeunes seigneurs, vous ne vous souvenez plus de ces temps où, au milieu de notre noblesse si bouillante, si peu disciplinée, toujours en armes, il ne fallait pas d'autre police que celle-là ! Tant que la foi a fleuri, on a respecté les lois, et l'on a vu chez nous ordre et liberté, gloire et richesses. Dans d'autres pays, à ce que j'entends dire, le gouvernement est obligé d'avoir à sa disposition des sbires, des agents de police, des gendarmes, des constables de toute sorte; mais là où la sûreté publique ne repose que sur le glaive, je ne croirai jamais qu'il puisse y avoir de vraie liberté. »

A ces mots, le président fit résonner sa tabatière :

« Monsieur le sénéchal, dit-il, remettez à d'autres temps ces histoires. La diétine est curieuse, c'est vrai, mais nous avons faim; faites donc servir, s'il vous plaît. »

Le sénéchal, baissant sa canne jusqu'à terre, répondit :

« Faites-moi la grâce, très-illustre seigneur, d'écouter mon explication ; dans un instant j'aurai fini. Voilà le nouveau maréchal porté sur les bras de ses partisans. Voyez comme les frères gentilshommes jettent en l'air leurs bonnets, ouvrent la bouche ; ce sont des vivats ! Et là-bas, du côté opposé, est le vaincu, tout seul, pensif, son bonnet enfoncé sur les yeux. Sa femme l'attend devant la maison ; elle devine ce qui s'est passé : infortunée ! La voilà qui s'évanouit entre les bras de ses servantes ! Malheureuse ! Elle s'attendait à recevoir le titre de son excellence, et se voit obligée de se contenter de celui de madame tout court, et pour trois ans encore !. »

Le sénéchal, ayant ainsi terminé son explication, fit signe de sa canne, et les domestiques parurent deux à deux en apportant les plats, la soupe aigre aux betteraves appelée royale, et l'antique consommé polonais, apprêté avec art et dans lequel le sénéchal, instruit de tous les secrets culinaires, avait jeté quelques perles et une pièce de monnaie. Un pareil potage purifie le sang et fortifie la santé. A leur suite arrivent d'autres plats ; mais quelle plume si féconde pourrait les décrire ? Qui saurait énumérer ces *contus*, ces *arcas*, ces *blemas* avec leurs ingrédients et leurs épiceries, leurs coulis et leurs pâtes, leurs civets et leurs bouquets, leurs gratins et leurs condiments ? Et ces poissons ! ces saumons du Danube, ces thons marinés, ces caviars de Venise et de Turquie, ces brochets et ces brochetons longs d'une aune ; ces morues et ces carpes nobles et communes, : et enfin ce grand œuvre culinaire, ce poisson entier non découpé dont la tête est frite, le milieu rôti, et la queue à la sauce !

Les hôtes ne demandèrent pas les noms de tous ces plats. Peu surpris de ce prodige gastronomique, ils mangent de tout avec l'appétit de soldats, et remplissent jusqu'aux bords leurs verres de vin de Hongrie.

Cependant le grand service avait changé de couleur. La neige avait disparu, déjà le fond commençait à verdir ; car la crème glacée par-dessus répandue s'étant liquéfiée à la chaleur de la salle, avait mis à découvert la couche inférieure encore invisible aux regards. Le paysage avait donc pris la couleur d'une autre saison, et resplendissait des brillantes teintes du printemps. Des blés de différentes espèces poussent comme sur du levain, les épis d'un froment de safran doré s'élèvent, voici le seigle couvert de feuilles d'argent, et le sarrazin en chocolat croissant à vue d'œil. Peu à peu la blanche fleur des arbres s'est fondue ; on voit les fruits mûrs de l'été : les pommes d'or, les reinettes, les apis, les vertes beurées, et les espaliers tachetés de framboises.

A peine les hôtes ont-ils le temps de jouir des dons de l'été. En vain ils demandent au sénéchal de retarder l'arrivée de l'automne. Déjà le service, semblable à notre planète, par une rotation forcée, change de saison ; déjà les fruits dorés se fondent, déjà la verdure jaunit, déjà les feuilles rougissent, tombent comme emportées par le vent de l'automne. Enfin ces arbres, ornés de fruits et de feuilles un instant auparavant, à présent dépouillés par la bise et les frimas, sont nus comme des squelettes. C'étaient des bâtons de cannelle ou des branches de laurier, imitant des pins dont les feuilles étaient faites de graine de cumin.

Tout en buvant, les hôtes se mirent à briser les troncs et les racines pour les manger. Mais à l'extrémité du service on voyait une maison en porcelaine, ou plutôt un palais dans le style italien d'une architecture exquise, semblable à ces châteaux que la famille des Paç faisait construire en Lithuanie. Soudain le portail s'ouvre, et l'on en voit sortir une foule de cavaliers et d'amazones, sur des coursiers de pain d'épice, tenant en laisse des lévriers de massepain. Un cortége de chasseurs les suit, avec des fusils, des dards, conduisant des meutes ; plus loin des rangées de chars portent les filets de pêche. Le sénéchal tournait autour du service, jetant sur les convives des regards triomphants.

Henri Dombrowski joua un grand étonnement :

« Mon cher sénéchal, lui demanda-t-il, ne sont-ce pas là des ombres chinoises ? Pinetti ja-t-il mis ses génies à vos ordres [116] ? Y a-t-il encore en Lithuanie des services pareils ? Les gentilshommes y donnent-ils des banquets semblables ? Dites-le-moi, car j'ai passé ma vie sur la terre étrangère. »

Le sénéchal répondit en s'inclinant :

« Non, très-illustre général, il n'y a là aucun art infernal ; ce n'est qu'un échantillon de ces banquets mémorables qu'on donnait chez nos anciens seigneurs, dans le temps où la Pologne était heureuse et puissante. Ce que j'ai fait, j'ai appris à le faire dans ce livre. Vous me demandez si, dans toute la Lithuanie, se sont conservées de pareilles coutumes ? hélas ! nous aussi nous sommes riches de modes nouvelles ! Plus d'un jeune seigneur crie bien haut qu'il n'aime pas le luxe ; avare comme un juif, mangeant seul, lorsqu'il a des hôtes à traiter, il épargne le vin de Hongrie, et boit cet infernal vin de Champagne falsifié par les Russes. Puis, le soir, il met sur une seule carte assez d'or pour donner un banquet à cent gentilshommes ! Et même, tout ce que j'ai sur le cœur, je veux le dire aujourd'hui franchement, que M. le président daigne ne pas le prendre en mauvaise part ; et même, quand je tirai du trésor ce merveilleux service, M. le président aussi s'est moqué de moi en l'appelant une machine ennuyeuse, surannée, qui ressemblait à un joujou d'enfant, et qu'il n'était plus convenable de présenter à des hôtes pareils. Le juge, lui aussi, disait que cela fatiguerait les convives ; néanmoins, autant que je puis en juger par votre étonnement, messieurs, je vois que ce chef-d'œuvre était digne de vous. Je ne sais si l'occasion se représentera de traiter à Soplicow de si hauts personnages. Je vois que le général se connaît en banquets ; qu'il daigne accepter ce livre, il pourra lui servir quand un jour il traitera des monarques ou Napoléon lui-même. Mais permettez-moi, avant que de vous l'offrir, de vous raconter par quel hasard il est tombé entre mes mains. Ce livre, m'assurait Barthélemy Dobrzynski, fut d'abord la propriété du seigneur Poninski de la Grande-Pologne. Non pas ce Poninski de honteuse mémoire, qui après avoir trahi la Pologne à Maciéïowicé, mourut sous un banc d'auberge, mais Poninski le staroste. Celui-là, vivant somptueusement, donnait d'après ce livre ses bals et ses festins. Il en fit cession par testament à son voisin, M. Skorzewski, demeurant à Kopazrew; la veuve de celui-ci en fit présent à Barthélemy Dobrzynski, dit le Prussien, pendant son voyage à Posen. Le gentilhomme l'apporta chez lui comme un précieux monument des antiques usages; mais, ayant une cuisine modeste, en rapport avec sa fortune, il le mit dans mes mains. Puisse-t-il vous servir, illustre général! »

Un bruit sourd se fait entendre derrière la porte. Des cris retentissent tout à coup : « Vive Coq-du-Clocher! » La foule se presse dans la salle, Mathias à la tête. Le juge le conduit par la main et le place au haut bout de la table parmi les généraux, en disant :

« Monsieur Mathias, vous êtes un mauvais voisin ; vous nous arrivez tard, presque après le repas.

— Je dîne de bonne heure, répond Dobrzynski ; ce n'est pas pour manger que je suis venu, mais j'étais curieux de voir notre armée nationale. Il y aurait beaucoup à redire ; ce n'est ni chair ni poisson. Les gentilshommes m'ont aperçu et m'ont amené de force ; et vous me placez à votre table : je vous remercie, mon voisin. » A ces mots, retournant son assiette comme pour indiquer qu'il ne mangera pas, il reste sombre et silencieux.

« Monsieur Dobrzynski, lui demande le général Dombrowski, êtes-vous ce célèbre sabreur du temps de Kosciuszko, ce Mathias surnommé la Verge ? Je vous connais de réputation ; et voyez, comme vous êtes encore vert et vigoureux ! Que d'années se sont écoulées ! Quant à moi, j'ai vieilli ; regardez les cheveux de Kniaziewicz : ils grisonnent également, et vous, vous pourriez lutter encore avec les plus jeunes ! Si je ne me trompe, votre verge même est toujours aussi redoutable. J'ai entendu dire que, dernièrement, elle a refleuri sur le dos des Russes. Mais où sont vos frères ? Je désirerais beaucoup voir vos Canifs, vos Rasoirs, derniers exemplaires de l'antique Lithuanie.

— Général, dit le juge, après le combat dont vous parlez, presque tous les Dobrzynski ont émigré dans le duché, sans doute ils font partie de quelque légion.

— Effectivement, répondit un jeune chef d'escadron ; j'ai dans ma seconde compagnie une espèce de monstre barbu, un fourrier qui s'appelle Dobrzynski, surnommé Goupillon. Les gens de la Mazovie ne le nomment que l'Ours lithuanien. Si le général l'ordonne, nous le ferons venir.

— Il y a encore d'autres Lithuaniens dans nos rangs, observa le lieutenant ; entre autres un soldat connu sous le nom de Rasoir, avec un autre qui porte un tromblon et qui fait le service des tirailleurs. Il y a aussi deux grenadiers Dobrzynski dans le régiment des chasseurs.

— Mais je voudrais surtout avoir des renseignements sur leur chef, répondit le général ; sur ce fameux Canif dont monsieur le sénéchal m'a conté des prodiges dignes d'un géant des temps antiques.

— Canif, répondit le sénéchal, n'a pas émigré comme les autres ; mais comme il redoutait l'enquête, il s'est caché devant les Russes. Le pauvre homme a passé tout l'hiver dans les forêts, et il vient seulement d'en sortir. Dans ces temps de guerre, il pourrait rendre des services, car il est plein de bravoure ; mais malheureusement il est un peu affaibli par l'âge. Du reste, le voilà... » En parlant ainsi, il indiqua du doigt le péristyle où se tenaient les paysans et les serviteurs de la maison. Au-dessus de toutes les têtes luisait, comme la pleine lune, le crâne chauve de Gervais. Il se montre et disparaît à trois reprises dans la nuée des têtes. Ainsi le porte-clefs s'avance en saluant :

« Très-illustre hetman de la Couronne, ou général, peu importe le titre, me voici, dit-il, moi, Gervais Rembaïlo ; je suis tout à vos ordres, ainsi que ce canif, qui s'est acquis tant de gloire, non par la beauté de sa monture, non par ses inscriptions, mais par sa solidité, que son renom est parvenu jusqu'à vous, très-illustre seigneur. S'il savait parler, peut-être dirait-il aussi quelque chose à la louange de ce vieux bras qui, grâce à Dieu, a longtemps servi sa patrie et la famille des Horeszko, ses seigneurs ; ce dont la mémoire vit encore parmi les hommes. Mon petit maître, il est rare qu'un greffier taille ses plumes aussi lestement que ce canif taille les têtes ! Il serait long d'énumérer celles qu'il a coupées ; et des nez ! des oreilles ! un chiffre incalculable. Et cependant on n'y voit pas une seule brèche, il ne s'est jamais souillé d'un meurtre ; il n'est sorti du fourreau que pour une guerre ouverte ou dans un duel. Une seule fois, Dieu accorde un éternel repos à son âme ! une seule fois nous nous sommes débarrassés d'un pauvre homme sans armes ; mais dans ce cas aussi le Seigneur m'est témoin que nous avons agi *pro publico bono*.

— Montrez donc ce canif ; demanda Dombrowski en souriant. Un canif ? Mais vraiment c'est un glaive d'exécuteur des hautes œuvres ! » Et il se mit à examiner plein d'étonnement la longue rapière ; puis il la fit passer à la ronde à tous les officiers. Chacun essaya de la manier, mais peu parvinrent seulement à la soulever. On dit que Dembinski, connu par la vigueur de son bras, aurait pu s'en servir ; mais il n'assistait pas au banquet. De tous ceux qui étaient présents, le chef d'escadron Dwernicki et le lieutenant Rozycki furent les seuls qui pussent manier cette barre de fer. C'est ainsi que la rapière passait de main en main.

Mais le général Kniaziewicz, le plus grand de taille, se montra aussi le plus robuste. Saisissant la rapière, il la leva aussi légèrement qu'une épée, la fit tournoyer et scintiller au-dessus des têtes, en imitant les passes de l'escrime polonaise. Il fait le moulinet ; pousse une tierce, une contrepointe, une quarte ; puis des feintes, des temps redoublés, des coups de tête et de poignet : il savait tout cela, car il avait été élevé à l'école des cadets *.

Tandis qu'il fait ainsi des armes en riant, Rembaïlo tombe à ses pieds, lui embrasse les genoux, pleure, sanglote ; à chaque passe, il s'écrie :

« Ah ! c'est bien, général ; étiez-vous un des confédérés ? C'est fort bien, c'est parfait. Voilà le coup de Pulawski. C'est ainsi que parait Dzierzanowski. C'est une pointe de Sawa Qui donc a ainsi exercé votre bras ? Ce ne peut être que Mathias Dobrzynski. Quant à ce coup-là, général, c'est le mien ; c'est moi qui l'ai trouvé, j'en prends Dieu à témoin. Ce n'est pas pour me vanter, mais ce coup n'est connu que dans la bourgade des Dobrzynski. On l'appelle de mon nom, le coup de Mon-petit-maître. Qui peut vous l'avoir appris ? C'est moi qui l'ai inventé, il n'appartient qu'à moi seul. »

Il se relève, et saisissant le général dans ses bras :

« A présent je mourrai content, puisqu'enfin il y a dans le monde un homme qui peut adopter mon enfant. Depuis longtemps nuit et jour je m'affligeais, en pensant que ma rapière se rouillerait après ma mort. Non, elle ne se rouillera pas ! Mon très-illustre général, pardonnez-moi, mais jetez ces tourne-broches, ces petites épées allemandes ; un fils

---

* L'école des cadets de Varsovie, fondée sous le dernier règne, a produit presque tous les généraux de notre époque insurrectionnelle : Kosciuszko, Kniaziewicz, Dombrowski, etc.

de noble devrait rougir de porter pareille baguette. Prenons des sabres qui conviennent à des gentilshommes. Je dépose à vos pieds mon canif, c'est ce que j'ai de plus cher au monde. Je n'ai jamais eu ni femme ni enfant; il était ma femme, il était mon enfant! Jamais il n'a quitté mon bras; du matin au soir je le caressais, et la nuit il reposait à mes côtés. Depuis que j'ai vieilli, je le suspends au mur, au-dessus de mon chevet, comme les juifs les dix commandements. Je voulais l'emporter avec moi dans ma tombe; mais je lui ai trouvé un maître, un héritier : c'est vous ! » Le général, moitié riant, moitié attendri :

« Camarade, dit-il, puisque tu me cèdes femme et enfant, tu vas demeurer seul le reste de tes jours, vieux, veuf et orphelin. Dis-moi ce que je puis te donner en échange de ton présent; dis-moi comment je puis adoucir ton veuvage et ta solitude ?

— Suis-je un Cybulski qui a perdu sa femme en jouant au mariage avec un Russe, à ce que dit la chanson ? s'écria le porte-clefs avec douleur. Il me suffit que mon canif brille encore dans le monde entre vos mains. Rappelez-vous seulement, général, que le ceinturon doit être long, car il est long, mon canif. Souvenez-vous de le prendre à deux mains, de viser à l'oreille gauche, et vous fendrez votre homme jusqu'au ventre. »

Le général prit le canif, mais comme il était trop long, il ne put le porter. On le mit dans son fourgon. Ce qu'il devint, on le raconte diversement, mais on n'a jamais pu le savoir avec certitude. Dombrowski s'adressant à Mathias :

« Que pensez-vous, camarade ? vous n'avez pas l'air d'être content de notre arrivée. Vous vous taisez plein de mauvaise humeur. Comment votre cœur ne bondit-il pas de joie en voyant les aigles d'or, les aigles d'argent, en entendant les trompettes sonner à vos oreilles le réveil de Kosciuszko ? Mathias, je vous croyais plus ardent. Si vous ne voulez pas prendre votre sabre et monter à cheval, ne boirez-vous pas au moins joyeusement avec vos camarades à la santé de Napoléon, à l'espoir de la Pologne?

— Ah! répondit Mathias, j'ai entendu, j'ai vu ce qui se passe; mais, seigneur, jamais deux aigles ne font leur aire sur le même clocher. La faveur des grands est changeante, hetman. L'empereur, un héros! il y aurait beaucoup à dire pour et contre. Je me rappelle que les Pulawski, mes amis, disaient en voyant Dumouriez, qu'il fallait à la Pologne un héros polonais; non pas un Français, non pas un Italien, mais un Piast, un Jean, un Joseph ou un Mathias. Bast! l'armée, on la dit polonaise; mais tous ces fusiliers, ces sapeurs, ces grenadiers, ces canonniers, qu'est-ce que tout cela voudrait signifier? On entend bourdonner dans cette cohue plus de titres allemands que polonais. Qui diable pourrait les comprendre? Et, ces sabres, bon Dieu! c'est à faire pitié. On ne pourrait pas en couper chez nous une tranche de pain. Il faut aussi qu'il y ait avec vous des Turks, des Tatars ou des hérétiques qui n'ont ni foi ni loi. Je les ai vus moi-même; ils agacent les femmes du village, ils dévalisent les passants, ils pillent les églises. L'empereur est tombé sur la Lithuanie comme sur une terre ennemie. Il se rend à Moskou? Le chemin lui paraîtra long si Sa Majesté s'est mise en route sans l'assistance de Dieu. J'ai entendu dire qu'il s'était déjà attiré l'excommunication de l'Église. Tout cela ne vaut....» Il trempa son pain dans la soupe, et se mit à le manger sans achever sa phrase.

Le discours de Mathias ne fut pas goûté par le président; les jeunes gens mêmes commençaient à murmurer. Mais le juge empêcha l'explosion du mécontentement, en annonçant l'arrivée du troisième couple. C'était M. le notaire. Il s'était nommé lui-même, car personne ne l'avait reconnu. Jusqu'alors il avait porté le costume polonais; mais Télimène, sa future, avait exigé par une clause du contrat de mariage qu'il quittât le justaucorps. Le notaire, bon gré mal gré, s'est donc habillé à la française. On voit bien que le frac lui ravit la moitié de son assurance. Il se tient roide comme s'il eût avalé un bâton ; il est guindé, gauche comme une grue, il n'ose regarder ni à gauche ni à droite : il s'efforce de faire bonne contenance, mais on s'aperçoit qu'il est à la torture. Il ne sait comment s'y prendre pour saluer, ni que faire de ses mains. Lui qui aimait tant à gesticuler, il les porte à sa ceinture.... hélas! il n'en a plus. Elles glissent sur son ventre. Il reconnaît son erreur, rougit de confusion, et les fourre toutes deux dans une poche de son frac. Tout honteux de son frac comme d'une mauvaise action, il passe à travers les chuchotements, les plaisanteries comme à travers les verges ; quand soudain il rencontre le regard de Mathias : il tressaille de crainte.

Jusqu'alors Mathias avait vécu en grande intimité avec le notaire ; mais dans ce moment, ses yeux sont si sévères, expriment tant de courroux, que le notaire pâlit. Il boutonne son habit comme s'il craignait que Mathias ne le lui enlevât par son regard. Dobrzynski se contente de dire à haute voix et à deux reprises : « Imbécile! » Cependant il est tellement scandalisé du travestissement de son ancien ami, qu'il se lève aussitôt de table, et, s'esquivant sans prendre congé, remonte à cheval pour retourner à sa bourgade.

Cependant Télimène, la belle fiancée du notaire, déployait toutes ses grâces. Sa toilette irréprochable de la tête aux pieds était à la dernière mode. Quelle robe, quelle coiffure! En vain essaierait-on de la dépeindre. La plume ne saurait en donner une idée ; il faudrait des pinceaux pour mettre sous les yeux cette profusion de tulles, de mousselines, de blondes, de cachemires, de perles, de pierres précieuses : et ces joues rosées, et ces yeux animés [117]!

Le comte la reconnait aussitôt. Pâle d'étonnement, il se lève de table et porte la main à son épée :

« Est-ce bien toi ? dit-il. Mes yeux ne me trompent-ils pas ? Est-ce toi qui même en ma présence presses la main d'un autre ? Créature perfide ! âme faible et changeante ! Et tu ne caches pas ta honte dans le sein de la terre ? Est-ce ainsi que l'on oublie des serments si récents ? Crédule que j'étais ! Devais-je porter ces couleurs ? Malheur à mon rival ! Malheur à qui m'offense ! Il n'ira vers l'autel qu'en passant sur mon corps ! »

Les hôtes se lèvent. Le notaire est consterné. Le président fait son possible pour réconcilier les deux rivaux ; mais Télimène ayant pris le comte à part, lui dit à l'oreille :

« Le notaire n'est pas encore mon époux ; si vous vous opposez à ce qu'il le devienne, déclarez-vous, mais que ce soit vite et positivement. Si vous m'aimez, si votre cœur n'a pas changé, si vous êtes prêt à m'épouser à l'instant, aujourd'hui même, dites un mot, je quitte le notaire.

— O femme incompréhensible, répond le comte, jadis tes sentiments étaient tout poétiques, aujourd'hui tu me parais toute prose. Qu'est-ce que le mariage, sinon une chaîne qui pèse sur les mains sans réunir les âmes ? Crois-moi, il y a des déclarations même sans aveu, il y a des devoirs même sans engagement. Deux cœurs qui brûlent l'un pour l'autre aux deux extrémités de la terre s'entendent aussi bien que les étoiles par leurs rayons tremblants. Qui sait ? peut-être la terre n'est-elle ainsi éprise du soleil, elle-même toujours adorée de la lune, que parce que ces trois astres, se contemplant sans cesse, se poursuivent à travers l'étendue et ne peuvent s'atteindre !

— C'en est assez, monsieur, interrompt Télimène ; je ne suis pas un astre, grâce à Dieu. Je suis femme, et je sais d'avance ce que vous allez me dire. Trêve à ce radotage. Monsieur le comte, écoutez-moi bien ; si vous vous permettez un seul mot qui puisse faire rompre mon mariage, aussi vrai que Dieu nous entend, je vous sauterai aux yeux, je vous les arracherai avec mes ongles : et...

— Je ne troublerai pas votre bonheur, madame! » dit le comte en détournant ses yeux pleins de mépris et de douleur. Et pour punir l'inconstance de sa belle, il reporta ses assiduités sur la fille du président.

Le sénéchal voulut essayer de raccommoder les jeunes gens par de sages exemples. Il se mit donc à raconter l'histoire du sanglier des forêts de Naliboki, et la querelle de Reytan avec le prince de Nassau; mais les hôtes ayant pris les glaces quittèrent le château pour aller jouir du frais dans la cour. Là, déjà les paysans finissaient leur repas. Les cruches d'hydromel circulaient, les musiciens accordaient leurs instruments et invitaient à la danse. On cherchait Thadée, qui s'était retiré à l'écart et disait quelque chose d'intime à l'oreille de sa femme :

« Sophie, il faut que je vous consulte sur une affaire très-grave; j'ai demandé l'avis de mon oncle, il ne s'y oppose pas. Vous savez qu'une grande partie des villages que je vais posséder vous reviennent de droit. Les paysans sont vos sujets et non les miens; je ne saurais en disposer sans votre volonté. Aujourd'hui que nous avons retrouvé notre chère patrie, nos paysans ne se ressentiront-ils pas aussi de cet heureux événement? Ne feront-ils que changer de maîtres? Il est vrai que jusqu'à présent on les a traités avec douceur; mais, après ma mort, Dieu sait à quelles mains ils pourront appartenir! Je suis soldat, nous sommes tous deux mortels; je suis homme, je me méfie de mes propres caprices. J'agirai mieux en renonçant à mon autorité sur eux, en remettant leur sort futur à la garde des lois. Libres nous-mêmes, donnons-leur aussi la liberté; donnons-leur en héritage la terre sur laquelle ils sont nés, qu'ils ont en quelque sorte conquise par leur travail et leurs sueurs, et dont ils ont tiré notre propre entretien et nos richesses.

Mais je dois vous avertir que cette donation diminuera nos revenus; il faudra régler notre dépense. Moi, je suis fait dès le berceau à une vie frugale; mais vous, Sophie, vous êtes d'une naissance illustre. Vous avez passé vos premières années dans la capitale; saurez-vous vous résoudre à vivre désormais à la campagne, loin du grand monde, enfin comme une villageoise? » Sophie répondit avec modestie :

« Je suis femme, l'autorité ne m'appartient pas; n'êtes-vous pas mon époux? Je suis trop jeune pour vous donner des conseils. Ce que vous aurez décidé, je l'accepte avec joie. Si, en donnant la liberté à nos paysans, vous devenez moins riche, Thadée, vous n'en serez que plus cher à mon cœur. Je connais peu ma naissance, j'en fais peu de cas. Je me rappelle seulement que j'ai été pauvre, orpheline, que les Soplica m'ont accueillie comme leur propre fille, que j'ai été élevée chez eux, que ce sont eux qui vous donnent ma main. Je ne crains pas de vivre à la campagne; si j'ai habité la capitale, il y a longtemps, je ne m'en souviens plus : j'ai toujours aimé les champs. Croyez-moi, mes poulets et mes pigeons m'ont toujours plus intéressée que les cercles de Saint-Pétersbourg. Si j'ai quelquefois regretté le monde et ses plaisirs, c'était pur enfantillage. Aujourd'hui que je me connais mieux, je sens que la capitale m'ennuierait. Je me suis convaincue l'hiver dernier, pendant mon séjour à Vilno, que je suis née pour vivre à la campagne; au milieu des fêtes, je regrettais Sopliçow. Je ne crains pas non plus le travail, car je suis jeune et bien portante. Je sais m'occuper des soins domestiques, porter les clefs; vous verrez comme je deviendrai bonne ménagère. »

Au moment où Sophie achevait ces dernières paroles, Gervais s'approche d'elle étonné, mécontent :

« Je sais tout, dit-il, le juge m'a déjà parlé de ces projets d'affranchissement; mais je ne conçois pas quel avantage tout ceci peut avoir pour les paysans. Je crains que ce ne soit encore quelque innovation allemande. Est-ce que la liberté n'est pas l'attribut exclusif des nobles? Il est vrai qu'Adam est notre père à tous; mais j'ai toujours entendu dire que les paysans descendaient de Cham, les juifs de Sem, et nous autres nobles de Japhet. Et voilà pourquoi nous dominons les autres en qualité d'aînés. Je conçois que le curé enseigne autre chose du haut de sa chaire; il dit que les choses se passaient ainsi sous la loi de l'Ancien Testament : mais que du jour où Notre-Seigneur Jésus-Christ, bien que lui-même issu d'un sang royal, est venu au monde parmi les Juifs, dans une étable, il a apporté sur la terre le niveau de l'égalité. D'accord, si l'on ne peut rien y changer, et surtout puisque, à ce que j'apprends, ma très-illustre suzeraine Sophie y donne son consentement; à elle d'ordonner, à moi d'obéir : elle a le pouvoir en main. Je lui conseille seulement de ne pas accorder une liberté vaine et toute en promesses, comme les Russes l'ont fait lorsque feu monsieur Karp émancipa ses paysans, et que le tzar les affama par un triple impôt [118]. Je vous conseille donc d'anoblir les paysans selon l'ancienne coutume, et de proclamer que nous leur permettons de porter nos propres armoiries. Madame donnera aux uns la demi-chèvre, monsieur Soplica donnera aux autres sa demi-lune; et alors Rembaïlo lui-même croira un paysan son égal, dès qu'il lui verra des armes, des titres confirmés par la diète. Et que monsieur votre époux ne craigne pas que la donation des terres vous appauvrisse, mes maîtres! Dieu ne permettra pas que je voie les mains de la fille d'un grand dignitaire durillonnées par les travaux du ménage. Il y a remède à cela. Je connais dans le château certain coffre où se trouve la vaisselle des Horeszko, ainsi que des bagues de prix, des médailles, des bijoux, des panaches précieux, des harnais, des sabres admirables. J'ai enfoui le trésor du panetier, pour le soustraire à la rapacité moskovite. Il est à mademoiselle Sophie, son héritière. Je l'ai gardé dans le château précieusement comme les yeux de ma tête, pour le sauver des Russes et de vous aussi messieurs de Sopliçow. Je possède de plus une bourse assez lourde, fruit de mes épargnes sur mes gages et sur les dons de monseigneur. Je me proposais d'employer cet argent à la réparation des murs du château qui s'écroulent, après en avoir repris possession; votre nouveau ménage pourrait en avoir besoin aujourd'hui. Ainsi, monsieur Sopliça, je vivrai auprès de vous, je mangerai chez ma suzeraine un pain de grâce en berçant la troisième génération des Horeszko, j'exercerai l'enfant de ma chère dame au maniement du canif, si c'est un fils; et c'en sera un assurément, car la guerre approche : et en temps de guerre il naît toujours des garçons! »

A peine Gervais a-t-il prononcé ces derniers mots, que Protais s'avance à pas lents, s'incline et tire de son surtout un immense panégyrique de trois feuilles et demie. C'était une pièce de vers d'un jeune sous-officier qui jadis avait fait dans la capitale des odes célèbres, et qui plus tard avait endossé l'uniforme; mais après comme avant il était resté littérateur et faiseur de vers. L'huissier en avait déjà lu trois cents, lorsqu'il arriva à ce passage :

« O jeune enchanteresse! ô beauté! dont les charmes
« Nous font d'amers plaisirs et de douces alarmes,
« Sur les rangs de Bellone ouvrant tes bleus regards,
« Tu romps les boucliers et tu brises les dards;
« Que Mars cède à l'Hymen, et que tes mains prospères
« Du front de la Discorde arrachent ses vipères. »

Thadée et Sophie battaient des mains sans discontinuer, comme pleins d'admiration; mais dans la réalité, pour ne pas en entendre davantage. Déjà par l'ordre du juge, le curé, étant monté sur la table, annonçait aux villageois la volonté du seigneur. A peine les paysans apprirent-ils cette grande nouvelle, qu'ils s'élancèrent vers Thadée; et, tombant aux pieds de leur suzeraine :

« Vivent nos maîtres! criaient-ils avec des larmes.

— Vivent nos concitoyens polonais égaux et libres! répondit Thadée.

— A la liberté du peuple! » s'écria Dombrowski. A ce toast le peuple répondit :

« Vivent nos chefs! vive l'armée! vivent tous les États! » Mille toasts retentissent, sans cesse répétés par mille voix.

M. Buchman seul ne daigna pas partager la joie générale. Ce n'était pas que le projet lui déplût en lui-même, mais il voulait l'amender; et surtout faire nommer d'office une commission qui... Le temps ne permit pas de suivre le conseil de M. Buchman; car déjà dans la cour les officiers et les dames, les soldats et les villageoises avaient pris place deux à deux pour danser. « Une polonaise! » s'écrièrent-ils tous de concert. Les officiers amènent la musique militaire; mais le juge dit à l'oreille du général :

« Ordonnez à la musique d'attendre encore. Vous savez qu'aujourd'hui se célèbrent les fiançailles de mon neveu, et il y a une ancienne coutume dans notre famille de se fiancer et de se marier aux sons de la musique du village. Voici le joueur de tympanon, le violon et les musettes, d'honnêtes virtuoses; voyez, déjà le violon s'impatiente et le joueur de musette, en nous saluant, paraît mendier du regard un moment de silence. Si je renvoie ces pauvres gens, ils en seront désolés; les paysans aussi ne sauraient danser à d'autres accords. Permettez-leur de commencer; que les villageois se réjouissent d'abord, nous écouterons ensuite votre excellente musique. » Il fait un signe.

Le violon retrousse les manches de sa casaque; il serre fortement son violon, appuie son menton sur la caisse, et lance l'archet comme un cheval fougueux. A ce signal, les deux joueurs de musette placés à ses côtés agitent les épaules comme s'ils battaient des ailes, soufflent dans leurs outres de cuir, et de leur joues gonflées les remplissent de vent. Semblables aux joufflus enfants de Borée, on croirait qu'ils vont s'envoler. On n'entend pas encore le tympanon.

Ce n'est pas qu'il manque de joueurs, ils sont même en grand nombre; mais aucun n'ose jouer en présence de Yankiel. Pendant tout l'hiver, Yankiel s'était caché on ne sait où ; mais ce jour même il avait subitement reparu à la suite de l'état-major. Tous savent qu'il est sans égal parmi les musiciens pour le talent, l'habileté et le goût [119]. On le prie donc de jouer, on lui présente l'instrument; il s'en défend sous prétexte que ses mains se sont engourdies, qu'il a perdu l'habitude de jouer, qu'il n'oserait le faire en présence de tant d'illustres seigneurs: Il salue et veut s'esquiver. Mais Sophie l'aperçoit, court à lui, et lui présente sur la blanche paume de sa main les baguettes dont l'artiste se sert pour frapper les cordes; de l'autre elle caresse sa barbe blanche et lui dit, en lui faisant une révérence :

« Yankiel, mon ami, je vous en prie, ce sont mes fiançailles ; jouez, mon bon Yankiel. Ne m'avez-vous pas maintes fois promis de jouer à mes noces? »

Yankiel aimait beaucoup Sophie. Il s'incline en signe de consentement; on le place donc au milieu de l'assemblée, on lui présente une chaise, il s'assied. On apporte le tympanon, il le place sur ses genoux, et jette autour de lui des regards pleins de satisfaction et d'orgueil, comme un vétéran rappelé sous les drapeaux, quand ses petits-fils décrochent de la muraille son glaive trop pesant. Le vieillard sourit, quoique depuis longtemps il n'ait plus manié ses armes; mais il sent que son bras ne le trahira pas.

Cependant deux élèves s'agenouillent auprès du tympanon. Ils accordent l'instrument, qui grince sous leurs doigts. Yankiel, les yeux à demi fermés, se tait et tient les baguettes immobiles.

Il les abaisse. Ce sont d'abord des accents de triomphe. Il frappe les cordes coup sur coup, comme avec une pluie d'orage. Tous s'étonnent. Mais ce n'était qu'un prélude ; car bientôt il s'interrompt et relève ses deux baguettes.

Il recommence. Les cordes frémissantes sous des coups légers comme si elles avaient été frôlées par les ailes d'un insecte, rendent des sons voilés, à peine perceptibles. Yankiel, les yeux levés au ciel, semble attendre l'inspiration. Il baisse la tête, mesure l'instrument d'un fier regard, étend les mains ; elles retombent : les deux baguettes frappent les cordes, les auditeurs sont remplis d'admiration.

Tout à coup l'instrument jette un accord pareil à ceux d'une musique turque avec ses clochettes, ses triangles et ses tambours de basque. C'est la polonaise du 3 mai. Les sons vifs et joyeux respirent le plaisir, réjouissent l'oreille. Les jeunes filles veulent danser, les jeunes gens ne peuvent tenir en place. Mais ces sons reportent les pensées des vieillards vers le temps passé, vers ce temps heureux où le sénat et les nonces, après la journée du 3 mai, fêtaient dans la salle de l'hôtel de ville le roi réconcilié avec la nation ; vers ce temps où parmi les danses on chantait : « Vive notre roi chéri ! vive la diète ! vive la nation ! vivent tous les États ! »

Le maître à chaque instant renforce les accords et presse les mesures ; puis il jette soudain une note fausse, semblable au sifflement du serpent ou bien au grincement de l'acier sur le verre : un frisson glacial court dans les veines des auditeurs, et trouble tous les cœurs par un pressentiment fatidique. Attristée, consternée, l'assemblée ne sait si l'instrument est faux ou si le musicien se trompe. Mais un maître si habile pourrait-il se tromper ! C'est à dessein qu'il fait résonner cette corde perfide, c'est à dessein qu'il trouble la mélodie, en faisant vibrer toujours plus bruyamment cette note discordante. Le porte-clefs comprit la pensée de l'artiste. Il cache son visage dans ses mains, en s'écriant :

« Je le connais, ce son rebelle ; c'est le complot de Targowiça ! »

Aussitôt la corde sinistre se rompt en sifflant. Le musicien frappe les chanterelles, change la mesure, l'embrouille, quitte de nouveau les premières pour frapper les basses.

On entend des milliers de sons de plus en plus bruyants ; c'est une marche militaire, c'est la guerre, c'est l'attaque, c'est l'assaut ; on entend le canon, les cris des enfants, les larmes des mères : enfin toutes les horreurs du combat si bien rendues par le maître, que les paysannes tremblent en pleurant au souvenir du massacre de Praga, qu'elles connaissent par les chants et la tradition. Aussi leur joie fut grande, quand l'artiste fit gronder toutes les cordes ensemble, et puis les étouffa comme au sein de la terre.

A peine les auditeurs ont-ils eu le temps d'admirer, qu'un nouveau chant résonne. Ce sont d'abord des notes légères et timides ; quelques cordes aiguës bourdonnent comme des mouches échappées à la toile d'une araignée : mais le nombre des cordes augmente, les sons épars s'assemblent et forment des légions d'accords. Déjà ils s'avancent en mesure, en formant la triste mélodie de cette chanson célèbre :

« Le soldat pèlerin va par monts et par vaux
« Marchant, saignant toujours, et jusqu'à ce qu'il tombe
« De misère et de faim sous les pieds des chevaux,
« Qui loin du sol natal lui creusent une tombe. »

Cette vieille chanson est chère aux soldats polonais ; ils la reconnaissent, entourent le musicien, prêtent une oreille attentive, et se rappellent ces temps funestes où ils l'ont chantée sur le cercueil de la patrie, avant que de partir pour les pays lointains. Ils se souviennent des longues années de leur pèlerinage à travers les continents, les mers, les sables brûlants, les déserts glacés, parmi les peuples étrangers, où souvent ce chant national, en ranimant leurs cœurs, a charmé les ennuis du bivouac. Absorbés dans ces tristes pensées, ils inclinent la tête.

Mais bientôt ils la relèvent, car l'artiste change de ton et de mesure. Les sons plus forts, plus élevés, annoncent quelque motif nouveau. Il abaisse les yeux, mesure les cordes du regard, joint les deux mains, et frappe des deux baguettes. Le coup était si habile, si vigoureux, que les cordes retentissent comme des trompes d'airain; et de ces trompes s'élance vers les cieux la marche triomphale :

« La Pologne est vivante! Dombrowski marche d'Italie en Pologne! » Tous applaudissent, tous crient d'une voix unanime :

« C'est la marche de Dombrowski ! »

L'artiste, comme étonné de lui-même, laisse échapper ses baguettes, lève les mains vers le ciel. Son bonnet de peau de renard tombé sur ses épaules, sa barbe soulevée s'agite avec le vent, ses deux joues sont cernées d'une étrange rougeur; ses yeux, pleins de jeunesse, brillent d'un feu vivant. Enfin ses regards se tournent vers Dombrowski; il couvre ses yeux avec ses mains, à travers lesquelles on voit jaillir un ruisseau de larmes :

« Général, dit-il, notre Lithuanie t'a longtemps attendu, bien longtemps, comme nos Juifs leur Messie. Les chanteurs ont maintes fois prophétisé ton arrivée parmi le peuple; le ciel t'a annoncé par un miracle : vis et combats, ô toi, notre sauveur... » En parlant ainsi, il sanglotait. L'honnête Yankiel aimait notre patrie comme un vrai Polonais. Dombrowski lui serra la main et le remercia; le Juif ôta son bonnet et baisa la main du général.

Il est temps de danser la polonaise. Le président s'avance; il rejette légèrement en arrière les fausses-manches de son surtout, se caresse la moustache, présente la main à Sophie : et, par un salut respectueux, l'invite au premier couple. Derrière eux se placent les autres danseurs deux à deux;

on donne le signal, la danse est commencée, le président la dirige.

Ses bottes rouges tranchent sur le gazon, sa ceinture brille, son sabre lance des éclairs ; il s'avance lentement, comme au hasard : mais dans chacun de ses pas, dans chacun de ses mouvements, on peut lire les sentiments et les pensées du danseur. Il s'arrête comme pour questionner sa danseuse ; il se penche vers elle, veut lui parler tout bas. La dame se détourne, n'écoute pas, rougit. Il ôte son bonnet, salue avec respect. La dame veut bien le regarder, mais elle s'obstine à se taire. Il ralentit son pas, cherche à lire dans ses yeux et sourit. Heureux de sa réponse muette, il marche plus vite, regarde fièrement ses rivaux ; tantôt il avance son bonnet à plumes de héron, tantôt il le relève. Enfin il le met sur l'oreille et retrousse ses moustaches. Il s'éloigne ; tous lui portent envie, tous marchent sur ses traces. Il voudrait disparaître avec sa dame. Quelquefois il s'arrête, lève poliment la main et prie les danseurs de passer outre. Quelquefois il tente de s'esquiver avec adresse, change de direction. Il voudrait tromper ses compagnons ; mais les importuns le suivent d'un pas plus agile, l'enlacent par des nœuds de plus en plus serrés. Il s'irrite ; porte la main droite à son épée comme s'il voulait dire : « Malheur aux jaloux ! » Il se tourne, l'orgueil sur le front, le défi dans le regard, marche droit à la troupe, qui cède à son approche, lui ouvre un chemin, et bientôt, par une évolution rapide, se remet à sa suite.

De tous côtés on entend s'écrier : « Ah ! c'est peut-être le dernier ! Regardez, jeunes gens, peut-être est-ce le dernier qui saura conduire ainsi la polonaise ! »—Et les couples se suivent bruyants et joyeux. Les danseurs forment une chaîne qui se déploie, se rejoint comme un serpent immense et se roule en mille anneaux. Les costumes variés des dames, des seigneurs, des soldats, plus changeants que les écailles du reptile, dorés par les rayons du soleil couchant, reflètent leur éclat sur le sombre tapis de la verte pelouse. La danse tourbillonne, la musique gronde, les applaudissements et les vivats retentissent avec fracas.

Seul le caporal Sac Dobrzynski n'écoute pas la musique, ne regarde pas la danse, ne partage pas la joie générale. Les bras croisés derrière le dos, sombre et de très-mauvaise humeur, il se rappelle le temps où il faisait la cour à Sophie. Combien il aimait à lui cueillir des fleurs, à lui tresser des corbeilles, à dénicher pour elle des oiseaux, à lui faire des boucles d'oreilles! L'ingrate, après tant d'offrandes!... Malgré ses dédains, malgré la défense de son père, que de fois ne s'est-il pas assis sur la haie, pour l'apercevoir à travers sa fenêtre! que de fois ne s'est-il pas caché dans les chanvres, pour la voir sarcler les concombres ou jeter la nourriture aux poulets! L'ingrate!... Il baisse la tête, siffle un mazourek, enfonce son casque sur les oreilles et s'en va dans le camp, près des canons, jouer au mariage avec le poste et adoucir son chagrin par de fréquentes rasades. Telle était la constance du fils des Dobrzynski.

Quant à Sophie, elle est toute à la danse. Quoique en tête de la troupe, à peine l'aperçoit-on de loin dans la vaste avenue de la cour. Vêtue d'une robe verte, la tête couronnée de rameaux odorants, elle glisse d'un pied léger sur les herbes fleuries, en dirigeant la danse comme l'ange de la nuit la marche des étoiles. On devine où elle est, car tous les yeux sont tournés vers elle, toutes les têtes sont tendues vers elle, toute la troupe se presse autour d'elle. En vain le président a-t-il essayé de ne pas la quitter; il a dû la céder à ses rivaux. L'heureux Dombrowski lui-même ne jouit pas longtemps de son bonheur; il est supplanté par un autre. Un troisième se présente, mais il est bientôt obligé de la quitter, et de se retirer sans espoir. Quand Thadée à son tour se présente, Sophie, déjà lasse et craignant de changer encore de cavalier, demande à rester près de son époux, cesse de danser et s'avance vers la table pour remplir les verres des convives.

Le soleil s'éteint, la soirée est tiède et paisible, la voûte des cieux émaillée par-ci par-là de petits nuages, bleue au zénith, rose vers le couchant. Les petits nuages éclatants et légers, promesse du beau temps, dorment comme des brebis dans une prairie; quelques-uns, plus menus, ressemblent à des troupes de sarcelles. A l'occident monte un nuage comme une draperie de gaze, transparente, plissée, couleur de perle au sommet, dorée sur les bords, pourpre au centre; il étincelle, il brûle de la lueur du soleil couchant. Peu à peu il prend une teinte jaunâtre, il pâlit, devient sombre. Le soleil cache sa tête sous la draperie diaphane; une fois encore il exhale un souffle tiède, ferme l'œil, et s'endort.

Les gentilshommes ne cessent de porter les santés de Napoléon, des généraux, de Thadée et de Sophie, celle des autres fiancés, de tous les hôtes présents, de tous les invités, de tous les amis vivants; de tous les morts enfin dont la mémoire est chère.

Moi aussi, j'étais là parmi les invités. J'ai bu vin et hydromel; et, ce que j'ai vu et entendu, je l'ai raconté dans ce livre [120].

FIN.

NOTES

DU TOME SECOND *.

¹ K. WALLENROD. — La nation lithuanienne, composée de trois peuplades, les Prusses, les Lithuaniens et les Lettons, établis dans une contrée de peu d'étendue, médiocrement fertile, fut longtemps inconnue au reste de l'Europe; ce n'est que vers le treizième siècle que les incursions de ses voisins l'appelèrent à de nouvelles destinées. Tandis que les Prusses reconnaissaient la loi du glaive teuton, les Lithuaniens, sortis de leurs marais et de leurs bruyères, portaient le fer et la flamme dans les États limitrophes, devinrent bientôt formidables entre les puissances du Nord. L'histoire n'a pas encore suffisamment éclairci par quel procédé un peuple aussi faible et si longtemps tributaire des étrangers, a pu tout à coup arrêter et faire trembler ses ennemis, tout en faisant une guerre à mort contre l'Ordre teutonique d'une part, saccageant la Pologne, de l'autre rançonnant la république de Novogrod-la-Grande, s'élançant jusqu'aux rives du Volga, ou même dans la péninsule de Krimée. La plus brillante époque pour la Lithuanie coïncide avec les règnes d'Olghierd et de Vitold, dont la domination s'étendait depuis la Baltique jusqu'à la mer Noire. Mais cet État ne sut pas, durant sa trop rapide croissance, élaborer en son sein une force organique qui réunit et vivifiât ses différentes parties. La nationalité lithuanienne, répandue sur une trop grande surface, perdit son type individuel. Les Lithuaniens asservirent plusieurs tribus russiques, et lièrent des relations politiques avec la Pologne. Les Slaves, depuis longtemps chrétiens, possédaient déjà une civilisation plus avancée; et, bien que menacés par les Lithuaniens, reprenant la suprématie morale sur un oppresseur puissant mais barbare, ils l'absorbèrent, de même que les Chinois ont fait avec les Tatars. Les Jaghellons et leurs vassaux devinrent Polonais ; tandis que, d'un autre côté, les princes lithuaniens établis en Russie, reçurent la langue, la religion et la nationalité russiennes. C'est ainsi que le grand-duché cessa d'être lithuanien, et la race primitive se vit resserrée dans ses anciennes limites ; sa langue cessa d'être le langage officiel, et ne se conserva plus que parmi le peuple. La Lithuanie offre le spectacle curieux d'un peuple qui se serait perdu dans

* Le signe (†) est adopté pour les notes de la main de Mickiewicz.

l'immensité de ses conquêtes, comme un ruisseau qui, après un débordement excessif, serait rentré dans un lit plus étroit qu'auparavant.

Plusieurs siècles ont épaissi leurs ombres sur les événements précités ; la vie politique a cessé pour la Lithuanie, de même que pour son plus cruel ennemi, l'Ordre teutonique ; les rapports internationaux ont changé du tout au tout, les passions et les intérêts qui suscitaient les guerres dont il s'agit ont disparu : la poésie populaire même n'en a pas conservé le souvenir. La Lithuanie est toute dans le passé ; ses fastes présentent sous ce rapport un point de vue favorable à la poésie, parce que le poëte, en retraçant les événements de cette époque, tout entier à l'expression artistique de son sujet, n'appellera plus à son aide les passions, les intérêts, ni la mode du jour. Ce sont justement de pareils sujets que Schiller recommandait de choisir, lorsqu'il donnait le précepte suivant :

« *Was unsterblich im gesang soll leben,*
  Muss im Leben untergehn. »

« Ce qui doit vivre dans le chant doit mourir dans la réalité. » (†)

² L'épigraphe de *Konrad Wallenrod*, « *Bisogna essere volpe e leone,* » qui semble empruntée aux écrits de Machiavel, indique suffisamment quelle sera la tendance générale du poëme. Elle est la clef mythique de cette seconde signification du KONRAD, de ce *sens caché*, qui rentre très-bien dans les habitudes poétiques de Mickiewicz, et qui va s'ouvrir à nos yeux aussitôt que nous en aurons découvert le secret. Ce qui fut dit sur les barbares des treizième et quatorzième siècles, valeureux, mais sauvages, subjuguant leurs voisins par la violence et subissant à leur tour leur suprématie intellectuelle, s'appliquera désormais à la Russie, étendant outre mesure ses limites, pour recevoir, avec toutes les races qu'elle absorbe, la révélation de la liberté. L'Ordre teutonique deviendra le tzarat de Moskou ; la Lithuanie sera la Pologne se débattant contre l'oubli monstrueux de l'Europe et les trahisons de son aristocratie princière ; les Prusses deviendront les provinces polonaises acquises à la Russie par le premier partage, et Konrad Wallenrod, le type de cette jeunesse polonaise, *faucheurs* à Varsovie, *philarètes* à Vilno, qui dès le berceau apprennent à combattre l'ennemi par toutes les armes qui se trouvent à leur portée : l'intelligence, la force ou la ruse. Cette symbolique, fortement empreinte sur tout le poëme, depuis le premier vers jusqu'au dernier, est assez transparente pour les lecteurs polonais et ne demande pour eux aucune explication ; mais il m'a paru nécessaire de la rendre palpable à ceux de nos lecteurs étrangers, qui, tout en nommant la Pologne sœur de la France, sont très-peu familiarisés avec son histoire et sa nationalité. Grâces soient rendues à la censure moskovite, qui, dans sa profonde ingénuité, s'est laissé persuader par la préface de Mickiewicz (voy. la note ci-dessus) que le KONRAD ne contenait aucune allusion, aucun danger pour sa politique actuelle. Les inquisiteurs de Vilno furent plus intelligents ; et la police de Varsovie défendit l'ouvrage imprimé à Saint-Pétersbourg, aussitôt après son apparition. Publier un pareil poëme dans le siége même du despotisme, avec l'autorisation et sous les yeux du tzar moskovite, c'était de bonne tactique, un coup de maître en dissimulation, que Wallenrod lui-même n'eût pas désavoué.

³ Les Lithuaniens et les Prusses ou Borusses primitifs, ne formaient

qu'un seul et même peuple, établi sur les deux rives du Niémen; les Lithuaniens sur la rive droite, les Prusses sur la rive gauche : religion, langue, coutumes, croyances, tout leur était commun, il n'y avait entre eux d'autre différence que celle de la destinée. Les Prusses, comme les plus proches voisins des chevaliers teutoniques, furent les premiers absorbés; et tout ce demi-peuple s'ensevelit dans la tombe que le glaive exterminateur des Allemands lui avait creusée. Les Lithuaniens, leurs frères d'outre-Niémen, auraient infailliblement subi le même destin, si, par leur union avec la Pologne et leur conversion un peu tardive au christianisme, ils n'avaient échappé à la farouche convoitise des moines apostats. C'est ainsi que la monarchie *prussienne*, entée sur une race étrangère et devant son origine à la félonie de quelques vassaux de la Pologne, n'a rien de national, pas même le nom.

⁴ Les chevaliers teutoniques mirent pour la première fois le pied sur la terre des Prusses en 1231. Le pape Grégoire IX ayant ordonné une croisade contre les païens de la Prusse, le grand-maître de l'Ordre teutonique, *Hermann de Saltza*, nomma le frère *Balke* chef de l'expédition. Celui-ci rassembla une armée composée de Teutons et de troupes auxiliaires de Mazovie, traversa la Vistule, et se laissa descendre sur la rive droite du fleuve; mais comme une bataille rangée était impossible avec ce peuple, et que la position topographique du pays était tout à fait défavorable pour les chevaliers, il vint à l'idée du chef de l'expédition de s'emparer d'un arbre énorme, et de s'en servir comme de boulevard en cas d'attaque. Les chevaliers assirent leur camp à l'entour et l'environnèrent à la hâte de palissades et de fossés. Or, cet arbre était un de ces chênes toujours verts, en vénération chez les anciens Prusses et les Lithuaniens, de même que chez les Gaulois. Les chevaliers établirent sur les branches une espèce de plate-forme d'où ils pouvaient tirer avec avantage sur ceux qui viendraient attaquer les retranchements. Dès que les Prusses virent arborer l'étendard de la croix sur la couronne du chêne consacré, ils se précipitèrent vers les retranchements et les attaquèrent avec des cris de désespoir; mais bientôt, vigoureusement repoussés, ils virent le fer et la flamme détruire pour jamais ce temple de leurs divinités impuissantes, que les siècles avaient épargné.

Ce n'est pas la seule fois qu'un chêne servit à un pareil usage. Le naturaliste Ray rapporte, dans son *Dictionnaire général des Plantes*, qu'on voyait de son temps, en Westphalie, plusieurs chênes monstrueux qui servirent aussi de citadelles (voy. *Dictionnaire d'Histoire naturelle*, par Valmont de Bomare, tome II, page 385). Ces arbres rappellent par leurs dimensions le *bananier* que Marsden dit avoir vu dans le Bengale, dont le tronc se composait d'à peu près cinquante à soixante tiges, et dont le dôme de verdure n'aurait pas eu moins de 1,116 pieds de circonférence; ou bien encore le fameux châtaignier de l'Etna, dit *castagno de cento cavalli*, dont la section horizontale à 2 pieds de terre aurait 110 pieds de périmètre.

Il y avait en Prusse quatre chênes célèbres, *Ujuollas*, objet de la plus grande vénération. Le plus remarquable était celui de Nattangié, qui servait de temple aux trois grands dieux *Perkounas*, *Piklo* et *Potrympo*. Sa base était un prisme à trois faces, dont chacune portait l'image d'un dieu. Il fut détruit sous le vingtième grand maître de l'Ordre, Konrad de Rothenstein. Le second était près de *Szwentamesta* (la ville-sainte), à l'endroit même où se trouve aujourd'hui le village Heiligenbeil. Le troisième est celui que nous avons vu servir de citadelle aux chevaliers. Le quatrième enfin, le plus remarquable par sa grosseur (27 aunes de circonférence), était près de l'endroit où fut bâtie la forteresse de Wélava. Il florissait encore au seizième siècle. En Samogitie, où régnait autrefois la religion prussique, il existe encore aujourd'hui, dans le district de *Rossienié*, près du village de *Bordzié*, des débris d'un chêne célèbre. Il n'en reste maintenant que le tronc, dans lequel le propriétaire du terrain, M. Paszkiewicz, a fait construire un kiosque, ou, pour mieux dire, une espèce de temple païen. Ce petit édifice est partagé en deux étages ; le rez-de-chaussée sert de cabinet de travail et contient une petite bibliothèque de campagne placée sous le plafond, dans une rotonde ou galerie circulaire. Cette pièce peut contenir une dizaine de personnes, outre une table, un canapé et quelques chaises. L'étage supérieur, c'est le sanctuaire même, où l'on conserve différents objets de l'antiquité lithuanienne. Parmi ces objets on voit une petite idole en argile, trouvée dans les branches du chêne, un boulet de fonte attaché par une chaine à une verge de fer, espèce de fronde ou de massue dont les Lithuaniens se servaient avant de connaitre les armes à feu. On compta les écorces de l'arbre lorsqu'il fut abattu, et on en trouva 1417 ; ce qui atteste plus de quatorze siècles d'existence. M. Paszkiewicz a fait une ode en son honneur.

Ces chênes qui rendaient des oracles étaient vulgairement appelés *Baüblis*, onomatopée du son qu'ils émettaient, pareil au mugissement d'un taureau. La pluie ni la neige ne pouvaient les pénétrer ; en toute saison, été comme hiver, ils étaient couronnés de verdure, et leur couronne se renouvelait sans cesse, à mesure qu'elle tombait. Leurs rameaux étaient tout chargés de gui, dont la verdure tendre et touffue formait en quelque sorte une seconde végétation sur la couleur foncée du feuillage. Adam de Brême dit avoir vu des chênes pareils à Upsal en Suède ; et Simon Grunaü prétend que cette reproduction spontanée et constante se faisait par l'intervention du démon, adoré sous la forme de quelque dieu prussique ou lithuanien. « *In eo loco ubi oppidum Heiligenbeil situm est* (dit Treter dans sa *Biographie des évêques de Warmie*), *fuit ingens quercus, quæ non minus æstate quam hiemi (opera procul dubio diaboli) assidue virebat.* » Leurs feuilles étaient plus profondément échancrées que celles des chênes ordinaires, et généralement ils gagnaient en grosseur ce qu'ils perdaient en élévation. Toutes ces indications laissent présumer que ces temples de l'antiquité lithuanienne étaient les derniers individus d'une espèce particulière aujourd'hui perdue et anéantie avec eux.

Puisque nous avons cité Heiligenbeil, il ne sera pas hors de propos de rappeler une circonstance qui donne une idée de la vénération mêlée de crainte dont ces puissants végétaux étaient l'objet de la part des idolâtres. Lorsqu'en 1258, l'évêque Anselme démolissait les derniers refuges des dieux prussiques, le paysan qui porta le premier coup de hache au chêne de Szwentamesta se blessa grièvement au genou. Cet accident fut considéré comme un témoignage de la colère des dieux ; personne n'osait approcher du chêne, le peuple murmurait et allait redevenir idolâtre. L'évêque saisit la hache, s'élança vers l'arbre et déchargea plusieurs coups terribles. Le chêne fut ébranlé ; bientôt les Allemands consommèrent l'œuvre impie : le chêne fut abattu, coupé par morceaux et solennellement brûlé. Cependant la hache fut dérobée par le peuple, qui la recueillit dans une chapelle et continua d'adorer en secret *Ziemiennik* ou *Kurho*, dieu de la seconde classe, qui présidait à la reproduction et à la végétation. Le nom de Szwentamesta fut changé contre celui de *Heiligenbeil* ou la *hache sainte*, en souvenir de ce mémorable événement.

D'autres arbres que le chêne étaient consacrés aux dieux d'un ordre inférieur. Les racines du sureau (*sambucus*), nommé *sambé* par les Lithuaniens étaient la demeure de *Puschaïtis* et de son armée de *Parsztuki*, espèce de gnômes ou de lutins, qui s'entretenaient avec le peuple. On attribuait à l'ombre de cet arbre des propriétés médicinales.

Les *Raghanas* étaient les divinités tutélaires des arbres, les Hamadryades, qui apparaissaient souvent sous la forme d'une jeune fille, et récompensaient le mortel généreux qui leur avait sauvé la vie en protégeant contre le fer ou le feu l'arbre auquel était liée leur existence.

Le saule était, comme chez presque tous les peuples, l'emblème de la fécondité. Il y avait autrefois une jeune fille lithuanienne nommée *Blinda*, douée d'une excessive fécondité. Quoique vierge, elle procréait non-seulement par la voie naturelle, mais par les pieds, par les mains, la tête, les oreilles, etc.; elle enfantait en marchant, en parlant, en respirant, en un mot, en accomplissant tous les actes de la vie. On peut se figurer la nombreuse progéniture qu'elle dut avoir. La Terre, la plus féconde des mères, lui envia cette puissance reproductive. Un jour que Blinda traversait une prairie, suivie d'une partie de sa famille, ses pieds furent pris dans le sol avec tant de force, qu'ils poussèrent des racines ; l'infortunée mortelle fut changée en saule, et le saule hérita de son nom et de sa fécondité. (Blinda et Daphné ne sont-elles pas évidemment deux sœurs?) C'est aussi dans l'écaille d'un gland de chêne que la déesse *Kruminé*, la Cérès lithuanienne, après son triple voyage autour du monde, apporta en Lithuanie toutes les semences de la terre. Voyez les *Chants Lithuaniens*; publiés par L.-J. Rhesa, professeur à Kœnigsberg (*Daïnas, oder lithauische Volkslieder*, 1825).

⁵ Selon quelques historiens, la Lithuanie doit son origine à Palæmon. Suivant d'autres, les Lithuaniens seraient les descendants des Cimbres ou Kimmri, qui, ayant occupé d'abord l'Asie Mineure et le Bosphore cimmérien, près de la mer de Zabache (Palus Mæotis), pénétrèrent ensuite en Europe ; et, après avoir traversé le Don (Tanaïs), occupèrent les pays connus aujourd'hui sous les noms de Lithuanie, Prusse et Livonie. Quelques-uns soutiennent encore que le peuple lithuanien tire son origine des Gépides, qui faisaient partie des Goths ; lesquels, s'étant mis sous la conduite de *Lithuvon*, fils de Waïdevoutas, roi de Prusse, s'emparèrent, vers l'an 573, du pays auquel leur chef a donné son nom (*Lithuvonia* ou Lithuanie). Il en est aussi qui prétendent que ce peuple descend des Grecs ou des Romains. Sans nous charger de décider laquelle de ces différentes opinions est la plus rationnelle, nous ajouterons que ceux d'entre les chroniqueurs qui considèrent Palæmon comme fondateur du grand-duché de Lithuanie, assurent que vers l'an 460, plusieurs familles romaines, lasses de voir leur patrie ravagée par Attila, abandonnèrent l'Italie sous la conduite d'un seigneur romain, nommé Palæmon, et débarquèrent par la mer Baltique en Samogitie ; puis, remontant le Niémen, s'établirent en Lithuanie, dont les habitants, pénétrés d'admiration pour la valeur et la sagesse de Palæmon, lui confièrent le gouvernement.

⁶ Les anciens Lithuaniens, comme tous les peuples primitifs du Nord, se servaient pour vêtements des peaux de différents animaux, dont les cornes

et les os leur fournissaient aussi des armes. Ainsi, un Lithuanien, après avoir tué un ours ou un buffle sauvage, *urus*, se procurait en même temps les moyens de se garantir de la faim, du froid et de l'ennemi. Les armes principales des Lithuaniens de ce temps étaient une cuirasse faite de corne, de cheval et une javeline armée d'os ou de pierre aiguisée; plus tard, on se servit d'arcs et de flèches, jusqu'à ce que l'usage du fer, généralement répandu dans le pays, les eût fait disparaître. L'usage des armes à feu resta inconnu aux Lithuaniens jusqu'au commencement du quatorzième siècle; cependant les chevaliers teutons leur en faisaient éprouver les terribles effets. Quelques chroniqueurs polonais, entre autres Alexandre Guagnin et Jean Dlugosz, en parlant de la mort de Gédymin, duc de Lithuanie et père de Keystout, arrivée en 1328, disent que ce prince fut tué ou plutôt perforé d'une *flèche enflammée* (*ignea sagitta percussus*). Il faut croire qu'ils n'ont fait que répéter ce qu'ils ont trouvé dans des manuscrits plus anciens, dont les auteurs, ignorant la nature des armes à feu, ont appelé *ignea sagitta* le projectile qui avait frappé Gédymin. Cependant il paraît certain que ce duc est mort d'un coup de feu; et Stanislas Sarnicki (lib. 6, cap. 26) le fait tuer par un obus (*globo bombardæ*), au siége de Viélona. L'historien Koïalowicz, après avoir fait la description des armes à feu, assure positivement que ce fut de cette espèce d'arme que périt Gédymin.

La découverte de la poudre à canon, que les historiens Polydore-Virgile, Pancirole, Meyer et autres, rapportent au règne de Charles V (1347-1378), que Thévet attribue à un moine de Fribourg, nommé Ancelzin, mais dont Belleforest et autres font honneur à Berthold Schwartz (en 1330) précéda de plusieurs années, suivant le sentiment du père Barre, le règne de Charles IV. Il est vrai que les Anglais ne se sont pour la première fois servis du canon qu'à la bataille de Crécy (1346); cependant ils connaissaient déjà l'artillerie aussi bien que les Français, et Villaret certifie qu'en 1338 il y avait déjà des canons devant Puy-Guillaume (dans le Bourbonnais). Mais nous lisons dans Dlugosz (lib. 9, p. 923, ad an. 1307), qu'un duc de Bavière avait fait présent d'une *bombarde* aux chevaliers teutons, qu'un chevalier s'en servait avec une adresse merveilleuse, et que pour cette raison il fut nommé maître des archers; il ajoute enfin que ce fut ce chevalier qui tua le duc Gédymin : « *d'un coup de flèche ardente tirée dans le dos...* » La poudre à canon était donc déjà connue avant 1328. Ce qui nous semble confirmer cette opinion, c'est le passage suivant de l'*Histoire générale d'Allemagne*, par le père Barre : « *On voit encore aujourd'hui dans l'arsenal d'Amberg* (à neuf lieues de Ratisbonne) *une pièce de canon avec le chronogramme de 1303.* » Cette date n'a rien d'invraisemblable; d'après nos recherches à ce sujet, la découverte de la poudre remonte à une époque beaucoup plus ancienne que celle généralement admise, et doit être attribuée aux Chinois. Les Arabes l'ont importée en Europe; ce dont on voit la trace dans un ouvrage sur les machines de guerre, écrit en arabe pendant la croisade de saint Louis en Afrique. Les Espagnols les premiers en ont fait usage en 1257 au siége de Niébla. Roger Bacon et Albert le Grand (ou plutôt le Mage, *Magus* et non *Magnus*), en connaissaient déjà la composition, qui d'ailleurs se rapproche beaucoup de celle de la *poudre de fusion*, très-usitée au moyen âge pour activer la fonte des métaux; mélange de trois parties (en poids) de salpêtre, d'une partie de fleur de soufre et d'une partie de sciure de bois. Le *feu grégeois* dont Callinicus architecte d'Héliopolis, apprit le secret aux Grecs en 673 avant l'ère chrétienne, n'est autre chose qu'une composition analogue, lancée sous forme de fusées ou moyennant des projectiles creux. Les Romains employaient, dès le quatrième siècle, dans leurs solennités et leurs représentations théâtrales, des feux d'artifice presque identiques à ceux de nos jours. Enfin, les feux dont les Arabes se servaient pour la défense de Jérusalem, en incendiant les tours mobiles des croisés (*Gerusalemme liberata*, X. VIII ; 83, 84), procédaient apparemment de la même origine. Berthold Schwartz, tout bénédictin qu'il était, n'a donc pas inventé la poudre ; fondeur en métaux et non chimiste, il n'a fait qu'enseigner aux Vénitiens son emploi pour les engins de guerre en 1378 : et, pour le récompenser de sa découverte, l'empereur Venceslas, d'après une tradition répandue à Fribourg, sa patrie, l'aurait fait sauter en l'air sur un baril de poudre, comme premier essai de son efficacité.

⁷ Marienbourg, en polonais *Malborg*, ville forte, autrefois capitale des chevaliers teutoniques ; sous Kasimir Jaghellon, réunie à la Pologne (jusqu'en 1772). Les souterrains du château renferment les tombeaux des grands-maîtres, dont quelques-uns sont jusqu'aujourd'hui en parfaite conservation. M. Voigt, professeur à l'Académie de Kœnigsberg, émule de Kant, a écrit l'histoire de Marienbourg ; son ouvrage est fort important pour l'histoire de la Prusse et de la Lithuanie. (†)

Le château de Marienbourg, autrefois résidence des grands-maîtres, est un majestueux monument, comme nous le voyons dans la gravure placée en tête de ce volume ; il contient plusieurs salles d'une très-vaste étendue : celle du trône, ou la salle d'audience, frappe surtout l'attention du visiteur. Elle est longue de cent soixante-seize pieds sur quatre-vingt-deux et demi de largeur ; ses voûtes en ogive sont soutenues par un seul pilier de granit, placé au milieu de la salle (voy. t. I, p. 472). Le plancher est en carreaux de faïence polychrome. Les Teutons, chassés de la Prusse, transportèrent leur siége à Mergentheim ou Marienthal, en Franconie. Le château de Nevenhaus, bâti sur la montagne de Kitzberg, près de la ville, devint la résidence des grands-maîtres de l'Ordre. Ce château existe encore et mérite d'être visité.

⁸ La grand'croix et le grand-glaive étaient les insignes des grands-maîtres. (†)

Dans les temps de la plus grande splendeur pour l'Ordre teutonique, l'élection des grands-maîtres se faisait de la manière suivante : au lit de mort, le grand-maître confiait à tel chevalier qu'il lui plaisait les insignes de sa dignité, c'est-à-dire, une *croix*, un *glaive* et un *anneau*, pour être remis à son successeur. Voici d'où provenaient ces trois objets : la croix fut accordée aux chevaliers par le pape Célestin III ; chaque chevalier, d'après les statuts, en portait une en sautoir : mais celle du grand-maître différait des autres en ce qu'elle était en or mat. L'empereur Frédéric II permit d'y ajouter l'aigle impériale, et le roi saint Louis, vers l'an 1250, des fleurs de lys. Le glaive était un don de l'empereur Henri VI au grand-maître Walpot, lors de son élection en Palestine. L'anneau était un présent du pape Honorius III au grand-maître Hermann de Saltza ; il le lui avait donné comme témoignage de gratitude pour les services que ce grand-maître lui avait rendus durant les négociations entre le saint-siége et l'empereur Frédéric II. Cette bague de grand prix fut toujours portée par Hermann de Saltza ; et, dans la suite, il fut convenu de la présenter à chaque nouveau grand-maître lors de son élection, comme un gage de la bienveillance du saint-siége. Mais revenons à la cérémonie de l'élection. Le chevalier auquel le grand-maître mourant avait confié les insignes, était déclaré vice-grand-maître ou vice-régent, et gouvernait l'Ordre jusqu'à la prochaine élection ; toutefois, si ce chevalier ne convenait pas à tout le chapitre, on élisait, après la mort du grand-maître, un autre vice-régent. Celui-ci faisait part de l'interrègne aux maîtres provinciaux, et fixait le jour de l'élection. Pendant ce temps, on distribuait les habits du grand-maître défunt aux indigents, on nourrissait un de ces pauvres pendant un an entier, ce qui avait lieu aussi pendant quarante jours à la mort de chaque chevalier, en souvenir de l'origine de l'Ordre. Le jour de l'élection, on célébrait la messe, après laquelle on faisait la lecture des statuts ; tous les frères récitaient quinze fois le *Pater*, et donnaient ensuite à manger aux pauvres. Le vice-régent, avec l'agrément de l'assemblée, nommait un chevalier pour présider, à titre de commandeur, le collége électoral ; ce commandeur prenait un autre chevalier pour assistant, ces deux en prenaient un troisième, et ainsi de suite jusqu'au nombre de treize. Parmi les électeurs il y avait un chapelain, huit chevaliers et quatre frères servants ; mais on faisait en sorte que tous les électeurs fussent chacun de différentes provinces. Après l'élection, le vice-régent conduisait à l'autel le nouveau grand-maître ; et, après lui avoir exposé les obligations de sa charge, il lui mettait entre les mains le *sceau* de l'Ordre et les insignes, et lui donnait l'accolade.

Depuis la sécularisation d'Albert de Brandebourg, ces usages se sont modifiés ; ce furent les douze commandeurs provinciaux qui devinrent électeurs de l'Ordre, et leur choix dut être confirmé par l'empereur. Cette dernière cérémonie se faisait avec beaucoup de solennité. *Pirminus Gassar* la décrit en ces termes, à l'occasion de la confirmation de Walter de Kromberg : «... Henri de Holstein, Hoyes de Mansfeld, Bolfo de Monfort et Jehan de Hohenloë, ambassadeurs du grand-maître et comtes de l'empire *, furent reçus dans l'assemblée de la diète ** par les officiers de l'empereur. Ils supplièrent ce prince d'approuver l'élection de leur grand-maître de Kromberg. L'archevêque de Mayence, grand-chancelier de l'empire, ayant répondu que l'empereur était prêt à les satisfaire, le grand-maître entra aussitôt, précédé de cinquante gardes et accompagné de six anciens commandeurs de l'Ordre en grand costume. Tous se mirent à genoux aux pieds de l'empereur, et de Kromberg lui présenta les lettres de son élection, écrites en caractères d'or et signées de l'archichancelier de l'empire et du secrétaire de la diète. Dans le même instant, le prieur chapelain lui mit le missel entre les mains, et le grand-maître, à genoux, prêta serment, répétant mot pour mot les paroles prononcées par l'électeur de Mayence. L'empereur ayant fait signe au grand-maître de se lever, trois chevaliers qui portaient les insignes s'avancèrent, les présentèrent à genoux à l'empereur, qui les remit au grand-maître et lui fit baiser le pommeau de son épée. Il lui fit aussi toucher le sceptre, à genoux, en sa qualité d'ecclésiastique ; honneur qui n'était accordé à aucun laïque. Cette

---

* Depuis Hermann de Saltza jusqu'à Albert de Brandebourg, les grands maîtres de l'Ordre avaient le titre de *Princes de l'empire*, qui leur fut accordé par l'empereur Frédéric II.

** La diète d'Augsbourg, tenue en 1527.

cérémonie se termina par la création de cinq chevaliers, armés par l'empereur en présence du grand-maître. » (Pirminus Gassar, *Annal. Augsb.*, p. 1783 et suiv.)

⁹ D'après les statuts de l'Ordre, celui qui se présentait pour être reçu chevalier était obligé d'attester par serment qu'il était d'*origine allemande* et d'une famille noble. Un auteur prétend même que les candidats à la grande maîtrise étaient tenus de prouver leur naissance depuis sept générations du côté des hommes et autant du côté des femmes.

¹⁰ On appelait *maisons* les cloîtres, ou plutôt les châteaux de l'Ordre qui s'élevaient dans les différentes contrées de l'Europe. (†)

¹¹ Le regard de l'homme, dit Cooper, lorsqu'il porte l'expression du courage et de l'intelligence, produit une forte sensation, même sur les animaux féroces. Voici ce qui est arrivé à un chasseur américain. Il s'avançait à pas de loup vers des canards sauvages, lorsque averti par un bruit inusité, il se retourne, et tout auprès de lui il aperçoit un lion énorme étendu sur la terre. L'animal parut non moins étonné de voir cet homme aux formes de géant. N'ayant son fusil chargé qu'avec du plomb de chasse, l'Américain n'osait faire feu; il restait donc immobile : seulement du regard il menaçait l'animal. De son côté le lion, tranquillement assis, ne cessait lui-même de fixer le chasseur. Quelques minutes après, il détourna la tête et s'éloigna; mais à peine avait-il fait une quinzaine de pas, qu'il s'arrêta et retourna vers l'endroit qu'il venait de quitter. Il trouva le chasseur immobile à la même place. Les deux adversaires se mesurèrent de nouveau du regard; enfin le lion, comme s'il reconnaissait la supériorité de l'homme, baissa les yeux et s'en alla. (*Biblioth. univ.*, 1827, février. *Voyage du capitaine Head.*) (†)

¹² Les chroniques du temps parlent d'une fille de village qui, arrivée à Marienbourg, demanda à être enfermée dans un donjon, et finit par y mourir. Son tombeau devint célèbre par plusieurs miracles. (†)

¹³ Pendant l'élection, si les suffrages étaient partagés, des faits semblables étaient regardés comme des présages et avaient beaucoup d'influence sur le résultat des délibérations. C'est ainsi que Winrick de Kniprod gagna tous les suffrages, parce que les frères prétendirent avoir entendu, sortant du tombeau des grands-maîtres, une voix qui s'écriait à trois reprises : « *Vinrice! ordo laborat!* » Dans le moyen âge, on accordait beaucoup de crédit à de pareilles prophéties. Voici ce que nous lisons dans la biographie de saint Norbert, fondateur de l'Ordre de Prémontré : «... Il s'en fut à Rome, vers l'an 1122, pour faire confirmer son institution par Calixte II... Une voix, en lui annonçant sa future élévation, lui avait prédit qu'il serait nommé archevêque de Magdebourg, et le pape ne tarda pas à lui conférer cette dignité. » De pareils rêves se réalisent aussi de nos jours.

¹⁴ A la naissance de l'Ordre teutonique, sa règle fut très-sévère. D'après les statuts de l'Ordre, les chevaliers devaient vivre en commun, ne se nourrir que d'aliments grossiers et en petite quantité, et ne coucher que sur la dure. Ils ne pouvaient rien avoir en propre ; leurs vêtements, leurs armes, les harnais de leurs chevaux, devaient être des plus simples, sans or ni fourrures précieuses. Ils ne pouvaient non plus, sans permission, s'absenter de leurs monastères, ni écrire ou recevoir des lettres, ni rien enfermer sous clef, les portes de leurs cellules restant toujours ouvertes. Tout entretien avec les femmes, même avec leurs parentes, leur était interdit. Cette rigueur

fut poussée au point, qu'il n'était pas même permis à un chevalier d'embrasser sa mère... Ce qu'ils pouvaient faire librement, c'était de prier Dieu ; aussi ne faisaient-ils que dire des messes, l'épée au côté et la cuirasse au dos, et que chanter des litanies. Certains auteurs assurent que le grand-maître Walpot avait ordonné de réciter chaque jour et toutes les nuits deux cents *Pater* avec autant d'*Ave* et de *Credo*. L'âge déterminé par les statuts pour être reçu dans cet Ordre était de quinze ans.

15 Les Samogitiens comme les Lithuaniens avaient coutume d'annoncer leurs incursions nocturnes sur le territoire de leurs ennemis par des cris épouvantables et le son d'une espèce de cor en bois. Ils se rassemblaient en bandes considérables, tous montés sur de petits chevaux, armés de haches et de javelines. Les représailles des Teutons font frémir d'horreur. On chargeait de fers les captifs, *on violait les femmes*, on arrachait les enfants du sein de leurs mères, puis on égorgeait les enfants et les vieillards. Comme de nos jours à Oszmiana. V. note 48, p. 458.

16 A la suite d'un différend entre Jaghellon, grand-duc de Lithuanie, et son oncle Keystout, le Bayard lithuanien, au sujet du mariage de la princesse Marie avec Woïdyllo, complaisant de bas étage du grand-duc, ce dernier, conseillé par son favori et soutenu par les chevaliers teutoniques, envahit à main armée les domaines de Keystout. Le prince le repoussa avec vigueur ; et, voulant punir l'insolence de son neveu, le poursuivit et s'empara de Vilno, capitale du grand-duché. Menacé de perdre son trône, Jaghellon eut recours à la générosité de son oncle et à l'intervention de son cousin Vitold, qui, par ses sollicitations en faveur de Jaghellon auprès de Keystout, son père, parvint à les réconcilier. Keystout évacua donc Vilno ; et, à peine retourné dans ses terres, il tourna ses armes contre un de ses vassaux, Korybut, qui, s'étant révolté, avait mis le siége devant Nowogrodek. Cependant la réconciliation des deux princes ne fut pas de longue durée ; Jaghellon, excité de nouveau par son beau-frère Woïdyllo, recommença les hostilités : et, profitant de l'absence de son oncle, investit son château de Troki. Keystout, prévenu de cette nouvelle ingratitude de son neveu, s'avança avec Vitold pour lui livrer bataille ; mais cette fois il eût le malheur d'être fait prisonnier : il fut jeté dans un cachot, et peu de temps après il mourut. Woïdyllo fut soupçonné de l'avoir étranglé. Vitold aussi était prisonnier ; mais, plus heureux que son père, il fut sauvé par sa femme, qui, ayant obtenu la permission de le visiter, lui apporta des habits féminins et le fit évader à la faveur de ce déguisement. Échappé de sa prison, Vitold se réfugia à la cour de Mazovie ; mais, ne s'y croyant pas encore en sûreté, il se retira en Prusse, et demanda la protection des chevaliers teutoniques. Le grand-maître Konrad Zollner de Rothenstein, heureux de trouver une occasion pour piller à nouveaux frais la Lithuanie, reçut le prince à bras ouverts, et lui jura de faire tout son possible pour le mettre à même de venger sur Jaghellon la mort de son père, et de le faire rentrer en possession de son duché. Les chevaliers assemblèrent un corps de troupes considérable, et bientôt entrèrent en Lithuanie, le fer et le feu à la main. Le château de Troki se rendit après une courte résistance ; mais l'approche de Jaghellon, à la tête d'une puissante armée, contraignit les chevaliers à se retirer en toute hâte, en abandonnant leurs conquêtes. Vitold n'avait pris aucune part à cette expédition ; mais il la favorisait de tous ses vœux. Jaghellon, prévoyant que le séjour de Vitold parmi les Teutons leur donnerait

toujours un prétexte pour attaquer ses États, proposa secrètement à son cousin le retour en Lithuanie; et lui promit de le rétablir dans son héritage. Ils se réconcilièrent de nouveau; Vitold rompit aussitôt avec les chevaliers. Quelque temps après, Jaghellon, sans perdre sa qualité de grand-duc de Lithuanie, monta sur le trône de Pologne (1386)*. Son absence et celle de Vitold, qui l'avait suivi en Pologne, donnèrent à Rothenstein une occasion favorable pour attaquer la Lithuanie sans défense. Il avait entretenu longtemps auparavant une correspondance secrète avec André, frère de Jaghellon; il fut réglé entre eux qu'André serait promu à la dignité de grand-duc, mais comme relevant de l'Ordre teutonique. Il ne s'agissait plus ici de la propagation de la foi, puisque la Lithuanie entière s'était convertie avec son grand-duc, devenu roi de Pologne. Jaghellon, instruit de leur irruption, envoya Vitold et son frère Skirghellon contre les envahisseurs, qui bientôt furent chassés du pays. Dans cette expédition, Vitold s'était signalé par un courage et un dévouement remarquables; il avait droit d'espérer qu'il serait nommé lieutenant du grand-duc en Lithuanie: mais Jaghellon, à peine revenu à Vilno, confia cette charge à son frère Skirghellon. Vitold, outré de cette nouvelle injustice, se retira une seconde fois chez les Teutons, qui le reçurent favorablement; et il ne fut pas plutôt arrivé auprès du grand-maître qu'on envoya une seconde armée en Lithuanie. Cependant Vitold, obéissant à la versatilité de son caractère, ou peut-être ne pouvant étouffer en lui la voix du remords, entama des négociations avec Jaghellon; et ce roi, pour lui prouver son pardon, le fit grand-duc en remplacement de Skirghellon, déjà disgracié pour sa mauvaise conduite. Les Teutons, brûlant de venger cette seconde défection de leur allié, réunirent tous leurs efforts, et poussèrent jusqu'aux portes de Vilno. Vitold, trop clairvoyant pour ne pas craindre que tôt ou tard la Lithuanie ne tombât victime de l'ambition des grands-maîtres, méditait la perte de l'Ordre. Il convoqua les États, et leur représenta dans des termes énergiques la nécessité de tourner toutes les forces du pays contre l'ennemi commun, et de mettre fin de cette manière aux calamités de la patrie. Bientôt on réunit une armée lithuanienne et polonaise; le grand-maître, ne se sentant pas assez fort pour pouvoir accepter une bataille, se replia promptement. Ce premier succès de Vitold ne l'empêcha pas de rêver toujours à l'anéantissement de l'Ordre teutonique. L'élection de Konrad Wallenrod à la dignité de grand-maître lui en fournit enfin une occasion décisive, comme nous le verrons par la suite de ce poëme.

17 Le château de Swentorog était la citadelle de Vilno. C'était le temple du feu éternel appelé *Znicz*.

Swentorog, duc de Lithuanie, fils de Witenes, étant une fois à la chasse, fut surpris par la vue d'une charmante et vaste plaine sur les bords de la Vilïa, entourée de collines fleuries et boisées. La Vileyka, qui prend sa source dans une de ces hauteurs, forme un triangle assez régulier autour de la montagne qui domine toute la contrée, et puis va se confondre avec la Vilïa. Ce site pittoresque plut tellement à Swentorog, qu'il y marqua la place de son tombeau, ainsi que de tous les princes et chefs lithuaniens. Il fit promettre à son fils Ghiermund, qui devait lui succéder, qu'il

---

* C'est sur ces évènements que mon drame d'*Edvige ou les Jaghellons* a été construit.

y ferait brûler son corps, et voulut que ce lieu fût considéré à l'avenir comme sacré. Ghiermund exécuta pieusement la dernière volonté de son père ; il dépouilla la plaine de ses arbres : et, pour engager le peuple à venir l'habiter, dans un petit bois consacré au dieu de la foudre, *Perkounas*, il établit des prêtres chargés d'entretenir le feu éternel. Cet endroit prit depuis le nom de *Champ de Swentorog*, et le conserva jusqu'au temps où Jaghellon, en introduisant le christianisme en Lithuanie (1387), supprima tous les souvenirs du paganisme. Sur la place de l'ancien temple du *Znicz* s'élève aujourd'hui la magnifique cathédrale de Vilno. (Voir la description de cette basilique dans *la Pologne pittoresque*, tom. II, p. 129.)

[18] Nous avons vu que le symbole de la vie éternelle ou la clef mythique de Viélona chez les Lithuaniens idolâtres était aussi une croix, et que le christianisme n'a fait que la replacer au sommet des temples. (Tome I, p. 445)

[19] Les Teutons avaient l'habitude de donner, le jour de la fête patronale de l'Ordre ou bien avant quelque grande bataille, un banquet qu'ils appelaient la *Table d'honneur*. Douze des princes étrangers ou principaux chefs qui avaient rendu le plus de services à l'Ordre, soit par des secours, soit par de grandes actions, étaient invités à ce festin ; on y admettait aussi des chevaliers qui s'étaient signalés par quelque exploit extraordinaire. Ces cérémonies rappellent le fameux repas que donna (en 1453) Philippe le Bon, duc de Bourgogne, lorsqu'il voulut engager sa noblesse à marcher en Palestine.

Nous trouvons dans Favin quelques détails curieux sur ces festins chez les Teutons. Laissons parler l'auteur dans son style plein de bonhomie et de naïveté :

« ... Ores, durant la grandeur et magnificence de cet Ordre teutonique ou de Prusse, les souverains grands-maistres d'iceluy, pour recognoistre ceulx de leur solde et compaignie qui guerroyaient vaillamment leurs ennemys et voisins idolastres, les Prussiens, Livoniens et Tartares, establirent ung prix d'honneur et de loüange particuliere. Car ils instituerent *une Table d'honneur* qu'ils appelerent a l'instar de la Table ronde des Anglois. En ceste table estoient assis avecques le grand-maistre, ceux qui s'estoient faict seignaler en vaillance et proüesse, feussent-ils estrangers, ou freres de l'Ordre, pour le service de la Religion. Ce qui se cognoistra plus clairement par les termes de la Chronique du bon duc *Loys de Bourbon*, deusiesme du nom, troisiesme duc de Bourbon, chapistre vaingt-troisiesme :

« ... Ceux qui prindrent congé du duc de Bourbon, estant à Chambery en Savoye pour aller en Prusse guerroier les mescreans, furent : Messires Iehan de Chastelmorant, — Aymar de Marcilly, — Oudin de Raullat, — Oudray de la Forest, — Iehan de Sainct-Prict, — Pierre de la Bussiere, — Sainct-Porque, — Perrin du Pel, — Guyon Gouffier, — et Iehan Gondelin Breton.

« Ains prindrent les compaignons congé du duc leur maistre qui les enchargea sur tant qu'ils craignoient a le courroucer, qu'ils feussent vers luy assez tost apres Pasques (c'estoit apres la feste des Toussaincts qu'ils partirent). Et a leur departir, la comtesse de Savoye, sœur au duc de Bourbon, donna a chacun des compaignons allant en Prusse ung diamant dont ils furent moult ioyeulx du don des dames. Et de Savoye se partirent les compaignons, passerent par Lorraine et Allemagne, et tirerent en Boëme a Prague, ou trouverent la royne de Boëme, tante au duc

de Bourbon, qui les veid voulentiers de bon cuœr, en donnant de ses dons :
et en celle cité de Prague, estoient plusieurs chevaliers de l'hostel du roy
de France (Charles cinquiesme, dict le *Sage*), qui s'entrefirent grande
ioye, pource qu'ils tenoient le chemin de Prusse. Le premier d'iceulx
estoit : Messires Hutin de Vermeilles, — Le Borgne de la Heuze, — Le
Bastard d'Aussy et aultres. Cheminerent tant par leurs journees, qu'ils
entrerent ès glaces gelees des paluds et maraiz de Prusse ; et tant se trais-
nerent par les glaçons (comme il est de coustume) qu'ils vindrent a Ma-
riénbourg, le grand hostel des chevaliers de Prusse, ou le hault-maistre
d'iceluy Ordre les receut voulentiers, et la, les gens au duc de Bourbon
troüverent Messires Iehan de Roye, — Patrouillard de Renty, — Robert
de Chalus, — Iehan le Maingre, dict Boucicaut, qui par sa chevalerie fut
depuis mareschal de France, et, par son bon sens, gouverneur de la cité
de Gennes, — Messires Iehan Bonnebaut, — Gaucher de Passach, — l'Her-
mite de la Faye, et moult d'aultres de nations que ie ne saurois nommer,
qui estoient venus si bien a poinct, que merveilles. Et le hault-maistre de
Prusse, qui veid que celle Reze s'estoit si bien portee a l'honneur de soy,
un iour de la feste de Nostre-Dame de la Chandeleur, festoya la chevalerie qui a luy estoit moult haultement, et, pour l'honneur du jour, le
service divin accomply en son hostel de Marienbourg, fist couvrir la
Table d'honneur, et voult qu'a ceste Table feussent assis douze chevaliers de plusieurs royaulmes. *Et du royaulme de France y seirent au hault :*
Messire Hutin de Vermeilles, et Tristant des Marguellers, que toutes
gents clamoient le bon chevalier ; et des aultres païs deux, jusques a
douze, par l'ordonnance du maistre, et feurent serviz pour la haultesse
du iour, ainsy qu'il leur appartenoit. Graces dictes a Dieu, a ceux douze
devisa-t-on de l'Ordre de la *Table d'honneur*, et comme elle fust establie.
Et puis, ung des chevaliers freres de la Religion a ung chacun bailla ung
mot par escript, en lettres d'or, sur leurs espaules : « *Honneur vainc
tout.* » Et le lendemain, les chevaliers prindrent congé du hault-maistre,
et s'en retourna chacun en sa contree. Sur le voiage des chevaliers
françois, en faveur de ceste Ordre de Prusse, du temps du roy Charles
cinquiesme, et du bon duc de Bourbon, a esté dressé celuy du fabuleux
romancier de Iehan de Sainctré, remarquable en cela : qu'il designe les
noms des armes des maisons signalees en vaillance et noblesse, du temps
dudict roy Charles cinquiesme ; qu'il faist donner audict Sainctré la conduite de cinq cents lances, avecques les hommes de traits ; de sorte qu'il
y avoit *plus de six mille François a ceste croisade.* » (*Theastre d'honneur
et de chevalerie*, liv. IV, p. 1398-1400.)

[20] L'uniforme des chevaliers était une casaque noir et un manteau
blanc, étoilé d'une croix noire. Ils portaient écusson d'argent à la croix de
sable, c'est-à-dire croix noire, sur fond blanc. Nous avons dit quels ornements y ont été successivement ajoutés par Jean de Brienne, Frédéric II
d'Allemagne, et Louis IX de France.

[21] « Réjouissons-nous dans le Seigneur, *Gaudeamus in Domino*, » telle
était la formule par laquelle on donnait le signal des banquets monastiques de ce temps. (†)

[22] Nous retrouvons encore çà et là dans le KONRAD quelques formules
en usage dans les banquets monastiques, et dont nous avons gardé le
souvenir, nous qui avons eu le bonheur d'assister à ces pieux repas.
Une de celles qui accompagnaient le plus souvent le bruit des coupes

d'argent et le glou-glou des amphores est celle ci : « *Vinum cor lætificat.* »

[23] Nous avons vu dans les notes de *Grajina* (t. I, p. 475), la déconfiture du nommé Rixelus, Vaïdelote prussien, lors de l'élection du grand-maître Winrick von Kniprod, auquel on offrit en guise de récompense une assiette de noix vides. C'était une manière de siffler son poëme. Il serait curieux de rechercher dans l'antiquité la plus reculée l'origine de cet usage si commun sur nos théâtres, « de ce droit qu'on achète en entrant, » et qui fut, comme nous le voyons, admis dans tous les temps et chez tous les peuples de l'Europe.

[24] Le peuple de la Lithuanie se représente la peste sous la forme d'une vierge dont l'apparition doit précéder le fléau terrible. Voici le commencement d'une ballade chantée encore de nos jours en Lithuanie : «... Dans un village apparut autrefois la Vierge pestifère, qui, suivant son habitude, glissant son bras à travers la porte ou la fenêtre, faisait flotter une écharpe rouge et semait la mort dans toutes les demeures. Les habitants s'enfermaient soigneusement ; mais la famine et d'autres besoins les forçaient bientôt à négliger ces précautions, et tous attendaient la mort. Un gentilhomme, bien qu'il fût abondamment pourvu de provisions et capable de soutenir long temps encore le siége de la vierge malfaisante, résolut de se sacrifier pour le salut de ses vassaux. Il prit son sabre portant pour devise le nom de Jésus-Marie ; puis il ouvrit bravement la croisée. Le gentilhomme coupa d'un seul coup la main au fantôme, et s'empara de l'écharpe rouge. Il est évident qu'il mourut immédiatement après, et que toute sa famille aussi dut périr ; mais depuis, la peste ne se manifesta plus jamais dans le village. »

On dit que l'écharpe enlevée au spectre par le brave gentilhomme était conservée dans l'église d'une ville dont le nom nous échappe. Dans l'Orient, on dit qu'avant que la peste éclate, il apparait toujours un fantôme aux ailes de chauve-souris, qui désigne du doigt ceux qui doivent en mourir. Dans des tableaux pareils, l'imagination populaire a voulu peindre ce pressentiment secret, cette inquiétude vague et sans aucune cause apparente, qui s'empare d'une famille et souvent d'une nation entière à l'approche de quelque grande calamité. C'est ainsi que dans la Grèce on pressentait la longue durée et les désastres de la guerre du Péloponèse ; à Rome, la chute de l'empire ; en Amérique, l'arrivée des Espagnols, etc. (†)

[25] L'Ordre des *chevaliers porte-glaive*, fondé en 1204 par Innocent III, était destiné à combattre les païens de la Livonie. Il avait pour armoiries deux glaives rouges en sautoir sur fond blanc, et suivait la règle des Templiers. En 1237 le pape Grégoire IX autorisa sa réunion avec l'Ordre teutonique ; cette union fut rachetée et rompue en 1525 par le quarante et unième grand-maître, Walter de Plettenberg. Le dernier grand-maître, Gothard Kettler, embrassa le luthéranisme comme l'avait fait Albert de Brandebourg, reconnut en 1561 la souveraineté des rois de Pologne, comme duc de Kourlande et de Livonie, et cette province fut désormais acquise à la Pologne à titre de fief héréditaire.

[26]
« *Scilicet et tempus veniet, cum finibus illis*
Agricola, incurvo terram molitus aratro,
Exesa inveniet scabro rubigine pila,

*Aut gravibus rastris galeas pulsabit inanis
Grandiaque effossis mirabitur ossas epulchris...* »
(VIRG., *Georg.*, I, 493.)

Le docteur *Leander von Albanus* n'était pas tout à fait aussi barbare que les orgueilleux Teutons se l'imaginaient.

[27] Le réveil!... ce fut la captivité dans les cachots de Vilno et l'exil à perpétuité, l'exil en Russie, toute la deuxième partie des *Aïeux*.

[28] Fils de Gédymin, père de Vitold et oncle de Jaghellon, Keystout fut, nous l'avons dit, le Bayard de la Lithuanie. Pour ses amours avec Birouta, voyez la nouvelle insérée dans la *Pologne pittoresque* (tome II, p. 194), d'après l'*Annuaire polonais* de Krzeczkowski, paru à Leipsick sous le nom de *Znicz*.

[29] Cette description s'accorde avec celle faite dans *Grajina*, p. 410. Nowogrodek fut deux fois pris et brûlé par les chevaliers, en 1314 et 1390.

[30] *Walter von Stadion*, chevalier teutonique, fait prisonnier par les Lithuaniens, épousa la fille de Keystout, et s'enfuit secrètement avec elle de la Lithuanie. Il arrivait souvent que les Prusses et les Lithuaniens enlevés dans leur enfance par les Teutons, de retour dans leur patrie, devenaient les plus implacables ennemis des ravisseurs. Le Prusse *Hercus Monte*, célèbre dans les annales de l'Ordre, nous en fournit un exemple.   (†)

[31] *Kleypeda* (Memmel), ville commerçante, avec une forteresse et un port, située à l'embouchure du Niémen, dans cette partie de la Lithuanie qui appartient aujourd'hui au roi de Prusse. Kleypeda fut bâtie en 1279, fortifiée en 1312. Les chevaliers teutoniques s'en étaient emparés en 1328, et c'est à ce titre, un peu suranné, qu'elle fait aujourd'hui partie de la Prusse.

[32] Voyez l'épigraphe : « *Bisogna essere volpe e leone.* » Cette devise méridionale ne sera jamais adoptée par la Pologne. Le tzar Nicolas disait à un voyageur français, en lui montrant ceux des enfants polonais qui ont survécu à leur enlèvement et qu'il faisait élever dans les écoles régimentaires : « Vous voyez pourtant que je ne les mange pas ! »

[33] En 1831, tout le corps d'armée lithuanien commandé par le général Rosen aurait passé sous les drapeaux polonais, sans les mortelles hésitations de la pentarchie aristocratique et du chef de l'armée qu'elle avait choisi.

[34] Le temple d'*Alexota* ou *Milda*, déesse de la beauté et de l'amour (*Kannis*), se trouvait dans les jardins mêmes de Keystout, à Kowno, aux lieux où s'élève aujourd'hui le faubourg d'*Alexota*.

[35] *Keydany*, sur le chemin de Kowno à Polonga ; aujourd'hui colonie écossaise et domaine des princes Radzivill.

[36] Le tableau de cette croisade est en tout conforme à l'histoire.   (†)

[37] Il semblerait que la conduite de Wallenrod a servi de modèle à celle du généralissime polonais en 1831, Jean Skrzynecki, avant, pendant et après la bataille d'Ostrolenka. (Voy. Spazier, Soltyk, Mieroslawski, etc., etc.)

[38] « Le généralissime, après avoir le premier abandonné le champ de bataille d'Ostrolenka, porta lui-même au sein de l'assemblée nationale la nouvelle de sa défaite. Pour se justifier, il calomnia l'armée. Un député osa présenter à l'assemblée un projet d'adresse, en s'appuyant sur l'exemple du sénat romain après la bataille de Cannes, et dans laquelle on disait

à *Varus*-Skrzynecki, qu'il avait bien mérité de la patrie.... » (*Ibid.*) Moins libéral que le Varus romain, l'ami d'Horace, ou que Wallenrod, l'ami du Vaïdelote Halban, le dévot général, dit-on, déteste les poëtes.

³⁹ Dans le moyen âge, lorsque les ducs et les barons commettaient impunément toute sorte de crimes, et que l'autorité des tribunaux ordinaires était insuffisante pour les réprimer, il s'était formé une association secrète dont les membres, inconnus les uns des autres, s'engageaient par serment à punir les criminels sans avoir égard aux liens du sang ni de l'amitié. Lorsque les juges avaient prononcé l'arrêt de mort, on l'annonçait au condamné en criant sous les fenêtres de sa demeure ou en tel autre lieu qu'il fréquentait : *Weh!* (Malheur!). Ce mot, par trois fois répété, était le signal de sa condamnation ; celui qui l'avait entendu se préparait à une mort inévitable, prochaine, et portée par un bras inconnu. Le tribunal secret s'appelait aussi le tribunal *Wehmique* (Wehmgericht), ou *Westphalien*. Il est difficile de préciser l'époque à laquelle il a été institué. Suivant quelques-uns, Charlemagne en serait le fondateur. Utile dans son origine, il dégénéra bientôt en abus ; en sorte que les gouvernements, après des menaces réitérées, se virent forcés d'abolir sa juridiction. (†)

Ce tribunal *wehmique*, sans recours et sans appel, redouté même des empereurs, dernier reste du sanguinaire teutonisme allemand, contraire à l'esprit du christianisme et à toutes les lois de la civilisation, n'a jamais pu se faire admettre en Pologne, pas plus que le tribunal du Saint-Office.

⁴⁰ Nous avons qualifié notre poëme de *Nouvelle historique*, parce que les caractères des personnages que l'on y voit figurer, aussi bien que les faits les plus importants, sont tracés d'après l'histoire. Les chroniques du temps sont tellement obscures dans leurs récits que, pour se faire une idée générale des événements et en former un ensemble historique, il faut souvent y suppléer par des conjectures. Dans le poëme de Wallenrod nous croyons cependant avoir pris la vraisemblance pour point de départ.

Suivant les chroniqueurs, Konrad n'appartiendrait point à la famille des Wallenrod, célèbre en Allemagne, quoiqu'il en prétendit tirer son origine ; il semblerait plutôt un enfant naturel. La chronique de Kœnigsberg * dit *qu'il était fils d'un prêtre* **. On trouve différentes opinions contradictoires sur cet étrange individu. La plupart des chroniqueurs l'accusent d'orgueil, de cruauté, d'ivrognerie, de rigueurs excessives envers ses subordonnés, et même de haine contre le clergé (Voy. t. I, p. 471). Voici ce que rapporte la chronique de Kœnigsberg :

« ... Véritable bourreau de l'humanité, Wallenrod n'était enclin qu'à la guerre et aux querelles ; et, quoiqu'il ait dû se montrer dévot pour se conformer à la règle, il fut pourtant en exécration à tous les gens de bien ***. »

Et Lucas David ajoute :

---

* De la bibliothèque de Wallenrod.
** *Er war ein Pfaffenkind.*
*** « *Er war ein rechter Leuteschinder, nach Krieg, zank und Hader hat sein Herz immer gestranden; und ob er gleich ein Gott ergebner Mensch von Wegen seines Ordens seyn sollte, doch ist er allen frommen geistlichen Menschen Græuel gewesen.* »

« ... Il ne gouverna pas long temps, car il plut au Seigneur de le châtier et de le faire périr par la fièvre de feu *. »

Ailleurs, les écrivains contemporains lui accordent de la grandeur d'âme, du courage, de la générosité et quelque force de caractère; car, en effet, comment aurait-il pu, sans des qualités supérieures, maintenir son autorité dans l'Ordre au milieu de la haine générale qu'il s'était attirée?

Rappelons-nous maintenant la conduite de Wallenrod.

Dès qu'il fut investi du pouvoir suprême dans l'Ordre teutonique, une occasion favorable lui fut offerte pour faire la guerre à la Lithuanie; car Vitold était venu lui proposer en personne de conduire les troupes de l'Ordre sur Vilno, avec la promesse de payer largement leur assistance. Cependant Wallenrod, non-seulement différait à commencer les hostilités, mais, après avoir rebuté Vitold par ses lenteurs, il commit l'imprudence de lui donner des lettres patentes; en sorte que ce prince, s'étant réconcilié sous main avec Jaghellon, son cousin et roi de Pologne, non content de s'enfuir de la Prusse, s'introduisit en ami dans les châteaux de l'Ordre, les désarma, les pilla, et passa les garnisons au fil de l'épée. Au milieu de ces désastres, il fallait ou renoncer complétement à la guerre ou ne l'entreprendre qu'avec beaucoup de précaution. Cependant le grand-maître proclame à l'improviste une croisade, épuise le trésor ***, et marche contre la Lithuanie. Au lieu de s'emparer de Vilno, il perd le temps favorable en festins, et toujours il attend des renforts qui ne viennent pas. (Encore comme Skrzynecki!) Cependant l'automne arrive; Wallenrod, laissant le camp dépourvu de provisions, se retire en Prusse, et le premier donne l'exemple de la fuite!!!

Les chroniqueurs du temps et les historiens qui les ont suivis ne s'expliquent point sur la cause de cette conduite, et ne trouvent dans les circonstances de l'époque aucun prétexte pour la justifier. Quelques-uns l'attribuent à une aliénation mentale. Mais ces différentes données sur le caractère et l'action de notre héros s'expliqueront facilement si nous supposons qu'il était d'origine lithuanienne, et qu'il n'entra dans l'Ordre teutonique que pour tirer vengeance des chevaliers. En effet, ce fut son administration qui donna le coup de grâce à l'Ordre précité...

Ainsi nous avons pu supposer que Wallenrod ne fut autre que ce Walter von Stadion, en réduisant à dix années environ le temps qui s'écoula entre le départ de Walter de la Lithuanie et l'apparition de Konrad à Marienbourg.

Wallenrod mourut subitement vers 1394. Sa mort fut accompagnée de circonstances singulières: « Il trépassa, dit la chronique, dans un accès de frénésie, sans même recevoir l'extrême-onction et la bénédiction du prêtre. Peu avant son trépas, la Vistule et le Nogat rompirent leurs digues, et leurs eaux confondues se creusèrent un lit nouveau à l'endroit même où se trouve maintenant la ville de Pillau ***. »

---

* « *Er regierte nicht lang, denn Gott plagte ihn inwendig mit dem laufenden Feuer.* »

** Il dépensa cinq millions de marcs d'argent : à peu près deux millions de francs, somme énorme pour ce temps-là.

*** « *Er starb in Raserey ohne letzte Oehlung, ohne Priestersegen. Kurz vor seinem Tode wütheten Stürme. Regengüsse, Wasserfluthen; die Weichsel und der Nogat durchbrachen ihre Dämme... hingegen wühlten die Gewässer sich eine neue Tiefe da, wo jetzt Pillau steht.* »

Le moine Halban, suivant les chroniqueurs *Doctor Leander von Albanus*, le seul et l'inséparable compagnon de Wallenrod, bien qu'il feignît la dévotion, était, selon les chroniqueurs, païen, et peut-être même sorcier. On ne sait rien de positif sur sa mort. Quelques-uns racontent qu'il se noya, d'autres qu'il fut emporté par le diable.

La plupart des chroniques dont nous avons fait usage sont reproduites dans le recueil de Kotzebüe (*Preussens Geschichte, Belege und Erleuterungen*). Hartknoch, qui traite Wallenrod d'insensé (*unsinnig*), ne donne sur lui que fort peu de détails. (†)

Nous avons, par les notes ajoutées aux deux poëmes précédents, essayé de soulever un coin du voile qui couvre cette attachante et mystérieuse antiquité lithuanienne ; nous nous réservons d'en donner un jour un tableau plus complet au public français. Nous recommandons à ceux qui voudraient s'éclairer davantage sur cette matière l'excellente édition illustrée de Konrad Wallenrod et de Grajina par notre compatriote et ami Jean Tysiewicz.

⁴¹ LIVRE DES PÈLERINS. — Cet écrit sublime, qui a pour titre : *Actes de la Nation polonaise et des Pèlerins polonais*, vivra comme un éternel monument du passage de l'Émigration polonaise en France. Une de ses gloires, c'est d'avoir été imité par Lamennais (qui lui-même en convient) *, dans les *Paroles d'un Croyant*, dans ce livre qui se termine par cet hymne prophétique : « Dors, ô ma Pologne ! dors en paix dans ce qu'ils appellent ta tombe; moi, je sais que c'est ton berceau. » C'est à tort qu'un des biographes de Mickiewicz prétend que l'idée primitive des *Pèlerins* a été puisée dans la *Vision d'Hébal* de Ballanche ; ces deux ouvrages, publiés presque en même temps, n'ont d'autre rapport que celui des idées généreuses qui les ont inspirés : mais ils diffèrent essentiellement par la forme et l'exécution. Il est remarquable, en effet, que trois esprits aussi éminents se soient, au sortir d'une révolution, rencontrés dans les mêmes pensées, pour prophétiser, chacun à sa manière, l'avenir de l'humanité.

⁴² Il m'est arrivé dans ce passage du *Livre des Pèlerins* et dans beaucoup d'autres ce qui doit forcément arriver à un traducteur qui se trouve déjà prévenu dans quelques parties de son travail : de se rencontrer dans les mêmes expressions et les mêmes tours de phrases avec ses devanciers. Les seuls traducteurs français dont les compatriotes de Mickiewicz aient lieu d'être satisfaits, sont, pour le Livre des Pèlerins M. de Montalembert, qui le premier a révélé à la France, c'est-à-dire à l'Europe, notre bien-aimé poëte, et George Sand pour un fragment des Aïeux inséré dans la *Revue des Deux-Mondes*. Voici quelques passages de l'éloquente préface de M. de Montalembert (1833) :

« Le travail que nous offrons ici aux amis de la Pologne est l'œuvre d'un poëte depuis longtemps célèbre dans son pays. Encore peu connu dans le nôtre, il nous semble devoir l'être de plus en plus, à mesure que se développera dans les âmes françaises le sentiment des principes vraiment régénérateurs, à mesure que se resserreront les liens qui doivent unir à jamais les deux immortelles amies, la nation victime et la nation vengeresse.

. . . .

* « J'ai pris l'idée des *Paroles d'un Croyant* des *Pèlerins polonais* de Mickiewicz. » (*Affaires de Rome*).

« Dans le *Livre des Pèlerins polonais*, l'auteur abdique les formes et le prestige de la poésie, pour y exposer à ses compatriotes, en prose biblique et populaire, l'éminente mission que le Créateur a, selon lui, assignée à la Pologne dans le passé comme dans l'avenir de l'Europe. Il leur prêche la sanctification de leur auguste infortune par une humble et implicite confiance dans la miséricorde divine, par l'union la plus absolue, par l'absence de toute récrimination sur le passé, et de toute participation aux vaines et éphémères luttes de la politique du jour; enfin par une foi impérissable au triomphe de la cause du droit et de la liberté.

. . . .

« Les grandes âmes savent que l'on peut oublier ce qu'on a aimé quand la prospérité vient justifier cet oubli; mais que l'oublier dans l'abandon et la détresse, c'est l'œuvre des lâches. Elles savent que les affections des peuples sont de courte durée, comme leur vie; mais qu'ils ont toujours béni les âmes qui restent *longtemps* fidèles à une cause malheureuse, à une gloire méconnue. Cette fidélité nous ne nous lasserons pas de la demander pour une cause qui a conquis déjà les plus nobles sympathies de notre pays, mais qui ne doit pas les fatiguer. Quand même elle ne serait pas indissolublement liée à la cause de l'humanité, et, par conséquent immortelle comme elle, les infernales cruautés de Nicolas, et les bassesses inouïes du gouvernement français la rajeuniraient à l'envi. Nous nous sentons poussés à en parler sans cesse dans cette France dont la mémoire est si courte, où les flots d'un vaste oubli viennent ensevelir successivement tout ce qui s'élève au-dessus des chétives passions du jour et de la mesquine attente du lendemain; où l'on est si clément pour le crime et la perfidie, pourvu qu'elles datent d'hier; ou les déceptions les plus honteuses ne perdent rien de leur effet à être dévoilées, pourvu qu'elles aient commencé par réussir. On a accusé le peuple français d'oubli et d'ingratitude envers ses bienfaiteurs. Nous n'en savons rien; car nous, nous n'avons jamais connu de ces bienfaiteurs-là. — Mais ce que nous savons, c'est que de tous les peuples, c'est lui qui pardonne le plus vite à ceux qui l'oppriment, le trahissent et le déshonorent, et que c'est à peine si aujourd'hui toutes les douleurs, toutes les injures de la patrie et de l'humanité ont conservé une place ailleurs que dans quelques mémoires tenaces et quelques âmes ulcérées, comme la nôtre. — De toutes les injures, de toutes les douleurs, nous n'en connaissons qu'une seule plus cruelle que celle de la Pologne; c'est l'ignominie que font subir à la France, à l'occasion de cette même Pologne, les tristes êtres qui la gouvernent, ignominie qui s'accroît chaque jour. — Il ne suffisait donc pas de l'avoir misérablement abandonnée; d'avoir répudié cette solidarité de gloire et de liberté qu'elle voulait fonder au prix de tout son sang; d'avoir répondu à son appel et à ses plaintes par ces paroles flétries : « *La Pologne est destinée à périr!* » — « *Chacun pour soi et chez soi!* »*; d'avoir mystifié royalement tout le peuple de Paris rassemblé en armes pour célébrer le premier anniversaire de sa propre victoire, et de venir ensuite proclamer sur le tombeau de la Pologne, pour toute oraison funèbre, que « *L'ordre régnait à Varsovie!* » Tout cela ne suffisait donc pas, puisque les mêmes hommes veulent encore nous rendre complices du plus grand attentat de l'histoire et s'acharner, au nom de la France, sur les débris d'un peuple martyr. N'y a-t-il pas quelque chose de plus

---

* M. Sebastiani et M. Dupin.

odieux dans la conduite de ce qu'on appelle le gouvernement français à l'égard des réfugiés polonais, que dans celle de la Russie elle-même à l'égard de ses victimes?... La lâcheté et la bassesse n'ont-elles pas toujours été plus méprisées, plus haïes des nations que la vengeance même la plus sanguinaire? Comment effacerons-nous de notre histoire les pages honteuses que nous y laissons écrire? cette scène de l'île d'Aix qui devrait peser sur toutes les consciences françaises, comme un remords; cette pieuse et vaillante jeunesse exclue de tous les lieux où l'étude et l'instruction pourraient la consoler; ces généraux blanchis sous les drapeaux français et réduits à une pitance insultante; le plus illustre domicile de France violé, parce qu'il était l'asile d'un homme protégé par la double consécration de la science et du malheur; le *Moniteur* devenu le registre officiel des proscriptions et des confiscations ordonnées par Nicolas; un ministre des affaires étrangères se vantant effrontément à la tribune de sa bonne intelligence avec cet homme qui ne daigne pas même recevoir nos ambassadeurs; l'exil, cette chose si sacrée pour tous les peuples, transformé chez nous en délit; des guerriers dont le nom ne périra jamais dans la mémoire des hommes, surveillés comme de lâches criminels, gratifiés de la déportation sous un ciel brûlant comme d'une protection spéciale, et de la honte des attouchements de la police en guise d'aumône, soumis à la ration et aux traitements des forçats libérés et parqués, eux, les glorieux échappés du bagne moskovite, parqués et espionnés comme s'ils venaient d'achever une peine aux galères de l'État?

Et ce n'est pas tout encore; car, tandis que cinq mille malheureux soldats, retenus en Prusse, s'écrient : «*La France ou la mort;*» tandis que les populations françaises comprennent et manifestent de toutes parts le culte que leur inspirent les sacrés confesseurs de la liberté et de la justice; tandis que toute l'Europe gémit sur ce malheur immense, et nous en rend responsables, une chambre française est venue s'associer par d'indécentes acclamations, par d'atroces plaisanteries, au brutal et cynique égoïsme de son président, et décréter la mise hors la loi contre des hommes proscrits et expatriés pour avoir obéi aux plus saintes lois de Dieu et de l'humanité! Qu'avons-nous fait de cet antique honneur, de cette générosité, de cette délicatesse qui nous rendaient naguère célèbres parmi les nations? Faudra-t-il donc rougir en comparant nos temps actuels à ceux de la monarchie absolue? Quel honteux contraste entre l'accueil fait aujourd'hui à un peuple qui a vu périr quatre-vingt-douze mille de ses enfants sur nos propres champs de bataille, et celui que fit Louis XIV aux réfugiés irlandais, à qui la France ne devait rien, si ce n'est cette noble et tendre sympathie que les grandes nations doivent et payent toujours aux grandes infortunes! Ne sommes-nous pas tombés plus bas même que sous Louis XV, qui envoyait au moins quinze cents hommes à la Pologne, et qui regrettait Choiseul à cause d'elle?

Il est vrai que ces rois absolus ne prétendaient pas régner par le vœu national, et ne se donnaient pas, à ce que nous sachions, pour les modèles des pères de famille; il est vrai que leurs ministres ne venaient pas, avec mille simagrées, raconter solennellement à la nation que c'était elle qui voulait et exigeait son propre avilissement. Aujourd'hui, nous avons pour partage le comble de la dérision à côté du comble de l'ignominie. C'est au point que, si l'étranger ou la postérité pouvaient soupçonner la France de complicité avec les hommes qui prostituent son nom aux exigences du tzar, elle serait tombée au dernier degré de la honte : oui, au dernier ; car il y a toujours, dans l'estime des peuples, quelqu'un au-dessous même du bourreau, c'est son valet.

....

« Le premier acte de l'insurrection de Lithuanie fixée au jour de l'Annonciation, fut une prière dans les temples de la foi opprimée; et le second, l'*affranchissement des paysans par leurs maîtres.*

....

« Depuis longtemps, on le sait, le gouvernement moskovite a trouvé le moyen de concilier, pour la honte et le malheur de l'humanité, les extrêmes les plus opposés. Comme son empire, qui se baigne d'un côté dans les mers Glaciales, et vient plonger de l'autre au sein de l'Europe amollie; ainsi sa cruauté embrasse et utilise à la fois tous les instincts sauvages et sanguinaires des barbares dont il est le chef et toutes les inventions raffinées et ingénieuses d'une civilisation corrompue. Il a réussi à extraire de ce mélange un ensemble d'atrocités qui dépasse tout ce que la race humaine a jamais subi ou seulement imaginé; elle peut en juger aujourd'hui à son aise, aujourd'hui que la Russie renonce même à la dissimulation et qu'elle transporte au grand jour le théâtre de ses crimes. Avant la dernière insurrection, c'est à peine s'il nous parvenait de loin en loin quelques sombres détails sur les horreurs qui se commettaient dans les déserts et dans les cachots impériaux, et qui ne nous ont été complétement révélés que depuis; on n'a su que par la bouche des victimes elles-mêmes, tous les secrets de ces prisons où a gémi si longtemps la fleur de la jeunesse lithuanienne et polonaise, arrachée à ses études et à ses joies de famille, pour être condamnée à des supplices inconnus avant le siècle qu'ont souillé un Constantin et un Novosiltzoff : les uns privés de sommeil, les autres de lumière, d'autres de boisson, tourmentés par d'affreux interrogatoires, déchirés par le bâton et la question, relâchés enfin lorsqu'on les avait ou aveuglés, ou estropiés, ou abrutis, lorsqu'on avait tué leur mémoire et leur âme*. Aujourd'hui, une sanglante lumière est venue percer ces ténèbres. Tout se passe maintenant à la face du monde. L'Europe est tombée si bas dans le mépris du tzar, qu'il ne se croit plus forcé de la tromper ; il veut, au contraire, l'effrayer. Il est donc facile de recueillir et de constater les horreurs de sa vengeance ; il est facile de prouver qu'elle est sans rivale dans l'histoire, et qu'il n'est au monde rien qu'elle n'ait outragé.

....

« On se rappelle ce Swieykowski, noble Ukrainien, amnistié, puis arraché de ses foyers, après deux mois de séjour, pour être conduit en Sibérie, et qui, invoquant l'amnistie auprès du gouverneur de Kiow, reçut cette mémorable réponse : « *L'amnistie est pour l'Europe, et le knout pour vous!* »

....

« Enfin ce prince Roman Sanguszko, dont le nom rappelle toute la gloire et tous les malheurs de son pays, qui, après avoir été condamné à perdre sa noblesse et son nom, à passer le reste de ses jours aux mines, et

---

* On sait que dans les prisons dont le grand-duc Constantin était lui-même le geôlier, on avait coutume de ne donner d'autre nourriture aux prisonniers, dont on voulait arracher quelque aveu, que des harengs salés, en leur refusant tout liquide quelconque (voyez t. I, p. 258).

à se rendre au lieu de son supplice, à pied [*], enchaîné, numéroté, la tête rasée, avec la chaîne des galériens ordinaires, demande à se confesser avant de commencer cette marche qui dure huit mois, et reçoit pour réponse qu'il n'aura point de prêtre de sa foi, parce qu'il n'est plus qu'un serf, et *qu'un serf ne doit pas avoir d'autre religion que son maître.*

....

« Comment peindre les horreurs de ces exécutions prolongées que l'on nomme exils en Sibérie, de ces marches funèbres de condamnés, pendant lesquelles on voit des enfants au-dessous de quinze ans succombant sous le poids de leurs fers, et mendiant le long de la route, de quoi s'acheter des chaînes plus légères.

....

« De toutes les horreurs commises par le gouvernement russe, celle-ci est la mieux constatée. Outre l'oukaze impérial du 24 mars 1832, qui ordonne l'enlèvement des orphelins (ce qui signifie, selon la définition autocratique : 1° tout enfant qui n'a pas de père, quelle que soit la fortune personnelle de l'enfant ; 2° tout enfant dont les parents sont pauvres et hors d'état de le maintenir convenablement), nous avons sous les yeux les ordres officiels signés du prince Gortschakoff, du président Tymowski et du prince Paskéwitch, pour la mise à exécution de l'oukaze ; puis, le récit authentique inséré dans la *Gazette de Brunswick* en août dernier, avec la spécification la plus détaillée des dates et des lieux. — Nous devons rappeler les traits suivants : « Pour assurer le succès de cette mesure à Varsovie, l'administration fit publier que S. M. I., ayant paternellement résolu de venir au secours de ses sujets indigents, tous les parents qui avaient de la peine à nourrir leurs enfants étaient invités à se faire inscrire dans les bureaux officiels. Une foule de malheureux y accoururent ; et les listes une fois dressées, on s'en servit pour procéder régulièrement à l'enlèvement des enfants qui y étaient portés... Six cents enfants avaient été enlevés de nuit, en quatre convois différents, avant le 5 mai 1832. Le 17 de ce mois, on fit partir un convoi en plein jour ; on entendait dans toutes les rues les cris et les lamentations des mères qui couraient après les charrettes chargées de leurs enfants et dont quelques-unes se jetaient sous les roues : les gendarmes les écartaient en jurant... Le 18, on enleva tous les enfants qui se trouvaient dans les rues, occupés à travailler ou à vendre certaines denrées. Le 19, on vida toutes les écoles paroissiales et de charité, celle des orphelins de l'Enfant-Jésus, etc. — Bien que la mortalité des enfants pendant la marche soit ordinairement des quatre-cinquièmes (sur 450 enfants partis de Varsovie, il n'en est arrivé à Bobruysk que 116 vivants), les convois rendus au lieu de leur destination se trouvent au grand complet ; car les Kosaks de l'escorte enlèvent les premiers enfants qu'ils rencontrent le long de la route ou dans les haltes, pour remplacer les morts de chaque journée. Quand un enfant devient trop faible pour continuer, on le laisse sur le bord du chemin, avec du pain pour trois jours. Les gens du pays racontent qu'ils ont souvent vu les cadavres de ces innocents étendus à côté de leur pain, qu'ils n'avaient pas eu la force de toucher. Ces mesures sont encore plus générales dans les provinces anciennement réunies à la

---

[*] Par une grâce spéciale de l'empereur, qui ajouta cette spécification *de sa propre main* sur la sentence, après avoir entendu les prières de sa propre femme et des princesses de la maison Sanguszko.

Russie, que dans le royaume; les Kosaks et les Baskirs des escortes y vendent souvent les enfants aux juifs... Les enfants qui survivent à la transplantation sont réunis aux colonies militaires, les garçons pour y servir dès qu'ils auront l'âge, les filles pour devenir les épouses ou les maîtresses des soldats. » — Pour comble d'ignominie, l'Europe a entendu toutes les feuilles soldées par les rois répéter audacieusement l'explication donnée par la *Gazette d'État de Prusse*, qui soutenait que ces mesures étaient dans l'intérêt de la population et dictées par la plus pure philanthropie (*die reinste Menschenliebe*). Voyez la *Gazette d'Augsbourg* du 14 août 1832.

. . . .

« La postérité répétera d'âge en âge les malédictions lancées contre le tzar Nicolas, par cette mère qui s'écriait dans les rues de Varsovie : « *Que ne peut-il se noyer dans nos larmes !* » le 23 mai 1832.

. . . .

« Pour accomplir de grandes choses, il a toujours fallu de grandes victimes, et des victimes innocentes et pures; pour expier l'avilissement moral du dernier siècle, pour briser la longue conspiration des despotes, des philosophes et des faux libéraux, contre la dignité et l'indépendance de l'homme, il fallait une victime qui concentrât en elle toutes les vertus et toutes les souffrances de la race humaine : il fallait une Pologne, elle s'est trouvée.

. . . .

« Si quelquefois la patience manque aux nations, et si le désespoir vient glacer leurs cœurs, c'est que leur vie est courte et qu'elles ne revivent pas ailleurs.. Elles n'ont pas, comme le simple chrétien, le refuge d'une autre vie; elles ne peuvent pas se dire comme lui : souffrons, gémissons, mangeons en silence le pain de l'esclavage, nous serons libres dans le ciel. Non, elles savent que leur destinée s'achève ici-bas; il leur faut une justice, une vengeance dès ce monde. Aussi Dieu n'a-t-il jamais refusé cette justice aux peuples qui l'ont méritée. »

[43] Cette comparaison du martyre de la Pologne avec la Passion de Notre-Seigneur est la pensée inspiratrice de Mickiewicz; elle domine dans tous ses derniers écrits. Les années qui se sont écoulées depuis l'apparition du Livre des Pèlerins ont ajouté à ce parallèle un terrible et dernier trait de ressemblance : la persécution religieuse. Le Domitien du Nord semble avoir pris à tâche d'accomplir toutes les prophéties du poëte polonais, et chacun des actes de ce despote répond à chaque parole du proscrit. Les temps de persécution recommencent, et le ciel s'est repeuplé de martyrs. La Russie, c'est l'empire romain à rebours, en commençant par les temps de son délire et de sa décadence. Nous voyons le parti sublime que Mickiewicz a su tirer de cette frappante analogie. Mais une capitale et profonde différence s'établit entre les deux plus grands sacrifices qui se soient passés sur la terre, savoir, la mort du Messie et la chute de la Pologne. Rome, la persécutrice de la foi, Rome, la maîtresse du monde, Rome athée, devint la première prosélyte du Christ et plus tard ouvrit son Panthéon à la foi des apôtres; tandis que ni Moskou, ni Saint-Pétersbourg, coupables du meurtre de la Pologne, ne deviendront jamais les métropoles de la liberté.

[44] Depuis qu'un roi de France, en prenant honteusement la fuite, a laissé la Pologne livrée à tous les désordres de l'éligibilité, chaque noble polonais, se disant issu de *Piast*, prétendait être candidat naturel à la cou-

ronne de Pologne. Cette vicieuse organisation, dont Jean Zamoyski a laissé le germe funeste dans nos lois, ne tarda pas à porter ses fruits ; les velléités monarchiques des nombreux prétendants à la couronne ont perdu l'ancienne Pologne, malgré ses héroïques sacrifices et le débordement de splendeur qu'elle prodigua durant la dernière période de son histoire. Aujourd'hui même, lorsque cette splendeur, en s'éteignant, n'a laissé qu'une auréole de martyre sur un tombeau, les échos lointains de son organisation vicieuse se font encore sentir dans ce qui reste de la Pologne, au milieu même de l'exil : comme après l'amputation d'un membre malade, on croit encore éprouver dans ses articulations retranchées les anciennes douleurs et les anciens tressaillements.

⁴⁵ Une variété de la *basiléomanie* ou la manie d'être roi, si commune de nos jours, est aussi la *démiomanie* ou la manie d'être bourreau, qui fort heureusement ne s'est pas encore manifestée en Pologne. Le fait cité par Mickiewicz est arrivé à Bourges ; et parmi les 366 candidats à la succession du bourreau décédé, les bouchers étaient en majorité.

⁴⁶ Voilà un petit discours tout à fait en règle et pouvant se comparer, à cause du parfum classique qu'il exhale, à celui de Curius Dentatus refusant l'or des Samnites. Vient ensuite le dernier paragraphe, qui, de même que le chœur antique, tire la conclusion et l'enseignement final de ce qui précède. La forme du drame homérique se fait jour dans cette composition à travers le langage de Moïse et des prophètes ; et, selon moi, la perfection de l'art serait de pouvoir fondre dans un seul Océan ces deux grands fleuves de poésie, l'antiquité grecque et l'antiquité chrétienne.

⁴⁷ Qu'il nous soit permis de différer en cela d'opinion avec l'auteur, et une seule fois dans tout le cours de cet ouvrage. Les talents que Dieu a mis en nous sont destinés à être exercés en ce monde pour le bien de nos semblables et non pas à fructifier pour la vie future ; car Dieu, la suprême intelligence et le suprême amour, n'a rien fait d'inutile.

⁴⁸ L'histoire de la Russie est l'histoire des massacres :

« C'était dimanche, le 17 avril 1831. Dans cette saison, les matinées sont froides ; mais déjà la verdure reparait, et la terre commence à se rajeunir par la douce chaleur du soleil printanier. Son lever pur et sans nuages semblait annoncer une belle journée. La population des environs d'Oszmiana se rendait à la ville, les uns pour vendre leurs grains et vaquer aux affaires, les autres pour rendre grâces à Dieu de ses bienfaits.

« Vers les onze heures du matin, quelques coups de fusil se firent entendre. Le commandant des francs-tireurs osa, avec son peloton, disputer le passage de la rivière à l'ennemi vingt fois plus fort que lui. La fusillade dura une heure entière. Tous les nôtres tombèrent sous le plomb ennemi.

« Les Russes ! s'écria un insurgé accourant dans la ville tout couvert de sang.

— Les Russes ! répétèrent avec effroi les habitants fuyant de tous côtés.

— *Rabiata !* (enfants) la ville est à vous, s'écria en entrant le colonel Wierzulin, commandant des Moskovites.

« Et comme des chiens lâchés par le chasseur, la soldatesque, avide de butin, se dispersa dans les rues et se mit à piller les maisons que les habitants avaient désertées.

« Le plus grand nombre se réfugia dans le temple, espérant trouver son salut dans la sainteté du lieu. C'étaient des enfants, des femmes et des vieillards. Quelques jours auparavant, les jeunes gens étaient partis en expédition avec le colonel Przezdziecki. La foule, prosternée devant l'image du Seigneur, attendait sa dernière heure avec recueillement et résignation. Un silence solennel, interrompu de temps en temps par la voix auguste du prêtre qui officiait, régnait dans l'enceinte sacrée.

« Une pinte d'eau-de-vie, Yvan, que j'abats ce corbeau, dit l'un des Kalmouks qui parurent à l'entrée.

— Va, reprit l'autre. »

« La balle siffla, et le prêtre tomba au pied de l'autel.

« C'était le signal du carnage. Le sabre à la main, le poignard entre les dents, les Kalmouks se ruèrent dans le temple. Non, je ne pourrai jamais peindre cette scène horrible, où le sacrilége, le viol et le meurtre profanèrent la maison de Dieu, où le rire féroce des assassins se mariait au râle des victimes.

« Un enfant de cinq ans, entourant de ses petites mains le corps inanimé de sa mère, gênait le Kalmouk occupé à dépouiller le cadavre. Déjà le farouche soldat levait le bras pour le frapper...

« Camarade, dit l'autre en l'arrêtant, que vas-tu faire ? ce marmot-là ne vaut pas un coup de poignard. »

« Et il saisit le garçon par la jambe, fit un moulinet avec son corps, et la tête de l'enfant alla se briser contre le mur voisin.

« Blottie derrière un confessionnal et entièrement cachée par un grand tableau de la sainte Vierge, la jeune Adèle M*** croyait échapper aux regards avides des meurtriers. Vain espoir ; un soldat ivre de sang et d'eau-de-vie la trouva :

« Viens, *Laschka* (Polonaise), viens partager ma couche, dit-il. »

Et, la saisissant par sa longue chevelure, ce barbare l'entraînait hors de l'église ; lorsqu'un vieillard à cheveux blancs, s'efforçant en vain de le repousser d'une main affaiblie, s'écria :

« Inhumain ! prends mon or, mon sang, ma vie, mais laisse-moi ma fille ! »

— Toi, ton or et ta fille, tout m'appartient, dit le Russe le renversant par terre d'un coup de pied. » Le vieillard tomba sans connaissance ; le Russe entraîna sa victime à demi morte.

« Cela va bien, *Nikita*, n'est-ce pas que cela va bien ? prononça une voix rauque. Le soldat s'arrêta.

— Pas mal, mon commandant.

— La petite est assez gentille ; c'est un morceau d'officier, et tu me la céderas.

— Excusez, *ouradnik* (lieutenant), la fille est à moi et je la garde.

— Malheureux ! je te l'ordonne...

— Eh bien, prends-la ! » répondit le soldat en laissant échapper un rire infernal ; et il enfonça un poignard dans la poitrine découverte de la jeune fille. L'ouradnik contempla d'un air farouche les restes inanimés de la jeune martyre, et, lui enlevant sa pelisse :

« Elle est encore assez bonne, dit-il ; quoique tachée de sang, un juif pourra toujours l'acheter. Ce qui est bon à prendre... »

« Un quart d'heure après, tout était tranquille ; *l'ordre régnait à Oszmiana* : seulement un tas de cadavres encombrait l'entrée de l'église, et un torrent de sang inondait la terre.

« Le lendemain un *Te Deum* fut chanté par ordre du commandant russe, en action de grâces.

« Une *krasninka* (10 fr.), monsieur, et je vous vends cela ! » dit au malheureux père un Russe à demi-ivre, montrant un objet ensanglanté. C'étaient les boucles d'oreilles avec les oreilles mêmes de sa fille que le Moskovite voulait lui vendre.

« Le père n'eut plus la force de résister, et mourut quelques jours après. Les boucles d'oreilles de sa fille se trouvent aujourd'hui entre les mains d'un général russe... « *Un habitant d'Oszmiana.* »

[49] Les Prussiens furent de tout temps les chacals des Moskovites. Le massacre de Fischaü a été accompli, en 1832, par les Prussiens, sur les soldats polonais, désarmés, qui étaient entrés en Prusse sur la foi des traités. « Il y a quelque chose de plus méprisable que le bourreau, dit Schiller dans *Don Karlos*, c'est son valet. » (V. p. 455).

[50] « Au retour du tzar Nicolas de Moskou, ces soldats prisonniers furent condamnés à recevoir, à quatre reprises, 8,000 coups de verges ; et cela en face d'une église et au milieu d'un port fréquenté par des navires de toutes les nations, comme pour braver à la fois Dieu et le genre humain. Le récit du premier quart de leur supplice a été donné par les journaux anglais. On guérit maintenant ceux qui ont survécu, pour leur faire subir les trois autres. » (*Note de M. de Montalembert.*)

[51] THADÉE SOPLIÇA. — La sainte Vierge Marie, reine de Pologne et grande-duchesse de Lithuanie, a plusieurs tableaux miraculeux en Pologne. Les plus renommés sont celui de *Czenstochowa*, petite ville fortifiée dans le palatinat de Kalisz, et celui de la *Porte-ostra*, dans Vilno, objet d'un culte particulier pour les Lithuaniens. Le premier était peint d'après nature, par saint Luc, évangéliste, selon la tradition populaire. Il en est d'autres encore d'une moindre célébrité, comme ceux du château à *Nowogrodek*, de *Zyrowiec*, de *Berdyczew* et de *Borun*. (†)

[52] Thadée Reytan fut, en 1793, le chef de l'opposition nationale contre la faction moskovite. Grand citoyen comme Caton, il mourut de la même manière.

[53] Deux hommes de guerre ont porté vers la fin du dernier siècle le costume du peuple, la capote grise : Kosciuszko et Napoléon.

[54] Après l'insurrection de Krakovie, le 24 mars 1794, et celle de Varsovie, le 17 avril, Vilno fit la sienne le 23 du même mois. Deux compagnies, dont l'une était à peine formée, secondées par quelques habitants, suffirent pour désarmer une garnison de trois mille hommes et pour faire quinze cents prisonniers, le général Arsenieff à la tête ; et tout cela grâce aux dispositions du jeune colonel Jacques Iasinski, excellent ingénieur et républicain intrépide. Après ce coup de main, unique dans l'histoire, Iasinski livra trois batailles consécutives en rase campagne, celle de Niémenczyn contre Lewis, celle de Polany contre Déioff, et celle de Sioly contre Nicolas Zouboff. Quand Iasinski fut rappelé auprès du généralissime Kosciuszko, on défera le commandement de la Lithuanie au général Wielhorski ; et le 12 août, Vilno dut se rendre aux Russes, malgré des efforts inouïs. L'héroïque Iasinski périt le 4 novembre 1794, sur les remparts de Praga, avec Korsak, Grabowski et vingt mille habitants égorgés par Souwaroff.

[55] Le statut lithuanien promulgué en 1569, qui fut la plus avancée des constitutions alors en vigueur en Europe, a été maintenu nominalement jusqu'en 1832. Depuis, le glaive a passé sur toutes nos institutions. Les titres administratifs ou judiciaires, que nous rencontrons dans le cours de cet ouvrage, se rapportent tous à ce premier code lithuanien, qui avait

pris des racines profondes dans la nation. Les charges et les emplois étaient tombés en désuétude, les titres subsistaient encore. L'élection libre faisait toujours le fond du caractère polonais. C'est ainsi que les amis, les voisins, les clients distribuaient à volonté des qualifications honoraires qui, plus tard, passaient même dans les actes officiels.

Les juges, comme les tribunaux, étaient de deux sortes : le juge de châtelet (*castri v. castrensis judex*), et le juge terrestre (*terrestris, v. particularium satrapiarum judex*). Notre digne hôte, le juge Soplica, appartenait à cette seconde variété. Mais comme en général, depuis le partage, la cour d'appel se trouve à Saint-Pétersbourg, les tribunaux des provinces ont à peine gardé une ombre de leur dignité traditionnelle.

A cette organisation, vicieuse d'ailleurs, mais pleine de vie et d'activité, les Russes ont substitué leur infernale hiérarchie mogolienne ou chinoise, les *tchin* (V. t. I, p. 456), dans laquelle respire le calme du désert et le silence de la mort.

⁵⁶ Le *Woyski* (*decurio v. tribunus*) était un officier palatinal ou territorial, dont les fonctions consistaient à surveiller les femmes des gentilshommes qui montaient à cheval pour aller combattre. Ne pouvant mieux faire, nous l'avons traduit par *sénéchal;* de même que nous l'avons fait pour le *porte-clefs*, qui n'était rien moins qu'un geôlier, mais plutôt un majordome, un *Caleb* de haute volée de la maison des Horeszko.

⁵⁷ Le *Podkomorzy* (*princeps nobilitatis, præfectus cubiculi, decurio cubiculariorum regis;* M. KROMER) : chambellan royal (*Præfectus regendorum finium, vulgo subcamerarius*), chambellan terrestre. C'était la suprême dignité du palatinat. Il présidait les cours territoriales ou de délimitation. (†)

⁵⁸ Le *Wozny*, sergent, crieur, huissier. Celui qui fait les exploits de justice (*curio*). Le sergent-de-camp avait la garde des bagages (*præco exercitus*).

⁵⁹ La répétition fréquente de cette phrase, comme de certains vers de l'Odyssée : « *Nous mîmes à la voile et nous partîmes le cœur attristé*, etc. » atteste une fois de plus les fortes études de Mickiewicz sur l'antiquité. Quoique *romantique*, il parlait très-couramment la langue d'Homère et celle de Virgile.

⁶⁰ On sait que Vespasien avait établi un impôt sur les urines. Il remplit le trésor épuisé sous les règnes de ses prédécesseurs, et fit construire le Colisée. Vespasien fut le plus populaire de tous les empereurs. Il aimait l'argent, mais il l'aimait pour le peuple et non pour lui-même.

⁶¹ Notre poëte excelle dans la peinture de ces types grandioses de prêtres polonais ; comme le prêtre Pierre dans *les Martyrs*, celui du *Presbytère*, etc. Dans tous les ouvrages de Mickiewicz, le prêtre joue un grand rôle ; mais le prêtre comme la Pologne seule, de nos jours, pouvait lui en offrir des modèles. Le frère Robak n'est pas le moine espagnol cachant un poignard sous le froc, ni le jésuite français glissant dévotement à ses ouailles un conseil politique parmi ses exhortations religieuses, ni l'inquisiteur italien excommuniant les proscrits que son glaive ne peut atteindre ; c'est le guerrier, c'est le citoyen devenu prêtre sans cesser d'être homme, exerçant à tout moment la plus belle, la plus divine vertu du prêtre : l'humilité ! *Robak*, en polonais, signifie *ver de terre*. On lira dans le onzième livre l'origine de ce nom ; le récit de cette sublime expiation de vingt années, qui se termine par le martyre, est une des plus belles pages de la littérature

moderne. Rymvid dans *Grajina*, Halban dans *Konrad*, Pierre dans *les Aïeux*, Robak dans *Thadée* : admirables têtes de vieillards comme notre Kasimir Delavigne seul en France savait les peindre.

[62] Les deux premiers mots de toute langue d'homme, les mots PATRIE et LIBERTÉ ne se trouvent point dans le russe. On est forcé d'employer une périphrase pour les exprimer.

[63] Les sorcelleries de Bonaparte et de Souwaroff sont le thème d'une foule de contes populaires en Russie. (†)

[64] L'*Assesseur* était l'échelon infime de la hiérarchie judiciaire. C'était une espèce de juge d'instruction en permanence, chargé de verbaliser et de dresser des enquêtes sur tous les délits de police. Dans la législation moskovite, il a été supplanté par le *Zasidatel*, espèce d'espion à poste fixe, logé, nourri et grassement rétribué par les propriétaires. Le *Régent*, variété du *Notaire*, greffier, à la tête du bureau des hypothèques.

[65] Joseph, comte Niesiolowski, le dernier palatin de Nowogrodek, fut le chef du gouvernement provisoire à Vilno, après l'insurrection de Iasinski.

[66] Georges Bialopiotrowicz, le dernier greffier du grand-duché de Lithuanie, appartenait au tribunal révolutionnaire. Les vertus et le patriotisme sont héréditaires dans sa famille en exil.

[67] Sluck, jadis chef-lieu de duché, est célèbre jusqu'à nos jours par une manufacture d'étoffes précieuses et de riches ceintures, partie essentielle du vieux costume polonais. (†)

[68] Ce fut durant cette marche de Henri Dombrowski (1806) que l'on entendit pour la première fois le célèbre chant national : « *La Pologne ne mourra pas...* etc., » qui souleva toute la nation comme un seul homme.

[69] C'est le général Kniaziewicz qui fut chargé par l'armée d'Italie de présenter au Directoire les drapeaux conquis sur l'ennemi. Cette imposante cérémonie eut lieu le 18 ventôse an VII (8 mars 1799). (†)

[70] Le prince Iablonowski, commandant de la légion du Danube, qui fut presque entièrement détruite à Saint-Domingue. Au nombre de ceux qui échappèrent, est le général Malachowski, mort en exil. (†)

[71] Une soupe noire servie au jeune homme qui recherchait une demoiselle en mariage lui annonçait que sa recherche n'était point agréée. (†)

[72] L'exécution des arrêts des tribunaux était très-difficile en Pologne du temps de la république. Dans un pays où le pouvoir exécutif n'avait pour ainsi dire aucune force armée à ses ordres, où les grands entretenaient des troupes à leur solde, quelques-uns, comme les princes Radzivill, au nombre de plus de 10,000 hommes, le plaignant qui voulait obtenir justice était obligé de s'adresser à la noblesse. Ses parents, ses voisins, tous en armes, suivaient l'huissier chargé de l'exécution de l'arrêt et faisaient littéralement la conquête des terres que le tribunal avait adjugées au plaignant, et dont l'huissier le mettait alors en possession de par la loi. Cette exécution, à main armée, d'un arrêt juridique, s'appelait *zaiazd*. Dans les anciens temps, où les seigneurs même les plus puissants n'osaient s'opposer à la justice, ces *expéditions* étaient rares et sévèrement punies. La corruption des mœurs les rendit plus fréquentes par la suite, dans les provinces lithuaniennes. (†)

[73] Le prince Dominique Radzivill, grand amateur de la chasse, émigré dans le grand-duché de Varsovie, monta à ses frais un régiment de cavalerie. Il mourut à Paris, après avoir fait construire le passage qui porte son nom. Avec lui s'éteignit la branche aînée des princes Radzivill de Nies-

wieje, les plus grands seigneurs de Pologne, et sans doute aussi de l'Europe entière. Ses revenus étaient plus considérables qu'aujourd'hui ceux de la reine d'Angleterre. (†)

[74] Méien se distingua durant la guerre d'indépendance sous Kosciuszko. On montre encore à Vilno les remparts de Méien. (†)

[75] Il est en Lithuanie un poëme populaire sur la *Guerre des champignons* dans laquelle sont énumérées les espèces mangeables. (†)

[76] Le chant populaire, première école de Mickiewicz, revient à chaque page dans ce poëme, comme un écho des premiers beaux jours de sa vie. Ces quelques vers sont tirés d'une chanson très-répandue.

[77] Peintre d'histoire et paysagiste. Mort à Saint-Pétersbourg. (†)

[78] Le *centurion*, préposé sur une centaine de paysans, espèce de maire de village.

[79] Le capitaine *Sprawnik*, chef de la police du dictrict. Le *Strapczy*, espèce de procureur du roi. Ces deux fonctions subalternes de l'administration russe sont en grande haine chez les citoyens. (†)

[80] Lezdeyko, grand-prêtre de l'ancienne Lithuanie. Trouvé enfant dans un nid d'aigle; plus tard, lorsque la Lithuanie est devenue chrétienne, Lezdeyko se jeta dans les flammes consacrées aux dieux.

[81] Voyez au sujet du songe de Gédymin, le beau roman historique de Bernatowicz *Poïata*, traduit par Letourneur. Quelques passages du quatrième livre sont dus à la plume patriotique d'Étienne Witwicki, le poëte des veuves et des orphelins, ancien ami de Mickiewicz, mort en exil.

[82] Le dernier Jaghellon, Sigismond-Auguste (mort en 1572), fut couronné grand-duc selon l'ancienne coutume, avec le kolpak de Vitold. Comme tous les Jaghellons, il aimait passionnément la chasse. (†)

[83] Voyez la note n° 4, p. 437, sur les chênes consacrés aux dieux, nommés *Baüblis*.

[84] La rivière de Ross, en Ukraine, a donné son nom à la Russie, ancienne dépendance de la Pologne.

[85] Jean Kochanowski, le prince des poëtes polonais (1530-1584), aimait à composer sous l'ombrage d'un vaste tilleul, dans son village héréditaire de Czarnolas.

[86] Séverin Goszczynski, un des meilleurs poëtes de l'école romantique, auteur du *Château de Kaniow*.

[87] Cette architecture juive, très-fidèlement décrite, est tout ce que les Juifs nous ont apporté pour prix d'une hospitalité de cinq siècles. Ce sont les Juifs et les jésuites qui ont le plus activement coopéré à la chute de l'ancienne Pologne; les premiers en la dépouillant de sa richesse matérielle, en lui prenant son or, les seconds en la dépouillant de sa richesse morale, en ruinant son intelligence. Abrités sous nos lois contre la persécution qui les frappait partout ailleurs, les Juifs ont été de tous temps les agents, les espions et les pourvoyeurs de nos ennemis. Égarés, dépravés par le Talmud, qui leur enseigne la haine des chrétiens, ils sont incorrigibles, incivilisables; ils ont une horreur instinctive pour tout travail sérieux, et vivent de l'usure ou de la fraude. Notre langage leur répugne; ils n'ont cessé de parler entre eux un patois allemand, qui leur sert à duper ceux qui sont forcés de recourir à leur industrie. Le peuple est resté pur de tout mélange avec eux; mais, il faut le dire, une partie de la noblesse très-minime à la vérité, s'est souillée par une honteuse mesalliance avec cette

race abjecte. De cet alliage sont sortis ces chrétiens judaïsants, doués d'une attraction singulière pour l'étranger, tantôt Russes, tantôt Français, tantôt Allemands, et qui, sous des noms polonais, souvent sous des titres d'emprunt, ont toujours fait la honte et le malheur de la Pologne. C'est un fléau; et, comme tel, faute de pouvoir le détruire, notre foi nous le défend, il faudrait l'isoler : ou, mieux encore, le renvoyer vers son point de départ.

Les Jésuites, assis sur le trône de Pologne avec Jean-Kasimir Vasa, de funeste mémoire, ont par leur fanatisme, leur incapacité, leur orgueil, soulevé la question des dissidents et mis le pays à deux doigts de sa perte. Cette question, réveillée plus tard, a servi de prétexte au premier partage. En échange de la belle littérature du seizième siècle, notre âge d'or, ils nous ont donné celle de Bartochowski et du père Baka, dont nous trouvons un curieux spécimen à la page 340. Cette congrégation soi-disant religieuse, fondée sur le rêve d'une théocratie universelle (comme aujourd'hui le *panslavisme* russe), a fait à elle seule plus de mal à la Pologne que tous les Tatars les Kosaks, les Suédois, les Turks et les Moskovites ensemble. Décidément la forme monarchique ne devait point prospérer en Pologne; ce sont nos deux plus grands rois, le Piast Kasimir et le Rouman Étienne Batory, qui ont admis et naturalisé sur notre sol ces deux fléaux, le judaïsme et l'intolérance, tous deux mortels et sans remède. Jugez des autres ! Les princes Czartoryski, pour sauver, disaient-ils, le principe monarchique, font mieux encore; ils introduisent les Russes en Pologne, c'est-à-dire au cœur de l'Europe. Voici en deux mots, le fidèle résumé de notre histoire, depuis le quatorzième siècle.

[88] Les *kolomyiki* de la Russie-Rouge (Gallicie) et les *mazourki* de la Mazovie (Grande-Pologne) sont des airs populaires qui se chantent et se dansent à la fois. Le peuple polonais serait le plus joyeux de tous s'il n'était le plus opprimé. Rien n'égale l'entrain et la gaieté de nos chansons populaires, surtout de celles des environs de Krakovie (*Krakowiaki*). V. *Les musiciens slaves et polonais*, par Albert Sowinski.

[89] La marche de Dombrowski. *Ibidem*. Paris, chez Adrien Le clerc.

[90] Selon l'opinion générale, partagée même par quelques ornithologues, les becs des grands oiseaux de proie se courbent de plus en plus avec l'âge; en sorte que la partie supérieure, en se repliant sur l'inférieure, ferme le bec, et l'oiseau meurt de faim. Les âmes des tyrans deviennent après leur mort des oiseaux de proie. (†)

[91] Le lieu de sépulture de tous les animaux sauvages, dont on ne trouve jamais les squelettes dans les forêts, est encore un problème pour les zoologistes.

[92] *Slovo*, la parole ou le verbe, est la racine de *Slava*, la gloire, la renommée; *Slavianie*, les Slaves. *Niémy*, muet, sans parole (infans), est la racine de *Niémiec*, Allemand, étranger.

[93] Il faut se rappeler que le caractère du comte est purement de fantaisie. Rien de pareil n'a jamais eu lieu en Pologne, si ce n'est dans les drames et les romans du poëte anonyme auteur de la *Comédie infernale* et de la *Nuit d'Été*.

[94] On appelle en Lithuanie *Zascianek* (bourgade) les villages habités par la petite noblesse, pour les distinguer des villages, *Wies*, habités par les paysans.

[95] Les armoiries de la Couronne portent l'aigle blanche sur champ de

gueules; celles du grand-duché, le cavalier de Saint-Georges sur champ d'azur. Elles ont été réunies depuis 1386.

⁹⁶ Quand le roi voulait faire une levée en masse, il faisait planter dans chaque paroisse une haute perche avec un faisceau de branchages au sommet. Chaque noble ou cavalier devait, sous peine de dégradation et d'infamie, rejoindre le drapeau de son palatinat. (†)

⁹⁷ La confédération de Bar (1768-1772), levée de boucliers de la petite noblesse, commandée par les frères Pulawski, avec Dumourier, Choisy, Vioménil, aurait sauvé la Pologne du premier partage, sans les trahisons du dernier roi de Pologne, Stanislas-Auguste, et de l'infâme parti moskovite.

⁹⁸ La farine de Marimont, petit village aux portes de Varsovie, est la meilleure de Pologne, et nous pouvons l'affirmer sans exagération, de l'Europe entière. Le moulin de Marimont servit de refuge au roi Stanislas-Auguste, après la tentative d'enlèvement faite par les confédérés de Bar, la nuit du 3 novembre 1771. On sait que les confédérés n'ont jamais eu le dessein de tuer ce misérable. Il n'y a point de régicide dans notre histoire.

⁹⁹ C'est la comète de 1811, observée par Poczobut. (†)

¹⁰⁰ L'abbé Poczobut, ex-jésuite, comme la plupart des professeurs de Vilno. Auteur d'un ouvrage remarquable sur le zodiaque de Denderah, il a secondé Lalande dans son calcul de l'orbite lunaire. Voyez sa biographie par Jean-Sniadecki.

¹⁰¹ Les deux frères Jean et André Sniadecki, l'astronome et le naturaliste, ont le plus contribué, vers la fin du dix-huitième siècle, à relever l'instruction publique en Pologne. La *Géographie physique* de Jean et la *Théorie des êtres organiques* d'André sont des monuments impérissables de leur génie.

¹⁰² Les mœurs des Lithuaniens ont été jusqu'à l'époque du partage bien en arrière des mœurs des Polonais. Qu'on se rappelle que la Lithuanie n'a reçu la civilisation chrétienne qu'au quatorzième siècle. Quant au patriotisme, à la valeur, au dévouement, elle a toujours été l'émule et souvent l'exemple de la Couronne.

¹⁰³ Le bourg de *Dzierznowiczé* a été récemment le théâtre de l'odieuse persécution religieuse exercée en Russie sur tous ceux qui ne reconnaissent par le tzar pour leur souverain pontife; et plus particulièrement sur les catholiques du rit romain ou grec-uni.

En 1839, les habitants de ce bourg situé dans le gouvernement de Vitepsk, et qui professaient généralement le rit grec-uni, furent, ainsi que plusieurs millions de leurs coreligionnaires, contraints de passer dans le sein de l'Église russe, par les manœuvres tour à tour perfides et violentes du tzar Nicolas, aidé de l'apostat *Siemiaszko*. La réputation de douceur et de tolérance faite au tzar Alexandre II, enhardit ces pauvres gens à lui présenter en 1857 une supplique où, dans les termes les plus soumis, ils lui demandaient l'autorisation de retourner à leur ancienne communion. Le sénateur *Stcherbinin* fut chargé de la réponse. Après avoir vainement essayé de faire revenir les habitants de Dzierznowiczé sur leur demande, il employa les verges comme moyen de conviction; et puis, il fit à son maître un rapport dans lequel il disait : « que la douceur, la persuasion, avaient ramené ses sujets à la croyance orthodoxe. »

De pareils faits ont été signalés tout récemment à *Porazow* en Samogitie, où le gouverneur de Vilno *Nazimoff* et l'infâme *Nowicki* ont couvert leurs noms de sang, d'exécration et d'anathèmes. Mais combien d'autres semblables sont restés inconnus ! combien de gémissements de ces généreux confesseurs et martyrs de la foi de nos aïeux ont été pour jamais étouffés dans le silence et l'oubli ! L'Europe ne s'en émeut nullement ; elle a d'autres graves sujets de préoccupation, bien plus dignes de son intérêt que ce martyre interminable de tout un peuple : la réunion administrative des deux provinces de la Moldo-Valachie, et l'extension possible mais non probable du royaume de Sardaigne. C'est ainsi que la maxime favorite de Nicolas « *orthodoxie, autocratie, nationalité,* » est encore la règle de conduite du gouvernement actuel, soi-disant libéral et tolérant ; en la complétant toutefois par cette dernière devise : « *hypocrisie.* »

[104] Ce livre, ainsi appelé à cause de sa reliure, est le code martial des Russes. Au milieu même de la paix, le gouvernement déclare quelquefois une province en état de siége, et accorde ainsi au chef militaire une autorité absolue sur la vie et les biens des habitants, qui sont alors jugés d'après ce code barbare. On sait que depuis 1812 jusqu'à la dernière insurrection, la Lithuanie entière a été soumise au *Livre-jaune.* (†)

Le jaune est la couleur du drapeau moskovite. Il devrait être plutôt rouge de sang.

[105] Massue. On choisit un jeune chêne, on y fait des incisions de bas en haut et on y introduit des pierres à fusil que l'écorce recouvre avec le temps, de manière à former des espèces de nœuds. Du temps du paganisme, ces massues étaient l'arme principale de l'infanterie lithuanienne. (†)

[106] Lors de l'insurrection de Iasinski, l'armée lithuanienne abandonna Vilno pour se replier sur Varsovie. Le général russe Déioff, à la tête de son état-major, se présenta à la porte Ostra. Toutes les rues étaient désertes, tous les habitants renfermés dans leurs maisons. Un bourgeois ayant aperçu un canon chargé à mitraille, le pointa contre la porte et y mit le feu. Ce seul coup sauva Vilno. Déioff et quelques officiers furent tués. Le reste de l'armée craignant une embûche, s'éloigna de la ville. On ignore au juste le nom de ce citoyen. (†)

[107] Un Russe refuser de l'argent ? Ceci n'est guère vraisemblable. Le capitaine Rykoff et le juif Yankiel sont deux types hors nature. Mais il est dans les attributions de la poésie d'embellir toute chose.

[108] Vaine illusion ; on ne peut et ne doit servir sa patrie que sur le sein de la patrie elle-même : notre exil de vingt-huit années l'a prouvé. Ce passage et le précédent sont supprimés dans l'édition de Varsovie, ainsi que beaucoup d'autres.

[109] Je ne connais rien d'égal dans la poésie moderne à cette magnifique comparaison d'une foule agenouillée devant l'autel de la mère du Sauveur, à un champ de blé couvert de bleuets et de coquelicots : « Au son de la clochette, les têtes s'inclinent comme des épis devant la brise, etc. » Cet épisode rappelle les plus belles pages des *Géorgiques.*

[110] On sait que le corps d'armée polonais, sous les ordres de Kniaziewicz, a décidé la victoire de Hohenlinden. Kniaziewicz, mort dans l'exil, a été enterré à côté de son inséparable ami et frère d'armes, l'éminent poëte Julien Niemcewicz, dans le cimetière de Montmorency. (Voyez t. Ier, p.458.)

[111] « *Ce que Dieu a joint, les hommes ne sauraient le disjoindre,* » disait la reine Edvige aux États polonais, lorsqu'on lui offrait Jaghellon pour époux ; et plus tard Sigismond-Auguste, le dernier des Jaghellons, au sujet de son mariage avec Barbe Radzivill. On pourrait en dire autant

de l'alliance de la Pologne et de la Lithuanie, alliance éternelle que le partage et l'oppression étrangère ne sauraient briser.

112 Lech et Russ étaient frères, en effet, comme Abel et Caïn.

113 Le plus beau palais de Varsovie était sans contredit celui du général Pac, mort en exil à Smyrne. Cette demeure du patriotisme est aujourd'hui convertie en bazar de l'industrie.

114 Observons que nous sommes en Lithuanie, « dans le pays conquis » comme on l'appelle jusqu'aujourd'hui ; que nous avons vu nous-mêmes vingt semblables repas, et que notre noblesse, accusée d'orgueil par des écrivains étrangers aux gages de la Russie, n'était point aussi barbare envers le peuple qu'ils voudraient le faire accroire : ce dont nous verrons tout à l'heure une preuve plus concluante.

115 Le prince Radzivill, surnommé l'*Orphelin*, a publié la relation de son pèlerinage en Terre sainte. Il porta sur son dos, marchant de Lorette à Slotwicza, une statue de la Vierge en argent massif, célèbre par de nombreux miracles. (†)

Cette relation a été traduite du polonais en latin par Thomas Treter, biographe des évêques de Warmie, et publiée à Anvers en 1614 sous le titre : « *Jerosolymitana peregrinatio illustrissimi principis Nicolai Christophori Radzivili, ducis Olicæ et Niesvisii, palatini Vilnensis*, etc. » Elle contient la plus complète description de la Terre sainte qui ait encore paru.

116 Pinetti fut un jongleur célèbre, et fit par ses sortiléges une grande fortune en Pologne. C'était le Home de son époque. (†)

117 Disons-le franchement, Télimène est une figure au pastel empruntée à la société moskovite et non polonaise, dans laquelle notre poëte exilé n'a pas vécu, et qu'il ne connaissait que par ouï-dire. C'est malheureusement le type de ces quelques femmes du monde dégénérées, dignes de pitié plutôt que de mépris, qui se trouvent à leur aise partout ailleurs qu'en Pologne. Sophie est un portrait ; Télimène est une ébauche manquée, un hors-d'œuvre, que nous regrettons de ne pouvoir effacer de Thadée Soplica.

118 Le gouvernement russe ne reconnaît comme citoyens libres que les nobles. Les paysans émancipés par leurs seigneurs sont inscrits aussitôt au nombre des sujets des terres impériales ; et, au lieu de corvées, ils sont soumis à un double impôt. En 1818, les citoyens du gouvernement de Vilno envoyèrent à l'empereur une députation pour proposer à sa sanction un projet de loi sur l'émancipation des paysans ; mais il n'y fut donné aucune suite. Il n'y a pas d'autre moyen de donner la liberté à un paysan que de l'adopter. Plusieurs serfs se sont trouvés anoblis de cette manière. (†)

La pensée d'abolir le servage et d'émanciper les paysans dans les provinces conquises a été, on le voit, la préoccupation constante de la noblesse polonaise. Les comités de Vilno, Kowno et Grodno, qui viennent de prendre l'initative de l'affranchissement du peuple, et de communiquer leur patriotique impulsion jusqu'à la Russie elle-même, n'ont fait que suivre l'exemple donné par leurs prédécesseurs. Une gloire immortelle en rejaillira sur les promoteurs de cette mesure de justice et de réparation, qui sans doute sera le signal de l'indépendance nationale.

119 Les juifs, depuis le roi David, se sont particulièrement distingués par eur aptitude à la musique. Nous avons entendu en Pologne des ouvertures de Rossini exécutées par des voix d'hommes et d'enfants, qui imitaient, à s'y méprendre, le son particulier des divers instruments. De nos

jours, tous les compositeurs un peu distingués, à l'exception du grand Rossini, sont juifs. Nous recommandons cette belle figure de Yankiel aux peintres de portraits.

[120] Comme le sénéchal Hreczecha n'a jamais pu terminer son récit de la querelle de Reytan avec le prince de Nassau, nous allons le compléter pour lui. Reytan, blessé de la jactance du prince de Nassau, se plaça à ses côtés dans une chasse. Au moment où un énorme sanglier, rendu furieux par ses blessures, se précipitait sur eux, il lui arracha son fusil, et lui mettant entre les mains un épieu : « Nous allons voir, lui dit-il, qui de nous deux maniera le mieux cette arme. » Heureusement Hreczecha, qui se trouvait derrière eux, quoique à une grande distance, abattit l'animal d'un coup de fusil. Les deux seigneurs se fâchèrent d'abord ; puis ils se réconcilièrent et récompensèrent généreusement le sénéchal. Le prince de Nassau-Siegen était un aventurier célèbre du dernier siècle. A la tête de la flotte russe, il avait battu les Turks sur le lac Ilmen, mais il avait été complétement défait par les Suédois. Il fit un assez long séjour en Pologne où il reçut des lettres de noblesse. Toutes les gazettes de l'Europe ont parlé de son duel avec un tigre. (†)

En terminant ce livre, nous apprenons, avec une indicible joie, que les habitants de la Grande-Pologne, fidèles à leur impérissable renom de patriotisme, se proposent d'ériger à Posen un monument en l'honneur de Mickiewicz. Il aura une hauteur de douze mètres, y compris la statue, et sera sculpté par M. Vladislas Oleszczynski, le frère du graveur célèbre à qui nous devons le portrait placé en tête de cet ouvrage. Celui que nous venons d'élever par notre travail individuel est bien plus modeste sans doute ; mais les ennemis du nom polonais, de quelque nation et de quelque rang qu'ils soient, s'efforceront en vain de le détruire : car il porte un reflet affaibli sans doute, mais immédiat et vivace, de notre plus belle gloire contemporaine.

FIN DU SECOND VOLUME.

TABLE

DU SECOND VOLUME.

I. KONRAD WALLENROD.

	Pages.
I. Élection	6
II. La Récluse	10
III. L'entretien	14
IV. Orgie	22
V. Une croisade	45
VI. Les Adieux	50

II. ACTES DE LA NATION POLONAISE.

I. Livre de la Nation polonaise	61
II. Livre des Pèlerins polonais	75
III. La prière du Pèlerin	121
IV. Litanies des Pèlerins	122

III. THADÉE SOPLIÇA.

I. L'intérieur	127
II. Le Château	159
III. Les Amourettes	185
IV. La Diplomatie et la Chasse	210
V. La Querelle	241
VI. La Bourgade	269
VII. Le Conseil	290
VIII. L'Expédition	307
IX. Le Combat	333
X. L'Émigration, Jacques Sopliça	357
XI. L'année 1812	386
XII. Embrassons-nous	407
Notes du tome second	434

FIN DE LA TABLE DU SECOND VOLUME.

www.ingramcontent.com/pod-product-compliance
Lightning Source LLC
Chambersburg PA
CBHW060518230426
43665CB00013B/1562